KB091070

분단된 마음 잇기

남북의 접촉지대

분단된 마음 잇기
남북의 접촉지대

2016년 6월 27일 초판 1쇄 찍음
2016년 6월 30일 초판 1쇄 펴냄

지은이 이우영·구갑우·양문수·윤철기·이수정
펴낸이 윤철호·김천희
펴낸곳 (주)사회평론아카데미
편집 임현규·고하영
마케팅 정세림·남궁경민

등록번호 2013-000247(2013년 8월 23일)
전화 02-2191-1133
팩스 02-326-1626
주소 03978 서울특별시 마포구 월드컵북로 12길 17(1층)
이메일 editor@sapyoung.com
홈페이지 www.sapyoung.com
ISBN 979-11-85617-76-3

* 이 저서는 2014년 정부(교육부)의 재원으로 한국연구재단의 지원을 받아
  수행된 연구임(NRF-2014SIA2043571).

분단된 마음 잇기

남북의 접촉지대

이우영·구갑우·양문수·윤철기·이수정

사회평론

머리글

분단 이후 통일은 남북한 모두에게 가장 중요한 과제였다. 하지만 분단
은 '비극'이고 통일은 '소원'이었지만 통일의 전망은 불투명할 뿐 아니라
상대를 '주적(사실은 원수)'으로 삼고 있는 것이 지난 70년의 현실이다.
이산가족의 고통 해소가 시급하다고 이야기하면서도 남북관계 정상화에
는 크고 작은 조건들을 잔뜩 걸어 놓고 있으며, '통일 준비'를 국가적 아
젠다로 삼으면서도 북한에 대한 접근은커녕, 대부분의 정보는 차단되어
있다. 더욱이 체제경쟁 승리의 증거였던 '귀순용사'는 통일의 리트머스
시험지가 되어 '북한이탈주민'이 되었지만, 이들을 '빨갱이'나 '배신자'로
보는 시각은 여전하다. 이런 상황에서 이들은 때로는 '조선족'으로 신분
을 가장하면서까지 남한사회에 정착하고자 하거나 반대로 '반공의 기수'
가 되는 길을 선택하기도 한다.

　따지고 보면 북한이나 통일과 관련해서는 일상의 이야기, 사회적 담
론, 언론의 보도 그리고 정부의 정책에 이르기까지 모순과 허구가 곳곳
에서 넘쳐난다. 문제는 학문적 연구도 이러한 경향성에서 크게 벗어나

있지 않다는 사실이다. 이념투쟁과 정쟁의 도구로 북한을 분석하거나 민족적 당위를 전제한 목적론적 접근이 아직도 대다수를 차지한다. 지극히 당연한 말이지만, 이러한 상황에서 필요한 일은 자료를 광범위하게 수집하여 그 자료들을 가능한 과학적으로 분석하는 것이고, 공허하고 추상적인 차원에서 시작하는 것이 아니라 사회의 다양한 하위체제의 구체적인 부분을 토대로 전체를 조합하는 연구 성과를 축적하는 것이다. 이러한 맥락에서 최근 북한이나 통일 관련 연구가 정치 일변도에서 벗어나 경제·사회·문화로 다변화되고 거대담론이 아니라 일상에 대한 관심으로 심화되고 있는 것은 그나마 다행스러운 현상이라 하겠다.

관행적인 북한 및 통일 연구를 벗어나 학문적 수준을 제고하는 동시에 필요하지만 충분하지 않았던 관련 분야 연구 영역을 찾아내는 것이 북한대학원대학교의 학문적 문제의식이다. 올 들어 심연북한연구소로 확대된 북한미시연구소를 설립하여 북한 도시의 종합적 연구나 북한 주민들의 사적 영역 연구, 그리고 21세기 북한문학예술사전 구축 등을 수행하였고, 한반도 문화예술 개념사 연구를 수행하고 있다. 그리고 그동안 수행하였던 새로운 북한 연구의 성과들을 바탕으로 통일 관련 연구의 새로운 지평을 열어보고자 시작한 것이 남북한 마음통합 연구이다.

정치와 이념에 집중하였던 북한 연구와 마찬가지로 통일에 대한 논의들도 편협한 민족주의와 국가주의를 바탕으로 단일국가 형성이나 제도·이념적 통합에 매몰되어 왔다. 그러나 굳이 통일 후 사회적 갈등을 경험하고 있는 독일의 예를 들지 않더라도 개인과 개인이 결합하는 결혼이나 조직과 조직이 통합하는 경우의 복잡성을 고려한다면 그동안의 통일 논의가 지극히 편협하고 불완전하였다는 것을 쉽게 알 수 있다. 물론 사회문화적 통합에 대한 연구나 심리적 통합에 대한 관심이 없었던 것은 아니나 그 역시 제도통합이나 이념통합에 치우쳐 온 경향이 없지 않다. 그러나 서로 다른 사람들이 어울려 사는 것을 사회문화적 통합이라고 규정한다면 정치이념이나 가치관의 차이뿐 아니라 개인적 취향이나 감정 등 다양한 요소들의 중요성을 간과할 수 없다. 더욱이 분단 이후 전쟁까지 치루면서 적대적 관계를 유지하여 온 남북한의 단절은 길고도 깊었다. 분단의 단초는 이념의 차이였지만 독자적인 발전 전략을 추진하고 각각의 변화를 경험하면서 그 차이는 감정, 사고방식, 가치관 등 전면적인 수준에서 확산되었다. 물론 분단 이전 오랜 기간 유지되었던 문화공동체 경험에서 비롯된 동질적 요소들이 없는 것은 아니나, 다른 방식으로 구성된 문화적 요소들을 포괄적으로 검토하지 않는 한 통합문제에 대한 진전된 논의가 불가능하다는 생각이 본 연구단이 '마음'이라는 개념에 주목하게 된 배경이다.

'마음'은 개개인의 마음 개수만큼이나 셀 수 없다. 게다가 일상에서 빈번하게 사용하는 마음이라는 용어를 학문의 영역으로 편입했을 때 발생하는 여러 개념적 논란이 존재하기도 한다. 하지만 분단과 통합의 문제가 다층적이고 복합적으로 얽혀 있는 현실에서 이를 대처할 만한 다른 개념이나 이론을 찾지 못했기에 본 연구단은 용기를 내었다. 비슷한 문제의식을 공유하는 여러 연구자들이 두려움과 기대감을 갖고 모인 것이 지난 2012년이었다. 돌이켜보면 매 순간 힘겨움도 있었지만, 남북한 통일과 통합의 문제에 새로운 시각을 찾아가는 의미 있는 여정이었다. 본 연구단이 수행한 한국연구재단의 사회과학 연구지원사업의 성과를 묶은 첫 번째 결과물이 이 책이다.

이 책은 남북한의 마음이 상호작용하는 공간으로 '접촉지대(contact zone)'에서 남북한 사람들의 마음이 어떻게 만나고, 충돌하고, 협상하는지를 사례별로 연구한 결과물이다. 궁극적으로 본 연구의 지향점은 마음의 통합이고, 이를 위해서는 남북한 마음통합의 가능성을 각각의 마음을 분석하는 것에서 시작하는 것이 일반적인 선택일 수 있을 것이다. 하지만 연구단은 연구의 순서를 귀납적으로 진행하기로 하였다. 그 이유는 남북한은 체제와 구조에서 개인들의 생각에 이르기까지 분단체계에서 자유롭지 않은 것처럼 남북한 마음도 상호연관성을 염두에 두어야 올바르게 이해할 수 있다는 판단에서다. 즉, 다양한 접촉공간에서 남북한 마음의 상호작용 연구로부터 출발하여 남북한 마음체계를 구성해 보는 순서로 연구를 진행하였다.

이 책은 크게 세 부분으로 구성되어 있다. 1부는 이 책과 남북한 마음통합 연구단의 문제의식과 이론적 토대를 검토한 것으로 나머지 글들을 이해하고 연구단의 문제의식의 전체적 흐름을 파악하기 위해서 필요한 글이다. 2부는 연구단이 제시한 접촉지대 분류기준에 따라 제도화된 접촉지대에서의 남북한 상호작용에 관련된 연구이다. 북한이탈주민의 집중 거주지역인 인천남동구, 남북한 노동자가 함께 일하는 개성공업지구, 그리고 남북회담 현장에서 남북한 마음의 상호작용, 그리고 동서독 간의 접촉의 경험과 통일 경험의 시사점을 분석한 글들로 구성되어 있다. 3부는 비제도화된 접촉지대에 대한 연구이다. 핵 담론을 둘러싼 마음체계의 원형과 대북지원 현장, 탈북자들과 남한 이주민이 같이 거주하는 영국의 뉴몰든 지역의 남북한 마음의 상호작용, 그리고 비공식/비정규직 분야에서 남과 북의 주민의 대면을 분석한 글들이 포함되어 있다. 이 책은 남북한 마음의 통합을 단계적으로 연구하는 프로젝트의 출발점이자, 현재 진행 중인 남북한 마음체계의 비교연구의 토양분이 된 연구 결과물을 담고 있다.

마지막으로 북한대학원대학교의 마음통합 연구단에 참여한 연구진들에게 감사의 말을 전해야 할 것 같다. 공동연구원으로 참여한 북한대학원대학교 양문수·구갑우·김성경 교수, 덕성여대 이수정 교수, 서울교

대 윤철기 교수, 청소년정책연구원 양계민 박사 그리고 본 연구단 전임
연구원인 김신희·권금상 박사는 공동연구가 얼마나 값진 작업인지 다시
금 확인시켜 준 장본인들이다. 연구 과정에서 진행하였던 각종 회의 및
워크숍에 참여하여 많은 조언을 주었던 전문가들에도 감사의 뜻을 전하
고 싶다. 또한 연구 지원에 헌신하였던 최선경, 오승준, 김경민, 정시형,
오주연, 최지훈, 김규동, 박아람, 최강미, 황신영에게도 감사의 뜻을 전
한다. 더불어 북한대학원대학교의 교직원과 심연북한연구소의 연구원들
의 도움도 적지 않았다는 점을 밝힌다. 마지막으로 이 책의 출판을 기꺼
이 받아 주었던 출판사 사회평론아카데미의 고하영, 임현규 선생님의 노
고에도 감사한다.

남북한 마음통합 연구단장
이 우 영

차례

제3부 비제도화된 접촉지대

제1부 마음의 통합: 이론적 접근

제1장

남북한 접촉지대와 마음의 통합 이론: '마음의 지질학' 시론

이우영(북한대학원대학교) · 구갑우(북한대학원대학교)

I. 왜 마음인가?

남북한 주민들이 서로 만나는 접촉지대(contact zone)에 대한 실증연구를 통해 남북한 마음의 통합 이론과 그 이론의 한 구성요소인 북한적 마음체계의 이론을 구축하는 것이 이 책의 목적이다. 그러나 경험적 지식의 무한성을 고려한다면, 귀납적 이론화에는 한계가 있을 수밖에 없다. 이론이 법칙을 설명할 수 있는 진술들의 집합이라면, 이론은 발견되는 것이 아니라 발명되는 것이기 때문이다.[1] 그럼에도 우리가 귀납적 이론화란 사유과정의 경로를 선택한 이유는, 접촉지대에서 발견되는 남북한 마음체계의 규칙성에 대한 경험적 연구 없이, 접촉지대에 대한 실증적 연구를 위해 필요했던 전(前) 이론의 이론으로의 전화, 즉 이론의 발명이 불가능하다고 생각하기 때문이다.

---

1   K. Waltz, *Theory of International Politics* (Reading: Addison-Wesley, 1979), pp. 4~6.

이 책에서 남북한의 접촉지대라는 개념에 주목하는 이유는, 남북한의 제도적·비제도적 접촉지대가 한반도 미래의 거울이라 단정할 수는 없지만, 접촉지대에서 발생하고 있는 자연발생적 상호작용의 경험이 남북한 사회통합을 기획하고자 할 때 고려되어야 하는 북한적 마음체계의 기초자료라고 보기 때문이다. 접촉지대를 구성하는 다양한 요소 가운데 마음체계라는 개념에 입각하여 경험적 연구를 진행한 이유는, 사회통합의 궁극적 형태가 행위자들의 마음의 통합이라는 문제의식 때문이다.

접촉지대는 남한과 북한의 마음체계가 만나는 장소다. 접촉지대에서 나타나는 북한적 마음체계는 마치 다양한 마음의 퇴적층과 같은 지층구조를 가지고 있다. 우리가 '마음의 지질학(geology of mind)'이란 은유를 사용하는 이유다. 접촉지대의 개념에서 마음의 개념을 경유하여 경험적 연구를 정리한 후, 마음의 지질학에 기초하여 미시적 수준에서 남북한 마음체계의 통합이론을 구축하려 한다.

II. 접촉지대와 마음체계

1. 접촉지대의 개념

비교문학 연구자 프랫(M. L. Pratt)은, '접촉지대'를 "고도로 비대칭적인 권력관계의 맥락에서, 문화들이 서로 만나고, 충돌하고, 싸우는 사회적 공간들"로 정의한다.[2] 접촉지대는, 식민주의나 노예제 또는 그 유산들이 남아 있는 지역에서부터 학교의 교실과 같은 공간까지, 서로 '다른' 문화

---

2   M. Pratt, "Arts of the Contact Zone," *Profession*, vol. 1991 (1991).

들이 만날 때 형성될 수 있다. 접촉지대의 대척에는 하나의 문화가 상상되는 '공동체(community)'란 개념이 있다. 인쇄자본주의(print capitalism)를 매개로 경계·주권·연대를 상상하는 근대 민족이 그 사례 가운데 하나다.[3] 그러나 만약 상상의 공동체가 사실 접촉지대라면, 이 공동체의 매질인 쓰기와 읽기의 제도화는 권력관계의 소산임이 드러난다. 즉 접촉지대의 개념은, 상상됨으로 은폐된 차이와 차이를 무화하는 권력관계가 드러나게 하는 효과를 가질 수 있다.

　접촉지대가 사회적 공간인 이유는, 다른 자아, 다른 문화, 다른 공동체의 만남에서 배제와 포섭, 충돌과 소통, 갈등과 공존의 '역동성'이 교차하며, 새로운 '우리' 및 '우리'와 '그들'의 '경계'를 만드는 또 다른 '정체성(identity)'을 배태하기 때문이다. 공간은 빈 그릇이나 배경이 아니라 권력관계를 포함한 '사회적 관계'를 주조하는 틀이다.[4] 즉, 하나의 공간으로서 접촉지대는 수동적 대상이 아니라 적극적으로 사회적 관계를 형성하는 매개체의 역할을 할 수 있다.

　남북한의 접촉지대는, '장소(place)'로서의 '지리적 공간'과 '공간의

3　B. Anderson, *Imagined Communities* (London: Verso, 1983). 네트워크 이론의 은유를 이용한다면, 접촉지대는 서로 다른 문화적 특성을 가진 노드들(nodes)이 비대칭적 링크(links)와 플로우(flows)를 가짐에도 하나의 공동체 또는 네트워크'처럼' 기능하는 공간이다. 즉 접촉지대는 하나처럼 기능하지만, 네트워크들의 접합체인 인터네트워크(inter-networks) 또는 네트워크의 네트워크 또는 복합네트워크라 할 수 있다. 네트워크들의 관계는 강제와 동의의 링크들―지배와 피지배, 사회통합의 결절점들―에 의해 접합된다. 행위자 네트워크 이론(actor-network theory)이 지적하는 것처럼, "어떻게 네트워크들이 단일 행위자처럼 보이게 되는지"를 설명하기 위해서도 접촉지대의 개념은 유용하다. 어떤 네트워크들이 단일 행위자로 기능하지 못할 때, 공동체가 접촉지대임을 확인할 수 있다. 즉, 네트워크 밖의 관계는 '무한한' 네트워크의 안을 볼 수 있는 계기를 제공하곤 한다. 행위자 네트워크 이론에 대해서는, 브루노 라투르 외, 홍성욱 편, 『인간·사물·동맹』(서울: 이음, 2010) 참조.

4　A. Giddens, *Social Theory and Modern Sociology* (Oxford: Basil Blackwell, 1987), p. 144.

표 1. 남북한의 접촉지대

장소 \ 제도		제도화	비제도화
경계		(1) 남북협상	(2) 북방한계선(NLL)
영토	남한	(3) 탈북자 거주지역	(4) 비공식 부문 탈북자
	북한	(5) 개성공업지구, 금강산	(6) 인도적 지원, 사회문화교류
	해외	(7) 유엔, 6자회담	(8) 탈북자의 해외 거주지역

제도화' 존재유무라는 두 변수를 사용하여 유형화할 수 있다. 첫 번째 변수인 장소는, 남북한의 '경계' 그리고 경계에 의해 공간이 획정되는 '영토'로 구분할 수 있다. 이 영토는, 또한 남북한 각각의 영토 내부 그리고 해외의 장소를 상정할 수 있다. 다른 한편 남북의 접촉지대는, 만들어진 제약인 '게임의 규칙'의 존재여부, 즉 '제도화/비제도화'의 기준을 통해 분류할 수 있다.[5] 이 두 변수를 이용한 도식화가 표 1이다. 표 1의 각 항은 남북한 접촉지대의 사례들이다.[6]

2. 마음과 마음체계의 개념

접촉지대는 사람이 만나는 곳이고, 따라서 마음의 만남을 수반한다. 물리적 접촉지대는, 비가시적이지만 실재하는 마음의 접촉지대이기도 하다. 한 진화심리학자가 지적하는 것처럼, "마음을 가졌는가에 대하여 아무리 그럴듯한 의문을 제기해도 결국은 서로가 주고받는 말 때문에 그것

---

5 더글러스 노스, 이병기 역, 『제도·제도변화·경제적 성과』 (서울: 한국경제연구원, 1996), p. 13.

6 이 패러그래프와 표 1은, 본 연구자들이 소속되어 있는 SSK 사업단이 공유하는 전 이론적 진술들이다. 예를 들어, 윤철기·양문수, "북한 연구의 미시적 접근과 남북 접촉지대 연구," 『현대북한연구』, 제16권 2호 (2013), pp. 257~258에 동일한 내용이 담겨 있다.

을 사실로 받아들인다."[7] 접촉지대에서도 말을 통해 상호작용이 이루어진다. 언어는 마음의 도구다. 몸의 상호작용도 몸이란 언어의 상호작용이라 할 수 있다.

접촉지대에서 나타나는 남북한 주민의 마음의 상호작용을 관찰하기 위해, '마음이란 무엇인가'라는 질문에서 시작한다. 직관적으로 마음이 실재함을 알고 그것이 무엇인지 마음으로 알 수 있지만, 마음을 이해하고, 마음을 가진 주체의 행위를 설명하기 위해 마음에 대한 정의가 필요하기 때문이다. 마음의 본질을 묻는 질문에 두 가지 방법으로 답을 할 수 있다. 첫째, 철학적 사변 또는 과학적 실험을 통해 마음의 형태와 기능을 찾는 작업이다. 수반되는 질문은, 비가시적·비물질적 실체인 '마음이 어디에 있는가', '마음은 무엇을 하는가' 등이다. 둘째, 마음의 관계적 성격을 담지한 마음의 표상인 언어적·비언어적·반언어적 '행위(act)'의 분석을 통해 마음의 본질에 다가설 수 있다. 접촉지대의 연구에서 부분적으로 드러나듯, 행위는 '진지한' 수행과 '무대화된' 수행, '타당한' 또는 '부당한' 또는 '일시적' 행동 등 양가적인 모순의 형태로 나타나곤 한다.[8]

마음의 개념사는, 마음이란 무엇인가란 질문에 답하고자 하는 두 접근을 통합하는 한 방법이다. 마음은 무시간적(timeless) 개념처럼 보이지만, 마음은 진화의 산물이고, 마음의 개념도 진화하고 있기 때문이다.[9] 개념사는 "한 개념의 역사에서 당대의 경험공간과 기대지평을 측정하"는

---

7 대니얼 대닛, 이희재 역, 『마음의 진화』(서울: 사이언스북스, 2006).

8 행위의 복합성은, 자크 데리다, 정승훈·진주영 역, 『문학의 행위』(서울: 문학과지성사, 2013).

9 대니얼 대닛, 『마음의 진화』; 아지트 바르키·대니 브라워, 노태복 역, 『부정본능』(서울: 부키, 2015). 진화심리학은 동물을 포함한 행위자의 '의도성(intentionality)'을 마음의 본질로 포착한다. 인간이, 필멸에 대한 인식과 그것에 대한 '부정'의 과정에서, 서로를 의도성을 가진 독립적 존재로 이해하는 단계에 이르렀다는 것이다.

방식으로 그 개념의 지속과 변화를 통시적으로 살펴보는 것이다. 따라서 "한 개념에 포함되어 있을 수 있는 비동시적인 것의 동시성에 주목하고 자 한다."[10] 특히 개념사가 텍스트와 언어를 연구대상으로 한다는 점에서, '언어'라는 마음의 도구를 통해 외부환경을 내부환경에 담을 수 있는 인간생물의 마음이란 무엇인가에 대한 답의 마음을,[11] 즉 '마음의 마음'을 읽기 위한 유용한 방법론일 수 있다.

개념사의 시각을 직유하면, 마음의 개념사는 마음의 사회사를 위한 이론적 전제다. 마음의 개념사는, 한국어 '마음'의 기능적 등가물들―중국어의 心, 일본어의 こころ, 영어의 mind 또는 heart, 불어의 cœur 등등―을 사회사적 맥락 속에서 검토하고, 각 개념들의 전개과정을 비교하는 작업이다.[12] 그러나 개체, 집단, 사회, 국가, 지역 등에서 다르게 나타날 수 있는 마음'들'을 개념사적 방법론으로 포괄하는 것은 불가능할 수 있다. 특정한 '권역'을 설정하고 그 내부에서 '평균적' 마음의 개념을 탐색하는 것이 한 대안이다. 이 경우에도 개별적 마음에서 평균적 또는 집합적 마음을 추출하거나 평균적 또는 집합적 마음을 개별적 마음과 등치할 때, 개별적 오류와 생태적 오류를 범할 수 있다.[13] 다시 언급하겠지만, 우리는 평균적 또는 집합적 마음을 마음체계의 개념으로 포착하려 한다.

마음의 개념 연구는 권역을 동양과 서양으로, 그리고 동양의 철학적 전통을 유학과 불교로 나누는 방식을 진행되고 있다. 물론 이 권역설정

---

10 라인하르트 코젤렉, 한철 역, "개념사와 사회사," 『지나간 미래』(서울: 문학동네, 1998).

11 "남에게 자기 생각을 숨기려고 발명한 것이 언어다." 자기의식의 발전은 남의 마음에서 벌어지는 사태에 대한 가설을 개발하고 검증하기 위한 전략이었다. 대닛, 『마음의 진화』.

12 김홍중, "마음의 사회학을 이론화하기: 기초개념들과 설명논리를 중심으로," 『한국사회학』, 제48권 4호 (2014), p. 183.

13 개별적 마음에는 잔여지만 핵심일 수 있는 남는 것이 있는 것일까, 라는 질문은 또 다른 천착의 주제다. 주체의 호명이 이루어지더라도 모든 대상이 동일한 행동을 하는 것은 아니기 때문이다.

에 누락되는 부분들도 있다. 예를 들어, 이슬람 권역이나 아프리카와 라
틴아메리카 지역 등에서 나타나는 마음 연구를 접하기란 쉽지 않다.[14] 한
반도적 맥락에서 마음의 개념사 연구는, 근대 이후 마음 개념의 수입원
이었던 서양철학적 전통과 근대 이전 한반도적 마음을 반영하며 주조하
는 역할을 했던 동양철학적 전통이 교차하는 영역이다. 다른 한편 마음의
개념은, 심리학과 인공지능을 연구대상에 포함하는 융합학문인 인지과
학(cognitive science)의 연구대상이다. '마음이란 무엇인가'라는 질문의
답은 철학사와 현대의 심리학과 인지과학 두 갈래에서 찾아질 수 있다.

　동서양의 철학적 전통에서 마음은 '주체'와 연관된다. 서양의 철학
적 전통이 '인식의 주체, 사유의 주체로서의 마음'에 천착했다면, 동양에
서의 마음이란 '인식과 사유를 넘어서는 종교적 완성의 주체'이기도 했
다.[15] 즉 세계에 대한 인식과 그 인식에 기반한 행위를 하는 '주체'가 있
다면, 그 주체는 '마음'을 가지고 있다는 의미다. 마음은 몸과 더불어 주
체를 구성하는 한 요소다. 데카르트에서 시작된 서양 근대에서 의식이
마음과 등치되면서 마음이 독립된 실체로서 주체를 구성하는 요소였다
면, 동양적 전통에서는 마음으로 번역되는 심(心)은 "나의 성격과 영역,
역할에 대한 규정의 체계"로 "임금"이란 은유를 사용할 정도로 주체를 규
정하는 요소이면서 동시에 '착한 삶'의 실현을 가능하게 하는 규범적 구
성요소였다.[16]

14　이슬람 바로 알기를 위해 기획된 마크 A. 가브리엘, 최상도 역, 『이슬람 테러리스트의 마음
　　엿보기』 (서울: 글마당, 2011)가 예외적 제목을 달고 있다.

15　서울대학교 철학사상연구소 편, 『마음과 철학: 서양편 상』 (서울: 서울대학교출판문화원,
　　2012); 『마음과 철학: 서양편 하』 (서울: 서울대학교출판문화원, 2012); 『마음과 철학: 유
　　학편』 (서울: 서울대학교출판문화원, 2013); 『마음과 철학: 불교편』 (서울: 서울대학교출
　　판문화원, 2013)의 "발간사"의 한 구절이다.

16　정원재, "유학에서 보는 마음: 거울과 저울, 또는 사랑과 앎의 변주곡," 서울대 철학사상연
　　구소 편, 『마음과 철학: 유학편』.

마음의 개념과 관련하여 동서양의 철학적 전통을 관통하는 두 쟁점은 마음과 몸의 관계 그리고 마음과 외부세계의 관계다. 서양의 고전적 철학전통에서는 마음과 몸이, 서로 대립되는 범주이면서도 서로 밀접히 연관되어 있다는 모순적 진술로 인간이란 주체의 통일성을 확보하고자 했다.[17] 다른 한편, 유학적 전통에서 심이란 몸의 중심을 의미했다. 따라서 심은 몸과 마음을 하나로 보는 일원론적 시각을 내재하고 있었다. 맹자(孟子) 이래로 심학(心學)에 제기된 문제는, "신체에 의존하면서 동시에 신체를 주재한다는 것은 양립할 수 없는 모순 아닌가"였다. "심(心)은 단순히 심장인 것이 아니라 외부세계와의 감응을 총괄하고 주재하는 신경생리학적 중심인 동시에 신체성을 극복하고 규제하여 도덕적 이념을 실천할 수 있는 사유·도덕 기관으로서의 정신적인 성격을 지닌 마음이었다.[18]

유학적 전통에서는 마음을 반응과 계산이 포함된 지각으로 정의하고, 도덕법칙과 같은 이(理)와 개인의 욕망과 같은 기(氣)의 개념을 도입하여, 이기(理氣)가 합쳐진 것으로서의 마음을 "선한 반응과 행위를 이끌어내는 마음"으로, 기(氣)로서의 마음을 "자신의 이익을 계산하는 마음"으로, 이(理)로서의 마음을 "옳고 그름을 계산하는 마음"으로 정리해왔다.[19] 서양적 근대와 마주하기까지 동아시아와 한반도에서 마음의 개념을 둘러싼 논쟁의 성과였다. 반면, 서양적 근대에서의 마음의 개념은 몸과 마음의 관계에 대한 질문의 연장이었다. 대표적으로 데카르트(R. Descartes)는 마음과 몸의 이원론을 제시했다. 나와 동의어인 마음은 그 본질이 생각하는 것인 실체이며, 어떠한 공간도 물질적인 것도 필요로

---

17 강진호, "마음을 이해하는 서양철학의 세 가지 전통," 서울대학교 철학사상연구소 편, 『마음과 철학: 서양편 상』.

18 문석윤, 『동양적 마음의 탄생』 (파주: 글항아리, 2013).

19 정원재, "유학에서 보는 마음."

하지 않는다는 것이다. 전형적인 기독교적 세계관에 입각한 것으로, 몸이 존재하지 않을지라도 마음은 존재할 수 있다는 의미였다.[20]

데카르트의 마음 개념은 신을 대체하는 전형적인 이성중심주의라할 수 있다. 신약성서 요한복음 1장 1절의 "한처음에 말씀(the Word)이계셨다. 말씀은 하느님과 함께 계셨는데, 말씀은 하느님이셨다"를 떠올리게 한다.[21] 데카르트에 따르면, 마음은 비신체적 실체였다. 마음은 그기능으로 정의되는데, 생각하는 기능이 핵심이었다. 몸과 마음의 이원론은, 마음을 비공간적(non-spatial)인 것으로 정의하게 했다. 물리적인 것의 특징이 연장(extension)이라 할 때, 데카르트의 마음은 점이나 소립자처럼 공간적 위치(location)는 있지만, 공간적 연장은 없는 실체로 정당화될 수 있었다. 데카르트의 마음에 관한 정의는 "기계 속 유령"을 상정하는 것과 비슷했다.[22]

데카르트보다 20여 년 늦은 시대를 살았던 파스칼(B. Pascal)은 기계라는 은유를 사용하면서도 마음과 관련하여 이성보다는 감정에 초점을 맞추었다.[23]

---

20   P. McLaughlin, "Descartes on Mind-Body Interaction and the Conservation of Motion," in Tom Sorell, ed., *The International Library of Critical Essays in the History of Philosophy: Descartes* (Brookfield: Ashgate, 1999). 물론 데카르트가 이원론을 절대적으로 옹호한 것은 아니다. 예를 들어, 데카르트는, 배의 도선사처럼 내가 나의 몸속에만 거주하는 것은 아니지만 나는 몸과 밀접하게 연관되어 있음을 인정하기도 했다.

21   한국에서 발간된 『가톨릭성경』의 번역이다.

22   M. Rowlands, *The New Science of the Mind: From Extended Mind to Embodied Phenomenology* (Cambridge: The MIT Press, 2010).

23   파스칼, 이환 옮김, 『팡세』 (서울: 민음사, 2011). 인간이란 종이 가지는 마음은 특이한데, "솔직히 다른 생물 종 가운데 인간처럼 어떤 것에, 심지어 어떤 책에서 읽은 사상에 목숨을 걸고 목숨을 잃기도 하는 종이 또 있을까"라는 질문은, 인간이란 종의 마음의 본질이 이성보다 감정에 있음을 생각하게 한다. 리드 몬터규, 박중서 역, 『선택의 과학: 뇌과학이 밝혀낸 의사 결정의 비밀』 (서울: 사이언스북스, 2011).

우리는 정신이면서 또 그만큼 자동 기계다. 그러므로 설득에 사용되는 수
단은 증명만이 아니다. 증명된 사물이란 얼마나 적은가! 증명은 오직 이
성만을 설득한다. 습관이야말로 가장 강력하고 가장 신뢰받는 증명을 이
룬다. 습관은 자동 기계를 기울게 하고 자동 기계는 무의식중에 정신을 이
끌어 간다. … 습관은 억지도 기교도 이론도 없이 사물을 믿게 하고 우리
의 모든 기능을 이 믿음으로 기울게 함으로써 우리의 마음은 자연스럽게
그 속에 빠져들어 간다. … 이성의 움직임은 완만하고 수많은 관점에서,
그리고 수많은 원리 위에서 이루어진다. 이 원리들은 항상 눈앞에 현존해
야 하는데, 이성은 이 모든 것들을 간직할 수 없으므로 으레 몽롱해지거나
갈팡질팡한다. 감정은 이렇게 움직이지 않는다. 감정은 순식간에 발동하
고 늘 움직일 태세가 되어 있다. 따라서 우리의 믿음을 감정 안에 두어야
한다. 그렇지 않으면 항상 비틀거릴 것이다.

마치, 유학적 전통에서 반응과 계산 가운데 어느 편이 주체를 가능
하게 하는 마음의 본질인가를 연상하게 한다. 인간의 마음 가운데 감정과
이성 어느 편이 마음의 본질인가를 묻는 것이기도 하다.[24] 다른 한편, 정
신과 물질을 서로 독립적 실체로 생각했던 데카르트의 이원론은 정신과
물질 어느 한편에서 다른 것을 도출하는 관념론과 유물론의 대립을 나타
나게 된다. 그러나 유물론의 완화된 표현인 물리주의(physicalism)를 지
지하는 철학자들 내에서도 마음 현상이 물질적 속성으로 환원될 수 있는
가의 여부는 여전히 논쟁의 대상이다.[25]

인공지능의 진화가 마음의 한 구성요소인 계산을 대체하는 현상이

---

24 "이성을 마비시키는 감성 능력은 아마도 우리의 진화 과정에서 핵심 부분이었을" 것이다.
    아지트 바르키 · 대니 브라워, 『부정본능』, p. 51.
25 김기현, "환원적 물리주의," 서울대학교 철학사상연구소 엮음, 『마음과 철학: 서양편 상』.

발생하면서, 인지과학에서는 인간의 마음을 컴퓨터에 비유하곤 한다. 인지과학자는, 마음에 관한 질문에 대해 컴퓨터적 접근을 하는 이들로 정의되기까지 한다.[26] 인지과학에서는 마음 연구를, 뇌 속에 존재하는 '마음 과정(mental processes)'에 대한 연구라 생각한다.[27] '정신생활(mental life)의 과학'이라는 심리학에 대한 고전적 정의도 같은 맥락이다. 즉 마음 연구는 우리의 내부에서 어떤 일이 벌어지고 있는가를 관찰하는 작업이다.[28] 예를 들어 인지과학의 한 은유로 마음 과정은 지각, 기억, 생각, 추론 등등이 뇌의 하드웨어 속에서 실현되는 추상적 프로그램이다. 전형적인 데카르트적 인지과학적 관점에서 마음을 연구할 때 고려하는 비유다.[29]

그러나 다시금 서양철학에서 반복되었던 몸과 마음을 둘러싼 논쟁이 인지과학에도 투사되고 있다. 비데카르트적 인지과학은 유물론적이다. 마음을 비물리적 실체로 정의하지 않는다. 정신적 상태와 과정이 순수하게 뇌 속에서 발생한다는 주장도 거부한다. 마음의 일부는 그렇지만 전부 다는 아니라는 것이다. 마음 상태와 과정은 뇌 속에서 발생하는 어떤 것들일 뿐만 아니라 부분적으로 우리의 몸에서 부분적으로는 우리의 몸 밖에 있는 세계에서 발생하는 어떤 것이다.[30]

비데카르트적 인지과학은 네 가지 마음을 상정한다.[31] 첫째, 신체화된(embodied) 마음이다. 신체화된 마음은 뇌 과정과 더불어 몸의 구조와 과정을 포함한다. 심리적 과정은 몸의 공헌 없이 완성되지 않는다. 신

---

26 D. Borchert, ed., *Encyclopedia of Philosophy Vol. 2* (Farmington Hills: Thomson Gale, 2006), p. 297.

27 Rowlands, *The New Science of the Mind*.

28 G. Butler and F. McManus, *Psychology: A Very Short Introduction* (Oxford: Oxford University Press, 1998).

29 Rowlands, *The New Science of the Mind*.

30 Ibid.

31 Ibid.

체화된 마음은 세 종류로 구분된다. 첫째, 지식적(epistemic)이다. 마음과정이 위치된 몸의 구조를 이해함이 없이 인지 과정의 성격을 알기란 불가능하다. 인지가 뇌 속에서 발생한다는 주장도 사실 신체화된 마음과 다르지 않다. 마음은 이해하지만 몸이 이해하지 못하는 사례를 본다. 둘째, 존재적(ontic)이다. 인지 과정이 몸의 구조에 의존한다는 의미로, "몸은 내가 숨기려는 비밀을 얼굴을 붉히거나 손을 떨거나 땀을 흘려서 기어이 드러낸다."[32] 셋째, 다른 존재적 의미는 몸의 의존성보다 구성(constitution or composition)을 강조한다. 몸의 구조, 예를 들어 귀 사이의 거리가 인지 과정을 부분적으로 구성한다는 것이다.

둘째, 연장된(extended) 마음이다. 유기체의 마음 과정 일부가 세계에 대한 행동에 의해 구성된다는 것이다. 세계에 대한 행동을 통해 외부 구조를 조작하고 이용하며 변형한다는 의미다. 셋째, 내재된(embedded) 마음이다. 인지 과정이 환경 속에 내재해 있다는 것이다. 존재적 테제로 연장된 마음이 구성이라면 내재된 마음은 의존이다. 넷째, 작동적(enacted) 마음이다. 물건을 본다는 것은 그것을 만지는 것과 유사하다. 네 가지 마음은 결국 신체화된 마음과 연장된 마음의 '결합된(amalgamated) 마음'이다. 즉 존재적 테제로 인지 과정이 부분적으로 구성된다는 것이다. 인지 과정은, 신경 구조와 과정, 몸의 구조와 과정, 그리고 환경 구조와 과정의 결합이다.

결합된 마음이 성(性), 정(情), 의(意), 지(志)를 모두 포괄한다고 할 때, 마음의 활동은 기능주의적(functionalist) 시각에서, 정보를 수집하고, 처리하고, 이해하고, 사용하는 과정이라는 점에서 정보처리체계(information processing system)일 수 있다.[33] 기능주의적 시각에서 마음

---

32 대니얼 대닛, 『마음의 진화』.
33 신현정 외, 『마음학』 (서울: 백산서당, 2010); Butler & McManus, *Psychology*.

이 '하는 일'은 주체의 호명이다.[34] 이 '집합적' 마음은, 특정한 정치경제
적 국면에서 구조화되어 주체를 형성하는 하나의 '레짐(regime)'으로 등
장한다. 마음의 레짐은, "주체를 만들어내는 담론적 혹은 비담론적 요소
들의 네트워크이자, 권력의 특수한 요구에 의해서 역사적으로 형성되어
특정 시대에 특정한 방식의 인식과 실천의 주체들을 걸러내고, 빚어내고,
결절시키는 구조를 가리키는 일종의 장치"라 할 수 있다.[35] 우리는 마음
의 레짐이라는 개념을 수용하지만, 특정 국면에서의 마음의 레짐과 더불
어 규범적 지향인 마음의 통합을 위한 '공동의' 필요와 행동을 포함한 보
다 구조화된 포괄적 개념으로 '마음체계'라는 개념을 사용하고자 한다.

　마음의 '체계'는, 국제관계이론을 원용한다면, 행위자들 사이의 규
칙, 기대, 처방, 의사결정 절차의 틀을 지칭하고 분명하게 정의된 '이슈
영역(issue area)' 안에서 만들어지는 레짐과 상호성의 원칙에 기초하
여 협력적 관계를 수립하는 데 필요한 공동의 인식과 행동을 동시에 포
착하기 위한 개념이다.[36] 즉 마음체계는 자아를 호명하는 이데올로기, 신
화, 사상과 같은 것들이다. 근대적 주체는 우연한 사건과 상처를 필연적
인 것으로 떠맡는 행위에 의해서 비로소 주체가 된다.[37] 물론 본 연구에
서 마음의 체계는 보편적 개념이 아니라, 접촉지대라는 '특정한' 시공간
과 '특정한' 이슈 영역에서 주체의 형성과 행위자를 제약하는 지시적·규
범적 개념이다. 특정성을 강조하는 이유는, 예를 들어 1990년대 중반 이
후 북한에서 나타난 '속물주의(snobbism)'나 남한에서 경제적 양극화의

34　심광현, 『맑스와 마음의 정치학: 생산양식과 주체양식의 변증법』 (서울: 문화과학사, 2014).
35　김홍중, 『마음의 사회학』 (파주: 문학동네, 2009), pp. 22~24.
36　레짐의 정의는, S. Krasner, ed., *International Regimes* (Ithaca: Cornell University
　　Press, 1983); 체계에 대한 정의는 평화체계란 개념을 사용했던 D. Mitrany, *A Working
　　Peace System* (Chicago: Quadrangle Books, 1966) 참조.
37　박가분, "변신하는 리바이어선과 감정의 정치," 『창작과 비평』, 제42권 4호 (2014).

해소를 위한 대안으로 등장하고 있는 '공동체주의(communitarianism)'
처럼, 마음체계의 변화 가능성에 주목하기 위해서다.

III. 남북한 접촉지대 연구와 마음체계의 실증

남북한 주민은 국내외의 접촉지대에서 다양한 형태로 관계를 맺고 있다.
그 관계에는 한반도의 분단이 반영된다. 분단이란 조건 때문에 남북한
사람들의 접촉은 제한적일 수밖에 없지만, 1990년대 북한의 경제위기
이후 탈북자가 증가했고, 그 결과 한국 및 해외에서 남북한 사람들의 접
촉면이 증가했다. 또한 김대중 정부와 노무현 정부 시기 대북 화해협력
정책이 추진되면서 남북한 주민의 교류가 증가했고, 따라서 남북한 주민
의 접촉지대도 증가했다. 이명박 정부와 박근혜 정부를 거치면서도 제한
적이지만, 남북한 주민의 교류와 접촉은 진행되었다. 표 1과 같은 접촉지
대에서 나타나는 남북한의 주민의 마음체계의 관계에 대한 실증연구의
결과를 정리하면 다음과 같다.

첫째, '몸'의 체제 전환을 한 탈북자들과 남한 사람들의 관계다. 국
내외의 접촉지대에서 탈북자는 모두 '사회적 소수자'의 특성을 지닌다.
반면, 한국사회의 접촉지대에서 남한 사람들은 주류와 다수가 된다. 해
외의 접촉지대에서는 남한 사람들도 탈북자와 마찬가지로 사회적 소수
자가 된다. 따라서 국내의 접촉지대와 해외의 접촉지대에서 남북한 사람
들의 권력관계는 상이하게 나타난다. 달리 표현한다면, 접촉지대의 '공
간적 효과'가 남북한 주민의 상호작용에 영향을 미친다는 의미다. 국내
의 접촉지대에서 남한 사람과 북한 사람의 만남과 마음체계의 변화는,
인천 남동구 탈북자 집단 거주지역을 대상으로, 생활공간에서의 관계와

직장에서의 자본-노동 관계 등을 살펴본다. 해외의 접촉지대의 사례는, 영국 뉴몰든 코리아타운에서 발생하는 남북한 이주민들의 상호작용이다. 두 접촉지대 사례에 대한 실증연구를 토대로 탈북자의 신체화된 마음과 연장된 마음의 체제 전환이 발생하고 있는가를 검토한다.

국내의 접촉지대인 인천시 남동구는 한국사회의 구(區) 단위에서는 탈북자가 가장 많이 거주하는 지역이며 특히 임대아파트가 집중된 논현동 일대는 북한 출신 주민들의 가시성이 두드러져 때때로 '작은 북한'이라고도 불린다.[38] 그러나 '작은 북한'은 탈북자의 밀집 때문에 발생한 한 비유다. 실제로는 다수의 남한 주민이 일상을 영위하고 있는 지역이고, 중국의 조선족과 한족 그리고 귀국 사할린 동포 등이 분포되어 있는 지역이다. 인천 남동구의 접촉지대에서 핵심 역할을 수행하는 아파트라는 분절과 폐쇄의 공간을, 탈북자들은 집단주의적이고 관계중심적인 북한적 마음체계의 발현을 통해, 분절과 간섭의 공간으로 만들고 있다. 탈북자 '그들끼리의' 모임과 사회적 소수자인 탈북자를 지원하는 다양한 남한 사람의 방문이 공간의 성격을 변화시키고 있는 셈이다. 인천 남동구 논현동의 아파트는 탈북자가 중국과 한국에서 자본주의적 문화를 학습했음에도, '신체화된 마음'의 전면적 체제전환이 한계적임을 확인하게 한 접촉지대다. 다른 한편, 논현동의 아파트는 탈북자의 집단거주라는 환경 변화에 직면한 남한 주민의 '연장된 마음'이 구성되는 계기를 제공한다.[39] 남한 사람들은 같은 남한 사람들보다 탈북자들에 대해 인지적·정서적 측면에서 부정적 태도가 강했고, 사회적 거리감이 크며, 신뢰는 낮은 모습을 보이고 있다.

---

38 인천 남동구의 사례는, 이수정, "접촉지대와 경계의 (재)구성: 임대아파트 단지 남북한 출신 주민들의 갈등과 협상," 『현대북한연구』, 제17권 2호 (2014).

39 이수정·양계민, "북한출신주민과의 지역사회 내 접촉수준에 따른 남한출신주민의 태도의 차이: 인천 논현동 지역 거주자를 중심으로," 『북한연구학회보』, 제17권 1호 (2013).

인천 남동구에 거주하는 탈북자들의 다수는, 한국사회에서 자본주의적 생산관계에 '임금노동자'로 진입하고 있다.[40] 임금노동자는 생존을 위해서 노동력을 자본에 판매한다. 따라서 임금노동자 사이의 경쟁이 불가피하고, 실업이 발생하곤 한다. 노동계급 내부의 경쟁은 노동자들을 개별화시키고 연대를 어렵게 하는 요인이다. 그 결과 자본주의 사회에서 자본과 노동 간에는 권력관계가 형성되는 경우가 지배적이다. 자본은 노동의 고용부터 노동의 배치, 노동시간과 강도, 고용, 임금배분 등을 결정할 수 있는 권한을 가지고 있기 때문이다. 탈북자들은 한국사회 일반의 노동자보다 열악한 상황에 놓이게 된다. 탈북자들 가운데 상당수가 한국의 노동시장에 필요한 기술과 교육수준을 가지고 있지 못하기 때문이다. 게다가 북한에는 경제위기가 오랫동안 지속되면서 잔업, 특근, 야근 같은 것들이 없을 정도로 공장가동률이 현저히 낮았지만, 한국의 공장들은 그에 비해서 노동시간이 길고 강도도 센 편이다. 탈북자들은 북한에 비해 높은 노동강도와 한국노동자들과 비교할 때 상대적인 저임금 상태로 인해 상대적 박탈감을 느끼게 되는 경우가 많다. 또한 남한기업의 사장이나 직장 상사 및 동료들과 교류가 없는 경우에 높은 노동강도와 낮은 임금수준에 대한 불만이 더욱 높은 것으로 나타나고 있다. 상대적으로 회사에 적응을 잘한 경우에도 탈북자들이 승진이나 임금수준 면에서 남한 사람들과 비교할 때 뒤처지게 된다는 점에 대해서는 상실감을 가지고 있다.[41]

---

40 윤철기, "북한이탈주민의 노동권과 마음의 통합: 인천시 남동구의 비정규직·비공식분야 노동자의 심층면접을 중심으로," 『법과인권교육연구』, 제7권 2호 (2014).

41 다양한 국가적 기원을 가진 이주노동자가 노동력을 판매하고 있는 인천 남동구 지역에서, 탈북자들은 이주노동자와 같은 다른 사회적 소수자 집단에 대해서 이중적인 태도를 보이고 있다. 첫 번째는 이주노동자에 대한 연대의식을 가지게 되는 경우이다. 탈북자들은 한국사회에서 사회적 소수자에 대한 '차별'과 '불평등'을 인식하게 되면서, 다른 사회적 소수자

서비스 분야에 고용된 탈북 노동자들은 남한 사람을 그 서비스를 소비하는 고객으로 만나고 있다. 북한생활에 익숙한 탈북자에게 남한의 서비스는 잘 이해할 수 없는 사례다. 탈북자들은 남한의 음식점이나 술집에서의 서비스가 과도하다고 느낄 때가 많다. 서비스 노동 혹은 감정노동에 대해서 탈북자들의 피로도는 남한 사람과 비교할 때 더욱 높은 것으로 나타나고 있다. 그런데 더욱 힘든 점은 남한의 손님들과의 관계에 있다. 남한 사람들은 음식을 주문하거나 다른 서비스를 요구할 때, 용어나 단어가 생소해서 말을 못 알아들으면 곧바로 다른 사람을 부른다. 이렇게 되면 같이 일하는 다른 동료들에게 주문이 몰리게 된다. 결국 "말을 못 알아 듣는다"는 것 때문에 손님은 물론 동료들의 눈치를 보는 일이 생기게 된다. 이 경우 탈북자 가운데는 자신의 말과 말투가 바뀌었으면 좋겠다고 느낄 정도로, 자기정체성을 부정하는 사람들이 생겨나기도 한다. 그리고 이른바 '팁'을 주는 문화 역시 낯설게 느끼고 있다. 고마움을 느낄 때도 있지만 동정을 받는 것 같아 언제나 기분이 좋지는 않다는 것이다. 북한지역에서 신체화된 마음체계가 새로운 환경인 남한의 서비스 문화와 충돌하는 지점 가운데 하나다.

국외의 접촉지대인 영국 런던 근교의 뉴몰든에서는 남북한 이주민 모두 사회적 소수자의 성격을 가지고 있다.[42] 따라서 인천 남동구 논현

집단에 대해서 동질감을 느끼게 되는 경우가 있다. 탈북자들은 자신들에 대한 차별과 선입견 문제를 직접 체감함에 따라 다른 사회적 소수자 집단에 대한 차별이 가진 문제점 역시 심각하게 인식하게 된 것이다. 두 번째는 다른 이주노동자와의 경쟁심을 가지게 되는 경우이다. 탈북자는 같은 민족임에도 불구하고 오히려 다른 국적을 가진 이주노동자들보다 오히려 더 못한 처우를 받는다고 느낄 때는 남한 사장에 대해서는 서운함을, 다른 노동자들에 대해서는 경쟁심을 느끼는 것으로 나타났다. 같은 민족이기 때문에 그리고 탈북자는 엄연히 한국인이기 때문에 다른 국적을 가진 이주노동자보다 못한 처우를 받아서는 안 된다는 생각을 가지고 있는 것이다.

42 이수정·이우영, "영국 뉴몰든 코리아 타운 내 남한이주민과 북한난민 간의 관계와 상호인식," 『북한연구학회보』, 제18권 1호 (2014).

동과 달리 남한 사람이 다수자고 북한 사람이 소수자인 관계는 성립하지 않는다. 약 5,000명 미만의 남한 이주민이 먼저 정착한 공간에 2004년부터 2012년 현재까지 650여 명의 숫자의 측면에서 상대적 소수자인 탈북자가 난민으로 이주한 접촉지대라는 점에서 자원의 비대칭은 존재하지만, '종족경제'의 구성원으로서 남북한 사람 그리고 조선족 이주민이 상호작용하며 생활공간을 구성하고 있다. 이 초국가적 접촉지대에서 나타나는 남북한 사람들의 사회관계는, '코리안'이라는 사회적 소수자로서의 동일성, 남한 사람 고용주와 북한 사람 피고용인, 남한 사람 판매자와 북한 사람 구매자라는 경제적 의존관계, 난민이기 때문에 상대적으로 높은 영국정부의 복지혜택을 받는 북한 사람 등으로 정리할 수 있다. 따라서 남북한 사람의 상대적 평등성이 두드러지는 뉴몰든의 공간에서 남북한 사람의 신체화된, 연장된 마음체계는 인천 남동구 논현동과 다르게 나타나고 있다. 북한 사람들은 남한 사람을 "고맙지만은 않은 사람", "친해지기 어려운 협력의 대상", "더 이상 기죽지 않아도 될 상대"로 느끼고 있다면, 남한 사람은 북한 사람을 "불쌍하지만은 않은 사람", "협력할 수밖에 없는 사람", "가까이하기엔 너무 먼 사람"으로 생각하고 있다.

둘째, 남북한의 교류와 협력으로 북한지역에서 북한 사람과 남한 사람이 만나는 접촉지대다. 대표적으로 2002년부터 2016년까지 운영된 개성공업지구가 그 사례다. 이 접촉지대에서는 남북한 사람은 남한 사람 관리자와 북한 사람 노동자의 관계를 형성하고 있다. 그러나 북한지역에 위치한 개성공단에서는 일반적인 노사관계와는 다른 관계가 형성되고 있다. 예를 들어, 그림 1에서 볼 수 있는 것처럼, 남한 입주기업 경영자 및 관리자들은 북한 노동자들에게 직접 지시를 하지 못하게 되어 있다. 북한 노동자의 대표격인 직장장을 반드시 경유해야 한다. 주로 개성 현지법인의 대표인 법인장이 북한의 직장장에게 각종 지시 관련 사항을

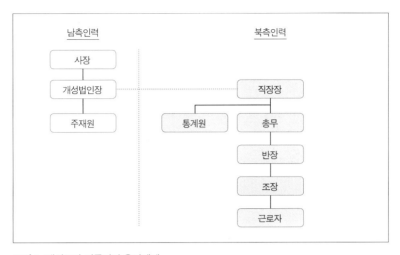

그림 1. 개성공단 입주기업 운영체제
출처: 통일부, 『개성공단 사업 현황 및 과제』 (2012)

전달하면 북한의 직장장이 반장–조장을 거치거나 직접 노동자에게 지시를 하달하는 구조로 되어 있다.[43]

특수한 노사관계는, 남북한 사람들의 마음체계에서 발현된다. 남한 기업인들은 북한의 직장장이나 총무를 북한의 노동자 대표 정도로 생각한다. 남한기업에서는 수평적이 아닌 수직적 상하관계가 작동하고 있다고 생각하기 때문이다. 반면 북한 사람들은 남북한 사람들이 노사관계의 존재에도 불구하고 수평적 관계라고 생각하는 경향이 있다. 북한지역에 있는 개성공단의 공간적 효과 때문이라 할 수 있다. 남한 사람들의 마음체계 영향을 미치는 요소가 남한기업의 노사관계 관행이라면, 북한 사람들의 마음체계는 장소가 주는 공간적 효과에 영향을 받고 있다고 할 수 있다.

43   양문수·이우영·윤철기, "개성공단 북한 근로자에 대한 남한 주민의 태도에 관한 연구," 『통일문제연구』, 제59호 (2013), pp. 147~148.

공간적 효과와 더불어 개성공단에서는 사회관계의 형성에서도 특수성이 드러난다. 개성공단에서 남북한 사람들의 사적인 접촉은 극히 제한된다. 북한 노동자가 남한 관리자와 만날 때, 결코 혼자 만나는 일이 없다. 그리고 개인 간의 접촉에서도 북한 당국의 영향력이 매우 크다. 그뿐만 아니라, 남북한 관계에 영향을 받지 않을 수 없다. 남북한 관계가 경색 국면일 때의 개성공단에서 남북한 사람들의 관계와 남북한 관계가 좋을 때의 관계는 다를 수밖에 없다. 그런데 흥미로운 점은 이렇게 개성공단에서 남북한 사람들의 관계를 통제하거나 영향을 주는 외부적 요인이 강력함에도 불구하고, 남북한 사람들의 태도의 변화가 나타나고 있다는 점이다. 특히 북한 사람들의 태도가 주목된다. 북한 노동자들의 남한 사람들에 대한 적대감이 약화되고 있다.[44] 즉, 개성공단이란 접촉지대에서 남북한 사람들의 변화는 외적 강제가 존재함에도 불구하고 서로의 마음 체계에 영향을 주고 있는 것이다.

대북 인도적 지원으로 북한지역에서 만들어지는 또 다른 접촉지대도 있다. 이 공간에서 남한 정부와 시민사회단체는 공여자로 북한 주민은 수혜자로 각자의 위치가 결정되어 있다.[45] 이 두 주체를 매개하는 역할은 북한의 민족화해위원회와 같은 기관이 수행한다. 그러나 공여자와 수혜자가 직접 접촉하는 경우는 제한되고 있다. 매개기관이 그 접촉을 차단하기 때문이다.[46] 공여자-수혜자 관계에서 일반적으로 나타나는 권

44　북한 주민들에 대한 태도변화는 직접적으로 설문할 수 없다. 남한 관리자들이 인식하는 변화일 수밖에 없다. 양문수·이우영·윤철기, "개성공단의 남북한 접촉이 북한 근로자에 미친 영향에 관한 연구," 『통일연구』, 제17권 2호 (2013).

45　이우영, "대북 인도적 지원과 남북한 마음의 통합," 『현대북한연구』, 제17권 2호 (2014).

46　대북지원단체의 활동가들을 인터뷰한 결과 공여자와 수혜자 간의 직접적인 대화와 만남이 대단히 어렵다는 점을 다시 한 번 확인할 수 있었다. 특히 대북지원활동이 본격화되기 이전에 북한 정부가 남한의 시민사회단체를 정확히 인지하지 못했다고 한다. 북한 정부와 사람들이 국가와 시민사회에 대한 구별이 명확하지 않기 때문이다. 특히 대북지원활동에서 자

력관계도 이 접촉지대에서 관찰되고 있다.[47] 따라서 갈등과 경쟁이 불가
피한 형태로 나타나고 있다. 분단의 효과인 상대방에 대한 선입견과 자
기검열 그리고 개인수준에서의 경쟁의식 등이 그것이다. 더불어 감시와
통제도 남북한 마음체계 쌍방에 영향력을 미치고 있다. 즉 마음체계의
발현을 막는 장치들이 작동하고 있다. 상대에 대한 지식부족과 가치 및
언어의 차이도 상호적 마음체계의 형성에 장애를 일으키는 장벽이다. 정
리하면, 이 접촉지대에서 남한 사람의 마음체계에서는 북한 사람들에 대
한 우월감과 동정심이, 북한 사람의 마음체계에서는 경계심과 고마움의
공존 등이 발견된다. 추가적으로, 남북관계가 침체와 경색의 시기에 직
면할 때 남북한 사람들의 서로에 대한 마음체계의 변화가 발생하고, 대
북지원 사업이 난항을 겪게 됨을 확인할 수 있다.

　셋째, 남북한의 공식대화와 같은 접촉지대에서 남북한은 각각 정부
대표의 자격으로 만난다.[48] 따라서 여느 외교 회담처럼 대등한 관계를 형
성할 수 있다. 그러나 남북대화는 일반적인 외교 회담과는 그 성격이 근
본적으로 다르다. 이는 유엔 가입 문제를 놓고 남북한 간에 벌어졌던 신
경전을 통해서 단적으로 확인할 수 있다. 노태우 정부가 유엔 동시 가입
을 추진했을 때, 북한은 '조선은 하나다'라는 논리로 남북한 동시 가입을
반대했다. 국제사회에서 남북한은 모두 주권을 가진 국가임을 자임하지
만, 남북한은 서로의 주권을 인정하지 않았다. 이는 일반적인 국가 간의
회담에서 찾아보기 힘든 일로, 남북관계가 분단국가들의 관계, 즉 특수

　　주 부딪히게 되는 북한 민족화해협력위원회 참사들에게 시민단체가 무엇인지 설명하고 이
　　해시키는 데 오랜 시간이 걸렸다고 한다.

47　남한의 시민사회단체들이 북한의 기관과 주민들에 대해서 겸손을 강조하는 이유도 이 때
　　문이다.

48　윤철기·구갑우, "남북한 대화에서 남북한의 상호인식 변화: 노태우 정부 시기 남북고위급
　　회담을 중심으로," 『북한학연구』, 제9권 1호 (2013).

관계임을 말해 준다. 따라서 남북회담에서는 자기 체제의 정당성을 과시하고 상대방 체제의 문제점을 지적하는 마음체계의 발현이 나타난다. 첫 번째는 상대방 체제의 문제점과 이데올로기를 연결시켜 상대방을 비난하는 방식이다. 두 번째는 회담 과정에서 발생하는 일련의 문제들을 상대방의 책임으로 돌리는 경우이다. 마지막은 첫 번째와 두 번째 방식을 혼합한 것이다. 예컨대 회담이 결렬되면 그것은 상대측의 이념과 체제 때문이라고 주장하는 것이다. 그러나 남북대화 역시 남북한이 자신의 이해관계를 관철시키기 위한 외교의 장이다. 따라서 공동의 이익을 형성하게 되면 남북대결의 모습이 사라지게 된다. 즉, 남북한의 이익이 합치되면 협력을 지향하는 마음체계가 형성된다. 역사적으로 남북대화는 여러 차례의 합의에 도달한 바 있다.

IV. 마음의 지질학과 마음의 통합 이론: 북한적 마음체계의 탐사

1. 북한적 마음체계와 마음의 지질학

접촉지대 연구에서 발견한 북한적 마음체계는 은유적으로 '마음의 지질학'이라 부를 정도의 모습이다. 북한적 마음체계의 지층구조는, 기저에 한반도라는 지리적 조건들—지정학적, 지경학적, 지문화적 조건들—에 기초한 한(韓)민족의 마음과 그 위에 각기 다른 역사적 기원을 가지는 분단/사회주의 마음, 탈분단/체제전환의 마음 그리고 개별 사건들과 인간들의 마음 등이 퇴적된 중층적 형태를 띠면서 하나의 체계를 형성하고 있다. 그림 2는 이 지층구조의 도식화다.

  이 지층구조는 프랑스의 아날학파(Annales)가 제시한 세 가지 역사

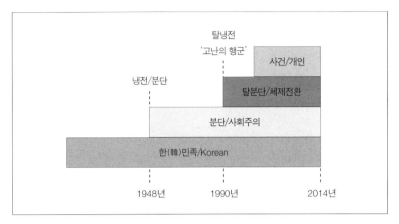

그림 2. 북한적 마음체계의 지층구조

학의 시간개념 — 장기지속(longue durée), 주기적 국면(conjoncture),
개별적 사건 — 과 그 시간구분에 기초하여 개념화한 집합적 마음의 구조
화된 질서인 '집단심성(mentalité)'을 떠올리게 한다.[49] 북한의 마음체계
에 적용해 본다면, 한민족의 마음은 장기지속적 시간을, 분단/사회주의
마음과 탈분단/체제전환의 마음은 국면의 변화를 반영하는 사회사적 시
간을, 북한 주민이나 탈북민의 마음은 각각 개별적 시간을 가지고 있다
고 할 수 있다. 북한 주민의 집단심성은 이 시간들과 접촉하는 공간을 가
로지르며 형성된다.

　우리는 이 집단심성을 마음체계란 개념으로 포착하고 있다. 한민족
의 고유어인 '마음'을 연구의 주제어로 선호하는 이유는, 마음의 고어로
알려진 '무숨'이 '마중'이나 '맞이함'과 같은 어원을 가지고 있는 것에서
볼 수 있듯이, 마음이 생물과 무생물을 포함한 외부 세계와의 관계를 통
해 형성된다는 점에 주목하기 위해서다.[50] 성격이나 품성과 같은 단어의

49　페르낭 브로델, 김홍식 역, 『물질문명과 자본주의 읽기』 (서울: 갈라파고스, 2012); 뤼시앵
　　페브르, 김응종 역, 『16세기의 무신앙 문제』 (서울: 지만지, 2008).

동의어로 마음이 사용될 때 무관계적으로 보이는 마음조차 자아 내부의 산물이지만 자아의 외부적 맥락 속에서 형성되는 것이고, 외부 세계에 표현될 때 그 실체를 확인할 수 있다. 마음의 한 구성요소가 외부의 타자를 통해 자신을 규정하며 자신(self)과 타자(other)의 경계를 긋는 과정에서 만들어질 때, 이 경계가 사회과학적 의미에서 "나는 또는 우리는 누구인가"를 결정하는 정체성(identity)을 생산한다.[51]

이 이론적 기반에 입각한 북한적 마음체계의 지층구조에 대한 지질학적 탐사는 두 방향으로 진행된다. 첫째, 각 지층형성의 기원을 찾는 마음의 역사학이다. 특히 사회사적 시간범주를 담지하고 있는 분단/사회주의 마음과 탈분단/체제전환의 마음이 왜 그리고 어떻게 형성되었는가라는 질문에 답하는 작업이다. 분단/사회주의 마음이 남한이란 타자와의 경계짓기를 통해 형성된 것이라면, 탈분단/체제전환의 마음에서는 북한 스스로가 타자화되는 모습을 보인다는 점에서, 두 마음의 형성과정은 차이를 보인다. 마음의 표현이 이루어져야 그 마음의 지층을 추론하고 측정할 수밖에 없다고 할 때, 정치, 경제, 사회, 사회심리 등의 분야에서 마음을 표현하는 다양한 언어적·비언어적 매개체들을 통해 마음체계의 기원과 '원형(prototype)'을 찾는 작업이다.[52]

둘째, 북한적 마음체계는 그림 2에서 볼 수 있는 것처럼, 서로 기원을 달리하는 다양한 마음들이 접합(articulation)되어 있는 복합체의 성

---

50 문석윤, 『동양적 마음의 탄생』; 아지트 바르키·대니 브라워, 『부정본능』.

51 K. Woodward, *Understanding Identity* (New York: Oxford University Press, 2002).

52 북한적 마음체계의 추론과 측정은 방법론의 측면에서 두 가지 난점을 지닌다. 첫째, 현장조사가 불가능한 북한이란 연구대상의 문제다. 둘째, 마음체계의 조작화(operationalization)를 통한 측정의 문제다. 이 두 어려움의 극복을 위해 현장연구(field research), 암묵적 연합검사(implicit association test), 설문조사, 텍스트 분석, 관객분석, 결정적 사건분석 등의 방법을 결합하여 사용한다.

격을 지니고 있다. 서로 모순되는 마음들이 갈등하며 탈구(disarticula-tion)하고 있는 마음구성체가 마음체계다. 접촉지대 연구에서 우리는 분단/사회주의 마음으로 대표되는 북한적 마음체계에 영향을 주는 변수로, 1990년대 중반 이른바 '고난의 행군'이라 불리는 경제위기가 '결정적 사건(critical incident)'으로 기능하고 있음을 본다. 1990년대 초반 냉전의 해체 이후의 지정학적 변화는 냉전의 해체보다 지체된 1990년대 중반 북한의 경제위기와 결합되면서, 북한적 마음체계에 탈분단/체제전환의 마음이란 지층을 만들어 냈다. 북한 국내적으로도 결정적 사건이 결정적 국면(juncture)을 형성하면서 새로운 제도의 건설을 위한 씨앗이 되었다. 예를 들어, 자생적 질서(spontaneous order)였던 농민시장/장마당의 제도화는 북한적 마음체계의 탈구를 야기한 구조적 변화였다. 즉 북한이 '고난의 행군'이라 부르는 1990년대 중반의 경제위기는, 1945년 해방 이후 북한의 사회주의 건설에 버금갈 정도로 북한적 마음체계의 변화를 야기한 결정적 사건이었다.

　북한적 마음체계가 접촉지대에 진입하여 남한적 마음체계를 만날 때, 북한적 마음체계의 첫째 층위는 한민족의 마음과 더불어 분단/사회주의 마음이다. 자신들이 살아온/살아가는 공간에서 만들어진 마음의 체계다. 인천 남동구, 뉴몰든, 개성공단, 남북대화 모두에서 발견되는 마음체계다. 둘째 층위는 접촉지대로 진입하기 전 서로에 대한 인식이 만들어내는 마음의 체계로 첫째 층위와 밀접히 관련된다. 특히 탈북자와 남한 사람이 만나는 접촉지대인 남한지역과 해외의 접촉지대에서 탈북자에게 탈분단/체제전환의 마음이 작동함을 확인할 수 있다. 셋째 층위는, 접촉지대라는 사회적 공간에서 남북한 사람들의 상호작용에 의해 만들어지는 상호적 마음체계다.

　접촉지대에서 북한적 마음체계의 접합과 탈구 그리고 남북한 사람들의 상호적 마음체계의 형성과정에 영향을 미치는 변수들은, '공간적 효과(spatial effects)', '사회관계', '자원의 분포'의 조합으로 정리된다. 첫째, 공간적 효과는 앞서 지적한 것처럼 공간이 사회관계를 담는 그릇이나 배경이 아니라 사회관계를 주조하는 역할을 한다는 의미다. 예를 들어, 탈북자가 국내에서 참여하는 접촉지대에서 탈북자는 사회적 소수자가 된다. 그러나 탈북자가 해외에서 남한 사람과 만나는 접촉지대에서는 탈북자와 남한 사람 모두 사회적 소수자가 된다. 즉, 탈북이란 몸의 체제전환에도 불구하고 행위주체를 호명하는 마음체계는 공간적 효과에 따라 다르게 나타나고 있다.[53] 공간의 차이가 사회관계를 상이하게 주조하고 있다. 북한지역의 접촉지대인 개성공단에서는 자본과 노동의 관계가, 대북 인도적 지원사업에서는 공여자와 수혜자 관계가 형성되고 있고, 남북회담에서는 특수관계와 국제관계의 이중성이 나타나고 있다. 즉 북한이란 고정된 장소도 지정학적·지경학적·지문화적 공간 변화에 따라 다른 마음체계를 생산하는 장소로 전환된다.

둘째, 접촉지대의 사회관계는 자원의 분포에 따라 그 성격의 변이가 나타나고 있고, 사회관계의 관념적 형태인 마음체계들의 관계, 즉 상호적 마음체계에 영향을 미치고 있다. 국내외의 탈북자가 연루된 접촉지대에서 탈북자는 주로 피고용인으로 등장한다. 남한 사람 고용인과 탈북자 피고용인 관계 또는 남한 사람 판매자-탈북자-구매자의 관계는 자원분포의 비대칭성 때문에 야기되는 전형적 사회관계다. 반면 북한지역에서 형성되는 자본과 노동의 관계, 공여자와 수혜자의 관계에서는 상대적으

---

53 서구의 현상학에서도 몸이 외부의 세계를 지각하는 것을 '감각'으로 규정하면서, 이 외부적 맥락으로 공간, 사회, 역사, 즉 시공간을 설정한다. 모리스 메를로-퐁티, 류의근 역, 『지각의 현상학』 (서울: 문학과 지성사, 2002). 마음은 감각을 통해 외부 세계와 소통한다는 의미다.

로 자본과 공여자가 지위가 상대적으로 약화되는 모습을 보인다. 두 사회관계에서 일반적으로 나타나는 수직적 관계가 관철되지 않는 이유는 북한이란 공간이 주는 제약과 공간 자체가 북한에 위치하면서 북한 사람들이 동원할 수 있는 자원이 상대적으로 증가하기 때문이다.

2. 마음의 통합 이론

접촉지대에서 발생하는 마음체계의 상호작용과 상호적 마음체계에 대한 연구는, 무엇이 사회구성원을 하나로 묶어 주는가, 라는 고전적 사회통합 논의를 미시적 수준에서 고찰하려는 시도다. 사회통합(social integration)을 거시적 수준에서 체제의 지배 정당성이 사회구성원에 의해 인정되고 수용되는 '체제통합(system integration)'과 개인 및 집단의 상호작용을 통한 관계성의 증가인 '사회활동의 통합(societal integration)'으로 구분할 수 있다면,[54] 마음체계의 상호작용에 대한 연구는 거시적 사회통합의 미시적 기초를 밝히는 연구이다.

미시적 수준의 사회통합과 관련하여, 통합을 바라보는 시각에 따라 방향성을 둘러싸고 세 가지의 관점이 있다.[55] 첫째, 사회통합을 구성원들의 기회·권리의 평등성 확대와 소통의 확대에 기초한 연대성의 확장으로 보는 긍정적 시각이다. 둘째, 통합을 통제에 기초한 획일성의 증가로 보는 부정적 입장이다. 셋째, 사회적 관계의 조직화된 패턴을 기술하는 가치중립적 개념으로 생각할 수도 있다. 사회통합 논의에 탈근대성

---

54   A. Giddens, *Profiles and Critiques in Social Theory* (Berkeley: University of California Press, 1982).

55   L. Mayhew, *Talcott Parsons: On Institutions and Social Evolution* (Chicago: The University of Chicago Press, 1982).

(post-modernity)을 도입할 경우, 서로의 차이를 인정하고 존중하면서
도 공동의 가치와 연대성을 형성하는 과정으로서 사회통합을 바라볼 수
있다.

　미시적 사회통합에 대한 우리의 규범적 시각은 탈근대적 사회통합
에 근접해 있다. 그러나 통합 자체가 규범성을 담지하지만, 그 시각을 선
험적으로 사회통합에 부과하지 않는다. 실증에서 나타나는 서로 다른 남
북한 마음체계가 상호적 마음체계를 형성하는 심리과정에 주목한다. 예
를 들어 A가 보내는 마음의 출력을 성향적(dispositional) 요인에 기인
한 것이라 판단할 때, A에 대한 B의 마음은 변하지 않게 된다. 즉, B의 A
에 대한 마음은 고정되어 있을 가능성이 높다. 성향의 근본적 전환은, 마
음의 지질학을 고려한다면, 불가능한 일이다. 마음체계의 접합과 탈구의
형태만이 가능할 뿐이다. 반면 상대방의 출력을 그것이 사건이든 행동이
든 상황적(situational) 요인으로 해석한다면,[56] 상호작용을 통해 A와 B
의 마음체계가 변하며 제3의 상호적 마음체계를 형성할 수 있다. 즉, 마
음체계와 마음체계가 만나 특정한 윤리적 태도를 담지한 상호적 마음체
계가 만들어질 수 있다. 우리는 이 상호적 마음체계의 형성을 마음의 통

56　J. Mercer, *Reputation & International Politics* (Ithaca: Cornell University Press,
　　1996). Mercer는 적들이 기대와 달리 긍정적으로 행동할 때, 우리는 이 상궤를 벗어난 행
　　동을 상황적 귀인으로 설명한다. 반면, 적들이 부정적 기대와 일치하게 행동할 때 성향적
　　귀인으로 설명한다. 이 심리 이론은 심리 실험의 결과를 바탕으로 하고 있다. 예를 들어 동
　　일한 살인 사건에 대해 미국 신문들은 범인의 인격적인 결함을 부각시키는 보도를 한 반
　　면, 중국신문들은 범인이 처했던 상황에 초점을 맞추었다는 것이다. 다음은 이를 일반화한
　　진술이다. "사회심리학에서 가장 잘 알려진 현상인 기본적 귀인 오류는 어떤 사람의 행동
　　을 설명할 때 상황적 원인보다는 행위자 내부의 원인을 더 중요하게 간주하는 경향을 말한
　　다. … 아리스토텔레스 윤리학의 가정에 따르면 사람들의 행동을 바꾸기 위해서는 그 사람
　　의 천성을 바꾸어야 하지만, 그것은 매우 어렵고 비생산적인 일이다. 그보다는 원하는 행동
　　을 했을 때 최선의 결과를 얻을 수 있는 상황을 마련해 주고, 원치 않는 행동을 하도록 부추
　　기는 상황을 제거해 주는 것이 낫다. 이러한 상황 중심 윤리는 동양인의 관점에 더 일치한
　　다." 리처드 니스벳, 최인철 역, 『생각의 지도』 (파주: 김영사, 2004).

합으로 정의한다. 그리고 이 상호적 마음체계의 형성과정을 두텁게 기술하려 한다. 이론적 설명은 정확한 기술일 수 있기 때문이다.[57] 접촉지대의 실증연구는 그 작업이다.

　　남북한 사람들의 마음체계의 상호작용은 '충돌'과 '순응'이라는 이분법뿐만 아니라 마음체계들 사이의 '협상'이나 서로의 마음의 체계를 새롭게 '구성'하여 상호적 마음의 체계를 만들어내고 있다.[58] 충돌이 상호적 마음체계의 형성을 전제하지 않는다면, 순응은 일방의 타방으로의 흡수일 수 있다. 즉 접촉지대에 진입하기 전의 남북한 마음체계가 유지되는 형태다. 앞서 지적한 것처럼, 접촉지대의 대척에 공동체가 있다면, 충돌과 순응은 접촉지대와 공동체의 순수한 형태다. 반면 협상과 구성은 남북한 마음체계의 상호 변형이 발생하는 선택지다. 협상과 구성이, 차이를 인정하지만 공동의 이익과 가치를 만들어 가면서 연대할 수 있는 상호적 마음체계의 형태라는 의미다. 협상과 구성에서는, 소통을 기반으로 상호작용이 이루어져야 한다는 전제가 있고 따라서 소통과 같은 상호작용의 형태에 대한 이론적 추가가 필요하지만,[59] '기억의 재구성'과 마음체계의 '새로운 지층'의 형성을 통한 남북한 마음체계의 변화를 수반

57　라투르 외, 『인간·사물·동맹』. 두터운 기술은 또한 공식담론이 은폐하거나 구조적 설명이 간과하는 행위자들의 일상을 복원함으로써 공식담론이나 구조적 설명과 현실 사이에 존재하는 긴장과 모순을 드러내는 역할을 한다. 박순성·고유환·홍민, "북한 일상생활 연구의 방법론적 모색," 『현대북한연구』, 제11권 3호 (2008).

58　상호작용의 네 결과는, 한국과 미국의 관계를 이 틀을 이용해 분석한, 신욱희, 『순응과 저항을 넘어서』 (서울: 서울대학교출판문화원, 2010)를 원용한 것이다. 물론 충돌과 순응 사이는 인위적으로 결절의 지점이 확정되지 않는 연속선(continuum)이다. 즉, 협상과 구성이 혼합된 형태도 존재할 수 있다. 이 사고의 원형은, 기업이 제공하는 서비스나 생산물의 질이 하락했을 때, 소비자의 선택으로 '탈출'(exit), '저항'(voice), '충성'(loyalty)를 제시한 A. Hirschman, *Exit, Voice, and Loyalty: Resposes to Decline in Firms, Organizations, and States* (Cambridge: Harvard University Press, 1970)에서 찾을 수 있다. 이 선택지에 대한 도식화는, 자발적 결사체, 노동조합, 정당 등으로 확대될 수 있다. 이 글에서는 상호적 마음체계의 형성을 도식화할 목적으로 이 선택지를 활용한다.

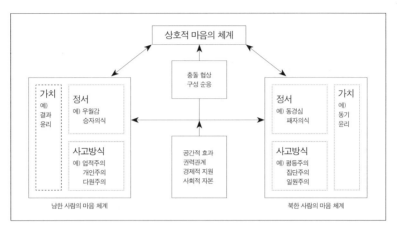

그림 3. 상호적 마음체계의 형성과정

할 수밖에 없기 때문이다. 그림 3은 상호적 마음체계의 형성과정을 도식화한 것이다.

접촉지대 연구는 협상과 구성을 내용으로 하는 상호적 마음체계의 가능성을 보여준다. 인천 남동구 연구에 따르면, 탈북자와의 접촉빈도가 높을수록 탈북자들을 긍정적으로 느끼고, 사회적 거리감도 적으며, 이해도도 높은 것으로 나타나고 있다. 다양한 접촉의 지점을 만드는 것이 서로의 이해에 기초한 사회통합에 긍정적으로 작용할 수 있다는 의미다.[60] "이질적·적대적 문화와 주체의 '불평등한' 교차공간"인 인천 남동구에

---

59   "마음과 합심 개념의 용례들을 통해서 우리가 포착한 것은 소통 행위이다. 이성과 감성을 포괄하는 총체로서 마음 개념은 사회관계를 매개하는 핵심적 실체이며, 마음의 소통으로 이해할 수 있는 합심은 또 하나의 새로운 의사소통의 단위로 규정할 수 있"다. "마음을 매개로 한 합심이라는 소통은 소통양식의 질적 단계에서 가장 심화된 형태로 볼 수 있는 동조적 소통양식에 다름 아님을 확인할 수 있었고, 기존의 소통이 합심이라는 소통양식 안에서 중요한 소통 영역이라는 점도 밝혀낸다." 유승무·박수호·신종화, "'마음'의 사회학적 재발견과 '합심'(合心)의 소통행위론적 이해: 조선왕조실록의 용례 분석에 근거하여," 『사회사상과 문화』, 제28집 (2013).

60   이수정·양계민, "북한출신주민과의 지역사회 내 접촉수준에 따른 남한출신주민의 태도의 차이."

서도 마음체계의 충돌만이 아니라 서로의 차이를 발견하고 번역하는 문화번역의 과정이 발견된다.[61] 예를 들어 남한 사람들이 탈북자를 '불쌍한 사람들'로 연민하며 위계화하고 타자화하는 방식의 해석틀을 채택하는 경우도 있다. 타자를 열등한 타자로 설정하는 방식으로 자신의 마음체계 내부에서 협상을 한 사례다. 탈북자와 이웃으로 산다는 사실이 남한사회 내에서 자신들을 열등한 타자로 만든다는 인식과 결합되어 이 내적 협상과 함께 상호적 마음체계로 발현되곤 한다. 반면, 사회적 소수인 탈북자는 인정투쟁에 돌입할 경우 남한화를 통해 스스로를 탈북자 내에서 이탈시키려는 시도를 하기도 한다. 이 시선은 남한 주민의 계층화와 연계되어 중상층과는 연대를, 임대주택 거주자인 하층을 타자화하는 모습으로 나타나기도 한다. 개인의 마음이 중층성과 모순성을 담지하는 사례로 순응의 상호적 마음체계의 사례라 할 수 있다.

북한지역에서 만들어지는 접촉지대인 대북지원사업에서는, 정서적 차원에서 공여자-수혜자 관계에서 비롯되는 남한 사람의 우월의식과 북한 사람의 패배의식이 저변에서 작동을 한다. 그러나 반복적인 접촉이 이루어지면서, 적대감을 완화하고 정치적으로 민감한 주제를 회피하려는 협상이 발생하기도 한다. 사업의 목적을 실현하기 위해 서로의 마음체계를 변형하는 것이다. 그럼에도 효율을 지향하는 남한 사람의 마음체계가 명분을 선호하는 북한 사람이 마음체계가 충돌하는 현상은 접촉의 반복에도 불구하고 반복되고 있다.[62] 남북대화는 마음체계의 충돌이 가장 전형적인 접촉지대이면서 동시에 협상이 가시적인 공간이기도 하다. 개성공단과 같은 구성에 기초한 상호적 마음체계가 형성된 사례도 있지만, 남북관계의 질적 전환을 의미하는 갈등의 전환은 한계적이다.

61　이수정, "접촉지대와 경계의 (재)구성."
62　이우영, "대북 인도적 지원과 남북한 마음의 통합."

북한지역에 만들어진 '상설' 접촉지대로서 개성공단은 남북한 마음체계가 서로를 변형시켜 구성의 상호적 마음체계의 형성이 이루어질 수도 있음을 보여주는 사례다. 공간의 지속성과 사회관계의 안정성 그리고 자원분포에 대한 서로의 인지가 일상화된 접촉지대에서 마음체계의 상호구성을 가능하게 한 동력이다. 개성공단에서의 자본-노동관계에서 남한기업 또는 북한당국 일방이 결정권을 가지지 않고 있음을 발견할 수 있다.[63] 갈등과 타협이 반복되면서, 임금 및 근로조건의 개선, 생산 및 교육훈련 등의 영역에서 협상이 발생하고 있는 것이다. 남한 사람과 북한 사람의 갈등이 이데올로기의 충돌에서 권리와 이익을 둘러싼 갈등과 협상으로 전화되면서 나타나는 현상이다. 북한지역에 위치한 개성공단은 접촉지대의 일상화가 구성이란 형태로 상호적 마음체계를 형성할 수 있음을 보여준 사례다.

물론 사회통합의 한 형태인 상호적 마음체계의 형성이 남북한 사람들의 마음의 지층구조의 붕괴를 의미하지는 않는다. 예를 들어, 경제적 접촉지대에서 북한 사람들은 남한 사람의 업적주의를 협상을 통해 수용하지만, 자신들의 집단주의나 일원주의를 거래하지 않기도 한다. 즉, 상호적 마음의 체계는 다양한 상호작용의 형태가 결합되어 있으면서 지배적 형태가 무엇인지를 보여주는 복합체의 성격을 가지고 있다. 마음의 통합은 지·정·의가 결합되어 각기 다른 작용을 하는 복합체로서 마음이 진화한다고 가정할 때, 성립될 수 있는 실천이자 개념이다.

---

63 박천조, "개성공단 노사관계 연구." (북한대학원대학교 박사학위논문, 2014).

V. 기억의 재구성의 과제: 결론에 대신하여

접촉지대 연구에서 드러나듯, 마음은 변하기 어렵다.[64] 마음이 기억을 기반으로 한다고 할 때,[65] 기억은 이 복합체가 표현되는 방식이고 따라서 기억의 재구성이 마음체계의 변화에 필수적이다. 기억하기는 정보를 입력하고(encoding), 저장하며(storage), 검색하는(retrieval) 과정이고, 내부기억장치와 외부기억장치, 정보처리절차 등으로 구성된다.[66] 예를 들어, 북한이탈주민은 외부기억장치를 상실한 몸의 체제전환의 사례다. 그리고 몸의 체제전환은, 향후 우리가 연구과제로 상정하고 있는, '기억의 체제전환'을 수반한다. 기억의 체제전환은 마음의 지질학이 가정하는 기억의 지층구조에 대한 재해석, 재탐색의 과정이다. 일반적으로 기억과정은 선택적이고 해석적인 정치적 행위다. 특히 기억의 목적이 미래를 시뮬레이션하기 위한 것이라 할 때,[67] 기억의 재구성 또는 체제전환이 이루어지지 않는다면 협상의 상호적 마음체계로 기억의 재구성 또는 체제

---

64   H. Gardner, *Changing Minds* (Boston: Harvard Business School Press, 2006).

65   '나'는 인식하고, 판단하고, 의사결정하고, 실행한다. 그러나 그 마음의 작동은 모두 과거에서 경험하고, 배우고, 기억한 정보와 조합을 통해 수정되고, 이미지화하는 복잡한 프로세스를 거친다. 현재의 뇌 과학은 여기까지 밝혀내고 있다. 즉 과거에 얻은 정보-기억이 없으면, 아무 것도 인식할 수 없다. … 익숙한 원고지와 펜이 거기에 있다는 '기대'를 가지고 본다. 오이 겐, 안상현 역, 『치매 노인은 무엇을 보고 있는가』 (성남: 윤출판, 2013), pp. 135~136.

66   J. Foster, *Memory: A Very Short Introduction* (Oxford: Oxford University Press, 2009). 세 가지 종류의 기억이 언급된다. 절차적(procedural) 기억, 의미적(semantic) 기억, 삽화적(episodic) 기억.

67   미치오 카쿠, 박병철 역, 『마음의 미래: 인간은 마음을 지배할 수 있는가』 (파주: 김영사, 2015), pp. 182~183. 익명의 심사자의 지적처럼 사회통합은 기억의 통합이다. 마음의 지질학에서 발견되는 누적적 축적 서사(narrative)가 마음체계의 상호작용을 통해 구성적(constitutive) 서사를 발명하는 것이 사회통합이란 의미다. 제프리 올릭, 강경이 역, 『기억의 지도』 (서울: 옥당, 2011) 참조.

전환이 이루어지지 않는다면 협상을 통한 상호적 마음체계의 타협으로, 기억의 재구성 또는 기억의 체제전환이 가능하다면 각자의 마음체계의 전환을 통한 상호적 마음체계의 구성이란 방식으로 접촉지대와 공동체란 이분법으로 환원되지 않는 남북한 사회통합의 형태를 상상할 수 있을 것이다.

제2부　제도화된 접촉지대

제1장

접촉지대와 경계의 (재)구성: 임대아파트 단지 남북한출신주민들의 갈등과 협상[1]

이수정(덕성여자대학교)

I. 들어가며

이 글은 인천 남동구 논현동의 한 임대아파트 단지 일대에서 남북한 출신의 주민들이 상호작용하며 만들어 가는 생활세계를 분석한다.[2] 이 지역은 북한출신주민의 가시성이 두드러지기 때문에 때때로 '작은 북한'

---

[1] 이 글의 초안은 2012년 개최된 두 개의 학술대회에서 약간 다른 버전으로 발표되었다. (이수정, "접촉지대 이야기: 경계의 재구성," 「북한연구의 새로운 패러다임 모색과 북한의 미래」, 북한대학원대학교 북한미시연구소 창립기념세미나 (2012년 11월 21일); 이수정, "접촉지대, 민족지, 경계의 재구성: 작은 북한 이야기," 「북한이탈주민연구와 정책의 개로운 패러다임과 아젠다 인간안보, 공존, 통합의 원리와 실천을 중심으로」, 북한이탈주민연구학회, 한국교육개발원 공동 학술대회 (2012년 12월 14일)

[2] 이 글은 한국사회에 거주하고 있는 남북한 출신 주민들의 관계를 분석할 때에는 각각 '북한출신주민', '남한출신주민'이라는 표현을 사용한다. 남한으로 입국하기 전 제3국 체류 중인 북한출신 인구에 대해서는 법률적 명칭인 '북한이탈주민'이나 사회적 용어인 '탈북자'를 맥락에 맞게 사용할 것이다. 용어 관련 좀 더 자세한 논의는 다음 글을 참고하라. 이수정, "북한출신 주민 2만명 시대: 우리는 무엇을 준비해야 하는가," 『한반도 리포트 2011/2012』 (서울: 경남대학교 극동문제연구소, 2012).

이라고도 불린다. 실제 이 일대는 전국에서 북한출신주민이 가장 집중된 지역 중 하나이며, 따라서 관련 활동도 두드러진다. 물리적인 의미에서 '작은 북한'은 북한출신주민들의 거주지가 몰려 있는 몇 개의 임대아파트 단지를 가리키지만, 이들이 가시화되는 주변 지역을 포괄하기도 한다. 따라서 필자는 '작은 북한'을 물리적 행정구역이나 주소지를 중심으로 엄격히 구획하기보다는 인천 남동구 논현동 임대아파트 단지 일대 북한출신주민들이 생활을 영위하는 '사회적 공간'으로 느슨하게 파악하고자 한다.

그런데 '작은 북한'에서의 주요 행위자는 단지 북한출신주민만은 아니다. 이 공간을 특징짓는 또 다른 주요 행위자는 이곳에서 살거나 활동하고 있는 남한출신주민들이다. 사실 '작은 북한'은 북한출신주민보다 훨씬 많은 남한출신주민들이 일상을 영위하고 있는 삶의 터전이기도 하며 동시에 조선족, 귀국 사할린 동포 등 '한민족' 디아스포라와 중국 한족 등 다양한 이주노동자들이 살아가는 현장이다.[3] 이곳에서 다양한 배경을 가진 사람들이 서로 만나고 충돌하고 겹치고 어긋나며 삶을 직조한다. 이 글은 이 중 임대아파트 단지에서 이웃으로 거주하고 있는 남북한출신주민들의 상호작용에 초점을 맞추어 이들이 어떤 맥락에서 어떠한 방식으로 상호작용하며, 그 과정에서 발생하는 갈등을 어떻게 협상하는지, 그리고 이에 영향을 주는 요소들은 무엇인지 특히 '공간적 효과'를 중심으로 살펴보고자 한다. 이 글은 구체적인 현장에서 남북한출신주민들의 상호작용과 이를 통해 형성된 사회관계의 양상을 살펴봄으로써 이

---

3   논현동 임대아파트 단지에는 귀국 사할린 동포 집중 거주지도 있다. 2013년 7월 한 언론에서 남동구청장은 외국인 노동자, 사할린 동포, 다문화가구, 북한이탈주민 등 16,000명이 거주하고 있는 남동구를 '작은 지구촌'이라고 소개하고 있다. "남동구는 '작은 지구촌'," 「인천일보」, 2013년 7월 2일; ⟨http://www.incheonilbo.com/news/articleView.htm-lidxno=490719⟩.

후 남북한 통합과정에서 발생할 수 있는 다양한 문제들을 예측하고 그 대안을 모색하는 데 필요한 자료를 제공하는 데 의미가 있다.

II. 이론적 배경 및 연구방법

1. 이론적 배경: 접촉지대와 문화번역

이 글은 '작은 북한'을 남북한출신주민들의 '접촉지대(contact zone)' 중 하나로 분석한다. '접촉지대'는 역사, 지역, 문화, 이데올로기적 분리를 경험한 주체들이 "(대개의 경우) 고도로 비대칭적 권력관계의 맥락에서 서로 만나고 충돌하고 싸우는 사회적 공간(social space)이다."[4] 이때 '접촉지대'는 상호작용하는 장소를 표현하는 기술적 개념인 동시에 필자의 이론적 관점을 담지한 개념이다. 즉, 이 공간은 다른 역사와 배경을 가진 사람들이 '접촉'하는 곳인 동시에 다른 자아, 문화, 공동체의 만남에서 배제와 포섭, 충돌과 소통, 갈등과 공존의 '역동성'이 교차하며, 새로운 '우리' 및 '우리'와 '그들'의 '경계'를 만드는 또 다른 '정체성(identity)'을 배태하는 사회적 공간인 것이다. 공간은 빈 그릇이나 배경이 아니라 '사회적 관계'를 주조하는 틀이다. 즉, 공간은 수동적 대상이 아니라 적극적으로 사회적 관계를 형성하는 매개체인 것이다. 다른 문화적 배경을 가진 사람들이 만나는 사회적 공간을 '접촉지대'로 개념화한 프랫은 이 개념을 '공동체(community)'와 대비한다. 프랫에 따르면 공동체는 하나의 문화를 상상한다. 즉, 하나의 문화, 언어, 역사를 전제하는 개념이다. 그러나

---

4   Mary Louise Pratt, "Arts of the Contact Zone," *Profession*, vol. 1991 (1991), pp. 33~40.

이 개념은 상상 속에서만 가능할 뿐이다. 왜냐하면 다양한 역사와 배경을 가진 개인과 집단의 만남은 기본적으로 이질성을 띨 수밖에 없기 때문이다. 따라서 공동체를 접촉지대로 바꾸어 살펴보면 상상됨으로써 은폐된 차이와 그 차이를 무화하는 권력관계가 드러나게 된다.[5]

흔치는 않지만 남북협상 및 회담 등의 남북한 접촉지대는 한반도 분단 이래 지속되어 왔다. 탈냉전, 민주화 이후 이러한 접촉지대는 급증했다. 새로운 접촉지대의 형성에는 국제적 탈냉전과 남한의 대북화해정책, 북한의 경제위기와 남북한 경제협력, 남한 내 북한출신주민의 증가 및 이들의 제3국으로의 재이주 등이 영향을 미쳤다. 남북한의 비대칭성이 심화되면서 북한 내부와 북중 경계지역에 남북 경제/개발협력 지대가 만들어졌고, 남한과 해외에 북한출신 사람들의 거주지역 등 다양한 접촉지대가 형성되고 있다. 이 접촉지대들에서 오랫동안 분리된 채 서로 다른 역사와 문화를 담지해 온 사람들이 지속적으로 상호작용하면서 역동적인 관계를 형성하고 있다. 따라서 이러한 접촉지대는 남북한 '사회통합'의 미래를 짐작하게 할 수 있는 '현장'이자 '사례'라고 볼 수 있다. 물론 현재의 접촉지대가 한반도 미래의 거울이라고 규정할 수는 없다. 그러나 접촉지대에서 발생하고 있는 자생적 경험은 남북 사회통합을 기획하고자 할 때 고려해야 하는 소중한 기초자료가 될 수 있다.[6] 특히 국내외의 다양한 접촉지대에서 남북한 주민들이 어떻게 같고 또 다른 경험을 하는지, 어떤 만남이 좀 더 긍정적인 관계를 구성하는지 등을 살펴보는 것은

---

5   Ibid.; 이수정·이우영, "영국 뉴몰든 코리아 타운 내 남한이주민과 북한난민 간의 관계와 상호인식," 『북한연구학회보』, 제18권 1호 (2014), pp. 137~174.

6   이상의 접촉지대 관련 내용 중 상당부분은 필자가 참여하고 있는 북한대학원대학교 한국사회기반연구사업(SSK) "접촉지대와 남북한 마음체계의 통합"(NRF-2011-330-B00138)의 연구계획서 일부 내용을 수정, 보완한 것이며, 따라서 이 연구단의 구성원들이 공유하는 진술들이다.

바람직한 통합방안 구성에도 도움이 될 것이다.

　그럼에도 불구하고 지금까지 접촉지대에 대한 연구는 매우 드물며, 이는 한국사회가 '남북관계'를 바라보는 특정한 시각과 관련되어 있다. 한국사회에서 남북관계는 전 세계의 경계선 중 가장 고정적이며 강력한 정치, 사회, 문화적 분리장벽 중 하나인 휴전선을 경계로 대적하고 있는 두 정치체제의 관계로 상상되곤 한다. 이 상상에서 북한은 고정적이고, 단일하며, 폐쇄된, 지도자를 중심으로 한 지배집단이 완전히 장악한 사회이다. 경제난 이후, 북한 사회의 분화와 인민들의 역동성에 대한 발견이 이루어지고 관련 연구가 증가하였지만, 남북관계에 대한 분석은 여전히 북한사회의 내적 단일성과 폐쇄성을 가정한 채 두 정치체 간의 '경쟁'과 '협상'의 틀로 이루어지는 경향이 있다. 이러한 시각이 지배적인 상황에서 '사람들 간의 접촉과 그 함의'에 대한 관심의 자리는 적을 수밖에 없다.

　한편, 남과 북을 경쟁/적대하는 두 개의 분리된 집단으로 보는 시각은 명백하게 남과 북을 잇는 사회적 접촉의 지점들을 만들어 온 북한출신주민들을 바라보는 시각에도 영향을 미쳤다. 한국사회에서 북한출신주민 관련 연구는 이들의 삶의 의미를 "탈북"이라는 용어를 중심으로 고정하고, 한국사회/문화로의 적응 패러다임 중심으로 사고하는 냉전주의적 관점에서 진행되어 왔다. 이러한 관점은 '한국사회'와 그 문화를 뚜렷한 경계를 가지고 일관되게 구조화되어 있는 변하지 않는 단일구성물로 본다는 점에서 뿐 아니라, 북한출신주민들의 행위자성을 탈북이라는 과거의 시점에 묶어둔 채 남한사회에서는 일방적 '적응'의 과제만을 가진 수동적 존재로 재현한다는 점에서 문제적이다. '접촉지대'라는 개념을 중심으로 이들의 삶의 경험을 남한출신주민들과의 관련성 속에서 살펴보는 것은, 새로운 사회구성원으로서의 북한출신주민들의 행위자성에 주목하고 남한출신주민들과의 상호작용 속에서 새롭게 만들어 내는 사회적 관계와 문화적 형태들을 분석하는 것을 가능하게 한다.[7]

접촉지대로서의 '작은 북한'의 생성은 1차적으로 정치적, 영토적 경계를 횡단하여 한국사회로 들어온 북한출신주민들의 이주로 가능해졌다. 그러나 이들의 한국사회로의 이주에는 북한 사회의 정치, 경제적 어려움 등 북한 내부적 요소만큼이나, 북중관계, 중국의 경제성장과 한국과의 국교 수립, 남북한 비대칭성의 강화, 동아시아의 지역 협력, 정보화와 문화 교류 등의 글로벌 환경 변화가 큰 영향을 미쳤다. 또한 이 접촉지대의 초기 형성에는 대규모 택지개발정책을 중심으로 한 한국사회의 주거 정책과 이에 따른 주택계급화(housing classes) 현상, 한국정부의 탈북자지원정책, 특히 주거지원정책에 의한 '거주지 배정' 정책이 결정적이었다.[8] 즉, '작은 북한'은 세계적 탈냉전과 지속되는 지역적(한반도) 냉전, 그리고 자본주의 주거정책의 교차점에서 발생한 역사적이고 사회적인 공간이다. 남북한의 다양한 접촉지대 중에서 '작은 북한'을 가능하게 한 이러한 역사적·공간적 특수성은 참여하는 사람들의 사회적 관계를 적극적으로 구조화한다. 이 공간을 가능케 한 남북한의 비대칭성, 지역적 냉전 문화, 그리고 한국사회의 주택계급화는 행위자들의 관계를 조건 짓는 중요한 기제이다. 동시에 이 공간은 참여자들의 행위에 의해 끊임없이 재구성되는 과정적 공간이기도 하다.

---

7   이수정·양계민, "북한출신주민과의 지역사회 내 접촉수준에 따른 남한출신주민의 태도의 차이: 인천 논현동 지역 거주자를 중심으로," 『북한연구학회보』, 제17권 1호(2013), pp. 395~421.; 윤철기·양문수, "북한 연구의 미시적 접근과 남북 접촉지대 연구: 마음체계 통합 연구를 위한 시론," 『현대북한연구』, 제16권 2호 (2013), pp. 251~280.

8   주택의 소유 여부, 위치, 크기, 유형, 가격 등이 거주자의 사회적 신분을 가르는 사회를 주택계급(housing classes)으로 구성된 사회라고 할 수 있다. Peter Saunders, *Social Theory and the Urban Question* (London: Hutchinson 1981), pp. 110~148.을 전상인, 『아파트에 미치다: 현대한국의 주거사회학』(서울: 이숲, 2009), p. 69에서 재인용.

'접촉지대' 관점은 이 공간에 참여하며 따라서 이를 끊임없이 재구성하는 서로 다른 주체가 어떻게 서로의 관계에 의해서 형성되는지에 주목하고, 이 과정에서 서로의 언어, 행동양식, 가치관 등이 어떻게 번역되어 맥락화되고 의미를 갖는지 탐구할 수 있도록 한다. 이 공간에 참여하는 행위자들을 '문화번역(cultural translation)', 즉 문화적 차이에 대한 의미 있는 해석의 주체로 바라보고, 번역의 과정에서 경계들이 어떻게 재구성되는지 주목할 수 있도록 하는 것이다.[9] 이를 위하여 필자는 일상에서 일어나는 다양한 갈등의 경험적 현상을 기술하고, 그러한 현상을 일으키는 권력의 문제, 그리고 담론 과정에서 생겨나는 다양한 정체성을 드러낼 것이다. 이때 정체성은 본질적이고 고정된 것이라기보다 다양한 권력과 담론 과정에서 출현하는 것으로 개념화한다.[10]

2. 연구방법: 민족지적 현장연구

이 연구를 위하여 사용된 주요 연구방법은 민족지적 현장연구(ethnographic fieldwork)이다. 민족지적 현장연구는 인류학의 주된 연구방법으로서, 연구자가 연구대상의 삶의 현장에 참여하여 지속적이고 깊이 있는 인간관계를 맺어가면서 일상생활에 대한 연구 작업을 수행하는 것을 말한다. 일상에 대한 참여관찰과 인터뷰 등을 포괄하는 이 연구방법은 자연스러운 환경에서 연구대상자들의 행위양식과 의미 등을 파악할 수 있다는 점에서 장점이 있다. 일상에의 지속적 참여는 연구대상자들의 연

9   김현미, 『글로벌 시대의 문화번역』(서울: 또 하나의 문화, 2005), pp. 41~62.

10   Stuart Hall, "Who Needs 'Identity'" in Stuart Hall and Paul du Gay, eds., *Questions of Cultural Identity* (London, California, New Delhi: SAGE Publications, 1996), pp. 1~17.

구자에 대한 반응성을 줄이고, 라포 형성을 통해 보다 깊이 있는 연구를 가능하게 한다.[11] 또한 연구자로 하여금 연구대상자들의 관점에 대한 이해를 돕고, 의식과 실제 행위 사이의 불일치가 있을 경우 이를 파악하여 그 함의를 분석하는 것도 가능하게 한다. 무엇보다도 민족지적 현장연구는 현장의 전반적 맥락을 포착하고 현장에서 일어나는 사회현상들 사이의 연관관계를 파악할 수 있는 기회를 제공한다.[12]

'작은 북한' 내 남북한출신주민들의 관계를 분석한 이 글은 이러한 장점을 가진 민족지적 현장연구에 기반한다. 구체적으로, 연구 프로젝트의 연구보조원이 2012년 3월부터 5월까지 현장에 상주하면서 참여관찰과 공식, 비공식 인터뷰를 통해 작은 북한에서 일어나는 다양한 일들을 기록하였고, 그 결과물인 현장일지를 필자와 일상적으로 소통하였다.[13] 또한 필자도 최소 주 1회 현장방문을 통한 참여관찰 및 비공식 인터뷰를 실시하였고, 연구의 막바지에는 일주일에 서너 번 현장을 찾아 참여관찰 및 남북출신주민 각각 10명과의 공식면접을 실시하였다.[14] 이 과정을 통해 자연스런 환경에서 남북한 주민들의 상호작용과 그 상호작용을 주민들이 어떻게 의미화하는지 파악할 수 있었다.

---

11 연구대상자의 "반응성"이란 연구대상자가 연구자를 의식하여 자신의 말과 행동을 조율하는 경향을 말한다. 연구자가 연구대상자의 일상에 지속적으로 참여하는 민족지적 현장연구는 이러한 반응성을 줄이고 상대적으로 친밀한 관계형성이 가능하도록 하여 보다 깊이 있는 자료 획득을 가능하게 한다.

12 이용숙·이수정·정진웅·한경구·황익주, 『인류학 민족지 연구 어떻게 할 것인가』 (서울: 일조각, 2012), pp. 30~36, 115~123.

13 이 연구의 보조연구원으로 3개월간 '작은 북한'에 거주하며 충실한 자료와 성찰적 시각을 제공한 이재욱 님에게 감사드린다.

14 남북출신주민의 자기 집단과 서로에 대한 인식에 관해 알아보기 위해 각각 100명을 대상으로 기획된 설문조사도 진행하였고 그 결과는 다음 글에서 논의하고 있다. 이수정·양계민, "북한출신주민과의 지역사회 내 접촉수준에 따른 남한출신주민의 태도의 차이: 인천 논현동 지역 거주자를 중심으로," 『북한연구학회보』, 제17권 1호 (2013).

한편, 민족지적 현장연구는 연구자의 몸을 도구로 한 매우 체험적인 연구방법이다. 현장에서 연구자가 보고, 듣고, 느끼고, 생각한 모든 것들이 연구자료가 된다. 이때의 연구자는 연구대상으로부터 분리된 순수하고 중립적인 관찰자가 아닌, 현실 속에서 특정한 사회적 위치와 입장을 가지고 연구대상자와 상호작용하는 존재이며, 따라서 어떤 학자들은 민족지적 현장연구를 통해 획득한 지식은 '상황적 지식'이라고 주장하기도 한다.[15] 따라서 이 글에서 필자는 연구의 객관성을 주장하기보다는 특정 맥락에 '위치지어진 사람'으로서의 연구자의 시각을 드러냄으로써 '상호주관적 설득력'을 추구한다. '작은 북한'을 남북한 주민들이 비대칭적 권력관계의 맥락에서 상호작용하는 '접촉지대'로 바라보는 필자의 관점과 '접촉지대' 연구는 현장에서 일어나고 있는 일들에 대한 미시적 관찰과 이해를 통한 기술이 필수적이라는 필자의 입장이 현장연구의 결과물인 이 글에 반영되어 있다.

III. '작은 북한'의 공간적 특성

접촉지대 관점은 공간을 절대적이고 독립적인 어떤 것이 아닌, 사회적 관계를 주조하는 힘이자 동시에 사회적 관계로부터 구성되는 것으로 인식하게 한다. 즉 공간은 다양한 행위주체, 구조, 실천들이 경합하는 장이자 이를 통해서 끊임없이 (재)구성되는 다층적 공간이기도 한 것이다.[16]

---

15   이용숙·이수정·정진웅·한경구·황익주, 『인류학 민족지 연구 어떻게 할 것인가』, pp. 102~109.

16   Anthony Giddens, *Social Theory and Modern Sociology* (Oxford: Basil Blackwells, 1987): Doreen Massey, *Space, Place, and Gender* (Minneapolis: University of Minnesota Press, 1994).

따라서 이 장에서는 '작은 북한'이라는 접촉지대의 공간적 특성을 이 공간을 만드는 구조적 힘과 사회적 관계의 역동을 중심으로 살펴본다.

1. 기획된 소수자 주거/생활 공간

인천 남동구 논현동 일대가 남북한 접촉지대로 형성되기 시작한 것은 2006년 무렵이다. 양어장, 농원, 습지로 덮여 있던 남동구 일대 지역이 '택지개발 정책'에 의해 대단위의 아파트 단지로 탈바꿈하고 이 중 일부분이 국민임대아파트로 분양되면서 남한 출신의 '무주택 서민'들과 이 무렵 하나원을 수료하고 지역사회로 나오게 된 '북한이탈주민'들이 이웃으로 함께 살게 된 것이다.[17]

택지개발 정책의 대상이 된 논현동에는 여러 개의 국민임대아파트 단지가 있다. 국민임대아파트에 입주하기 위해서는 두 가지 조건을 만족해야 한다. 세대주는 물론 주민등본 상 세대원 모두가 무주택자여야 하고, 세대주와 세대원들의 소득을 모두 합하여 전년도 도시 노동자 가구당 월평균 소득액의 70%를 넘지 않아야 한다. 이는 곧 임대아파트가 한국 사회의 경제적 소수자 주거지역임을 의미한다. 그런데 임대아파트 입주 조건을 만족시킨다고 해서 모두 입주할 수 있는 것은 아니다. 수요 대비 공급이 늘 부족해서 경쟁률이 높기 때문이다. 특히 인천은 영구임대아파트에 입주하기까지 전국에서 가장 오래 대기해야 하는 지역이다. 한

17 인천 남동구는 구 단위로는 전국에서 가장 많은 북한출신주민이 거주하고 있는 지역이며, 그중 신규택지개발지구인 논현 1, 2동이 집중 거주지역이다. 남동구의 북한출신주민은 2012년 4월 말 1,380명이며, 그중 논현 1, 2동에 1,166명이 거주하고 있다(남동구청 총무과 자료). 한편, 남동구 전체 주민등록 인구는 2012년 3월 말 현재 497,463명이며, 그 중 논현 1, 2동 거주 인구는 65,511명으로 논현 1, 2동 거주 인구 중 북한출신주민 비율이 약 1.78%를 차지한다.

언론 보도에 따르면, 입주대기 기간이 평균 56개월로 전국 평균의 2배가 넘는다.[18] 대기 중인 사람은 1만 명을 넘어서 서울시의 대기자 수보다 8배 정도 많다. 경쟁률이 높은 경우 수급자나 장애인 등 사회적으로 더 많이 소외받는 저소득층에 우선 입주권이 주어지기 때문에 인천의 임대아파트에는 한국사회의 소수자 중 사회경제적 소수자가 특히 많이 거주한다고 볼 수 있다. 실제 현장연구 과정에서 만난 '작은 북한'의 남한출신 거주자는 소득원이 없는 노인 계층 등 단독세대가 많았고, 스스로 "없는 사람"의 정체성을 가진 경우가 다수였다. 대체로 인천 일대에서 거주하다 논현동 일대가 택지개발되면서 이주해 왔다.

'작은 북한'의 주요 거주자 그룹 중 하나인 북한출신주민은 임대아파트의 우선 배정 대상자이다. 북한이탈주민지원특별법에 따라 북한이탈주민은 하나원 수료 후 사회 편입 시 주택공사 또는 지자체가 건립하는 공공건설 임대주택 등에 특별 공급 및 우선공급 대상자로서 주거지를 알선받는다. 하나원 교육 중에 희망거주 지역을 접수하면 하나원은 한국토지주택공사, 도시개발공사에 임대주택 알선을 요청하여 북한출신주민이 사회에 편입하기 전까지 주택 배정을 완료하도록 되어 있다.[19] 하나원에서 임대아파트 배정 시 북한출신주민 대다수는 서울과 수도권을 선호한다. 특별계층만 거주할 수 있는 평양 효과에 한국에서의 수도권 집중 현상이 합쳐진 결과이다. 북한출신주민들의 수도권 선호도에도 불구하고, 한국정부의 분산 배치 정책 때문에 모두가 수도권에 거주권을 얻는 것은 아니다. 수도권과 비수도권 배치 비율은 배치 당시 배정 가능한 임대아파트 숫자에 따라 그때그때 변화한다. 2000년대 택지개발이 시작

18　"인천 영구임대아파트 입주 대기 56개월 걸려." 『경인방송』, 2012년 10월 7일: 〈http://blog.daum.net/itvfm907/662〉.

19　적절한 임대아파트가 부족한 경우는 하나원 출소 후 대기하는 경우도 있다.

되어 2006년부터 입주하기 시작한 '작은 북한'의 임대아파트 단지는 수도권인 데다 새 아파트라는 장점이 보태져서 북한출신주민들이 매우 선호하는 거주지 중 하나이다. 2006년부터 북한출신주민들은 A, B, C, D라는 네 개의 임대아파트 단지에 배치되었고, 특히 A, B단지에 집중되어 있다.[20] 2010년대 들어서 빈 집이 잘 생기지 않으면서 이 지역으로 새롭게 이주하는 북한출신주민들의 수는 급격히 줄어들었다. 요즘은 거주자가 이사를 가서 빈 집이 생길 경우 충원되는 정도이다.

남동구 논현동 일대가 새롭게 택지로 개발된 2006년 무렵만 해도 "허허 벌판에 아파트들이 덜렁 서 있는 모양새"였다. 그 무렵 필자가 이 지역을 방문했을 때 만난 한 북한이탈주민이 "벌판에 내던져진 것 같다"는 이야기를 한 것이 기억에 꽤 선명하게 남아 있다. 이후 급격한 속도로 개발이 이루어져, 2012년 현재는 "동네 안에서 모든 걸 해결할 수 있는 곳"이 되었다. 원래 있었던 소래포구와 남동공단은 일터를, 논현역을 중심으로 발달한 상가는 또 다른 일자리와 소비 공간을 제공한다. 대단위 아파트가 들어서면 필수적으로 따르는 주민자치센터, 학교 등 각종 공공시설과 종교시설 또한 설립되거나 확충되었다. 임대주택 거주자를 위해서는 복지관 등도 확충되었다.

이에 더해, 2000년대 후반부터는 다양한 북한출신주민 지원기관이 생겨났다. 북한출신주민의 안정적인 정착에 관한 높은 정치, 사회적 관심은 '탈북자 최대 거주지'인 이 지역에 수많은 관련 기관을 낳고 있다. 이 과정에서 사회경제적 소수자인 이 지역의 거주민에 더해 일터의 고용주와 노동자, 상인, 공공기관의 직원, 북한출신주민 지원 전문가 및 활동

20　임대아파트 단지 A는 6개동 801세대, B는 13개동 834세대로 이루어져 있다. 정확한 수치는 파악하기 어려우나, 남북한출신주민들은 서너 가구 중 한 가구는 북한이탈주민이 살고 있을 거라고 이야기한다.

가 등 북한출신주민과 일상적으로 상호작용하는 많은 인구들이 생겨났다. 북한출신주민들의 집중화는 '규모의 경제학'을 가능케 하면서 또 다른 북한출신들을 이 지역으로 유인하는 효과 또한 발생시키고 있다. 이들과 관련된 다양한 서비스와 산업이 발달하면서 타 지역에 배치 받은 북한출신주민들이 이곳으로 거처를 옮기거나 활동의 근거지로 삼고 있다. 중국으로 연결되는 항구와 일본 등으로 연결되는 공항이 인접한 인천의 지리적 조건 또한 이들 국가와 관련된 경제활동을 하고자 하는 북한출신주민의 집중화에 기여한다. 실제 현장연구 과정에서 주소지를 다른 곳에 둔 많은 북한출신주민들을 만날 수 있었는데, 이는 이 지역에 실질적으로 거주하고 있는 북한출신 인구가 공식적으로 파악된 인구수보다 훨씬 많다는 사실을 알려 준다.

이렇듯, '작은 북한'은 한국사회의 택지개발정책과 탈북자지원정책이 결합되어 남북한출신의 사회경제적 소수자들이 함께 살아가는 기획된 소수자 주거/생활공간이다. 임대아파트 단지와 주변 상점, 동네를 가로지르는 버스 등은 남북한출신주민들이 이웃으로서 함께 하는 공간이다. 더불어 이들을 주요 고객으로 하는 각종 공공기관, 사회단체, 그리고 상점들이 이 공간을 구성하고 있다.

한편, 기획된 소수자 주거/생활공간으로서의 작은 북한은 이 공간을 점유한 거주민들을 사회적으로 위축시킨다. "사는 곳이 당신의 가치를 결정하는" 주택계급으로 구성된 한국사회에서 임대주택은 그 자체로 거주민들을 '하층민'으로 위치 짓는 가시화된 표식이기 때문이다.[21] 작은 북한의 남한출신주민들은 임대주택 주민들에 대한 사회적 차별의 시선을 인식하고 있으며, 이에 대해 민감하게 반응한다. 더불어 이들은 북

---

21   전상인, 『아파트에 미치다: 현대한국의 주거사회학』 (서울: 이숲, 2009), p. 69.

한출신주민들이 이 공간에 함께 거주하고 있다는 사실이 이 공간에 대한 사회적 인식을 더 나쁘게 만들 가능성에 대해 우려하기도 한다. 한국 사회에서 부정적 이미지를 가지고 있는 북한출신주민들이 이곳에 집중 거주함으로써 그렇지 않아도 부정적인 인식의 대상이 되는 자신들의 삶터가 더더욱 부정적으로 평가되고, 이러한 평가가 자신들에 대한 차별로 이어질 것이라고 생각하기 때문이다. 처음에는 임대주택과 거주자의 사회적 위치, 이에 대한 사회적 인식에 대한 정보가 없던 북한출신주민들도 시간이 흘러 한국사회의 문법을 익히면서 자신들의 거주지와 이웃 주민들의 낮은 사회적 위상을 파악하게 되고, 이는 북한출신주민 스스로의 처지와 이웃들에 대해 부정적인 인식을 갖게 되는 계기 중 하나가 된다. 이와 같이 이 공간이 사회적 소수자들의 공간이라는 점은 남북한출신 주민들의 서로에 대한 인식과 행동에 매우 큰 영향을 준다.

2. 분절과 간섭의 공간

임대아파트에 이웃으로 거주하는 남북한출신주민들 간 일상적 상호작용은 많지 않다. 이는 기본적으로 아파트라는 공간이 분절과 폐쇄의 공간이기 때문이다. 전상인에 의하면 이웃과 교류나 협력 없이 일상적 삶을 살아가는 데 있어 불편함이 별로 없다는 점에서 아파트는 그 자체로 자기완결성이 높은 주거공간이다. 따라서 아파트는 개인의 프라이버시를 중요하게 여기고 사회적 간섭이나 압력으로부터 자유스럽고자 하는 현대인의 가치에 적절한 주거형태라고 볼 수 있다.[22] 일반적으로 "문 닫고 들어가면 사람이 사는지도 알 수 없는" 구조의 특성상 이웃 간의 자연

22　위의 책, pp. 85~97.

스러운 교류가 쉽지 않고 또 이를 지향하는 라이프스타일이 지배하는 공간이라고 할 수 있기 때문이다. 북한출신주민들에게 이러한 특징을 가진 임대아파트는 우선 '충격'으로 다가온다. "동네사람들 집에 숟가락 몇 개 있는지도 알던" 북한사회와는 다른 낯선 사회, 텅 빈 아파트의 익명성과 폐쇄성은 이들을 한없이 위축시킨다. 이들의 공간감각에 임대아파트는 매우 이물감이 드는 공간인 것이다. 한 북한출신주민은 이를 "현관문을 닫고 앉아 있는데, 숨이 턱 막히는 것 같았다"고 표현하였다.

그러나 동시에 '작은 북한'은 이러한 아파트 특유의 폐쇄성과 단절성이 일정 정도 방해받는 공간이기도 하다. 이는 우선 북한출신주민들이 이 공간을 전유하는 독특한 방식에서 기인한다. "숨이 턱 막힐 정도의" 낯섦과 단절감을 극복하기 위하여 북한출신주민들은 단절의 아파트 공간을 선택적인 개방을 통해 공유한다. 하나원 동기나 같은 고향 출신끼리 무리지어 다니며 낯선 사회에서의 불안과 외로움을 "말이 통하는 사람끼리" 모여 수다 떠는 것으로 해소한다. 이 집 저 집 다니며 함께 삼겹살을 구워 먹으며 남한살이에 대한 정보도 교환한다. "어느 직장이 월급이 좋다더라", "이렇게 하면 수급을 더 받을 수 있다", "직장 다니지 말고, 취업교육을 받아라. 수당도 나온다. 취업교육은 ○○가 좋다", "○○○에서 얼마짜리 설문조사가 나왔다", "○○○에서 프로그램을 하는데 ○○○를 준다", "북한에 돈 보내려면 저 사람을 통해라", "가족 데리고 오는 선은(혹은 호주에 가는 선은) ○○○가 제일 정확하다"는 등의 살아 있는 생활정보가 교환된다. 폐쇄된 아파트 공간을 넘나들며 나름의 네트워크와 삶의 문법을 만들어 간다. 이는 낯선 공간을 익숙한 방식으로 전유하는 과정이기도 하다. 필자가 연구를 진행하는 과정에서도 이러한 모임들을 자주 목격하고 또 때로는 참여할 수 있었으며, 실제 현장연구와 함께 진행된 설문조사의 경우 이러한 북한출신주민들의 아파트 내 네트워크에 많이 의존하였다. 반면, 남한출신주민들의 경우 거의 독립적인 생활을 하고 있고 교류도 활발치 않아 설문조사를 수행하는 데 어려움이 있었다.

복도식의 소형 아파트에서 북한출신주민들의 이러한 공간 전유 방식은, 한국사회에서 흔치 않은 방식으로 남한출신주민들에게 이들의 존재를 확인시킨다. 직접적인 인사를 통하는 경우도 있지만 대개는 벽 너머, 혹은 복도를 통해 들려오는 쎈 억양의 사투리와 웃음소리, 다투는 소리, 음식 냄새 등이 단절과 폐쇄의 공간을 넘어 남북한 출신 주민들을 연결시키는 것이다. 이는 "문을 잘 열지 않고" 아파트를 자신(가족)만의 성으로 만들어 단절적 삶을 사는 것에 익숙한 남한출신주민들에게는 반갑지 않은 일이다. 아파트가 가져다주는 고요함과 프라이버시를 침해받는 느낌이다.

'작은 북한'에서 아파트 특유의 폐쇄성을 방해하는 또 다른 요소는 이곳이 바로 사회보호 대상인 저소득층 밀집지역이자 주요 정책적 배려 대상인 북한출신주민들의 집중 거주지라는 점이다. 한국 정부는 자립적 생활을 할 수 없는 경제적 소수자들을 대상으로 기본적인 생존이 가능하도록 지원하는 사회보장정책을 펼쳐 왔다. 북한출신주민들은 입국하면 자동적으로 이러한 사회보장정책의 최우선적 대상이 된다. 사회적 기반이 취약한 새로운 시민이라는 이유 이외에도 남북한의 체제경쟁적 요소가 이러한 정책적 지원의 근저에 있다. 한국사회에서 정치사회적으로 특별한 의미를 갖는 '탈북자'라는 이들의 지위는 공식적 지원 이외 다양한 민간 지원도 유발하는 요소가 된다. 구청, 주민자치센터 등 각종 관청, 임대주택 근처의 사회복지기관, 종교기관 등 다양한 기관들이 북한출신주민의 남한사회 정착을 지원한다. 이러한 기관의 공무원과 활동가들이 지원을 위해서, 그리고 이들이 여전히 이러한 지원을 필요로 하는 자격을 갖췄는지 점검하기 위해서 작은 북한을 드나들며 북한출신주민들의 삶을 간섭한다.

이 중 함께 임대주택에 거주하는 이웃인 통, 반장의 존재는 특별한 의미를 갖는다. 이들의 역할 중 하나가 시에서 추진하는 일을 주민에게 알리고 소소한 행정적인 잡무를 대행하는 것이기 때문에 사생활에 대한 정보에 접근이 가능하고 북한출신주민들도 이들에게 의존해야 할 경우가 생기기 때문이다. 대개 남쪽 주민인 통장이나 반장은 담당 수급자(기초생활수급자)의 절반에 이르는 북한출신주민들의 삶을 살핀다. 이들은 시에서 추진하는 일을 주민에게 알리고, 쓰레기봉투를 나눠 주고, 생활보호대상자 도장도 찍어 주며, 취학통지서를 갖다 주고, 적십자 회비, 국민연금 관련 일 등을 한다. 그 과정에서 북한출신주민들의 삶을 속속들이 알게 되고, 벌이가 넉넉함에도 수급을 받는 사람, 주소지가 정확하지 않은 사람, 가족관계가 복잡한 사람들도 발견한다. 통, 반장들은 아파트의 폐쇄성과 익명성을 뚫고 북한출신주민들의 일상에 관여하고 또 그러한 활동에서 취득한 정보를 커뮤니티에 유통시키는 핵심인물들인 것이다. 이렇듯 아파트 단지라는 '작은 북한'의 특성에서 비롯되는 기본적 폐쇄성과 북한출신주민들과 반장/통장 등의 실천에서 비롯되는 관여성의 결합 역시 남북한출신주민들의 서로에 대한 인식과 상호작용에 영향을 준다.

3. 이질적/적대적 문화와 주체의 불평등한 교차 공간

한편, 북한출신주민의 유입은 '작은 북한'이라는 별칭이 상징하듯 이 지역의 성격을 60여 년 분리되어 적대하고 있던 역사와 문화가 교차하는 공간으로 바꾸어 놓고 있다. 남북한은 분단 이후 각각 자본주의와 사회주의라는 서로 다른 체제를 구축하면서, 서로 다른 시공간 감각과 감정성, 가치관과 의식, 행동양식을 가진 사람들을 생산해 왔다. 예를 들어 남한사회는 상대적으로 빠른 속도와 센 노동강도, 절제된 감정표현, 개인주의적이고 경쟁적이며 물질주의적인 문화를 발전시켜 왔으며, 북한 사회는 이에 비해 느린 속도와 느슨한 노동강도, 솔직한 감정표현, 집단주의적이고 관계중심적인 문화를 발전시켜 왔다.[23] 언어와 몸짓, 패션 등도 두드러진 차이가 있다. 물론 모든 개인이 이러한 문화적 문법을 똑같이 체화하고 있지는 않고, 북한출신주민의 경우 중국 등을 거치면서 자본주의적 가치관을 습득한 경우도 상당수이다. 그러나 성장과정에서 체화된 아비투스는 몸의 전면적 체제전환을 쉽게 용인하지 않는다. 앞서 살펴보았듯이, 북한출신주민들이 아파트라는 폐쇄적인 공간을 "선택적 개방"이라는 나름의 방식으로 전유하며 살아가는 것도 부분적으로는 집단주의적이고 관계중심적인 북한식 문화의 영향이라고 볼 수 있다. 또한 남북한 간 다른 억양의 언어, 몸짓, 패션 등도 구체적인 사람들을 통해서 가시화된다. 따라서 '작은 북한'은 이질적 문화와 그 문화적 환경 속에서 구성된 서로 다른 주체의 교차 공간이 된다.

한편, 이러한 만남이 평등한 방식으로 이루어지지 않는다는 점에도 주목할 필요가 있다. 남한사회에서 북한출신주민은 '소수자'이며 '타자'이다. 이들은 때로는 여전히 남한과 적대관계에 있는 북한의 '대표자'로, 또 다른 경우는 '피해자'로 인식된다. 이는 분단정치의 영향 때문이다. 분단 이후 치열한 정당성 경쟁을 펼친 남북한은 서로의 실체를 부정하며 교육과 언론 등을 통해 상대방에 대해 부정적인 이미지를 쏟아내 왔다. 동시에 남북한은 민족통일이라는 과제를 포기할 수 없었으므로 서로에 대해 사악하고 정당성 없는 '정권' 내지는 '국가'와 그 피해자인 '일반 사

---

23 정향진, "탈북 청소년들의 감정성과 남북한의 문화심리적 차이," 『비교문화연구』, 제11집 1호 (2005), pp. 81~111.

람들'을 분리하는 재현 정책을 펼쳐 왔다.[24] 따라서 남북한 주민들은 상대방 '정권'에 대해서만큼 '사람'에 대해 부정적인 이미지를 갖지 않았다. 그러나 '사람'에 대한 독립적 재현이 따로 있지 않았고, 집단적으로 "정권의 피해자"로 상대 정권의 부당성을 증명하는 차원에서 논의되었기 때문에 막연하고 추상적이며 모순적 이미지로 남아 있었다. 남한사회에 들어와서 작은 북한에 거주하게 된 북한출신주민들은 소수자적 위치로 인해 주류인 남한출신주민들에 의해 그 존재 자체로 동정심과 안타까움의 대상이 된다. 그러나 동시에 이들의 이질적(즉, '북한식') 문화는 교정되어야만 할 부정적 북한식 잔재로 인식된다.[25] 즉 북한출신주민 그 자체로는 수용과 지원의 대상이지만, "북한식 문화, 즉 사고방식과 행동양식"을 가진 주체는 비난받고 교정되어야 할 대상이 되는 것이다. 이러한 상황에서 북한출신주민들은 자신들의 행동과 언어를 스스로 점검하고 조심하며 최소한 일상에서는 북한적 특질들을 자원화하지 않는다.[26] 스스로 북한의 표상화되는 것을 꺼리며, 시간이 흐르면서 오히려 남한식으로 이를 교정하려 한다. 드러나서 문제시되는 것은 습속화된, "교정 전의" 문화인 것이다. 이런 의미에서 '작은 북한'은 이질적/적대적 문화와 주체의 "불평등한" 교차 공간이라고 볼 수 있다.

---

24 전효관, "분단의 언어, 탈분단의 언어: 통일담론과 북한학이 재현하는 북한의 이미지," 『통일연구』, 제2권 2호 (1998), pp. 43~71.

25 Soo-Jung Lee, "Education for Young North Korean Migrants: South Koreans' Ambivalent "Others" and the Challenges of Belonging, *The Review of Korean Studies*, vol. 14, no. 1, (2011).

26 일상에서 북한적 표식을 감추려고 노력하는 북한출신주민들이 북한적 특질들을 자원화하는 예외적 경우는 대체로 북한사회의 '증언자' 역할이 주어질 때이다. 북한 혹은 북한이탈주민에 대한 연구의 대상이 되거나, 정치적, 종교적 담론의 장에 증언자로 참여할 때 등을 예로 들 수 있다.

IV. 주요 갈등 양상

서로 다른 문화, 역사, 경험을 가진 남북한 출신 주민들이 일상에서 만나면서 갈등과 협상은 일상화된다. 문화적 차이, 이해관계의 충돌, 정치적 입장의 차이까지 갈등과 협상의 자원은 무궁무진하다. 동시에, 관계와 공간에 따라 갈등의 양상도 다양하다. 이 절에서는 이러한 다양한 갈등 양상을 원인을 중심으로 분류해서 살펴본다. 분류된 원인이 서로 배타적인 것은 아니며, 서로가 얽혀서 갈등을 심화시키곤 한다. 그 양상을 살펴보도록 하자.

1. 문화 차이에서 비롯되는 갈등

앞서도 언급했듯이, 남북한은 서로 다른 체제의 근대국가 형성과정에서 매우 다른 "국민" 형성 전략을 채택하였다. 따라서 남과 북의 사람들은 서로 다른 문화적 습성을 지닌 주체로 형성되었다. 일상에서 이웃으로 살아갈 때, 이러한 문화적 차이는 종종 구별과 차별, 갈등의 근거가 된다. 우선 서로 다른 억양의 말, 화장법과 옷차림 등은 남북한출신주민들이 서로를 알아차리고 구분 짓는 주요한 표식이다. 현장연구 과정에서 만난 많은 사람들은 거리에서 남북한 출신 사람들을 구분하는 자기만의 비법을 이야기하곤 했다. 주로 북한출신주민의 센 억양, 독특한 화장법과 옷차림 등으로 표상되는 이러한 구분법은 남한출신주민에게는 '문화적 우월성'을, 북한출신주민에게는 '아직 깨지 못함'이나 '민망함'을 나타내는 표식이었다. '공중도덕'과 관련한 서로 다른 문화적 코드는 대표적인 갈등의 요인이다. '소음'과 '쓰레기 분리 수거', '복도에 내놓은 물건' 등과 관련된 갈등이 가장 빈번하게 목격되고 또 언급된 것 중 하나이다.

남한출신주민들은 한국사회의 문법에 맞지 않는 행동을 하는 북한출신주민들이 당혹스럽다. 많은 남한출신주민들은 북한출신주민들이 집단적으로 만드는 소음이 함께 생활하는 데 가장 힘든 점이라고 이야기하면서 다음과 같이 하소연했다. "저 아래서 10층의 사람을 소리 질러 불러. 누구야~~~ 하고. 오밤중에…." "밤새 아이를 혼내는 소리, 애가 우는 소리 때문에 시험 공부를 못했어요." "맨날 모여서 고기 구워 먹어. 창문, 문, 다 열어놓고… 시끄러운 건 이루 말할 수가 없어." 북한출신주민들에게 엘리베이터나 휴대폰이 없는 북한에서 고층에 사는 친구를 아래서 육성으로 부르는 일은 매우 일상적인 장면이며, 맛있는 것이 있을 때 모여서 나눠 먹는 것 또한 자연스러운 일이다. 낯선 땅에서 서로를 위로하고 격려하는 행위이기도 하다. 아이의 그릇된 행동을 큰 소리로 야단치며 혼내는 일도 매우 당연한 일이다. "잘못은 그때그때 딱 잡아서 교양하는" 북한식 가정교육 방식이다. 이러한 행위들은 북한에서는 문제가 되지 않는 자연스러운 행위양식이다. 그러나 남한사회에서는 이 모든 것이 공중도덕을 어기는 "비윤리적" 행위이자 문화화가 덜 된 "미개한" 행위가 된다. 쓰레기 분리수거 문제, 복도에 유모차를 두는 문제 등도 지속적인 갈등거리이다. 북한출신주민들은 왜 쓰레기를 분리해서 수거해야 하는지, 공용공간인 복도에 왜 개인 소유품을 두면 안 되는지 이해하기 어렵고, 남한출신주민들은 왜 그 간단한 것을 실행하지 않는지 의아스럽다.

이러한 차이가 시빗거리가 되어 갈등이 표면화되면 서로 다른 대응태세로 말미암아 문제가 증폭된다. 남한출신주민들은 적절한 선에서 타협하고자 하지만, 북한출신주민들은 "끝을 보는" 경향이 있다. 남한출신주민들은 갈등이 생기면 억세게 달려드는 북한출신주민들이 무섭기도 하다. 남쪽 사람들이랑은 "차원이 다르다"고 느낀다. 북한 사람들은 원래 저렇게 드세고 험한가 자문하다 억압적인 공산주의 사회에서 살다 와서 그런 것 같다고 결론을 내린다. 북한출신주민들은 별것 아닌 일로 경찰부터 부르는 남한출신주민들을 이해하기 어렵다. 이들이 보기에 남한출신주민들은 겉으로는 친한 척하면서 이해타산적이며, 한바탕 싸우고서 화해하고 다시 친하게 지내는 법을 모르는 것 같다. 만만하게 보이면 앞으로도 계속 문제일 듯해서 "북한 사람들이 그리 쉽지 않다"는 본때를 보여 줄 필요가 있다고 생각한다.

직설적인 감정표현이 자연스러운 북한출신주민들과 절제된 감정표현이 바람직하다고 여기는, 서로 다른 감정성을 가진 남한출신주민들 간의 문화 차이는 갈등을 극화하는 데 기여한다. 정향진은 탈북청소년의 감정성에 관한 연구에서 탈북청소년들의 극적인 감정경험과 직설적 감정표현은 남한과 다른 정치, 경제적 원리를 바탕으로 근대 국가를 건설하는 과정에서 만들어진 감정규범에서 기인하므로 남북한 통합과정에서 상당히 문제가 될 것이라고 분석하였다.[27] 남북한 감정성의 차이에서 비롯되는 갈등은 '작은 북한'에서도 매우 자주 관찰되곤 하였다. 이렇듯 다양한 맥락에서의 문화적 차이는 '작은 북한'에서 남북한출신주민 간의 일상적 갈등의 주요 요소이다.

2. 남북의 정치적 긴장과 위계에서 기인한 갈등

문화적 차이는 남북한의 적대적 관계와 남북한출신주민들이 한국사회에서 처한 위계적 관계에 의해 프레임될 때 폭발력이 크다. 앞서도 언급했듯이, 남북한의 적대적 관계가 남북한 주민들의 서로에 대한 인식과 태도에 영향을 끼치는 경향이 있는데, 남한이라는 공간적 위치는 이러한

27   정향진, "탈북 청소년들의 감정성과 남북한의 문화심리적 차이."

다이나믹에서 북한출신주민들을 소수자로 위치시킨다.

북한출신주민들은 모르는 외래어에 주눅이 들고, 남쪽 이웃들이 "텃세를 부리"고, 남한식 방식에 서툰 북한출신주민을 "속이고", "못 사는 북한에서 왔다고 무시하는 듯"하다. 그래서 작은 일에도 민감해진다. 물론 이러한 인식이 임대주택 이웃 간의 관계에서 시작된 것은 아니다. 그보다는 더 광범위한 한국사회에서의 경험이 강력한 레퍼런스가 된다. 직장을 구하려다 북한출신이라는 이유로 거절당한 경험, 일터에서의 차별 경험 등이 그것이다. 현장연구에서 만난 많은 북한출신주민들이 구직과정에서 북한출신이라는 점을 밝혔다가 일자리를 거절당한 경험을 가지고 있었고, 일터에서 경험한 처절한 차별에 대해 이야기하며 분노를 표시하였다.

북한출신주민들의 차별에 대한 인식은 직접적 경험을 통해서 뿐만 아니라 집단 내의 이야기를 통해서도 강화된다. 서로 간의 일상적 네트워크 속에서 차별 경험들이 "입에서 입으로 전해진다." 네트워크를 타고 흐르는 이러한 내러티브들이 북한출신주민들을 남한출신주민들의 부당한 차별 대상으로서 서로의 처지에 공감하는 공동체로 엮곤 한다. "버스를 탔는데 어떤 사람이 북한출신주민을 보고 '북한놈들, 세금 도둑놈들'이라고 했다"는 이야기, "A, B 단지만 빈 집이 많은데 북한 사람들이 많이 살아서 남한 사람들이 기피하기 때문"이라는 얘기는 현장연구 과정에서 비슷비슷한 버전으로 많은 북한출신주민에게서 들을 수 있었다. 이러한 상황에서 이웃 간의 사소한 오해와 갈등은 북한출신주민들의 감정을 폭발시키곤 한다. "무시당한다는 느낌"이 근저에 깔려 있기 때문이다.

북한출신주민들은 남한출신주민들의 '호기심'도 부담스럽다. 호기심은 분단구조 속에서 북한출신주민들을 타자로 위치 짓고, 결정적 순간에 레드콤플렉스와 결합되어 적대적 언행으로 바뀐다. 남북 사이 긴장이라도 조성되면, 어김없이 화살이 날아온다. 천안함 사건이 났을 때가 절정이었다. 현장연구 과정에서 만난 북한출신주민 한 사람과 또 한 사람의 친구, 남동공단에서 일하던 두 사람이 천안함 사건으로 직장을 그만 두었다. 한 북한출신주민의 남측 동료는 이틀 내내 "천안함 사건에 대한 의견"을 구했다고 한다. "누가 한 것 같으냐"는 질문을 반복했다. "내가 국정원인가. 잘 모르겠다. 북한 밖에 더 있겠냐?" 대답하고선 좀 비겁한 것 같았다. 정확히는 모르니까. 그래서 "확실하게는 모르겠지만"이라는 말을 덧붙였다. 그랬더니 "왜 그렇게 (애매모호하게) 답을 하는지에 대한 추궁이 이어졌다. 속상해서 퇴근 후 술을 잔뜩 마시고 이튿날 가까스로 출근했다. 그런데 출근하자마자 또 물었다. "잘 생각해 봤냐? 누가 했다고 생각하냐?" 더 이상 참을 수가 없어 폭발했다. "왜 내게 그딴 걸 자꾸 묻나? 도대체 뭘 바라는 것이냐?" 대판 싸우고 직장을 나왔다. 또 다른 이는 이웃이기도 한 직장 상사가 천안함 사건이 터지자 한바탕 설교를 늘어놓는 바람에 크게 다퉜다. "세금 가지고 도와주는데 그 따위 일을 벌인다"고 핀잔하는데, 목적어와 주어가 모호했다. "세금으로 누굴 도와주는데 누가 그렇게 했다는 것인가? 왜 나에게 이런 얘길 하는가?" 안 그래도 세금 낭비 타령을 늘어놓는 남쪽 사람들이 불편했는데, 북한의 부정적 행태를 자신과 연결시키는 상황에 분노가 폭발했다. "너만 세금 내니? 너 세금 몇 전 내길래 그런 소릴 하는가?" 대판 퍼부어주고 직장을 그만 뒀다. 이들은 "공장에서 북한출신주민은 외국인 노동자만도 못한 취급을 받는다"고 느낀다.

꼭 이렇게 직접적인 충돌이 아닌 경우에도, 남북한의 갈등은 북한출신주민들의 일상에 긴장을 조성한다. 국가기관에서 일하는 등 남한에서 상당히 성공하였다고 평가되는 한 북한출신주민은 남북한의 긴장이 높아지는 상황에서 탄 버스 안에서 "북한 빨갱이놈들 싸그리 죽여버려야 한다"는 호기로운 남한출신주민의 얘기에 북에 있는 "빨갱이" 아버지를 떠올리고 마음이 한없이 착잡해졌고, 남북한출신주민들이 "진짜 친구가 되기에는 너무나도 큰 장벽이 있다고 느꼈다"고 전했다. "고향이 그립고, 가족들이 걱정되고 그런 것이 김일성이 김정일이에 대한 충성이 아닌데" 남한 사람들이 이를 "잘 이해하지 못하는 것 같다."

남한출신주민들은 쉽게 화를 내고 험악한 방식으로 자기표현을 하는 북한출신주민들을 이해하기 어렵고 따라서 불편하다. 호기심에 북한에 대해 물어보면 쉽게 역정을 내고 한번 화가 나면 "갈 데까지 간다." 때로는 이러한 행동이 "빨간 물이 덜 빠진" 결과가 아닌가 싶다. 특히 노인세대들은 북한을 비판하는 얘기를 할 때 선뜻 동조하지 않는 북한출신주민들을 이해하기 어렵다. 북한에서 고통을 겪고 '탈북'해 왔기 때문에 북한에 대한 증오심이 확실할 것이라고 기대했는데, 남북한 간 갈등이 표면화될 때 "입장이 애매모호한 듯"하다. 한 남한출신주민은 "북한 욕을 하면 [북한출신주민들의] 눈꼬리가 올라간다." 북한의 가족들과도 계속 연락을 하는 듯하고 "(정치적으로) 누구 편인지 확실하지 않은 사람들", "전쟁나면 총부리 어디로 겨눌지 모르는 사람들"을 이렇게 받아들이고 도와주는 일은 "위험스러운 일"이라는 생각이 든다. 분단이 낳은 이분법적 사고의 영향이다.

한편, 한국사회에서 북한의 부정적 이미지와 그 이미지의 북한출신주민에로의 전이는 북한출신주민들 내부의 협력에도 영향을 준다. 하나원 동기나 고향 친구, 단체활동 등을 통해 이루어진 친밀한 관계가 아닌 다른 북한이탈주민은 경계심을 갖고 대한다. 이러한 현상은 북한으로 재입국하는 사람들이 생기면서 자신의 탈북사실이 북한에 알려지고 가족들이 불이익을 당할 가능성에 대한 염려에도 일부 기인하지만, 북한출신주민에 대한 집합적 표상이 긍정적이지 못함에도 그 원인이 있다.[28] 분단 정치는 이렇듯 '작은 북한'의 일상에서 구현되어 남북한출신주민들의 갈등을 증폭시킨다.

3. 정부정책과 자원에 대한 경쟁에서 비롯되는 갈등

문화적 차이 및 정치적 긴장과 더불어 주요하게 '작은 북한'의 주민 간 갈등을 유발하는 요소는 정부정책과 자원에 대한 경쟁이다. 이는 '작은 북한'이 사회경제적 약자들의 집중 거주지임에서 비롯되는 바가 크다. 앞서 언급한 것처럼, 북한출신주민들은 한국사회에서 집중적 정책지원의 대상이 된다. 한국사회에서 통용될 수 있는 자원이 부족한 사회적 소수자라는 이유 이외에도 이들이 통일이 되었을 때 남북통합의 과정을 미리 짐작할 수 있는 "리트머스 시험지" 혹은 "먼저 온 미래"로 의미화되기 때문이다. 실제 현장연구 과정에서 이들이 기본적 사회보장정책 이외에도 수많은 민, 관의 지원대상이 되는 상황을 목격할 수 있었다. 한정된 북한출신주민들을 대상으로 하는 이러한 지원들은 때로는 "경쟁" 양상을 보이기도 했다. 각 기관들이 참여 인원을 확보하기 위해서 경쟁하다 보니 참여자에 대한 경품이나 선물 등도 등장을 하고, 북한출신주민들은 자신들을 위해 준비된 많은 행사와 프로그램 중 당장 보다 나은 경제적 이득을 주는 것을 "쇼핑"하는 상황도 벌어졌다.

---

28 정병호는 서울 양천구의 북한출신주민 거주지에 대한 연구를 통해 다른 이주민들이 활성화된 다문화 공간을 형성하는 데 반해 북한출신주민들의 커뮤니티의 경우 잘 드러나지 않는 "보이지 않는 커뮤니티"를 구성하고 있다고 분석하며 그 이유로 남북한의 냉전적 환경을 들고 있다. 정병호, "보이지 않는 커뮤니티: 서울 양천구의 탈북 이주민 거주지역의 사례를 중심으로," 『2012년도 학술대회 자료집』(한국문화인류학회, 2012); 정병호, "냉전 정치와 북한 이주민의 침투성 초국가 전략," 『현대북한연구』, 제17권 1호 (2014), pp. 49~100.

이렇듯 북한출신주민들에 대한 다양한 지원은 이들을 지원하는 다양한 민, 관 지원활동가들의 존재를 통해서, 정책전달자인 통, 반장을 통해서, 아이를 같은 학교에 보내는 학부모들을 통해서, 이웃의 목격담을 통해서 남한출신주민들에게 알려진다. 북한출신주민들의 움직임과 대화, 가구에 전달되는 물건 등이 소문으로 이어지고, 남한출신주민 사이에 공유된다. 지원 내용에 대해서 알게 되면 사회경제적 소수자인 남한출신 이웃들은 박탈감을 느낀다. 북한출신주민들이 이러한 지원을 "부당한 방식으로" 활용하여 생활의 편의를 도모하는 것 같고 정부가 이를 조장한다는 느낌이 든다. 남한출신주민들은 이웃 북한출신주민이 잦은 이직을 하거나 아예 일을 하지 않는다는 사실을 쉽게 발견하고, 이는 북한에서 배운 나쁜 습관 탓도 있지만 남쪽 정부가 너무 많은 혜택을 주기 때문이라고 생각한다. 일을 않는 북한출신주민들이 오히려 돈을 받으면서 직업교육을 받거나 "갖가지 혜택을 받으며 무위도식하는" 장면을 목격하면 "내가 낸 세금을 왜 저렇게 쓰나 억울하다", "남한의 어려운 사람도 많은데", "평생 세금 한 푼 안 낸 사람을 "북한에서 왔다는 이유만으로 저렇게 지원하는 건 아니다 싶다", 정부가 버릇을 잘못 들이는 것 같다"와 같은 반응을 보인다.

북한출신주민들의 일상을 들여다 볼 기회가 많은 통반장들은 특히 자원 분배 이슈에 민감하다. 정부 지원 자격 요건에 민감해지고 이를 어기는 경우를 밝혀야 한다고 생각한다. 따라서 자신의 처지를 숨기고 싶은 북한출신주민들과 갈등이 인다. "무조건 문을 안 열어 주는 사람, 얼토당토않게 화부터 내는 사람에게 분통이 터지"고 "새터민 때문에 이 일 못 해 먹겠다"는 한탄이 절로 나온다. 특히 스스로도 저소득층이라고 생각하는 이들은 부정수급을 하는 북한출신주민들에 대한 반감이 크다. "양문 냉장고 사다 놓고 좋은 차 끌고 다니며 주말마다 회를 사서 잔치를 하"고, 아프다고 수급을 받으면서 화려한 차림으로 외출을 하는 북한출신 '젊은 사람'들에 "돌보지 않는 아들 하나 있다고 수급이 짤린" "우리도 좀 도와 달라" 하소연하는 남한출신 할머니가 대비된다. 만날 때마다 "쟤네들한테는 왜 저렇게 뭘 많이 줘. 우리도 좀 도와줘"라고 하소연한다는 할머니의 말을 전하며, "다 우리 세금인데 참 아깝다"는 생각이 든다고 한다. 한 통장이 전한 사례는 자원 분배와 관련된 갈등상황을 극명하게 드러낸다. 현장연구 한 해 전 설 명절, 북한출신주민들이 각종 관공서 및 지원단체에서 받은 선물을 쟁여 두었다가 상해서 버리는 일이 발생했다. 이를 아깝게 여긴 이웃 할머니들이 이들이 버린 떡국떡을 먹으려고 주워서 곰팡이를 가려내는 장면을 본 통장은 분노했다. 그래서 주민센터에 찾아가서 상황을 보고하고 "다 버리는데 왜 자꾸 주느냐"고 항의했다. 그 결과, 이후 주민센터 차원에서는 따로 명절선물을 하지 않게 되었다.

북한출신주민들은 남한출신 이웃들이 자신들이 받는 정책적 혜택을 감시하고 시기하는 듯해서 마음이 불편하다. 남한사회에 아무런 기반이 없는 자신들인데 좀 도움을 받으면 어떤가, 기왕에 있는 지원정책인데 적극적으로 이용하는 게 왜 잘못인가 반문하지만, 가능하면 자신들의 삶과 정부 혜택을 숨기고자 한다. 그러나 각종 정책전달자이자 때때로 자신의 처지에 대한 설명이 포함된 관련 증명서에 사인(Sign)을 받아야 하는 통반장에게서는 자유로울 수가 없다. 이들에게 통반장은 도움을 받을 수 있는 대상이자 동시에 통제/감시자인 "인민반장"을 연상케 한다. 북한출신주민들에 대한 특별한 정부정책과 자원에 대한 경쟁은 이렇듯 '작은 북한'의 주요한 갈등요소이다.

V. 문화번역과 경계의 (재)구성

일상의 소소한 접촉이 친밀감과 서로에 대한 이해를 높이는 데 기여하기도 한다. 일부 남북출신주민들은 음식을 나눠 먹고 마실을 다니며 신뢰를 쌓아 나간다. 남한 사람, 혹은 북한 사람이라고 다 똑같은 것은 아니라는, '개별성'에 대한 인식도 하게 된다. 비난하다가도 "저기 애들도 다 이뻐해야 한다. 나중에 며느리 될지도 모른다"고 이야기한다. 남북출신주민들의 화합을 위한 각종 프로그램도 생겨나고 있다. 그러나 아직은 갈등이 지배적인 상황이다.[29] 앞서 논의한 것처럼 서로 다른 문화, 자원을 둘러싼 경쟁, 분단정치로 인한 남북한 간의 숨은 적대감 등이 갈등을 증폭시킨다. 갈등이 생기면 갈등의 당사자들은 해석의 틀을 찾는다. 낯선 상대방의 언어, 행위, 가치관 등을 번역해서 맥락화하여 해석하려 애쓴다. 차이를 발견하고 번역하는 문화번역의 과정을 거치는 것이다. 그러나 권력관계와 사회적 위치의 차이에 따라 이 과정은 차별적으로 진행된다. 한국사회에 위치한 남북한 접촉지대이자 사회경제적 소수자들의 주거지라는 공간적 특징을 가진 '작은 북한'에서 각기 다른 위치성을 가진 남북한출신의 주민들은 서로 다른 방식으로 문화번역을 수행함으로써 자신과 타자를 규정하고 해석한다. 이 과정에서 이들 사이의 경계가 (재)구성된다.

---

29 현장연구 과정에서 진행한 설문조사 결과에 따르면 논현동의 남한출신주민들은 내집단에 비해 북한출신주민들에 대해서 인지·정서적 측면에서의 태도, 신뢰도, 사회적 거리감 등에서 전반적으로 부정적인 태도가 강했다. 그러나 접촉수준이 높은 집단일수록 상대적으로 북한출신주민들을 긍정적으로 느끼고 사회적 거리감도 적으며 이해도도 높은 것으로 나타났으며, 특히 '개인차'에 대한 인식이 두드러졌다. 이수정·양계민, "북한출신주민과의 지역사회 내 접촉수준에 따른 남한출신주민의 태도의 차이."

1. 남한출신주민

한국사회에서 남북한출신주민들 간의 일반적 관계에 있어서는, 상대적 다수자이고 주류인 대부분의 남한출신주민들의 삶에 북한출신주민들은 큰 변수가 아니다. 갈등이 생기면 화도 내고 이런 저런 해석도 해 보지만, 북한출신주민 관련 지원활동가 등 직접적이고 전면적인 이해관계가 있는 경우를 제외하면 자신의 정체성을 협상해야 하거나 인정투쟁에 돌입해야 할 만큼 심각한 상황으로 와 닿지는 않는다. 따라서 북한출신주민들에게서 발견하는 부정적 요소를 북한적 특징으로 문화화하고 비도덕성을 비난하거나 경쟁력이 없는 '불쌍한 사람들'로 연민하며 위계화하고 타자화하는 방식의 해석틀을 채택한다. 많은 경우, 북한출신주민들의 내적 다양성과 초국적 경험이나 관계에 대해 고려하기보다는, 이들을 집단적으로 열등한 "북한" 혹은 "사회주의"와 관련짓는 방식으로 경계를 만드는 것이다. 이 과정에서 자신들도 문화적 특수성을 가진 집단이라는 사실을 간과하며, "타자"로서의 북한출신주민에 대비하여 보편적 자아라는 특권적 위치를 주장한다.

'작은 북한'의 남한출신주민들에게서도 이러한 경향이 발견된다. 북한출신주민을 타자화하고 이들의 부정적 요소를 '북한적 특징'으로 문화화하여 비난하는 경우가 많다. 그러나 한국사회에서 사회경제적 소수자라는 위치, 북한출신주민들과 거주지를 함께 한다는 사실이 '작은 북한'의 남한출신주민들의 마음을 복잡하게 한다. 같은 사회경제적 소수자로서 어려운 경험을 한 북한출신주민들에게 연민의 정을 느끼기도 하고, 이들이 받는 혜택에 상대적 박탈감을 느끼기도 한다. 이웃으로서도 복합적 마음을 가진다. 생활의 근접성에서 오는 친근함과 개별성에 대한 이해에 일상적 갈등이 교차한다. 이에 더해, 북한출신주민들과 이웃이라는 사실은 남한출신주민들의 정체성에도 영향을 준다. 북한출신주민들의 존재가 자신들에 대한 사회적 평가와 시선에 영향을 준다고 느끼기 때문이다. 위험하고 실패한 북한의 표상인 '북한출신주민'과 이웃으로 산다는 것은 임대주택 거주 자체가 "패배자"의 표상이 되는 한국사회에서 더 큰 낙인화의 요인이 된다. '작은 북한'의 남한출신주민들이 북한출신주민들에 대해 부정적인 평가를 하고 이를 통해 '경계짓기'를 하는 데에는, 분단문화와 일상에서의 갈등, 자원에 대한 경쟁과 박탈감 이외에도 이렇듯 스스로의 정체성 문제가 걸려 있다. 즉, '작은 북한'의 남한출신주민들의 '문화번역'에는 남북한이라는 경계 이외에도 계층이라는 경계가 작동한다. 북한출신주민과 비슷한 사회경제적 계층으로 인지되는 것에 대한 반작용이 이곳에서 남한출신주민들의 북한출신주민들에 대한 인식과 행동, 그리고 평가에 영향을 준다.

2. 북한출신주민

북한출신주민들은 일반적으로 훨씬 복잡한 정체성 협상 과정을 겪는다. 끊임없는 타자화와 평가절하를 겪으며, 존재의 가치 확보를 위한 인정투쟁에 돌입한다. 한민족이자 적대국가 출신의 소수자로서 스스로의 자존과 가치를 지키기 위해서 끊임없는 협상을 벌여야 하는 것이다. 이는 여러 가지 방식으로 진행되지만, 접촉지대에서 대개의 소수자들이 그러하듯 기본적으로 남한출신주민들의 언설이나 행위에 '반응적'이다.[30]

북한출신주민들은 기본적으로 남한의 문법에 동의하고 헌신하면서 성실성이나 세련됨 등 남한 사회에서 장점으로 평가되는 자질들을 갖추

---

30   Pratt. "Arts of the Contact Zone," p.35.

려고 노력한다. 말투나 옷차림 등을 고쳐서 남한 사람으로 보일 수 있도록 애도 써 본다. 이러한 노력은 대개 남한출신주민들에게 부정적으로 평가되는 북한사회와 북한출신주민 집단을 비판하면서 이들에게서 스스로를 구분하는 방식으로 이루어진다. 북한사회에서 자신이 얼마나 많은 어려움을 겪었는지 강조하는 '피해자론', "우리 북한 사람들이 좀 그런 면이 있는데 나는 안 그래요"라는 표현으로 대표되는 '예외론'이 대표적이다. 외부자인 남쪽의 문법과 시각에 스스로를 일치시키면서 고향인 북한 및 동료 북한 주민 집단과의 사이에 경계를 만드는 방식이다. 이러한 노력은 '작은 북한'으로부터의 이주라는 실천으로 이어지기도 한다. 현장연구 과정에서 "북한 사람들이 너무 몰려 있고" "인식이 좋지 못해" 다른 아파트 단지로 이주하거나 이주를 기획하는 북한출신주민들을 여럿 만날 수 있었다.

그러나 이러한 단절의 시도가 성공적인 경우는 많지 않다. 우선 "남한화"가 기대만큼 쉽지 않기 때문이다. 말투나 옷차림, 사고방식과 태도 등을 고치려는 노력은 오히려 더 어색한 말투와 옷차림, 사고방식과 태도로 이어지기 일쑤이다. 이들에게 남한적 상징체계를 번역하여 체화하기란 쉽지 않은 일이다. 예외화의 노력도 늘 성공적인 것은 아니다. "개별자"로서 남한의 이웃들과 교류하려 하지만, "북한이탈주민"으로서의 호명에서 자유롭지 않다. 게다가 정책지원 및 연구의 대상으로 스스로 북한에서 왔다는 사실을 자원화해야 하는 경우도 종종 있다. 특히 각종 지원과 혜택에 대한 남한출신주민들의 따가운 시선과 의심을 벗어나기 위해서는 "북한이탈주민"으로서의 힘들었던 경험과 특별한 처지를 호소해야 한다. 한 북한출신주민의 말처럼, "애써봐도 우리는 여기서 북한 사람"인 것이다.

이들이 스스로 북한과의 관련성 속에서 자유로울 수 없다는 점도

'남한화'의 제한성을 가져온다. 이는 이들이 북한정치 시스템이나 지배집단을 긍정함을 의미하지는 않는다. 그보다는, 긴 삶의 기억이 있고 가족이 살고 있는 북한사회를 남한 사람들처럼 쉽게 부정할 수가 없다는 것이다. "빨갱이들 다 죽여 버려야 해"라는 남한 출신 이웃의 일갈에 즉각 "북에 있는 우리 아버지는?" 하는 염려가 되더라는 한 북한출신주민의 이야기, 북한이탈주민에 대한 남한출신주민들의 부정적인 태도에 "내가 북한 있을 때 본 사람들은 다 얼마나 순수한데, 여기 북한 사람들이 그 사람들이 맞나 싶어요" 하고 대응하는 사례 등은 분단된 국가의 한 쪽에서 다른 한 쪽으로 넘어온 이들이 갖는 사회적 소속감, 그리고 정체성 협상 과정에서의 어려움을 잘 드러낸다.

이러한 어려움은 때때로 북한출신주민들이 남한 '자본주의' 사회의 각박함과 피곤함, 남한 사람들의 이기심과 위선을 지적하며 느림/여유로움, 공동체성, 순박함, 솔직함, 통일에 대한 열망 등을 중심으로 북한사회와 북한(출신)주민들의 장점을 드러내고, 일부 동료 북한출신주민과의 연대를 돈독히 하는 행위의 기반이 된다.

'작은 북한'에 거주하는 북한출신주민들의 경계만들기 과정에서 흥미로운 또 다른 측면은 이들의 남한출신 이웃들에 대한 인식과 평가 또한 상당히 "계층적"이라는 것이다. 이들은 남한출신주민들을 여러 그룹으로 나누어 비교적 "너그럽고 세련된" 중산층 계층과의 연대감을 표현하며, 자신들과 갈등관계에 있는 "무지하고" "여유 없는" 이웃 남한출신주민들과 차별화한다. 북한출신주민들은 '작은 북한' 이웃들의 각박함이 "경제적 하층민"의 특징이라고 해석한다. 자신들이 다른 장에서 만나는 지원활동가, 성직자, 학자 등 "있고 배운 사람들"은 "마음이 넓고 차원이 높은데" 이웃들은 그렇지 않다는 것이다. 이러한 판단은 남한출신 이웃들에 대한 북한출신주민들의 부정적 태도에 영향을 미친다. 이는 이들이 한국사회의 주류적 담론과 시각을 차용하기 때문이기도 하지만, 동시에 임대아파트나 공장에서 만나는 비슷한 사회경제적 처지의 이웃들인 남한출신주민들이 가지기 어려운 다른 계층과의 접촉을 가질 수 있기 때문에 가능한 일이기도 하다. 이 접촉은 많은 경우 '북한출신주민'이 한국사회에서 갖는 특별한 위치로 인해 생겨난 것들이다. '북한출신주민' 혹은 '통일' 관련 사업을 하거나 연구를 하는 이들을 중심으로 이루어진 이 접촉의 참여자들은 상대적으로 북한출신주민들에게 관대하다. 일상을 나누는 공동체의 형성이 난망한 가운데 자주 부딪치고 갈등하며 '자원을 두고' 다투는 이웃보다, 일정한 거리를 두고 좋은 얼굴로 만나는 '자원이 많은' 이들에게 북한출신주민들이 친근감을 느끼는 것은 어쩌면 당연한 일이다. 그러나 점유하고 있는 사회적 공간이 전혀 다르기 때문에 이러한 친근감이 일상의 연대로 이어지기보다는 선망과 박탈감으로 이어지는 경우가 많다.

지금까지 논의한 북한출신주민들의 다양한 경계만들기 혹은 지우기의 실천은 대개 한 개인에게서 복수로, 국면적으로 일어난다. 이 과정에서 이들은 갈등적이고 모순적인, 중층적 정체성을 형성한다. 이렇듯 북한출신주민들이 새롭게 구성하는 국면적·중층적 정체성은 남북이 만들어 놓은 경계와 그 냉전적 성격에 크게 영향 받지만 동시에 이를 지우고 밀어내기도 한다. 중층적·혼종적 존재방식 자체로 남한사회의 지배적 문법을 깨뜨리기도 하고, 남북 당국에서 모두 금지하고 있는 '비법'의 영역에서 북녘의 가족들과 은밀하게 관계를 유지함으로써 혹은 제3국으로의 재이주를 감행함으로써 접촉지대의 경계를 확장하고 그 성격을 변환시키고 있다.

VI. 나가며

북한출신주민들의 이주와 이로 인한 남한 내에서의 남북 접촉지대의 형성은 분명 분단지형을 바꿔 놓고 있다. 북한에서의 삶의 기억을 가지고 중국과 제3국을 횡단하여 한국사회에 들어온 이들은 그 존재 자체로 남한사회의 다양성에 기여한다. 이들로 인해 한국사회에서는 새로운 법률과 지원 시스템이 만들어지고, 다양한 관련 조직과 인력들이 생겨났다. 그 과정에서 기존의 시스템과 상징들이 점검되고 수정되기도 하였다. 또한 이들의 유입은 이전까지 상상 속의 적대적 타자로 존재하던 이들이 일상 속에서 만나고 갈등하고 협상하는 다양한 현장을 만들어 내고 있다. 이러한 현장에서 경계들이 새롭게 구성되고 정체성이 협상된다. 한편, 이러한 현장들은 '장소성'을 가진다. 공간적 특징에 따라 관계와 경계, 그리고 정체성이 협상되는 양상이 차별적일 수 있기 때문이다.

남북한출신의 사회경제적 소수자들이 함께 거주하는 임대아파트 단지를 중심으로 한 '작은 북한'에서 남북한출신 주민들의 상호작용과 이에 영향을 주는 요소들을 구체적으로 살펴본 이 연구는 남북한 출신 사람들 간의 관계가 냉전/탈냉전 이슈, 남북의 사회문화적 차이뿐만 아니라 계층적 요소에도 영향받는다는 점을 발견할 수 있었다. 또한 이들이 서로의 의미와 행위를 읽어 내는 '문화번역'의 과정, 그 과정에서 경계를 구성하는 방식이 매우 역동적이면서도 차별적임을 파악할 수 있었다. 앞으로 다른 공간적 특징을 가진 다양한 접촉지대 사례연구와의 비교를 통해 이러한 결과가 남북한 사회통합 관련 어떤 함의를 갖는지 맥락화할 수 있을 것이다.

제2장

개성공단에서의 남북한 접촉이 북한 근로자에 미친 영향: 남한 주민에 대한 북한 근로자의 태도 변화[1]

양문수(북한대학원대학교)

I. 머리말

이 글은 남북한 '접촉지대(contact zone)'로서의 개성공단을 주된 고찰
대상으로 한다. 개성공단은 2016년 2월부터 전면 가동 중단 상태에 들
어갔지만, 그 이전까지 남한 기업 124개 사, 남한 당국자 및 기업 관리자
800여 명, 북한 근로자 5만여 명이 함께 생활했던 남북한 최대 규모의 접
촉지대였다. 그리고 남한 기업들은 2004년 말부터 순차적으로 입주해,
남북한 주민 간의 접촉은 현재 최장 10년여의 역사를 보유하고 있었다.
아울러 남북한 접촉지대를, '장소(place)'로서의 '지리적 공간'과 '공간의
제도화' 존재유무라는 두 변수를 사용하여 유형화한다면 개성공단은 북
한 영토에 존재하며, 제도화의 수준이 높은 접촉지대라는 특성을 갖는다.

---

1   이 글은 양문수·이우영·윤철기, "개성공단에서의 남북한 접촉이 북한 근로자에 미친 영향
     에 관한 연구: 남한 주민에 대한 북한 근로자의 태도 변화를 중심으로," 『통일연구』, 제17
     권 2호 (2013)를 토대로 한 것이다.

이 글은 개성공단이라는 접촉지대에서 남북한 사람들이 만나 어떻게 상호작용하고 있는지 살펴보는 것을 목적으로 한다. 특히 개성공단에서의 남북한 접촉이 북한 근로자들에게 어떻게 영향을 미쳤는지를, 개성공단에 근무하는 남한 주민에 대한 북한 근로자들의 태도 변화에 초점을 맞추어 고찰하고자 한다. 다만 북한 근로자들을 대상으로 직접 조사하는 것은 현재로서는 불가능하기 때문에 이들과 접촉하는 남한 주민들을 대상으로 간접 조사할 수밖에 없다. 이 연구를 위해 문헌 분석과 함께 지난 2012년 2월부터 5월까지 개성공단 남측 관계자 12명[2]에 대한 심층 면접을 실시했다. 이 글에서는 심층 면접 결과를 활용해 논의를 전개하고자 한다.

한편, 이 글은 개성공단 남측 관계자 12명에 대한 심층 면접이 이루어졌던 2012년 2~5월까지의 개성공단 상황을 상정한 것임을 미리 밝혀

표 1. 심층 면접 대상자

	소속	직위	개성공단 근무기간
A씨	입주기업	경영진	8년
B씨	입주기업	경영진	8년
C씨	입주기업	경영진	8년
D씨	입주기업	경영진	7년
E씨	입주기업	경영진	8년
F씨	입주기업	중간관리자	8년
G씨	입주기업	중간관리자	8년
H씨	지원기관	중간관리자	7년
I씨	지원기관	경영진	3년
J씨	지원기관	중간관리자	7년
K씨	지원기관	중간관리자	7년
L씨	지원기관	중간관리자	4년

2   개성공단 남측 관계자 12명 가운데 7명은 개성공단 입주기업 관계자이고, 나머지 5명은 개성공업지구관리위원회, 현대아산, LH공사, 한전, KT, 수자원공사 등 지원기관 관계자 5명이다.

둔다. 2013년 4월 개성공단 사업의 잠정 중단 및 9월 사업 재개 이후 개성공단의 관리체계, 나아가 개성공단의 전반적인 상황에 다소 변화가 발생했고, 2016년 2월부터 전면 가동 중단 상태에 들어갔지만, 이는 이 글에서의 논의의 범위를 넘어서는 것이다.

II. 전제적 논의

1. 개성공단에서의 남북한 주민의 접촉 구조: 개관

개성공단은 외관상으로는 우리 주변에서 흔히 볼 수 있는 공업단지와 크게 다르지 않다. 하지만 실제로는 개성이라는 북한의 영토에, 남한 기업이 공장을 짓고, 북한 근로자를 고용해서 제품을 생산해 이를 판매한다

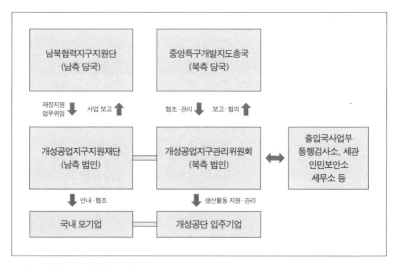

그림 1. 개성공단 사업 추진체계

출처: 통일부, "개성공단 사업 현황 및 과제," 2012. 10. 30. (주: 2012년까지의 개성공단 사업 추진체계)

는 사실로부터 파생되는 여러 가지 특수성이 존재한다.

　　우선 그림 1에서 보듯이, 개성공단에 입주한 남한 기업과 직·간접적인 관계를 가지는 다양한 주체들이 존재한다. 무엇보다도 가장 큰 것은 남북한 당국이다. 특히 개성공단에 대한 북측의 지도기관인 중앙특구개발총국(이하 '총국'으로 약칭)은 개성공단 근무 북측 근로자들의 상부조직이다. 각종 조직이 상명하복 구조로 되어 있는 사회주의 국가의 특성상, 북측 근로자들에 대한 총국의 영향력은 압도적이다.

　　또한 그림 2에 나타나 있듯이, 남측 입주기업 경영자 및 관리자들은 북측 근로자들에게 직접 지시를 하지 못하게 되어 있다. 북측 근로자의 대표격인 직장장을 반드시 경유해야 한다. 주로 개성공단 현지법인의 대표(법인장)가 북측의 직장장에게 각종 지시 관련 사항을 전달하면 북측의 직장장이 반장-조장을 거치거나 직접 근로자들에게 지시를 하달하는 구조로 되어 있다.

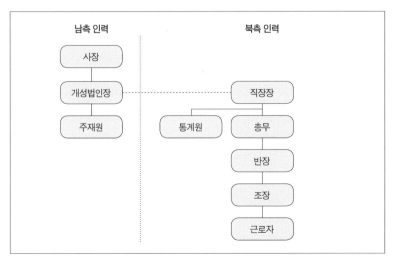

그림 2. 개성공단 입주기업 운영체계
출처: 통일부, "개성공단 사업 현황 및 과제"

이러한 점들이 개성공단의 특수성, 즉 통상적인 공업단지와는 구별되는 특성을 형성하게 하는 중요한 요인들로 작용한다. 따라서 개성공단에서의 남측 관리자와 북측 근로자들의 만남이, 통상적인 기업 경영자와 근로자의 만남과 공통점이 있겠지만 상이점도 있을 수 있음을 시사한다.

2. 접촉 전 및 접촉 초기 남한 주민에 대한 북한 근로자들의 태도

개성공단을 통해 접촉하기 전에 남북한 주민들은 상대방에 대해 막연한 인식과 정서를 가지고 있는 경우가 대부분이다. 이러한 막연한 인식과 정서는 상대방과 접촉하면서 보다 구체적인 모습으로 드러나게 된다. 그리고 접촉의 횟수가 많아짐에 따라 상호작용을 하게 된다.

사실 남쪽이나 북쪽이나 처음에는 기존에 배우고 학습해 왔던, 상대에 대한 인식을 그대로 가지고 있는 상태에서 만난다. 교육을 통해서 배워 왔던 것, 언론을 통해서 접해 왔던 이미지이다. 그리고 남과 북은 분단 이후 오랜 기간 적대적인 관계를 가져왔기 때문에 주민들이 상대방에 대한 부정적 인식과 적대감을 가지게 되는 것은 비교적 자연스러운 일이다. 물론 상대방에 대한 적대감은 남측 사람보다 북측 사람에 더 깊이 각인되어 있다.

> 북측 근로자들은 남쪽 사람에 대해 굉장한 적개심이 있을 수 있다. 북쪽에서 그런 교육이 있었던 탓도 있다. 하지만 개인적 경험도 무시하지 못한다. 북측 관리자 중 어떤 사람은 같이 술먹다가 갑자기 부들부들 떨면서 "우리 어머니가 미군한테 채찍으로 맞아서 어떻게 되었는데…"라고 했다. 겉으로는 그런 표현하지 않지만 속으로는 그런 면이 있다. 한국전쟁의 후유증이다(지원기관 관계자 J씨).

개성공단 입주 남한 기업 사람들에게, 개성공단에 처음 올 때 북쪽사회에 대해 어떤 인식을 가지고 있었는지 물어 볼 기회가 있었다. 예상했던 대답들이 나왔다. '북한' 하면 떠오르는 단어는 '가난하다'부터 시작해서 '독재자', '지저분하다' 등과 같은 부정적인 단어가 압도적으로 많았다. 북한에 대해 대체로 부정적인 인식을 가지고 있었던 것이다(지원기관 관계자 H씨).

한편 접촉 초기에 남북한 사람들은 상대방을 구체적으로 만나게 되면서 서로의 인식이, 특히 자신들의 생활공간 내에서의 인식이 당초 예상했던 것보다 많이 다르다는 사실에 놀라게 되었다.

나는 17세까지 북측에서 교육을 받고 남측으로 내려왔으니까 어느 정도는 북측을 안다고 생각하고 있었다. 그래서 개성공단이 생겨서 상당히 기뻤고 고향 가까이 간다는 막연한 생각에 개성공단에 가겠다고 자원을 했다. 그러나 반세기 동안 갈라져 있어서인지 양쪽의 생각이 너무 달라져 있어서 크게 놀랐다(입주기업 관계자 G씨).

예를 들면, 북한은 유교의 전통이 그대로 남아 있다. 가족주의 전통이 많이 남아 있다. 달리 보면 남한이 과거에 가지고 있던 인식을 지금도 많이 가지고 있다. 사실 남한은 서구화가 상당히 진전되었다.

한편 우리가 어느 정도 예상하고 있었던, 집단주의, 정신적 가치 우선 등의 인식은 여전히 남아 있음을 확인할 수 있었다.

III. 개성공단에서의 접촉 이후 남한 주민에 대한
　　북한 근로자들의 태도 변화

1. 긍정적 변화

개성공단에서의 접촉 이후 남한 주민에 대한 북한 사람들의 인식과 정서
가 어떻게 변화했는지 정확하게 알기는 매우 어렵다. 북측 사람들은 남
측 사람들과 만날 때 속내를 드러내지 않도록, 마음을 표현하지 않도록
철저하게 교육, 훈련받았기 때문이다. 특히 상대방인 남측에 대한 마음
을 표현하는 것은 문책, 나아가 처벌의 대상이 되기 때문에 북측 사람들
도 매우 조심한다. 다만, 표정과 행동에서 그들의 변화를 어느 정도는 읽
을 수 있다고 남측 관계자들은 말한다.

> 개성공단 개발 초기에는 남한 사람들이 차를 타고 지나가면 길에서 꼬마
> 들이 남한 사람들을 향해 돌을 던지는 시늉을 했다. 그런데 6개월이 지나
> 니까 꼬마들이 우리를 보고 손을 흔들어 주었다. 금방 바뀌더라. 어린아
> 이들이 무엇을 알겠느냐. 결국 자기 부모로부터 혹은 자기 주변사람들로
> 부터 남한 사람에 대해 무슨 이야기를 들었기 때문에 남한 사람들에 대한
> 이미지가 바뀌지 않았겠는가(지원기관 관계자 K씨).

> 우리 회사에서 나 혼자 거의 매일 정문에 서서 출퇴근하는 북측 근로자들
> 에게 인사를 해 주었다. 처음에는 인사를 받아주는 사람이 거의 없었다.
> 눈도 마주치지 않았다. 그러다가 하나하나 반응을 하기 시작했다. 그렇게
> 해서 7년이라는 세월이 흘렀다. 이제는 내가 목례로 인사하면 북측 근로
> 자의 절반 이상이 답례를 한다. 말을 걸면 받아 주는 사람도 꽤 있다. 심지

어는 "아침에 추운데 왜 나와 계십니까. 이제 안 나와도 됩니다"라고 말해 주는 사람도 있다(입주기업 관계자 G씨).

옛날에는 남쪽 사람들이 오더라도 인사하고 그런 것은 없었다. 그런데 지금은 개성공단을 자주 드나드는 사장, 자기네 사장이 공장에 오면 북측 근로자들은 일을 하다가도 인사한다. 그리고 그 인사는 형식적인 인사가 아니라 마음에서 우러나오는 인사라는 게 느껴진다(지원기관 관계자 I씨).

언제부터인가 나에 대한 북측 근로자들의 호칭이 달라지기 시작했다. 사장 선생님에서 사장 할아버지로 바뀌었다. 자기네 가족의 일원으로 받아들인다는 의미도 있다. 선생보다 할아버지가 일하기가 훨씬 쉽다. 마음이 열리면 호칭이 달라진다(입주기업 관계자 B씨).

지금은 남쪽 사람과 북쪽 사람들이 상당히 사이가 좋아졌다. 일대일로 농담도 한다. 같은 남자들, 여자들끼리는 음담패설도 한다. 그런 것까지 나눌 수 있다고 하면, 그만큼 가까워졌다는 것이다(입주기업 관계자 D씨).

북측 사람들의 태도 가운데 어떤 것이 제일 많이 변했을까. 남측 사람들은 이구동성으로 정서라고 말하고 있다. 가장 두드러지는 것이 상대방에 대한 정서, 즉 남측 사람들에 대한 정서이다.

북측 사람들의 정서의 변화 가운데 가장 큰 것은 남한에 대한 적개심 혹은 대결의식이라는 의견들이 많았다. 즉, 남한에 대한 적개심이 많이 완화되거나 크게 줄어들었다는 것이다. 일부 관계자는 "적개심은 거의 다 없어졌다고 보면 된다"고 주장했다. 아울러 남한에 대한 태도도 상당히 협조적으로 바뀌었다는 견해도 있었다.

반면, 남한에 대한 동경심은 한마디로 잘라 말하기 어렵다.

남한에 대한 동경심은 본인 스스로가 이를 표출한다면 북한 내에서 당장 총화의 대상이 되기 때문에 표출하기가 쉽지 않다. 마음속으로는 어떻게 생각할지 모르지만 남한에 대한 동경심이 감지되는 경우는 거의 없다(지원기관 관계자 I씨).

북쪽도 남쪽 사람들의 생활에 대해 이해의 폭들이 넓어진 측면이 있는 것 같다. 또한 남한에 대한 동경심은 아니더라도 호기심은 많아진 것 같다(지원기관 관계자 J씨).

자신들의 생활 공간 내에서의 정서도 상당 정도 변화가 발생했을 것으로 짐작된다고 남측 관계자들은 전하고 있다.

북측 근로자들의 표정이 많이 밝아졌다. 그들의 마음에 여유가 생긴 것 같다. 그걸 많이 느낀다. 어찌 보면 당연한 것인지도 모른다. 개성공단에서 일하고 나서 어느 정도 '먹는 문제'가 해결되었기 때문일 것이다. 기본적인 의식주가 해결되고 나면 행복이 뭐고, 인권이 뭐고 생각할 수 있지 않겠는가(지원기관 관계자 K씨).

한편, 접촉 이후 북측 근로자들의 외관상에서 나타나는 변화는 매우 크다. 드라마틱한 변화라고 해도 과언이 아니다(표 2 참조). 이러한 외관상의 극적인 변화는 북측 근로자들의 정서에 긍정적인 변화가 발생했을 가능성을 강하게 시사한다.

한편, 남측 주민들에 대한 북한 근로자들의 인식에도 변화가 발생했

표 2. 개성공단 여성근로자들의 외관상의 변화

	근무 초기	2년 경과 후
얼굴	얼굴이 시커멓고 윤기가 없으며 푸석푸석함.	얼굴이 하얗게 변함. 얼굴에 윤기가 흐르고 볼에는 살이 오름. 젊은 여성들은 기미, 주근깨도 많이 없어짐.
옷	검은색 옷, 단색의 인민복이 주종.	여러 가지 색깔의 옷이 등장. 일부는 화려한 색깔의 옷.
화장	화장한 사람이 거의 없음.	절반 이상이 화장을 하게 됨. 처음에는 눈썹, 다음에는 입술, 다음에는 얼굴 전체의 순서.
핸드백	핸드백을 들고 다니는 사람이 거의 없음.	많은 사람들이 핸드백을 들고 다님.

음을 보여 주는 여러 사례들도 전해지고 있다. 입주기업 관계자 C씨, D씨, E씨 등에 따르면 초기에 북측 근로자들은 남측 주재원들의 경영활동에 대해 대립적인 자세를 보였다. 남측 주재원들의 업무 지시에 대해 "우리는 남북협력사업을 하기 위해 온 것이지 남측의 지시를 받기 위해 온 것이 아니다"는 인식을 노골적으로 표출했다. 특히 초기에는 남측 기업에 대해 자본주의에 입각한 착취자라는 인식을 강하게 가지고 있었다는 전언들이 많다. 게다가 급하게 야근을 해야 하거나 연장근무를 해야 하는 상황이 발생하면 북측 근로자들은 남측 기업들이 경영을 이유로 북측 근로자들을 착취한다는 인식을 보여 왔다는 것이다. 하지만 지금은 기업의 생존이 중요하며, 기업의 성공은 개성공단의 성공이라는 인식이 증가하고 있다고 한다. 납기일이 임박한 경우, 북측 직장장들이 주도적으로 추가근무나 야근에 응하는 사례가 많으며, 평상시 시간외 근로에 참여하는 시간도 증가하고 있다는 것이다.

지원기관 관계자 K씨, L씨는 남측 관리자들의 작업 지시에 대한 북측 근로자들의 반응은 크게 보아 3단계로 진화했다고 설명하고 있다. 첫 번째 단계는 반감이다. 남측 관리자가 지시를 하면 "선생이 무언데 나한

데 지시합네까"라고 반감을 표시했다. 그래서 북측 조장을 통해 지시하지 않을 수 없었다. 두 번째 단계는 묵시적 동의이다. 1~2년 지나고 나서는 "동무의 일이잖아"라고 하면 아무 말 없이 따랐다. 때로는 직접 일을 시켜도 이의를 제기하지 않았다. 세 번째 단계는 적극적 태도이다. 이제는 남측 사람들이 시키지 않더라도 일을 한다. 종전에는 시켜도 안 했는데, 이제는 시키지 않아도 자발적으로 일을 하게 되었다. 엄청난 변화이다.

2. 접촉의 한계성

접촉을 한다고 해서 모두 다 변하는 것은 아니다. 쉽게 변하지 않는 것들도 적지 않다. 적대감 또는 갈등이 완전히 해소되는 것은 아니다.

　　당연한 것일지도 모르지만, 개성공단 내에서 남북한 사람들 간에 분쟁이 일어나는 경우도 발생한다. 예컨대 남쪽 주재원들이 술 먹고 취해 말실수해서 북측 사람들을 자극하면 북쪽 사람들이 우르르 달려들기도 한다. 남쪽 사람과 북쪽 사람 간에 시비가 붙으면 북쪽 사람들이 집단적으로 달려든다. 직접적인 폭력으로 비화하지는 않지만 순간적으로 전운이 감돈다고 한다.

　　아무리 친해져도 남과 북은 동질이 아니라는 인식이 남아 있다. 무언가 문제가 생겼을 때는 그것이 발동하게 된다. 극단으로 가면 적이 된다(입주기업 관계자 B씨).

　　평소에는 남쪽 사람들과 북쪽 사람들 간에 마음의 문이 열리면서 서로가 친밀감을 느끼게 되었지만, 정치적인 격변의 순간에는 마음의 문이 닫히면서 서로에 대해 벽을 느낄 수 있다. 김정일 사후 조문 파동 건이 대표적인 사례이다. 자신들의 최고 지도자가 사망했는데 남쪽 사람들이 조문을 하지 않는 것을 보고, 인간의 도리를 하지 않는 사람들이라고 느꼈던 것으로 보였다. 남쪽에 대한 서운함이 다시 나타난 것이다. 서로의 차이를 한 번쯤은 다시 인식하게 되었다. 남과 북이 아무리 협력사업을 한다고 하지만, 이런 차이가 있고 이는 참 극복하기 힘든 부분이라고 생각하게 된다고 한다. 결정적인 순간에, "아, 우리는 남이구나"라는 것을 인식하게 되는 것이다(지원기관 관계자 H씨).

IV. 접촉의 조건과 개성공단의 특성

1. 접촉의 긍정적 효과의 세 가지 조건: 접촉가설의 적용 가능성

이하에서는 접촉가설(Contact Hypothesis)의 이론적 자원을 주로 활용해 개성공단에서의 남북한 주민들의 상호작용에 대해 분석해 보기로 한다. 접촉가설은 사회심리학 역사상 가장 오래되고 성공적인 개념의 하나로 꼽히고 있다. 접촉가설은 개인의 고정관념과 편견 등을 감소시키기 위한, 그리고 집단 간 관계를 개선시키기 위한 전략을 구상하는 데 중요한 이론적 토대를 제공한 것으로 평가받고 있다.

　접촉가설의 이론적 자원들이 시사하는 바는 개성공단을 통한 남북한 주민들의 접촉, 마음의 만남이 긍정적 효과를 거두기 위해서는 여러 가지 조건이 필요하다는 것이다. 접촉의 효과를 결정하는 핵심 요인에 대한 올포트(Allport)의 정식화와 포브스(Forbes)의 정식화를 종합하면 첫째, 접촉하는 상이한 집단 간에 지위의 평등성과 불평등성, 둘째, 공동목표의 존재 여부 및 이를 추구하기 위한 협력의 존재 여부, 셋째, 집단

간 접촉을 지원하는 제도 또는 사회적 규범의 존재 여부로 요약할 수 있다.[3] 따라서 접촉이 긍정적 효과를 거두기 위해서는 평등한 지위, 공동의 목표 및 협력관계, 제도적 지원이 결정적으로 중요하게 된다.

이러한 세 가지 조건이 개성공단에도 적용 가능한지 간단히 살펴보기로 한다.

첫째, 평등한 지위이다. 여기에 대해서는 남북한 간에 약간의 인식 차이가 있을 수 있다. 우선 북측의 직장장이나 총무에 대해 남측 기업 사람들은 북측 근로자 대표 정도로 생각한다. 남측 기업은 기업 내에서 남과 북은 수평적 관계가 아니라 수직적 관계, 즉 상하관계에 있다고 보고 있다. 하지만 북측의 생각은 다르다. 북측 사람들은 오히려 자기네가 주인이라고, 내지는 남과 북이 대등한 관계 혹은 쌍두마차로 생각한다. 남측의 법인장은 남측 대표, 북측의 직장장은 북측 대표로, 따라서 수평적 관계이자 동등한 지위에 있는 것으로 본다는 것이다(지원기관 관계자 I 씨). 이러한 북측의 사고를 남측 기업들이 어떻게 받아들일 것인가. 이를 인정할 것인가, 인정하지 않을 것인가 하는 문제가 발생한다.

둘째, 공동의 목표 및 협력관계이다. 개성공단이 남한과 북한이 서로 득을 볼 수 있는 이른바 윈-윈 사업인 것은 주지의 사실이다. 즉, 북한은 무엇보다 외화수입을 획득할 수 있다. 고용도 창출하고 기술도 습득할 수 있다. 남한은 기업의 경쟁력 제고에 기여할 수 있다.

남한과 북한이 개성공단사업에서 공동의 목표가 있다는 것은, 그리고 개성공단에서 남한과 북한은 공동 운명체라는 것은 남북한 공히 인정하는 바이다. 따라서 개성공단의 유지발전, 특히 입주기업의 경영 호

---

3   G. W. Allport, 이원영 역, 『편견의 심리』 (서울: 성원사, 1993), p. 238 및 H. D. Forbes, "Ethnic conflict and the Contact Hypothesis," Yueh-Ting Lee et al., eds., *The Psychology of Ethnic and Cultural Conflict* (Westport: Praeger, 2004), pp. 73~75 참조.

조에는 남북한 당국의 공통의 이해관계가 달려 있다. 따라서 입주기업의 생산성 향상을 통한 수익성 제고에는 북한 당국도 동의한다. 기업의 수익성이 높아지면 근로자들의 임금수입 등도 그만큼 증대된다는 것은 북한 당국도 잘 인식하고 있다.

따라서 공동의 목표를 달성하기 위해 남북한은 협력적인 관계를 형성하지 않을 수 없다. 특히 북한 체제의 특성상, 북한 근로자들의 상부 조직인 중앙특구개발총국이 남한 기업에 대해 협력적인 태도를 보이려고 노력하는 것은 당연한 일이다. 다만 이들이 남한 기업, 나아가 자본주의 경영에 대한 이해 수준이 단기간에 제고되는 것은 아니다.

셋째, 제도적 지원이다. 사실 개성공단 사업은 무엇보다 과거의 대북 경협사업에 비해 제도적인 개선이 대폭 이루어졌다. 큰 틀에서 보면 개성공단 사업은 남북 정상의 합의 하에 이루어진 것이라고 해도 과언이 아니다. 특히 북측 최고 지도자의 결단, 지시에 의해 이루어졌다는 점이 중요하다.

그리고 개성공단의 제반 운영은 북측이 제정한 법규, 남측이 제정한 법규, 남과 북의 합의서에 의해 이루어진다는 특징이 있다(그림 3 참조). 특히 북측의 법규라고 해도 비록 북측이 법 제정의 주체이지만 남측과의 협의를 거친다는 특성이 있다. 무엇보다도 개성공단에서는 출입 및 체류에 대한 제도적 보장이 가능하게 되었다. 과거의 대북 경협사업에서는 제도적으로 남측 기업과 북측 근로자 간의 접촉기회가 제한되어 있고, 남측 기업의 직접적인 업무 지시나 상시 체류가 불가능했다. 그런데 개성공단의 경우, '개성공업지구와 금강산관광지구의 출입 및 체류에 관한 합의서', '개성공업지구 출입체류거주 규정' 등 체류 관련 제도가 탄생함에 따라 남측 주재원의 장기체류가 가능해졌고, 이에 따라 기업들은 현장에서 북측 근로자들에 대한 직접 대면 관리가 가능해졌다.

그림 3. 개성공단 운영의 법적기반

출처: 통일부, "개성공단 사업 현황 및 과제"

2. 여타의 조건: 주체의 행동 및 개성공단, 남북관계의 특수성

접촉가설의 이론적 자원만으로는 충분히 설명되지 않는 부분이 있다. 제일 먼저 지적해야 할 것이 주체의 행동, 특히 남한 기업의 행동이다.

개성공단에서 성공한 것으로 평가받는 기업들이 개성공단에서의 성공의 조건으로 이구동성으로 지적하는 것이 북측 사람들의 '마음'을 얻는 것이다.

북측 사람들의 마음을 얻기 위한 노력의 시초는 ㄱ사의 출퇴근길 인사 사례가 아닐까 한다. 공장을 가동하기 시작한 때부터 지금까지 7년여 동안 하루도 빠짐없이 남측 관리자들이 출퇴근 시간에 공장 정문에서 북측 근로자들에게 인사를 한다. 출근시간에는 안녕하십니까, 반갑습니다. 퇴근할 때는 잘 가십시오. 그런 식의 인사이다. 다른 기업들도 해 보려고 했으나 쉽지 않았다. 사실 힘든 것이다. 비가 오나 눈이 오나 매일 그렇게 인사한다는 것은 대단한 것이다(지원기관 관계자 H씨).

아침 저녁으로 인사를 한다는 것을 남측 관리자와 북측 근로자가 교감을 한다는 것이다. 서로 눈이 마주친다는 것은 마음의 문을 여는 첫걸음이다 (입주기업 관계자 A씨).

남측 기업의 노력은 이러한 '인사'에 그치지 않는다. 여러 가지 면에서 북측 사람에 대해 세심한 배려를 하고자 한다.

남측 법인장이 북측 직장장의 생일을 미리 알아서 챙겨 준다. 생일이 언제인 걸로 아는데 무얼 좀 해 주고 싶다고 물어본다. 그러면 직장장이 놀라면서 한편으로는 쭈빗쭈빗하다가도 어떤 게 좋겠다고 대답한다. 다음에는 아내 분 생일이 언제냐 물어보고 거기에 맞춰서 또 챙겨 준다. 이렇게 하다 보면 인간적으로 가까워진다. 북측 직장장 입장에서는 인간적으로 배려해 주는 태도가 고마운 것이다. 그러면 이제 자기가 생산성 향상에 조금 더 관심을 기울인다든지 하는 형태로 반응이 온다. 또한 법인장이 주중 근무를 마치고 주말에 서울로 쉬러 나갈 때 직장장 사무실에 가서 다른 북측 직원들 있는 앞에서 "직장장만 믿고 주말 잘 갔다 오겠다"고 한마디 한다. 그런 말 한마디가 이전에 해 주었던 것들과 결합되면서 신뢰가 쌓여가는 것이다(지원기관 관계자 H씨).

그런데 북측에 대한 배려는 북측에 대한 이해 노력과 밀접한 관계가 있다. 북측에 대한 이해 노력, 이해 수준을 놓고 보면 남한 기업 간에 엄청난 차이가 존재한다.

북측이 남측에게 말하기 곤란한 사정들이 있는 경우가 있다. 예를 들어, 겨울에 추우니까 의복 같은 것이 절실히 필요하다. 그런데 공장에서 쓰다 남은 짜투리 천으로 의복을 만들 수 있다. 공장 내에서 북측 사람 100명이 일을 하면 90명은 정상적으로 회사 일을 하고, 나머지 10명을 따로 빼내어 짜투리 천으로 조끼와 같은 의복을 만든다. 그런데 여기서 남측 기업의 반응이 엇갈릴 수 있다.

ㄱ사 같은 곳은 그냥 눈감아 준다. 이심전심으로 못 본 척, 모르는 척해 준다. 그게 잘하는 거다. 그게 북측 사람의 마음을 얻는 길이다. 그런데 어떤 회사는 이를 굳이 따진다. 그것을 어디다 쓰려고 하느냐. 너희는 그런 것도 없냐. 그러면 북측에서 이야기를 해야 한다. 겨울을 나야 하는데 춥고 그러니까 그걸 가져가겠다. 그런데 그런 말을 하는 게 무척 자존심 상하는 일이다. 사실 그게 비용으로 보아 엄청난 것인가. 몇 푼 되지 않는다. 그런데 그것을 꼬투리 잡는다. 물론 기업들이 우려하는 바도 있다. 바늘도둑이 소도둑 된다는 것, 따라서 버릇을 고쳐 놓아야 한다는 것이다. 어떤 남쪽 사람들은 군복을 만든다. 북측 당국(총국)의 일사불란한 지시 하에 조직적으로 군복을 만들어 국가에 바친다고 과장하기도 한다. 이렇게 해서 북측 사람의 마음을 얻을 수 있겠는가(지원기관 관계자 J씨).

개성공단에서 남측 사람과 북측 사람이 계속 부딪치는 업체들에게 공통적으로 나타나는 하나의 특성이 있다고 한다. 남측 사람들의 아집이고, 북측을 이해하지 않으려는 습성이다. 남측 관리자의 인식의 문제이기도 하다.

예를 들면 북측 근로자들에게 체력 보강 차원에서, 또 인센티브 차원에서 초코파이를 주는 게 보편화되어 있다. 게다가 점심시간에 국거리를 제공하는 것도 마찬가지이다. 그런데 이러한 것들에 인색한 남측 관리자가 가끔 있다. 작은 것에 연연하는 것이다. 그런데 북측 사람들이 자존심이 매우 강하다. 또한 자기네가 생활이 어렵고, 남한보다 좀 못산다, 이런 어떤 자격지심이 있다. 그래서 남측으로부터 받더라도 상당히 모멸감을 느끼는 경우가 있다(입주기업 관계자 D씨).

물질을 넉넉히 해 준다고 해서 마음의 문을 여는 것은 아니다. 따뜻한 마음을 주는 것이 효과가 있다. 보상의 차원으로 주는 것은 저쪽 사람의 마음의 문을 여는 데 별로 효과적이지 않다. 물질을 주더라도 마음을 실어서 주어야 효과가 있다(입주기업 관계자 B씨).

북측 사람들은 자존심이 매우 강하다. 그래서 '당신들이 우리에게 돈 준다고 해서 우리를 함부로 대하면 안 된다'는 생각이 강하다. 남측 사람이 북측 사람에게 무조건 반말을 하거나 욕설을 할 경우, 또한 남측의 지시에 무조건 따르라고 강요할 경우, 그들은 심한 모멸감을 느끼고 거세게 반발한다(지원기관 관계자 I씨).

남쪽의 입장에서 우리가 주는데 저쪽도 무엇을 주어야 하는 것이 아니냐는 생각을 가질 수 있다. 예컨대 '초코파이 몇 개 더 주었는데 왜 저네들은 생산성 향상이나 연장근무에 비협조적인가'라고 불평하는 것이다. 이렇듯 기브 앤 테이크 식으로 접근하면 실패한다. 그런 식으로 북쪽에 주면 의미가 없다(입주기업 관계자 B씨).

한편, 접촉지대로서의 개성공단의 특성 가운데 빼놓을 수 없는 것이 북한의 영토라는 점이다. 사실 북한은 남북경협에 대해 딜레마적 상황에 놓여 있다. 경제난을 덜기 위해서는 남측과의 경제협력이 필수적이지만 남측과의 경제협력이 확대되면 자신들의 체제불안 요인이 증대된다고 인식하고 있다. 특히 자본주의적 사조의 유입, 이른바 '황색바람'의 유입이 우려되고, 나아가 남한에 의해 자신들이 흡수통일 당할지도 모른다는 불안감이 상존한다. 게다가 개성공단은 북한의 영토이다. 낮에는 개성공단에서 일하지만 밤에는 자신들의 가족, 친척이 있는 개성 시내 및 인근 지역으로 돌아간다.

이러한 남북관계, 남북경협, 개성공단의 특성이 개성공단에서의 남북한 주민의 접촉에 특수한 성격을 부여한다. 즉 북한정부는 개성공단 내에서도 남한 주민과의 직접적 접촉을 제한하는 여러 가지 조치를 취하고 있다. 이에 따라 개성공단에서의 남북한 주민의 접촉은 정치적인 요인으로 인해 통상적인 '접촉'보다 접촉 자체가 제한적으로 이루어진다.

앞서 언급했던 직장장 제도의 도입도 그러한 맥락이다. 또한 다음에서 볼 사례도 마찬가지이다.

북측 근로자가 혼자 일하는데 남측 관리자가 가서 말을 시키면 이 사람은 긴장을 한다. 그러면서 "잠깐 계십시오"하고 나서 누구를 데리고 온다. 직장장도 미팅을 할 때 혼자 오지 않는다. 누군가와 같이 온다. 북측의 말단 직원부터 윗사람까지 아직까지도 지켜진다. 북쪽에서 대외개방이나 대외 경제협력에 대처하는 매뉴얼이 갖추어진 것 같다. 운동장 마당에서 북측 사람을 만나서 3~4분 동안 이야기를 나누다 보면 누가 나오곤 한다. 다 파악되고 있다는 것이다(입주기업 관계자 F씨).

아직도 북쪽은 두 사람이 되어야만 돌아다니고, 아주 하찮은 업무라도 반드시 두 명이 투입되는 구조이다. 북쪽 사회에서는 아직도 그 벽을 깨질 못하는 것이다. 그래서 드는 생각이 그런 것이다. 우리가 북한 땅에 와 있는데, 왜 저들이 더 우리를 경계하고 두려워하는가. 우리는 오히려 혼자서 활개치며 막 돌아다니지 않는가. 적어도 그 바운더리 안에서는. 그런데 북쪽 사람들은 반드시 2인 이상이 같이 다닌다. 그것은 결국 북이 남에 대해서 갖는 인식은 경계의 측면이 강하다는 것을 시사한다(지원기관 관계자 H씨).

이렇듯 북한정부가 개성공단 내에서 남북한 주민의 직접적 접촉을 제한하는 여러 가지 조치를 취하고 있다는 사실은 집단 간 접촉이 긍정적 효과를 거두기 위해 필요한 세 번째 조건, 즉 집단 간 접촉을 지원하는 제도 또는 사회적 규범의 작동이 개성공단에서는 다소 한계성이 있을 수 있음을 시사한다.

V. 맺음말

개성공단을 통한 남북한 주민의 접촉은 북한 근로자들의 태도에 어느 정도 긍정적 영향을 미치는 것으로 평가할 수 있다. 개성공단에 근무하는 남한 주민에 대한 태도 중에서 북한 근로자들의 정서에서 가장 큰 변화가 발생하고 있다고 볼 수 있다. 이 중에서도 북한 근로자들은 남한 사람들에 대한 적대감 및 대결의식이 크게 완화되고 있다고 심층면접 대상자들은 이구동성으로 지적하고 있다. 나아가 남측 주재원 및 남측 기업에 대한 인식에도 어느 정도 긍정적 변화가 발생하고 있는 것으로 평가할 수 있다.

물론 북측 근로자의 태도 변화에는 한계성도 분명 존재한다. 모든 북측 근로자에게 긍정적 변화만 발생하는 것은 아니다. 게다가 남측과 북측은 정치적 격변기와 같은 결정적인 순간에 서로가 남이라는 사실을 인식하게 된다.

개성공단에서의 접촉을 통해 북한 근로자의 마음체계에 긍정적 변화가 발생하고 있다면 이는 무엇에 기인하는가. 접촉가설의 이론적 자원은 어느 정도 유용성이 있다. 접촉이 긍정적 효과를 거두기 위한 조건으로 제시한 세 가지 요인, 즉 평등한 지위, 공동의 목표 및 협력관계, 제도적 지원은 개성공단의 사례에도 어느 정도 설명력이 있다.

다만, 이들 세 가지 요인만으로 충분히 설명되지는 않는다. 남측 기업의 행동도 중요한 변수이다. 개별 행위자인 남측 기업이 어떤 식으로 행동하느냐에 따라 북측 근로자들의 태도가 달라질 수 있다. 특히 중요한 것이 북측을 이해하려는 노력이 있느냐 없느냐 하는 것이다.

"북측 사람들의 마음을 열기 위해서는 우리가 노력해야 했다. 내가 북측을 이해하려고 하면 북측도 우리를 이해하려고 한다. 지속적으로 대화를 하다 보면 어느 정도 풀린다. 아, 저 사람들도 이야기가 전혀 통하지 않는 사람들은 아니구나, 라고 느끼게 된다"는 입주기업 관계자의 말은 너무도 당연하게 들릴 수 있으나, 개성공단에서는 매우 시사적인 지적이다. 달리 보면 북측 사람들을 이해하려는 노력을 소홀히 하는 기업도 적지 않다는 것이다. 사실 개성공단에서 성공한 기업들이 이구동성으로, 성공의 핵심 요인으로 꼽는 것이 '북한 근로자들의 마음을 얻는 것'이라는 점 또한 매우 시사적이다.

한편, 개성공단은 기본적으로 북한의 영토 안에 존재하는 접촉지대라는 특성이 있다. 게다가 북한정부는 정치적 이유로 남북한 주민 간의 접촉에 여러 가지 제한을 가하고 있다. 이는 접촉이 긍정적 효과를 거두기 위한 세 번째 요인인 제도적 지원이 충분히 작동하지 않음을 시사하고 있다. 이는 통상적인 접촉지대와 구별되는 개성공단의 특성이면서 동시에 접촉의 긍정적 효과를 다소 약화시키는 요인으로 작용하고 있다. 물론 그렇다고 해서 접촉의 긍정적 효과를 뒤집을 정도는 아님은 강조할 필요가 있다.

제3장

개성공단 북한 근로자에 대한
남한 주민의 태도: 설문조사 결과 분석[1]

양문수(북한대학원대학교)

I. 서론

이 글은 개성공단 북한 근로자들과 직접 접촉하는 남한 주민[2]들에 초점을 맞추어 개성공단 북한 근로자에 대한 이들의 태도를 중점 고찰한다. 그리고 태도는 인지, 정서, 수용, 신뢰를 중심으로 파악한다. 요컨대 개성공단에 근무하는 남한 주민들이 북한 근로자들과 직접 접촉하면서 이들에 대한 인지, 정서, 신뢰, 수용이 어떻게 형성되는지 살펴보고 이에 영향을 미치는 요인을 분석하는 것이 연구의 주된 목적이다. 또한 접촉이 지속됨에 따라 북한 근로자에 대한 남한 주민들의 태도에 어떠한 변

---

1   이 글은 양문수·이우영·윤철기, "개성공단 북한 근로자에 대한 남한 주민의 태도에 관한 연구,"『통일문제연구』, 제25권 1호 (2013)을 토대로 한 것이다.
2   개성공단에 근무하는 남한 사람들은 크게 보아 두 가지 범주로 나눌 수 있다. 하나는 입주기업 임직원들이다. 또 하나는 이른바 지원기관이라 하여 개성공업지구관리위원회 관계자, 그리고 현대아산, LH공사, 한전, KT, 수자원공사 임직원 등이 여기에 속한다. 요컨대 사실상의 남한 당국자와 민간기업 관계자가 함께 근무하는 곳이다. 이 글에서는 이들을 한데 묶어 '남한 주민'으로 부르기로 한다.

화가 발생하는지, 또 이러한 변화에 영향을 미치는 요인들이 무엇인지 고찰하는 것도 또다른 목적이다.

특정 대상 집단에 대한 태도의 수준은 무엇보다도 접촉의 양태, 빈도, 수준, 내용 등 접촉의 특성, 나아가 접촉지대의 특성에 의해 좌우되는 바가 크다. 아울러 접촉 당사자의 가치관, 배경, 경험 등 개인적 특성의 영향도 무시하지 못한다. 따라서 이 연구에서는 개성공단 북한 근로자에 대한 인지, 정서, 수용, 신뢰의 수준에 영향을 미치는 요인으로서 공간적·상황적 특성, 즉 접촉 및 접촉지대의 특성과 동시에 개인적 특성도 고찰하기로 한다.

개성공단과 같은 접촉지대에서의 남북한 주민의 접촉 경험에 대한 고찰은 남북한 사회통합을 기획하고자 할 때 우선적으로 고려해야 하는 기초자료를 제공한다. 개성공단이라는 남북한 접촉지대에서 남북한 주민이 만나 상대방에 대한 태도에 영향을 주는 것은 남북한 '사회통합'의 미래를 담지한 '현장'이자 '사례'이자 '실험'이라고 할 수 있다.

이 연구를 위해 2012년 5월부터 7월까지 개성공단에 입주한 기업 및 각종 지원기관 관계자 100명을 대상으로 설문조사를 실시했다. 이 글에서는 이 설문조사 결과를 활용해 주로 양적 접근방법을 통해 논의를 전개하고자 한다.

II. 설문 조사의 개요

1. 조사대상자의 특성

이 연구를 위한 설문조사에서 대상자는 총 100명이었다. 연령은 25세부터 62세로 매우 다양하였으며, 평균 연령은 44.6세로 나타났다. 최종학력은 고졸이 39명으로 가장 많았고, 4년제 대학 졸업(34명), 전문대 졸업(16명), 무응답(6명), 대학원 졸업(5명) 순이었다.

근무지는 대부분 개성공단 입주기업(77명)이었으며, 지원기관은 19명이었다. 입주기업의 북측 근로자 수는 200명 이상~400명 미만이 17명으로 가장 많았으며, 600명 이상~800명 이하가 7명으로 가장 적었다. 총 조사대상자 중 65명이 개성공단에 상주하는 것으로 나타났다. 근무기간의 경우 5년 이상 근무하였다는 대답이 28명으로 가장 많았지만, 1년 미만인 경우가 24명으로 그다음이었다.

북측 근로자들과의 접촉을 묻는 문항에는 70명이 매일 만난다고 응답하였다. 일주일에 한두 번이 11명, 한 달에 한두 번이 8명으로 대부분 북측 근로자와 자주 만나는 것으로 나타났다. 이들의 정치적 입장은 중도가 약 절반가량이었으며(46명), 스스로를 진보적이라고 생각하는 경우(31명)가 보수적이라고 생각하는 경우(18명)보다 많았다. 자신이 한민족인 것에 대해 자랑스럽게 생각하는 사람이 58명으로 절반 이상이었고, 자랑스럽지 않다고 생각하는 사람은 10명이었다. 이 조사의 대상자 대부분(90명)은 부모님이 북한 출신이 아닌 것으로 나타났다.

표 1. 조사대상자의 상황적 및 개인적 특성[3]

구분	내용	빈도	빈도(3점 척도)
근무지	개성공단 입주기업	77	
	입주기업을 제외한 모든 업체, 기관	19	
	무응답	4	
	합계	100	
입주기업 북측 근로자 수	200명 이하	12	
	200명 이상 ~ 400명 미만	17	
	400명 이상 ~ 600명 미만	12	
	600명 이상 ~ 800명 미만	7	
	800명 이상 ~ 1,000명 미만	16	
	1,000명 이상	12	
	무응답	24	
	합계	100	
연령	20대	7	
	30대	26	
	40대	24	
	50대	30	
	60대	5	
	무응답	8	
	합계	100	
최종학력	고등학교 졸업	39	
	전문대 졸업	16	
	4년제 대학 졸업	34	
	대학원 졸업	5	
	무응답	6	
	합계	100	
개성공단 상주 여부	예	65	
	아니오	31	
	무응답	4	
	합계	100	

3   통상적으로 빈도와 함께 비율(%)을 표기하지만, 조사대상이 100명으로서 빈도와 비율(%)
     이 일치하기 때문에 비율을 생략했다.

북측 근로자 만나는 횟수	매일	70	
	일주일에 한두 번	11	
	한 달에 한두 번	8	
	두세 달에 한 번	3	
	1년에 두세 번	3	
	무응답	5	
	합계	100	
개성공단 근무기간	1년 미만	24	
	1년 이상 ~ 2년 미만	10	
	2년 이상 ~ 3년 미만	10	
	3년 이상 ~ 4년 미만	14	
	4년 이상 ~ 5년 미만	9	
	5년 이상	28	
	무응답	5	
	합계	100	
정치적 입장	매우 진보적	3	31
	약간 진보적	28	
	중도	44	44
	약간 보수적	18	18
	무응답	5	5
	합계	100	100
한민족에 대한 자랑스러움	매우 자랑스럽다	22	58
	약간 자랑스럽다	36	
	그저 그렇다	26	26
	별로 자랑스럽지 않다	4	10
	전혀 자랑스럽지 않다	6	
	무응답	4	4
	합계	100	100
부모님 중 북한에 고향을 둔 유무	그렇다	6	
	아니다	90	
	무응답	4	
	합계	100	

2. 측정 도구: 조사 항목 및 방법

이 연구에서는 개성공단 북한 근로자에 대한 남한 주민의 태도를 크게
보아 다섯 가지 측면에서 측정했다. 이 가운데 네 가지는 양계민·정진경
(2005)의 연구에서 북한이탈주민들의 특성을 파악하기 위해 사용한 설
문 문항을 개성공단의 상황을 반영하여 수정·보완해서 사용했다.

첫째, 개성공단 북한 근로자와 남한 주민의 특성에 대한 남한 주민
의 인식이다. 총 30개의 문항으로 이루어져 있으며, 각 문항에 대해 전혀
그렇지 않다(1)~매우 그렇다(5)의 5점 척도로 응답하도록 하였다.

둘째, 개성공단 북한 근로자와 남한 주민에 대한 남한 주민의 정서
이다. 총 15개의 문항으로서 각 문항은 모두 전혀 그렇지 않다(1)~매우
그렇다(5)의 5점 척도로 응답하도록 하였다. 요인분석 결과 북한 근로자
와 남한 주민 각각의 집단에서 모두 4개의 요인이 추출되었다.

셋째, 개성공단 북측 근로자 및 남한 주민에 대한 남한 주민의 신뢰
수준이다. 총 6개의 문항으로서 각 문항은 일자리에 안심하고 추천하
겠다, 자신의 일을 잘 알아서 할 것이라고 믿는다, 자신의 감정과 생각
을 솔직하게 표현한다고 생각한다, 안심하고 돈을 빌려줄 수 있다, 나에
게 하는 말을 그대로 믿을 수 있다, 어떤 행동을 할지 가끔 불안하다이
며, 전혀 그렇지 않다(1)~매우 그렇다(5)의 5점 척도로 응답하도록 하
였다.

넷째, 개성공단 북측 근로자와 남한 주민에 대한 남한 주민의 수용
수준이다. 사회적 거리[4] 개념으로 측정한 6문항으로서 각 문항은 북측
근로자와 남한 주민을 각각 동네 이웃, 직장 동료, 사업 동업자, 친구, 애

---

4   사회적 거리는 Bogardus(1925)가 고안한 개념으로서 특정 집단에 대해 개인이 느끼는 주
     관적 거리감을 말한다.

인, 결혼 대상자로 관계를 맺는 데 어떤 느낌이 드는지 응답하도록 하였으며, 매우 꺼려진다(1)~전혀 꺼려지지 않는다(5)의 5점 척도로 응답하도록 하였다.

다섯째, 북측 근로자들과의 만남으로 인한 남한 주민의 인식·정서의 변화이다. 개성공단에 근무하면서 북측 근로자들과 여러 가지 형태와 방식으로 접촉을 하게 되고 그러한 접촉이 남한 사람들의 인식과 정서에 어떤 변화를 가져왔는지 알아보기 위하여 6문항에 응답하도록 하였다. 각 문항은 전혀 그렇지 않다(1)~매우 그렇다(5)의 5점 리커트 척도를 사용하였다.

III. 개성공단 북한 근로자에 대한 남한 주민의 인식과 정서

1. 북한 근로자와 남한 주민에 대한 인식과 정서의 차이

개성공단 남한 주민이 느끼는 북한 근로자와 남한 주민에 대한 인식의 차이를 살펴보기 위하여 남북한 주민의 특성에 대한 인식을, 27개의 문항을 통해 5점 리커트 척도로 측정하여[전혀 그렇지 않다(1)~매우 그렇다(5)] 비교하였다. 그 결과 개성공단에 근무하는 남한 주민은 거의 모든 항목에서 남북한 주민들의 특성을 유의미하게 다르게 인식하였다.

개성공단 남한 근로자들은 남한 주민들이 개성공단 북한 근로자에 비해 더 긍정적인 특성, 즉 솔직하다(t=-5.41, $p < .001$), 건실하다(t=-8.04, $p < .001$), 믿을 수 있다(t=-8.86, $p < .001$), 유능하다(t=-8.19, $p < .001$), 정이 많다(t=-5.79, $p < .001$), 신중하다(t=-6.54, $p < .001$), 부지런하다(t=-6.18, $p < .001$), 합리적이다(t=-7.67, $p < .001$) 등을 유

의미하게 많이 가진 것으로 인식하였다. 개성공단 북한 근로자가 더 긍정적으로 평가된 항목은 순박하다($t=5.02$, $p < .001$), 순진하다($t=3.55$, $p < .01$)정도였다. 반면, 부정적인 특성은 개성공단 북한 근로자가 더 많이 가진 것으로 인식하는 경향을 나타내었다. 조사대상자들은 개성공단 북측 근로자는 남한 주민보다 더 공격적이며($t=4.35$, $p < .001$), 거칠고($t=4.45$, $p < .001$), 허황되고($t=3.37$, $p < .01$), 위선적($t=5.11$, $p < .001$)이라고 평가하였다. 반면 남한 주민은 북측 근로자보다 더 성급한 것($t=-3.76$, $p < .001$)으로 인식하였다.

이 외에도 개성공단 남한 주민들은 북한 근로자들이 남한 주민보다 더 수동적($t=4.35$, $p < .001$)이고, 의존적($t=6.32$, $p < .001$)이며, 무기력($t=8.06$, $p < .001$)한 반면, 주체성($t=7.97$, $p < .001$)과 자존심($t=8.72$, $p < .001$), 단결력($t=6.47$, $p < .001$)은 강한 것으로 인식하였다. 반면, 남한 주민들은 북한 근로자보다 더 실리적($t=-4.10$, $p < .001$)인 것으로 인식하였다.

또한 남북한 주민에 대한 정서의 차이를 알아보기 위하여 개성공단 북측 근로자와 남한 주민들에 대한 정서를 15개 문항을 통해 측정하였다. 그 결과, 조사대상자인 개성공단 남한 주민들은 개성공단 북한 근로자들에 대해 남한 주민들에 대해서보다 부정적인 정서를 가지고 있는 것으로 나타났다.

부정적인 정서를 묻는 문항의 경우 북측 근로자들에 대한 점수가 유의미하게 더 높게 나타났다. 북측 근로자들은 불쾌하다($t=4.11$, $p < .001$), 혐오스럽다($t=4.49$, $p < .001$), 생각하면 화가 난다($t=6.60$, $p < .001$), 두렵다($t=4.18$, $p < .001$), 부담스럽다($t=6.00$, $p < .001$), 불편하다($t=5.83$, $p < .001$), 불안하다($t=5.24$, $p < .001$)는 항목의 점수가 남한 주민들에 비해 유의미하게 더 높았으며, 불쌍하다($t=7.77$, $p < .001$),

생각하면 슬프다(t=6.58, p < .001)는 항목 역시 유의미하게 높게 나타났다. 반면, 긍정적인 정서에 해당하는 정이 간다(t=-2.98, p < .001), 좋다(t=-5.73, p < .001), 친근하다(t=-5.53, p < .001), 존경스럽다(t=-10.21, p < .001)는 항목은 남한 주민들에 대한 점수가 유의미하게 더 높았다.

2. 북한 근로자 및 남한 주민에 대한 정서: 요인분석[5]

개성공단 북한 근로자와 남한 주민에 대한 정서를 묻는 15개의 문항을 주축요인추출법과 베리맥스 회전을 이용하여 요인분석하였다. 그 결과 개성공단 북측 근로자와 남한 주민에 대한 정서 모두 각각 4개의 요인이 추출되었다.

개성공단 북한 근로자에 대한 정서를 묻는 문항들을 요인분석한 결과 표 2와 같이 4가지 요인으로 나타났다. 요인 1은 부담스럽다, 불편하다, 두렵다, 불안하다와 같이 부정적

표 2. 개성공단 북한 근로자에 대한 정서

문항	성분				신뢰도
	1	2	3	4	
부담스럽다	.91				
불편하다	.81				.89
두렵다	.66				
불안하다	.64				
친근하다		.76			
재미있다		.76			
좋다		.71			.83
정이 간다		.68			
존경스럽다		.53			
호기심이 간다		.49			
혐오스럽다			.80		
불쾌하다			.73		.87
생각하면 화가 난다			.61		
불쌍하다				.90	.80
생각하면 슬프다				.70	

5 북측 근로자 및 남한 주민에 대한 인식을 측정한 변인들을 요인분석하였는데, 분석에는 각각 30개의 문항이 투입되었으며, 주축요인추출법과 베리맥스 회전을 이용하여 요인을 추출한 결과 개성공단 북측 근로자에 대한 인식은 8개의 요인이, 남한 주민에 대한 인식은 7개의 요인이 각각 추출되었다. 다만 인식에 대한 요인분석 결과는 다소 모호하다. 또한 일부 요인은 신뢰도가 낮아서 사용하기는 용이하지 않다.

표 3. 남한 주민에 대한 정서

문항	성분				신뢰도
	1	2	3	4	
혐오스럽다	.90				
부담스럽다	.88				
생각하면 화가 난다	.85				
불편하다	.82				.94
불쾌하다	.81				
두렵다	.74				
불안하다	.58				
좋다		.93			
정이 간다		.83			.88
친근하다		.65			
존경스럽다			.85		
재미있다			.65		.80
호기심이 간다			.64		
생각하면 슬프다				.85	.87
불쌍하다				.73	

정서로 구성되었으며, 요인 2는 친근하다, 재미있다, 좋다, 정이 간다, 존경스럽다, 호기심이 간다와 같이 긍정적인 정서들로 구성되었다. 요인 3은 혐오스럽다, 불쾌하다, 생각하면 화가 난다 등 거부감을 나타나는 정서들로 이루어졌다. 마지막 요인 4는 불쌍하다, 생각하면 슬프다 등 연민을 나타내는 정서들로 구성되었다.

남한 사람에 대한 정서 역시 4가지 요인으로 추출되었으나, 세부적인 요인 구성은 개성공단 북측 근로자와 다른 것으로 나타났다(표 3 참조). 먼저 요인 1은 혐오스럽다, 부담스럽다, 생각하면 화가 난다, 불편하다, 불쾌하다, 두렵다, 불안하다로 부정적인 정서를 나타내는 7개의 항목으로 구성되었다. 요인 2는 좋다, 정이 간다, 친근하다 등 긍정적인 정서를 나타내는 3개 문항으로 이루어졌으며, 요인 3 역시 존경스럽다, 재미있다, 호기심이 간다 등 긍정적인 정서로 구성되었다. 마지막 요인 4는 생각하면 슬프다, 불쌍하다로 연민을 나타내는 정서로 구성되었다. 결국 남한 사람에 대한 정서는 부정적인 정서 2가지 요인과 긍정적인 정서 2가지 요인으로 추출되었다.

한편 앞에서 보았듯이, 북한 근로자에 대한 부정적 정서는 세 가지 (요인 1, 3, 4)로 되어 있었으나 남한 주민에 대한 정서로 가면 문항들이 합쳐지면서 두 가지(요인 1, 4)로 줄어든다. 아울러 북한 근로자에 대해서는 한 가지로 묶여 있던 긍정적인 정서(요인 2)가 남한 주민에게로 가면 두 가지(요인 2, 3)로 분리된다.

북한 근로자에 대한 정서의 경우 부정적인 정서를 나타내는 요인이 세분화되었으나, 남한 주민에 대한 정서의 경우 긍정적인 정서를 나타내는 요인이 세분화되었다는 점이 눈길을 끈다. 이런 면에서도 두 집단에 대한 정서가 상이함을 확인하였다.

한편 북한 근로자에 대한 부정적인 정서를 나타내는 요인이 세분화되었다는 것은, 개성공단 남한 주민들이 북한 근로자들과 접촉하면서 부정적인 면에 대해 더 자세히 관찰하고, 더 많은 관심을 가져 주의를 기울이게 되고, 더 민감하게 반응함을 시사한다.

IV. 개성공단 북한 근로자에 대한 남한 주민의 신뢰와 수용

1. 북한 근로자와 남한 주민에 대한 신뢰와 수용의 차이

개성공단 남한 주민들에게 북한 근로자와 남한 주민들에 대한 신뢰수준을 조사한 결과가 표 4에 나타나 있다. 이들은 북측 근로자에 비해 남한 주민들에게 더 높은 신뢰를 보였다. 남한 주민들은 북측 근로자보다 남한 주민들을 일자리에 안심하고 추천할 수 있고, 자신의 일을 잘 알아서 할 것이라고 믿고, 자신의 생각과 감정을 솔직하게 표현한다고 생각하며, 안심하고 돈을 빌려줄 수 있고, 나에게 하는 말을 그대로 믿을 수 있는 것으로 평가하였다. 어떤 행동을 할지 가끔 불안하다는 항목에 대해서는 비록 차이가 유의미하지는 않았으나 남한 주민들에 대한 평균 점수

표 4. 북한 근로자와 남한 주민에 대한 신뢰

	개성공단 북한근로자는… M(SD)	남한 주민들은… M(SD)	t
일자리에 안심하고 추천하겠다	2.90(.95)	3.41(.80)	-5.06***
자신의 일을 잘 알아서 할 것이라고 믿는다	2.59(1.02)	3.61(.69)	-8.57***
자신의 생각과 감정을 솔직하게 표현한다고 생각한다	2.29(1.02)	3.42(.67)	-9.04***
안심하고 돈을 빌려줄 수 있다	2.09(.93)	2.90(.76)	-7.77***
나에게 하는 말을 그대로 믿을 수 있다	2.26(1.01)	3.06(.73)	-6.81***
어떤 행동을 할지 가끔 불안하다	2.98(1.05)	3.09(.79)	-.84

*** $p < .001$

가 더 높게 나타났다.

남한 주민이 북측 근로자들보다 남한 주민들에게 더 높은 신뢰를 보인 것은 당연한 현상일 수 있다. 주목해야 할 것은 북측 근로자에 대해 어떤 측면에서는 상대적으로 낮은 신뢰를 보이고 어떤 측면에서는 상대적으로 높은 신뢰를 보이느냐 하는 점이다. 안심하고 돈을 빌려줄 수 있다는 면에서는 가장 낮은 신뢰를 보였다(2.09점). 또한 자신의 생각과 감정을 솔직하게 표현한다(2.29점)와, 나에게 하는 말을 그대로 믿을 수 있다(2.26점)는 면에서는 비교적 낮은 신뢰를 보였다. 반면 일자리에 안심하고 추천할 수 있다는 면에서 상대적이지만 가장 높은 신뢰(2.90점)를 보였고, 자신의 일을 잘 알아서 할 것이라고 믿는다는 면에서도 비교적 높은 신뢰(2.59점)를 보였다.

아울러 남북한 사람들에 대한 수용수준은 얼마나 가깝게 지낼 것인가를 사회적 거리 개념으로 측정했는데 그 결과는 표 5에 나타나 있다. 점수가 높을수록 사회적 거리가 가까운 것을 나타낸다. 조사 결과, 개성

표 5. 북한 근로자와 남한 주민에 대한 수용

	북한근로자와 관계를 맺기에… M(SD)	남한 주민과 관계를 맺기에… M(SD)	t
동네 이웃	2.89(1.00)	3.68(.94)	-7.09***
직장 동료	2.93(1.04)	3.74(.92)	-7.02***
사업 동업자	2.57(1.12)	3.36(.89)	-5.98***
친구	2.95(1.09)	3.77(.89)	-6.48***
애인	2.92(1.26)	3.72(.99)	-5.51***
결혼 대상자	2.86(1.28)	3.65(1.08)	-5.32***

*** $p < .001$

공단 남한 주민들은 남한 주민들에 대한 수용의 수준이 더 높게 나타났다. 이들은 동네 이웃, 직장 동료, 사업 동업자, 친구, 애인, 결혼 대상자로 각 집단과 관계를 맺을 수 있는 정도를 평가했을 때 북측 근로자와 관계 맺는 것을 더 꺼려하는 경향을 보였다.

　이처럼 남한 주민이 북측 근로자들에게보다 남한 주민들에게 수용의 수준이 높은 것은 당연한 현상일 수 있다. 주목해야 할 것은 북측 근로자에 대해 어떤 측면에서 상대적으로 사회적 거리감이 가깝거나 먼지, 즉 수용의 수준이 높고 낮은지 하는 것이다. 사업 동업자로서의 사회적 거리감이 상대적으로 가장 멀었고(2.57점), 친구(2.95점), 직장 동료(2.93점), 애인(2.92점)이 상대적으로 가깝다는 점이 눈에 띈다.

2. 북한 근로자에 대한 신뢰: 인구사회학적 변인별 차이

북한 근로자에 대한 신뢰 수준을 측정한 앞의 6개 항목에 대해 각 문항들이 인구사회학적 변인별로 차이가 있는지 알아보았다.

　우선 일자리에 북측 근로자를 안심하고 추천하겠다는 항목은 한민

족에 대한 자랑스러움 여부에서만 유의미한 차이가 발생했다. 자랑스럽
다는 사람들이 자랑스럽지 않다는 사람들보다 일자리에 북측 근로자를
안심하고 추천하겠다는 의사가 강하게 나타났다(t=5.82, $p \langle .01$).

  개성공단 북측 근로자가 자신의 일을 잘 알아서 할 것이라고 믿는다
는 문항에서는 부모님의 출신에 따라서만 유의미한 차이가 나타났다. 부
모님이 북한출신인 경우가 북한출신이 아닌 경우보다 북측 근로자들을
믿는 수준이 높았다(t=2.89, $p \langle .05$).

  개성공단 북측 근로자가 어떤 행동을 할지 가끔 불안하다는 문항
에 대해서는 정치적 입장별 차이만이 유의미한 것으로 나타났다. 자신
의 정치적 입장은 진보 또는 중도라고 답한 사람들이 보수라고 응답한
사람들보다 북측 근로자들에 대해 불안감을 덜 느끼는 것으로 나타났다
(t=3.21, $p \langle .05$).

  그리고 자신의 생각과 감정을 솔직하게 표현하다고 생각한다는 항

표 6. 개성공단 북한 근로자에 대한 신뢰

	집단	M(SD)	t(F)
북한 근로자 만남 빈도	매일 만난다	2.40(.66)	-2.02*
	매일 만나지 않는다	2.72(.60)	
한민족에 대한 자랑스러움	매우 자랑스럽다	2.52(.59)a	2.52*
	약간 자랑스럽다	2.62(.60)a	
	그저 그렇다	2.52(.69)a	
	별로 자랑스럽지 않다	1.58(.17)b	
	전혀 자랑스럽지 않다	2.28(.99)a	
한민족에 대한 자랑스러움	자랑스럽다	2.58(.59)a	3.45*
	그저 그렇다	2.52(.69)a	
	자랑스럽지 않다	2.00(.83)b	

*$p \langle .05$, Duncan: a $\rangle$ b

목, 안심하고 돈을 빌려줄 수 있다는 항목, 나에게 하는 말을 그대로 믿을 수 있다는 3개 항목에서는 인구사회학적 변인별로 차이가 발견되지 않았다.

한편, 개성공단 북측 근로자에 대한 신뢰 전체를 인구사회학적 변인별로 알아본 결과 북측 근로자 만남 빈도, 한민족에 대한 자랑스러움별로 유의미한 차이가 나타났다(표 6 참조). 세부적으로 살펴보면, 북측 근로자를 매일 만나는 집단보다 매일 만나지 않는 집단의 신뢰 수준이 더 높았으며, 한민족임을 자랑스럽거나 그저 그렇다고 생각하는 집단의 신뢰 수준이 자랑스럽지 않다고 생각하는 집단보다 더 높았다.

3. 북한 근로자에 대한 수용: 인구사회학적 변인별 차이

북한 근로자에 대한 수용 수준을 측정한 앞의 6개 항목에 대해 각 문항들이 인구사회학적 변인별로 차이가 있는지 알아보았다.

북한 주민과 동네 이웃이 되는 경우의 사회적 거리감을 변인별로 분석한 결과 개성공단 상주 여부, 북측 근로자 만남 빈도, 정치적 입장에 따라 유의미한 차이가 나타났다. 개성공단 상주 여부의 경우 상주하는 경우보다 상주하지 않는 경우가 북한 주민과 동네 이웃이 되는 사회적 거리를 가깝게 느꼈으며($t=-2.20$, $p < .05$), 북측 근로자를 매일 만나는 경우보다 매일 만나지 않는 경우에 사회적 거리를 가깝게 느꼈다($t=-2.84$, $p < .01$). 정치적 입장의 경우 진보 성향의 남한 주민들이 중도나 보수 성향의 남한 주민들보다 북한 주민과 동네이웃이 되는 사회적 거리감을 가깝게 느꼈다($t=8.22$, $p < .01$).

북한 주민을 직장 동료로 볼 때의 사회적 거리감은 북측 근로자 만남 빈도, 정치적 입장, 한민족에 대한 자랑스러움별로 차이가 나타났다.

북측 근로자를 매일 만나는 경우보다 매일 만나지 않는 경우에 사회적 거리감을 덜 느끼는 것으로 나타났으며($t=2.47$, $p < .05$), 진보 성향의 조사대상자들이 중도 또는 보수 성향의 조사대상자들보다 사회적 거리감을 덜 느끼는 것으로 나타났다($t=2.99$, $p < .01$). 또한 자신이 한민족임이 자랑스럽거나 그저 그렇다고 응답한 경우가 자랑스럽지 않다고 응답한 경우보다 사회적 거리감을 덜 느끼는 것으로 나타났다($t=5.63$, $p < .01$).

북한 주민과 친구가 되는 사회적 거리감은 개성공단 상주 여부, 북측근로자 만남 빈도, 한민족에 대한 자랑스러움별로 차이가 나타났다. 자세히 살펴보면, 개성공단에 상주하지 않는 경우가 상주하는 경우보다 사회적 거리감을 덜 느꼈으며($t=-2.48$, $p < .05$), 북측 근로자를 한 달에 한 두 번 만난다고 응답하는 남한 주민들이 두세 달에 한 번 만난다고 응답한 경우보다 사회적 거리감을 덜 느꼈다($t=2.84$, $p < .05$). 또한 한민족임이 자랑스럽다고 응답한 경우가 자랑스럽지 않다고 응답한 경우보다 사회적 거리감을 덜 느끼는 것으로 나타났다($t=3.88$, $p < .05$).

북한 주민과 애인이 되는 경우의 사회적 거리감은 개성공단 상주 여부 및 정치적 입장별로 유의미한 차이가 나타났다. 개성공단에 상주하지 않는 경우에 사회적 거리감을 덜 느꼈으며 ($t=-2.72$, $p < .01$), 정치적 입장이 진보인 경우가 보수인 경우보다 사회적 거리감을 덜 느끼는 것으로 나타났다($t=3.41$, $p < .05$).

북한 주민을 결혼대상자로 생각할 때 느끼는 사회적 거리감은 개성공단 상주 여부와 정치적 입장별로 차이가 나타났다. 개성공단 상주 여부는 다른 요인과 마찬가지로 상주하지 않는 경우에 사회적 거리감을 덜 느끼는 것으로 나타났으며($t=-2.40$, $p < .05$), 정치적 입장을 진보라고 응답한 경우가 보수라고 응답한 경우보다 사회적 거리감을 덜 느끼는 것으로 나타났다($t=3.34$, $p < .05$).

표 7. 개성공단 북한 근로자에 대한 수용

	집단	M(SD)	t(F)
개성공단 상주 여부	그렇다	2.69(.87)	-2.83**
	아니다	3.24(.95)	
정치적 입장	진보	3.26(1.04)a	4.93**
	중도	2.79(.80)ab	
	보수	2.46(.85)b	
북한 근로자 만남 빈도	매일 만난다	2.73(.85)	-2.19*
	매일 만나지 않는다	3.20(1.06)	
한민족에 대한 자랑스러움	자랑스럽다	3.05(.87)a	4.32*
	그저 그렇다	2.70(.87)ab	
	자랑스럽지 않다	2.22(1.04)b	

*$p < .05$, **$p < .01$, Duncan: a 〉 b

북한 주민에 대한 수용 여부를 전체적으로 살펴본 결과, 개성공단 상주 여부, 정치적 입장, 북한 근로자 만남 빈도, 한민족에 대한 자랑스러움 여부별로 유의미한 차이가 나타났다(표 7 참조). 개성공단에 상주하지 않는 경우가 상주하는 경우보다 북한 주민에 대한 수용 수준이 높은 것으로 나타났으며, 정치적으로 진보라고 응답한 경우가 보수라고 응답한 경우보다 수용 수준이 높았다. 또한 북한 근로자를 매일 만나는 것보다 매일 만나지 않는 사람들의 수용 정도가 높았으며, 마지막으로 한민족임을 자랑스럽게 생각하는 경우가 자랑스럽지 않게 생각하는 경우보다 수용 수준이 높았다.

V. 개성공단 북한 근로자에 대한 남한 주민의 인식 및 정서의 변화

1. 접촉 이후 인식 및 정서의 변화

개성공단에서 북측 근로자들과 계속 만나면서 이들에 대한 자신의 생각과 느낌에 어떤 변화가 있었는지를 조사한 결과가 표 8에 나타나 있다. "개성공단 북측 근로자들을 더 많이 이해하게 되었다"와 "개인별로 다 다르다는 생각을 하게 되었다"는 항목의 경우, 답변의 평균이 각각 3.53, 3.46으로서 "보통이다"와 "그런 편이다"라는 답변의 중간 정도에 위치한 것으로 조사되었다.

하지만 "더 가깝게 느껴졌다"는 항목의 경우, 답변의 평균이 3.12

표 8. 북한 근로자들에 대한 인식 및 정서의 변화

문항	전혀 그렇지 않다	그렇지 않은 편이다	보통 이다	그런 편이다	매우 그렇다	무응답	합계	평균
더 많이 이해하게 되었다	5	9	27	43	14	2	100	3.53
개인별로 다 다르다는 생각을 하게 되었다	4	7	40	35	13	1	100	3.46
더 가깝게 느껴졌다	3	21	40	29	5	2	100	3.12
가족을 이루어 살아도 괜찮겠다는 생각이 더 많이 든다	14	25	41	14	4	2	100	2.68
통일이 되면 힘들겠다는 생각이 더 많이 든다	3	17	32	25	21	2	100	3.45
시간이 가면 잘 어울릴 수 있다는 생각이 든다	12	17	37	27	5	2	100	2.96

로서 "보통이다"와 "그런 편이다"의 중간이지만 "보통이다"에 훨씬 가까운 것으로 나타났다. 아울러 "가족을 이루어 살게 되어도 괜찮겠구나 싶은 생각이 더 많이 든다"는 항목의 경우, 답변의 평균이 2.68로서 "그렇지 않은 편이다"와 "보통이다"의 중간에서 "보통이다"에 약간 가까운 것으로 나타났다. 나아가 "통일이 되면 참 힘들겠구나 싶은 생각이 더 많이 든다"는 항목의 경우, "보통이다"와 "그런 편이다"라는 답변의 중간 정도에 위치한 것으로 조사되었다. 마지막으로 "시간이 가면 결국 남북한 주민들이 잘 어울려 살 수 있을 거라는 생각이 든다"는 항목의 경우, "보통이다"라는 답변이 나온 것으로 조사되었다.

2. 인구사회학적 변인에 따른 차이

이와 함께 북한 근로자들에 대한 인식 및 정서의 변화 수준이 인구사회학적 변인, 즉 근무지, 근무지의 북측 근로자 수, 연령, 최종학력, 개성공단 상주 여부, 북측 근로자들을 만나는 빈도, 개성공단 근무기간, 정치적 입장, 한민족에 대한 자랑스러움, 부모님의 고향별로 차이가 있는지 알아보았다.

개성공단 북측 근로자들을 더 많이 이해하게 되었다는 항목의 경우 최종학력과 부모님의 출신별 차이만이 유의미하게 나타났다. 최종학력의 경우 학력이 높을수록 개성공단 북측 근로자들을 더 많이 이해하게 되었다고 응답하였다($t=5.53, p < .01$). 부모님의 출신지역별로 차이를 알아본 결과, 부모님이 북한출신인 경우보다 북한출신이 아닌 경우가 북측 근로자들을 더 많이 이해하게 되었다고 응답하였다($t=-2.32, p < .05$).

개성공단 북측 근로자들도 개인별로 다 다르다는 생각을 하게 되었다는 항목의 경우 최종학력별 차이만이 유의미한 것으로 나타났다. 학력이 높을수록 북측 근로자들도 개인별로 다 다르다는 생각을 많이 하게 된 것으로 조사되었다($t=3.41$, $p < .05$).

개성공단 북측 근로자들이 더 가깝게 느껴졌다는 항목에서는 최종학력과 정치적 입장별 차이가 유의미한 것으로 나타났다. 학력별 차이를 살펴보면, 4년제 대학 졸업자의 평균점수가 고등학교 졸업자에 비해 높게 나타났다($t=5.15$, $p < .01$). 정치적 입장별로는 자신이 진보라고 생각하는 남측 근로자의 평균점수가 가장 높았으며, 중도라고 생각하는 연구대상자에 비해 유의미하게 높은 것으로 나타났다. 즉, 진보성향인 남측 근로자들이 개성공단 북측 근로자들을 가장 가깝게 느끼는 것으로 나타났다($t=3.51$, $p < .01$).

개성공단 북측 근로자들과 가족을 이루어 살게 되어도 괜찮겠구나 싶은 생각이 더 많이 든다는 항목의 경우 정치적 입장과 한민족에 대한 자랑스러움 여부에 따라 유의미한 차이가 나타났다. 정치적 입장의 경우 진보 성향이라고 생각한 남측 주민들의 평균 점수가 가장 높았으며, 이들은 보수 성향의 남측 주민들보다 개성공단 북측 근로자들과 가족을 이루어 살게 되어도 괜찮겠구나 싶은 생각을 더 많이 하는 것으로 나타났다($t=3.63$, $p < .05$). 또한 본인이 한민족이라는 것을 자랑스럽게 생각하거나 그저 그렇다고 생각하는 남측 주민들이 자랑스럽지 않다고 생각하는 남측 주민들에 비해 북측 근로자들과 가족을 이루어 살아도 괜찮겠다는 생각을 더 많이 하는 것으로 나타났다($t=3.62$, $p < .05$).

시간이 가면 결국 남북한 주민들이 잘 어울려 살 수 있을 것이라는 생각이 든다는 항목에서는 최종학력과 한민족에 대한 자랑스러움별 차이만이 유의미한 것으로 나타났다. 학력별로는 대학원 졸업자들이 고등학교 졸업자나 전문대학 졸업자보다 문항에 대한 평균점수가 유의미하게 높았으며($t=4.16$, $p < .01$), 한민족임을 자랑스럽게 생각하는 사람들

의 평균점수는 자랑스럽지 않다고 응답한 연구대상자들의 평균점수보다 유의미하게 높았다($t=3.37$, $p < .05$).

한편 통일이 되면 참 힘들겠구나 싶은 생각이 더 많이 든다는 항목의 경우, 인구사회학적 변인에 따른 유의미한 차이는 발견되지 않았다.

VI. 요약과 결론

이번 조사를 통해 개성공단 근무 남한 주민들은 북한 근로자 및 남한 주민의 특성에 대해 상이한 인식과 정서를 가진 것으로 나타났다. 북한 근로자에 대해서는 남한 주민에 대해서보다 긍정적인 인식과 정서가 적고, 부정적 인식과 정서가 많은 것으로 조사되었다. 특히 북한 근로자에 대한 정서의 경우 부정적인 정서를 나타내는 요인이 세분화되었고, 남한 주민에 대한 정서의 경우 긍정적인 정서를 나타내는 요인이 세분화되었다는 점이 눈에 띈다. 이는 개성공단 남한 주민들이 북한 근로자들과 접촉하면서 부정적인 면에 대해 더 자세히 관찰하고, 더 많은 관심을 가지고 주의를 기울이게 되고, 더 민감하게 반응함을 시사한다.

또한 개성공단 남한 주민들은 북측 근로자에 비해 남한 주민들에게 더 높은 수준의 신뢰와 수용을 나타냈다. 아울러 북측 근로자에 대해 어떤 측면에서 상대적으로 신뢰의 수준이 높고 낮은지를 조사한 결과, 안심하고 돈을 빌려줄 수 있다는 면에서는 가장 낮은 신뢰를 보였으며, 자신의 생각과 감정을 솔직하게 표현한다든지 나에게 하는 말을 그대로 믿을 수 있다는 면에서는 낮은 신뢰를 보였다. 반면 일자리에 안심하고 추천할 수 있다는 면에서 가장 높은 신뢰를 보였고, 자신의 일을 잘 알아서 할 것이라고 믿는다는 면에서도 비교적 높은 신뢰를 보였다. 또한 북측 근로자에 대해 어떤 측면에서 상대적으로 사회적 거리감이 가깝고 먼지, 즉 수용의 수준이 상대적으로 높고 낮은지를 조사한 결과, 사업 동업자로서의 사회적 거리감이 상대적으로 가장 멀었고, 친구, 직장 동료, 애인으로서의 사회적 거리감이 상대적으로 가깝다는 점이 눈에 띄었다.

개성공단 북측 근로자에 대한 신뢰 수준을 인구사회학적 변인별로 알아본 결과 북측 근로자 만남 빈도, 한민족에 대한 자랑스러움별로 유의미한 차이가 나타났다. 북측 근로자를 매일 만나는 집단보다 매일 만나지 않는 집단의 신뢰 수준이 더 높았으며, 한민족임을 자랑스럽다고 생각하는 집단의 신뢰 수준이 자랑스럽지 않다고 생각하는 집단보다 더 높았다.

북한 근로자에 대한 수용 수준의 경우, 개성공단 상주 여부, 정치적 입장, 북한 근로자 만남 빈도, 한민족에 대한 자랑스러움별로 유의미한 차이가 나타났다. 개성공단에 상주하지 않는 경우가 상주하는 경우보다 북한 근로자에 대한 수용 수준이 높은 것으로 나타났으며, 북한 근로자를 매일 만나지 않는 경우가 매일 만나는 경우보다 수용 정도가 높았다. 정치적으로 진보라고 응답한 경우가 보수라고 응답한 경우보다 수용 수준이 높았고, 한민족임을 자랑스럽게 생각하는 경우가 자랑스럽지 않게 생각하는 경우보다 수용 수준이 높았다.

이러한 분석결과를 종합해 보면 개성공단 북측 근로자에 대한 남한 주민의 신뢰와 수용에는 상황적·공간적 특성, 즉 접촉지대의 특성과 개인적 특성이 공히 영향을 미치는 것으로 볼 수 있다.

큰 흐름으로 보아서는 상황적·공간적 특성으로서는 개성공단 상주 여부, 북한 근로자 만남 빈도가 영향을 미치는 것으로 보인다. 특히 개성공단에 상주하지 않는 사람이 상주하는 사람보다, 매일 만나지 않는 사람이 매일 만나는 사람보다 북한 근로자에 대한 신뢰와 수용의 수준이 높다는 점은 매우 인상적이다.

개인적 특성으로는 정치적 입장, 한민족에 대한 자랑스러움 여부가, 즉 민족주의적 성향의 정도가 영향을 미치는 것으로 보인다. 진보적인 입장이 보수적인 입장보다, 민족주의적 성향이 강한 사람이 민족주의적 성향이 약한 사람보다 북한 근로자에 대한 신뢰와 수용의 수준이 높다는 점은 자연스러운 현상이다.

한편 개성공단을 통한 접촉 이후 북측 근로자들에 대한 남한 주민들의 인지와 정서에 어떤 변화가 있었는지를 조사한 결과, 개성공단 북측 근로자들을 더 많이 이해하게 되었으며, 개인별로 다 다르다는 생각을 하게 된 것으로 나타났다. 또한 종전보다는 더 가깝게 느껴졌지만 그 정도는 그다지 크지 않으며, 가족을 이루어 살게 되어도 괜찮겠구나라는 생각이 더 많이 들 정도도 아니었다. 오히려 통일이 되면 참 힘들겠구나 싶은 생각은 약간 더 많아졌다고 볼 수 있다. 또한 시간이 가면 결국 남북한 주민들이 잘 어울려 살 수 있을 것이라는 생각이 강해진 것도 약해진 것도 아니었다.

이와 함께 접촉 이후 북한 근로자들에 대한 인식 및 정서의 변화에 영향을 주는 요인을 조사해 보았는데, 개성공단 북측 근로자들을 더 많이 이해하게 되었다는 측면은 최종학력과 부모님의 출신별 차이만이 유의미하게 나타났다. 개성공단 북측 근로자들이 더 가깝게 느껴졌는지는 최종학력과 정치적 입장별이, 가족을 이루어 살게 되어도 괜찮겠구나 싶은 생각이 더 많이 들었는지는 정치적 입장과 한민족에 대한 자랑스러움별로 유의미한 차이가 나타났다. 시간이 가면 결국 남북한 주민들이 잘 어울려 살 수 있을 것이라는 생각이 든다는 항목에서는 최종학력과 한민족에 대한 자랑스러움별 차이만이 유의미한 것으로 나타났다. 요컨대 전체적으로 보았을 때, 접촉 이후 북한 근로자들에 대한 인식 및 정서의 변화에 영향을 주는 요인은 정치적 입장, 최종학력, 한민족에 대한 자랑스러움 등 개인적 특성뿐이었다. 반면 상황적·공간적 특성, 즉 접촉지대의 특성은 유의미한 영향을 주지 않은 것으로 조사되었다.

개성공단에서 남북한 주민의 접촉 경험은 접촉의 효과가 일면적이지 않다는 점을 보여 주고 있다. 접촉은 사람들을 긍정적인 방향으로 변화시키기도 했고, 부정적인 방향으로 변화시키기도 했다. 또한 상황적·공간적 특성, 즉 접촉지대의 특성이 영향을 주고 있지만 개인적 특성이 그에 못지않게, 때로는 더 많이 영향을 주고 있다.

얼핏 보면 부정적인 방향으로의 변화가 돋보이지만 반드시 그런 것만은 아니다. 예컨대 접촉을 통해 개성공단 북측 근로자들에 대한 이해도는 높아지고 있다. 이는 접촉이 보다 높은 단계로 발전할 수 있는 가능성을 제시한다는 점에서 의미가 크다.

한편 이 조사결과는 쉽게 일반화하기 어렵다는 점을 강조하고자 한다. 2012년 5월부터 7월까지 개성공단에 입주한 기업 및 각종 지원기관 관계자 100명을 대상으로 실시한 조사결과이다. 무엇보다도 남북관계의 경색상태가 5년간 지속되고 있는 시점, 게다가 공단 폐쇄 위협을 비롯해 여러 차례 위기적 상황을 경험했던 개성공단에 대해 실시된 조사임을 상기시킬 필요가 있다.

사실 개성공단에서 남북한 주민의 접촉 및 상호작용은 정세적 요인, 특히 남북관계의 영향을 크게 받는다. 요컨대 남북한 주민 간 접촉이 어떠한 시대적 분위기 속에서 이루어지느냐 하는 문제로서 남북관계가 화해협력 국면에 있느냐, 대립적 국면에 있느냐 하는 것은 매우 중요한 변수로 작용한다.

이와 관련, 개성공단에서 남북한 주민의 접촉은 개인 간의 접촉이라고 하더라도 그 배후에 있는 당국의 영향력이 매우 크다는 점이 지적될 필요가 있다. 이는 남한보다는 북한의 경우에 뚜렷하게 나타난다. 따라서 남한 주민들과 접촉하는 북한 근로자들의 행동에서는 개인으로서의 행동뿐 아니라 조직의 일원으로서의 행동, 특히 상부기관인 총국의 명령에 의한 행동이 큰 비중을 차지할 수 있다. 이는 상대방인 남한 주민의 입장에서 보면 북한 주민들에 대한 생각과 당국(체제)에 대한 생각이 혼재되어 있을 수 있다는 것이다.

끝으로 이 글은 개성공단에서 이루어지는 남북한 주민들의 접촉이 남한 주민들에게 미치는 영향에 초점을 맞추어 북한 근로자에 대한 남한 주민들의 태도 및 이에 영향을 미치는 요인들에 대한 양적 분석만 했을 뿐, 이러한 현상들이 발생하는 원인들에 대한 질적 분석은 하지 못했다는 한계를 지니고 있음을 밝혀 둔다.

제4장

남북한 대화에서 남북한의 상호인식 변화: 노태우 정부 시기 남북고위급회담을 중심으로

윤철기(서울교육대학교)

I. 문제제기

한반도와 동북아시아는 북한의 3차 핵실험 이후 고조된 긴장국면이 지속되고 있다. 3차 핵실험 이후 국제연합(UN)의 안전보장이사회는 언제 어느 때보다 강도 높은 대북제재를 결의했다. 심지어 중국마저도 UN의 대북제재에 예전보다 신속하게 동의했다. 한국, 미국, 일본, 중국은 모두 북핵 실험에 대해 강도 높게 비판하면서 동북아시아의 안정을 강조하고 있다. 모두 권력이 교체된 주변국들은 동북아시아 안보의 안정을 국내정치의 정당성을 확보하는 수단이자 주변국가들 간의 공조를 확인하는 수단으로 여기고 있는 모양새이다. 이에 북한은 한반도의 전쟁을 상기시키는 외교적 수사(rhetoric)와 군사적 행동으로 긴장을 더욱 고조시켰다. 최근 북한은 이러한 상황을 타개할 출구를 찾기 위해서 노력하고 있지만, 한국과 주변국들의 반응은 미온적이다.

　한반도의 긴장과 위기는 어제오늘 일이 아니다. 분단은 남북한 간 긴장의 근본적 원인이다. 그래서 '분단'과 '안정'은 형용모순이다. 그렇지만 남북한은 대화, 타협, 합의, 협력을 포기하지 않았다. 7.4 남북공동성명, 남북기본합의서, 6.15 공동선언, 10. 3 공동선언은 그러한 노력의 성과이다. 남북대화는 한반도에 긴장이 고조될수록 강조되었다. 한국전쟁의 상흔은 이 땅에 두 번 다시 전쟁이 있어서는 안 된다는 사실을 말해 주고 있고, 남북한은 그것을 너무나 잘 알고 있다. 역사적 경험은 어울릴 것 같지 않은 분단과 대화를 양립하게 만들었다. 바로 이것이 '분단의 역설'이다.

한반도의 긴장을 완화하고 전쟁을 평화적으로 해결할 수 있는 유일한 수단은 '대화'이다. 현재 북핵 문제와 다양한 현안들이 씨줄과 날줄로 얽혀 해결의 실마리를 찾고 있지 못하다. 하지만 이러한 상황일수록 남북한 대화는 더욱 중요하다. 그래서 지금 우리는 한반도의 긴장을 남북한이 직접 대화를 통해서 한반도의 긴장을 완화시켰던 역사적 경험을 되돌아볼 필요가 있다. 이에 본 연구는 남북한의 고위당국자들이 직접 만나 외교적 현안을 협상하고 타결에 이른 노태우 정부 시기의 8차례의 남북고위급 회담에 주목하고자 한다. 노태우 정부 시기의 남북고위급회담은 남북한 현안과 핵문제를 해결하기 위한 접촉지대(contact zones) 가운데 하나였다.[1] 남북한의 접촉지대는 통일 이후 미래 남북한 사람들의 모습을 예측할 수 있는 공간이다. 그 가운데 북핵문제를 둘러싼 남북한 대화라는 접촉지대에서는 남북한 정치지도자들과 외교관들 간에 서로에 대한 생각이 상호작용한다. 북핵문제를 둘러싼 남북한 대화는 한반도의 긴장과 위기를 안정과 평화로 변화시키기 위한 수단이면서 동시에 남북한이 자신의 이해관계를 관철하기 위해서 경주(傾注)하는 각축장이다.

남북대화에 관한 선행 연구들은 주로 협상 과정에서 각국의 협상 태

---

1   Mary Lousine Pratt, *Imperial Eyes: Travel Wrighting and Transculturation* (London: Routledge, 1992), p.4

도와 외교적 레버리지, 그리고 협상의 결과에 주목했다. 본 연구는 기존 연구와 달리 새로운 시각에서 남북대화에 접근한다. 본 연구는 남북대화 가 한반도의 긴장과 위기를 대화와 타협이라는 평화적인 방법으로 해결 하기 위한 과정으로 전제하고, 이 과정에서 발생하는 대화에 나타난 남 북한 인식 변화를 살펴보고자 한다. 물론 회담 과정에서 나타나는 남북 한의 인식 변화의 내용을 알기는 매우 어렵다. 정치·외교 엘리트들이 국 가를 대표하는 역할을 담당하고 있기 때문에, 공개된 담화와 공론화된 담론들 외에는 상당 부분이 공개되지 않기 때문이다. 결국 회담 일지나 회고록과 같은 담론 분석을 통해서 엘리트들의 생각과 본심(本心)을 추 적할 수밖에 없다.

II. 이론적 배경: 접촉지대로서 남북한 대화

남북대화는 일반적인 외교 회담과는 그 성격이 근본적으로 다르다. 이는 유엔 가입 문제를 놓고 남북한 간에 벌어졌던 신경전을 통해서 단적으로 확인할 수 있다. 노태우 정부는 유엔 동시 가입을 추진하지만, 북한은 '조 선은 하나다'라는 논리로 남북한 동시 가입을 반대했었다. 국제사회에서 남북한은 모두 주권을 가진 국가임을 자임하지만, 남북한은 서로의 주권 을 인정하지 않아 왔다. 이는 일반적인 국가 간의 회담에서 찾아보기 힘 든 일로, 남북한이 분단국가로서의 특징을 가지고 있다는 점을 말해 준다. 즉, 남북회담은 일반적인 국가 간의 회담과 달리 상대방의 주권을 인정하 지 않은 채 진행된다. 뿐만 아니라 남북한은 회담 과정에서 서로 자기 체 제의 '정당성'을 상대방과 국제사회에 보여 주기 위해서 노력한다. 정당 성은 남북한이 자기 체제의 우월성을 보여 주거나 상대방 체제의 문제점을 통렬하게 지적하는 방식으로 진행된다. 문제점은 크게 세 가지 수준에서 상대방을 자극하는 방식으로 진행된다. 첫 번째는 상대방 체제의 문제점과 이데올로기를 연결시켜 상대방을 비난하는 방식이다. 두 번째는 회담 과정에서 발생하는 일련의 문제들을 상대방의 책임으로 돌리는 경우이다. 마지막은 첫 번째와 두 번째 방식을 혼합한 것이다. 예컨대 회담이 결렬되면 그것은 상대측의 이념과 체제 때문이라고 주장하는 것이다.

외교 회담에서 참여국들의 기본목적은 '국가이익의 실현'이다. 국가 간에는 외교 협상 과정에서 국익 실현을 위해 때로는 경쟁하고 때로는 협력한다. 협력하게 되는 경우에는 큰 문제가 없지만 경쟁하게 될 경우에는 종종 외교적 갈등을 발생시키기도 한다. 경쟁적인 관계에서도 타협점을 찾기도 하지만 때로 결렬되기도 한다. 협상이 결렬될 경우에는 그것이 빌미가 되어 국가 간의 마찰과 갈등으로 이어지기도 한다. 남북대화 역시 경쟁적 관계에 있는 국가 간의 외교 협상과 유사한 특성을 가진다. 남북대화 역시 남북한이 자신의 이해관계를 관철시키기 위해서 각축하는 장이다. 그렇지만 남북한 관계는 '특수한 관계'이다. 남북대화에서 표출되는 양측의 이해관계는 다른 국가들과 분명한 차이를 보인다. 남북한은 상대방의 대화 제안에서부터 의구심을 표명하게 된다. 남북한은 대화의 필요성을 인정하지만, 상대방이 대화를 제안하면 그 진정성을 믿지 못한다. 실제로 남북한은 대화가 진행되는 과정에서 서슴없이 상대방을 비방하고 흑색선전을 하는 일이 비일비재했다. 남북대화의 의제는 분단체제에서 발생하게 되는 남북한의 긴장 때문에 발생하게 된다. 그러면 대화에서 남북한은 우선 한반도에 긴장을 고조시킨 책임을 상대방에게 전가하기 바쁘다.

그렇지만 남북대화가 언제나 결렬되는 것은 아니다. 대화 과정에서 양측이 상대방의 주권과 체제를 정당하다고 생각하지 않기에 성과를 가

져오기가 쉽지 않은 것은 분명한 사실이다. 하지만 역사적으로 남북대화
는 여러 차례의 큰 성과를 거둔 바 있다. 이는 남북한 간에도 '공동의 이
익'이 존재한다는 점을 말해 준다. 이는 곧 남북한에게 국가이익이 반드
시 상대방의 체제를 부정할 때만 실현되는 것은 아니라는 점을 말해 준
다. 남북한 대화를 통해서 궁극적으로 성취하고자 하는 목표는 '통일'이
다. 하지만 남북대화에서 일차적인 공동의 이익은 '현상유지'이다. 남북
대화는 통일을 지향하지만, 그보다는 먼저 체제의 유지에 목적이 있다.
실제로 남북대화는 더 이상 남북관계가 악화되지 않고 분단된 현 상황을
유지하기 위해서 개최되고는 한다.

　즉, 남북대화는 외교 엘리트들이 자기 체제를 대표하여 체제의 정
당성을 대내외적으로 과시하기 위해서 때로 경쟁하고 갈등하며 때로 대
화하고 타협하는 '접촉지대'이다. 산토스(Santos)는 접촉지대를 "상이
한 운동/조직이 상호 간의 규범적인 열망, 실천, 지식을 평가하기 위해
서 만나고 상호작용하는 사회적 현장(social fields)"으로 규정한다. 접촉
지대에서 만남이 이루어지는 행위자들이 언제나 동등한 것은 아니며, 힘
의 불균형이 발생하게 된다. 식민지에서처럼 접촉지대에서는 지배와 피
지배의 비대칭적 관계가 나타나기도 한다.[2] 산토스(Santos)는 세계사회
포럼(World Social Forum)이라는 접촉지대를 분석하면서 '힘의 불평등'
이 20세기 근대 좌파의 역사에 존재하고 있다는 점을 인정한다.[3] 또 접촉
지대는 행위자들이 공간적이고 시간적으로 함께 공존(copresence)하게
되었음을 의미한다.[4] 왜냐하면 지정학적 혹은 역사적으로 분리되어 있던

2　　ibid., p.6.
3　　Boaventura de Sousa Santos, "The Future of the World Social Forum: The Work of
　　　Translation," *Development*, vol. 48, no. 2 (2005), p. 17.
4　　Pratt, *Imperial Eyes*, p.7.

행위자들이 그들의 궤도에서 상호 간에 만남과 상호작용이 이루어지기 때문이다. 남북대화는 이데올로기적 대립으로 인해서 상이한 문화적 배경을 가진 남북한이 서로의 열망, 실천, 지식을 평가하기 위해서 서로 만나고 상호작용하는 사회적 현장이다. 현상적으로 남북한은 남북대화에서 동등한 관계이지만 역사적 상황의 전개에 따라 권력관계가 형성될 수 있다. 또 남북한은 대화에서 유리한 위치를 점하기 위해 끊임없이 경쟁하기도 한다. 곧 남북대화의 결과로 힘의 불균형이 발생할 수도 있다. 남북대화는 냉전적 국제질서에서 남과 북으로 분리된 한반도의 두 행위자가 특정한 문제를 해결하기 위해 만나 서로의 생각을 교류하고 합의하는 접촉지대이다. 특정한 문제는 한반도를 둘러싼 국제 정세와 남북한 내부의 국내 정세 변화에 영향을 받게 된다.

노태우 정부는 1988년 6월 3일 '남북고위급당국자회담'을 제안한다. 그리고 1990년 9월 4일 제1차 남북고위급회담이 비로소 개최된다. 그리고 노태우 정부 기간 동안 모두 8차례 서울과 평양을 오가며 남북고위급회담이 진행되었다. 이는 남북한 당국자 간의 공식적인 양자접촉이었으며, 이 기간 동안 남북한은 '남북기본합의서'와 '한반도 비핵화 공동선언'의 타결과 이행을 놓고 회담을 진행하였다. 이 시기 국제 정세는 매우 급격한 변화를 경험하게 된다. 1989년 베를린 장벽이 무너졌고, 1991년 소련의 사회주의 체제가 독립국가연합으로 전환되었다. 한국은 이 시기 올림픽 개최에 성공했으며, 사회주의 국가들과의 관계 개선을 목적으로 하는 북방정책(Nordpolitik)이 추진되었다. 반면, 북한은 국제 정세와 남한의 외교정책 변화에 대해 수세적으로 대응했다. 즉 대내외 정세가 급격하게 변화하는 가운데 정책결정자들은 상이한 인식을 할 수밖에 없었으며, 따라서 남북한은 대화에 임하는 자세에서 상당한 차이가 나타났다.

III. 남북고위급회담의 전개과정(1990~1992):
'남북기본합의서'와 '한반도 비핵화 선언'의 타결과
그 이행 문제를 중심으로[5]

노태우 정부는 1988년 6월 3일 북측에 '남북고위급당국자회담'을 제안
한다. 그리고 남북한의 2년여 간의 사전접촉을 통해서 비로소 분단 이래
처음으로 남북한의 고위 당국자들이 남북한 간의 주요 문제를 논의하는
첫 번째 회담이 1990년부터 9월 4일부터 7일까지 서울에서 개최되었다.
제1일 회의에서 남측은 상호체제를 인정하고 존중하는 정신에 입각하여
상호관계를 개선하며 그 기초 위에서 통일을 향한 공존공영 관계를 이루
어 나가는 일이 가장 시급하고 중요하다고 지적하였다. 남측은 이를 위
한 공통의 합의기반 마련으로서 8개 항의 '남북관계 개선을 위한 기본합
의서(안)'을 제안하였다.[6] 이에 북의 연형묵 총리는 회담 전 과정에서 준
수해야 할 3개 원칙을 제시하였다.[7] 또 정치군사적 문제가 해소되지 않
는 이상 대화와 교류는 불신만 가중시킨다고 주장하면서, 이와 관련하여
시급히 해결해야 할 과제 3가지를 제시했다.[8] 남측은 북측의 3개 원칙과
3개 과제를 남북대화를 지연시키기 위한 전술로 이해했다.[9] 제2일 회의에

---

5   이 부분은 통일부의 남북대화 회의록을 기초로 해서 전개과정을 요약, 서술하였다. 자세한
    내용을 통일부의 남북회담본부 홈페이지(http://dialogue.unikorea.go.kr/)를 참조할 것,
    그리고 그 외의 내용에 대해서는 별도로 각주를 표기하였음.

6   남북기본합의서(안)의 내용은 『남북대화』, 제51호, pp. 21~22 참조.

7   북한이 제시한 3개 원칙은 다음과 같다. ① 7·4남북공동성명에서 천명된 자주, 평화통일,
    민족대단결의 조국통일 3대원칙 재확인 및 준수. ② 일방의 이익보다 민족공동의 이익을
    우선. ③ 회담의 분위기를 흐리게 하거나 회담의 진전에 저촉되는 일을 하지 않음. 『남북대
    화 제51호』, p. 24 참조.

8   북한이 제시한 3개 과제의 내용은 유엔 가입 문제, 구속자 석방 문제, 팀스피리트 합동군사
    훈련 문제이다. 『남북대화』, 제51호, p. 24 참조.

9   『남북대화』, 제51호, p. 24 참조.

서는 남북한이 첫 날 회의에서 나온 상대방의 주장의 문제를 지적하고, 각자 주장의 정당성과 적실성을 거듭 확인하였다.

2차 남북고위급회담은 1990년 10월 16일부터 19일까지 평양에서 개최되었다. 첫날 회의에서 북한의 연형묵 총리는 의제 토의에 앞서 남북한이 원칙적인 문제에 대해 합의가 필요하다는 점은 공통적으로 인식하고 있지만, 문제 해결의 순서와 총체적인 성격에서 본질적인 차이가 있다고 지적하였다. 북측은 차이를 극복하기 위해서 첫째, 통일문제 해결에서 주체를 철저히 세워야 하며, 둘째 통일 지향적인 자세를 가져야 하고, 셋째 불신에 대해 같은 인식을 갖고 그 해결 방도를 바로 찾아야 하며, 넷째 통일문제 해결의 가장 가깝고도 합리적인 길을 모색해야 한다고 주장했다. 북한측은 남측의 '남북관계개선을 위한 기본합의서'에 대해서는 분명한 거부 의사를 표명하고, 대신 '북남불가침에 관한 선언'을 채택 발표하자고 제안했다. 반면, 남측은 강영훈 총리의 기조연설에서 '남북관계 개선을 위한 기본합의서'에 북한측이 1차 회담에서 주장한 '3개 원칙'을 합의서 전문에 수용하여 새로운 안을 제시하였다. 뿐만 아니라 3개 항의 당면과제를 제시하고 북측의 태도 변화를 촉구했다.[10] 이날 북측은 기조연설을 통해서 1차회담에서 남북한의 제안에 '근사점'과 '차이점'이 존재한다고 판단하였다. 물론 차이점의 문제는 남측에 있는 것으로 판단했다. 북측은 스스로의 제안은 '통일 지향적'인 것으로, 반면

---

10 3개 당면과제의 내용은 다음과 같다. 첫째, 남북관계 개선과 화해·협력의 새 시대를 열기 위해 상대방 체제를 부정하고 적대시하는 대남혁명노선을 포기할 것. 둘째, 분단으로 야기된 민족적 고통을 하루 속히 덜어 주기 위해 이산가족들의 고향방문이 조속히 실현되도록 협력할 것. 셋째, 평화통일 이전이라도 공존공영을 도모하기 위해 유무상통과 상호보완의 원칙에 따라 경제교류와 협력을 활성화하는 데 적극 호응할 것 등이다. 『남북대화』, 제51호, p. 49 참조.

에 남측의 제안은 '현상 고착화'를 위한 것으로 비판했다.[11] 제2일 회의에서 남측 대표단은 남북 간의 공통점을 합의로 채택할 것을 촉구하면서 '남북 간의 화해와 협력을 위한 공동선언'을 제시했다. 이날 회의에서 남측은 첫날 북측 발언의 내용 가운데, "남과 북의 서로 다른 권력의 실체나 체제의 존재를 부인하지 않는다"와 "내정불간섭을 확약한다"라는 발언을 문제 해결을 위한 전진적인 태도 표명이라고 환영하였다. 하지만 남측은 북측의 3개 항 긴급 과제와 일괄합의 주장이 남북대화에서 현안 논의를 피하기 위한 지연술에 불과하다고 비난하였다. 남측은 북측의 태도 변화를 환영하면서, 북측의 불가침선언 초안을 수용하여 '남북 간의 화해와 협력을 위한 공동선언'을 제의하였다.[12] 이에 북측은 전날 남측의 기조연설에 대해서 "고의적인 왜곡", "신중치 못한 자세의 표현", "적반하장격의 구태의연한 논조"라고 평가했다. 그리고 북측은 자신들의 '북남 불가침선언'이 타당하고 적실하다고 공박했다. 이에 남측은 공동선언의 필요성을 재차 강조했지만, 결국 2차 회담은 막을 내리게 되었다.

제3차 회담은 1990년 12월 11일부터 14일까지 서울에서 개최되었다. 제1일 회의에서 남측의 강영훈 총리는 기조연설에서 북측의 내용을 수용한 전문과 10개 조로 된 남북관계 개선을 위한 기본합의서 수정안을 제시했다.[13] 또 남측은 '불가침' 합의가 지켜지기 위한 3가지 요건을 제시했다.[15] 남측은 '남북관계 개선을 위한 기본합의서'가 이와 같은 전제를 충족시키는 시금석이라고 주장했다. 북측은 그동안 진행된 회담에 대해서 첫째, 평화 문제에 대한 인식의 전환, 둘째, 외세의 간섭을 허용·의존하는 자세 배격, 셋째, 진실한 대화의 자세가 필요하다는 견해를 피

---

11 "북한측 기조연설문," 『남북대화』, 제51호, p. 60.
12 남북 간의 화해와 협력을 위한 공동선언의 전문은 『남북대화』, 제51호, p. 70를 참조할 것.
13 그 전문은 『남북대화』, 제52호, pp. 13~14 참조.

력했다. 그리고 남측의 '화해와 협력을 위한 선언(초안)'과 북측의 '북남 불가침선언(초안)'을 통합하여 '북남 불가침과 화해협력에 관한 선언(초안)'이라는 하나의 문건을 채택할 것을 제안했다. 2일 회의에서 북측은 전날의 제안을 다시 강조하면서 동시에 남측이 2차 회담의 '화해와 협력에 관한 공동선언'을 철회하고 1차 회담의 제안으로 돌아갔다고 하면서, 이는 불가침선언의 채택을 회피하기 위한 것으로 비난했다. 이에 남측은 불가침선언을 위해서라도 먼저 기본합의서가 선결되어야 한다는 점을 강조했다. 또 북측의 3가지 견해에 대해서도 그러한 북측의 태도가 상호불신의 근원이라는 점을 지적했다. 결국 이날 회담에서 남측은 합의점 도출이 어렵게 되면서 1, 2차 회담에서 의견이 좁혀진 것들 가운데 당장 실현 가능한 문제부터 합의 실천하자고 5개 항의 조치방안을 제시했다.[16] 하지만 북측은 남측의 이러한 제의를 수용하지 않았다.

제4차 남북회담은 애초의 계획과 달리 10개월 만에 1991년 10월 22일부터 25일까지 평양에서 개최되었다. 첫날 회의에서 북측은 세 차례 회담에서 진전이 없었던 이유가 서로 다른 사상과 제도 사이의 우열을 겨루려는 뿌리 깊은 대결의식 때문이라고 주장하면서, 김일성의 8.1 담화("우리 민족의 대단결을 이룩하자")를 인용하며 민족대단결의 원칙을 강조했다. 북측은 '변화유도'와 '흡수통일'에 대해서 강한 거부반응을 보였다. 그리고 북측은 평화를 위한 전환적인 대책으로 '조선반도의 비핵지대화에 관한 선언(초안)' 9개 조항을 제시했다. 또 북한측은 쌍방 제안 중 공통적이거나 유사한 것을 합의 문건으로 작성하고, 합의 문건은 '불

---

14   3가지 요건의 내용은 다음과 같다. ① 쌍방 간에 『불가침』의 약속을 지키겠다는 확고한 실천의지의 뒷받침. ② 상대방 체제를 부정하고 파괴·전복시키려는 정책이나 태도의 포기. ③ 남북간의 군사정보개방, 군사력의 불균형 시정, 감시와 검증 등 불가침의 이행을 보장하는 확고한 보장 장치의 강구. 『남북대화』, 제52호, p. 8.

15   남측이 제시한 5개항의 조치방안은 『남북대화』, 제52호, pp. 30~31 참조.

가침 선언'과 '화해와 협력·교류에 관한 기본합의서' 2개로 하며 토의와 합의는 순서에 관계없이 제4차 회담에서 동시 채택·서명할 것을 주장하였다. 북측은 『북남불가침에 관한 선언(초안)』 9개 조항과 『북남화해와 협력·교류에 관한 기본합의서(초안)』 11개 조항을 제의했다. 한편 북한측은 이 두 개의 문건을 우리 측이 받아들이기 어렵다면 하나의 문건으로 통합하여 채택할 수도 있다고 하면서 전문, 북남불가침, 북남화해, 북남 협력·교류, 수정 및 효력 분야로 나눈 21개 조항의 통합 안을 제시했다. 이에 남측은 노태우 대통령의 유엔총회연설(1991년 9월 24일)을 언급하면서 평화체제, 군비감축, 자유로운 교류 등을 제안했다. 의제에 관련해서는 3개의 합의를 하나로 묶는 포괄적인 단일합의서(전문 및 15개 조항)를 제시하였다. 이날 회의에서 남북한은 '단일 문건으로 된 합의서'를 채택하자는 데 합의를 이루었다. 둘째 날 회의에서 남측은 '조선반도의 비핵지대화 선언' 문제와 관련하여 궁극적으로 핵무기 없는 세계를 지향하고, 핵 이용은 평화적 목적에 국한하며, 핵확산금지조약과 국제원자력기구(IAEA)의 핵안전조치협정을 준수하고 모든 보유 핵시설과 핵물질에 대한 핵안전 사찰을 받아들이는 것임을 명백히 했다. 반면 북측은 노태우 대통령의 제안에 대한 문제를 지적하였으며, 핵사찰 문제는 남한 핵무기의 철수가 선행되어야 한다고 주장했다. 그리고 북한의 변화를 주장하는 것은 흡수통일론에 기반한 것이라고 비난했다. 북측은 의견차이가 있는 것은 뒤로 미루고 공통적인 것을 추려서 단일합의서로 채택할 것을 제안했으나, 남측은 남북관계 개선에 관한 기본사항들이 합의서에 포함되어야 한다는 점을 강조했다. 결국 남북은 전날 실무접촉에서 합의한 사항을 확인하고 공동발표하기로 합의하였다.

5차 회담은 1991년 12월 10일부터 13일까지 서울에서 열렸다. 제1일 회의에서 남측 대표 정원식 총리는 북한측이 상호체제를 존중한다고 이야기하면서도 실제로는 남북 당사자 해결 원칙을 거부하고 있다고 비판했다. 또 원칙적·선언적 합의서만을 강조하면서 이행을 위한 실천적 조치를 취하려 하지 않는다고 지적했다. 남측은 합의의 이행을 위한 제도적 장치의 마련이 필요하다는 점을 강조했다. 또 남측은 남북 간 합의를 촉진시키기 위해 제4차 회담과 대표접촉 과정에서 제시된 북한측의 의견을 고려하여 수정한, 전문과 28개 조항으로 이루어진 '남북 사이의 화해와 불가침 및 교류·협력에 관한 합의서(안)'을 새로이 제시하였다.[16] 또한 남측은 노태우 대통령의 11월 8일 '한반도의 비핵화와 평화구축을 위한 선언'을 언급하면서 북한에 핵사찰을 압박했다. 이에 북측은 남측에 불가침 선언 채택을 요구하면서 동시에 남측의 태도를 '분열지향적 자세'와 '외세의존적 자세'를 포기하는 것이 합의서 채택을 위해 요구되는 문제라고 주장했다. 그리고 북측은 5차 고위급회담 준비를 위한 4차 대표 접촉 시 제시한 합의서(안)을 일부 수정하여 전문과 26개 조항의 '북남사이의 화해와 불가침 및 협력·교류에 관한 합의서(초안)'을 제시했다.[17] 또한 핵문제에 관련해서는 주한미군의 핵무기 철수가 먼저 이루어져야 한다고 주장했다. 그리고 '조선반도의 비핵지대화에 관한 선언'을 다시 제시하고 이번 회담에서 이에 대해서 협의할 것을 제시했다. 아울러 남측의 '비핵화 선언' 관련 내용을 보충할 용의가 있으며 쌍방이 내

16　수정내용은 다음과 같다. 『남북대화』, 제54호, p.22 참조.

변경 전	변경 후
상설연락사무처의 서울·평양 설치	판문점에 상설연락사무처를 설치하고 앞으로 서울·평양에 설치하는 방안을 적극 강구한다.
불가침 경계선	육상에서는 정전협정에 규정된 군사분계선으로 하고 해상에는 정전 협정 발효이후 쌍방이 관할해 온 영역
불가침 이행 보장조치 7개 항	군사적 신뢰구축, 군비축소, 현장검증, 직통전화 설치, 남북군사위원회 구성·운영

17　위의 책, p. 23.

놓은 안을 통합하여 '공동선언'을 작성하자고 했다. 둘째 날(12월 12일) 오전 10시 45분부터 오후 6시까지 진행된 비공개 마라톤 회의의 결과, 서문과 25개 조항으로 구성된 '남북 사이의 화해와 불가침 및 교류·협력에 관한 합의서' 문안을 타결하고 이와 함께 '공동발표문'에 대해서도 합의했다.[18] 그리고 다음 날 공개회의에서 '남북 사이의 화해와 불가침 및 교류·협력에 관한 합의서'를 각기 낭독하고 이를 채택, 서명하였다.

5차 남북고위급회담의 결과 한반도의 핵문제를 협의하기 위한 제1차 대표접촉이 1991년 12월 26일 판문점 북측지역 '통일각'에서 개최되었다. 남측은 노태우 대통령의 지난 11월 8일 선언과 12월 18일 '핵부재 선언'을 통해서 비핵화 정책을 완전히 실현하였으므로 이제 북한측이 핵무기 확산금지조약에 따르는 핵안전조치협정을 즉각 체결하고 국제핵사찰을 무조건 수락할 것을 촉구했다. 또 남측은 5차 고위급회담에서 제안했던 '한반도 비핵화 등에 관한 공동선언(안)'의 취지와 주요 특징을 설명하고 핵문제를 더 이상 지체할 수 없음을 강조하면서 3가지 사항을 촉구했다. 첫째, 1992년 1월 15일까지 핵안전조치협정에 서명하고 비준·발효할 것, 둘째, 남측 안을 수용하여 핵재처리 시설 및 우라늄 농축시설을 보유하지 않겠다는 명백한 의사를 표명할 것, 셋째, 남북한 시범사찰이 1992년 1월 31일까지 이루어질 수 있도록 하는 시행 방법에 대한 합의가 바로 그것이다. 이에 북측은 핵안전조치협정은 IAEA와 북한측이 해결할 문제이며, 화학·생물무기 제거 문제는 군사공동위원회 사안이라고 일축했다. 그리고 6차 본 회담에서 채택되도록, 남측의 내용을 일부 수용한 '조선반도의 비핵화에 관한 공동선언(초안)'을 제시했다.

2차 대표접촉은 12월 28일 판문점 평화의 집에서 개최되었다. 남측

---

18   쟁점조항들의 합의 내용에 대해서는 『남북대화』, 제54호, pp. 51~52 참조.

은 핵안전조치협정 서명 및 핵사찰 수락, 남북 상호핵사찰, 남북 간 시범 핵사찰 문제를 재차 강조했다. 하지만 남측은 1차 접촉에서 북측의 안에 핵처리시설과 우라늄농축시설 불보유 조항을 명시했다는 점을 긍정적으로 평가하고 명칭, 서문 및 내용에 있어서 북한측 안을 일부 수용한 새로운 '한반도 비핵화에 관한 공동선언'을 제시하였다. 북측은 6차 고위급회담에서 남측이 공동선언이 채택되도록 실질적인 노력을 보여야 한다고 주장하면서 문안 정리에 들어가자는 남측의 제의에 동의하였다. 3차 대표접촉은 12월 31일 통일각에서 개최되었으며, 2차 접촉에서 의견 일치를 보지 못한 부분에 대해 서로의 입장을 교환한 후 6차례의 정회와 7시간여의 의견 조정을 거쳐 합의에 이르게 되었다. 남북한 양측 대표단은 '한반도의 비핵화에 관한 공동선언'의 문안에 합의하고 가서명하였으며, '남북공동발표문'을 발표하였다.[19]

6차 회담은 1992년 2월 18일부터 21일까지 평양에서 개최되었다. 첫날 회의에서 북한의 연형묵 총리는 '남북 사이의 화해와 불가침 및 교류·협력에 관한 합의서'와 '한반도 비핵화에 관한 공동선언'을 "민족 공동의 통일촉진 강령"으로 평가하였다. 이어 진행된 발효 행사는 합의서와 공동선언의 발효에 필요한 내부 절차를 완료했음을 통고하는 양측 통보문 교환, '남북고위급회담 분과위원회 구성·운영에 관한 합의서'에 대한 서명 및 교환의 순으로 진행되었다. 2일 회의에서는 남측과 북측은 남북기본합의서가 가지는 의의를 설명하였다. 하지만 남측과 북측이 강조하는 내용은 서로 달랐다. 남측 대표단은 북한의 핵사찰 문제를 강조하였으며, 북측은 미군 철수와 한미합동군사연습 전면 중지를 주장했다.

19 위의 책, pp. 63~64.

한반도의 비핵화에 관한 공동선언의 핵심적인 항목은 다음과 같다.[20]

1. 남과 북은 핵무기의 시험, 제조, 생산, 접수, 보유, 저장, 배치, 사용을 하지 아니한다.
3. 남과 북은 핵 재처리시설과 우라늄 농축시설을 보유하지 아니한다.
4. 남과 북은 한반도의 비핵화를 검증하기 위하여 상대측이 선정하고 쌍방이 합의하는 대상들에 대하여 남북 핵통제공동위원회가 규정하는 절차와 방법으로 사찰을 실시한다.
5. 남과 북은 이 공동선언의 이행을 위하여 공동선언이 발효된 후 1개월 안에 남북 핵통제공동위원회를 구성·운영한다.

7차 남북고위급회담은 1992년 5월 5일부터 8일까지 서울에서 개최되었다. 첫날 회의에서 남측은 이행기구의 발족 문제와 부속합의서 이행 문제를 연계시켜서는 안 된다고 주장했다. 부속합의서는 합의된 사항을 순차적·축차적으로 진행하자고 제안했다. 반면 북측은 이행기구 합의서가 발효되더라도 부속합의서가 작성되기 전에는 공동위원회가 운영될 수 없다는 주장을 고수했다. 2일 회의에서는 양측은 분과위원장 접촉에서 가서명한 '남북군사공동위원회 구성·운영에 관한 합의서', '남북교류·협력공동위원회 구성·운영에 관한 합의서', '남북연락사무소의 설치·운영에 관한 합의서' 등을 서명·발효시키고 '7차 남북고위급회담 합의문'을 발표했다.

8차 고위급회담은 1992년 9월 5일부터 18일까지 평양에서 개최되었다. 첫날 회의에서는 기조연설이 교환되었다. 북한의 연형묵 총리

20   고병철, "남북관계의 역사적 맥락: 한국전쟁 이후 현재까지," 『남북한 관계론』 (파주: 한울 아카데미, 2009), p. 55.

는 남북기본합의서의 정신은 자주정신이며, 비국제성, 전향성, 잠정성으로 집약되는 특수관계가 남북관계의 기본성격이며, '조선은 하나'이고 남북관계는 민족내부관계이므로 두 개의 국가란 있을 수 없다고 주장했다. 또한 북측은 고위급회담의 진전을 가로막는 장애요인으로서 핵문제에 관한 남측의 입장, 한미 합동군사훈련 중지 문제, 범민족대회 문제를 거론하였다. 그리고 이번 회담에서 부속합의서들을 모두 채택하여 화해 공동위원회를 구성하여 4개 공동위원회들이 본격적으로 가동될 수 있게 함으로써 실천단계의 기초작업을 모두 끝내야 한다고 강조했다. 또 비핵화공동선언 이행 문제에 대해서는 의심동시해소원칙에 따른 사찰을 주장함으로써 남측의 상호동수원칙 및 군사기지사찰과 특별사찰에 대해 여전히 반대 입장을 명백히 했다. 이에 남측의 정원식 총리는 기조연설문에서 지금까지 양측이 모두 합의한 이행 대책 중 쉽게 타결할 수 있는 사항들을 우선적으로 합의하여 부속합의서를 채택함으로써 이번 회담에서 3개 부속합의서를 모두 타결하자는 입장을 밝혔다. 핵문제에 대해서는 남북한 동시핵사찰 실시를 북측이 수용할 것을 촉구했다. 또한 남측은 간첩단 사건, 상대방을 비방, 중상하거나 파괴, 전복하려는 행위가 남북화해에 역행하는 처사라고 비난했다. 2일 회의에서는 '남북화해공동위원회 구성·운영에 관한 합의서'와 3개 분야별 부속합의서의 낭독 및 서명, 발효가 이루어졌다. 그러나 핵문제가 상호사찰을 둘러싸고 더 이상 진전되지 않자, 한국과 미국은 1993년 '팀 스피리트(Team Spirit) 훈련'을 재개함으로써 대북압박을 재개하였다. 남북한의 긴장이 고조되는 가운데 남한이 훈련 재개를 결정하자, 북한은 남북고위급회담 중단을 선언하고, 3월 9일 NPT 탈퇴 선언까지 이르게 된다.

IV. 남북한의 상호인식 변화

1. 북측의 인식 변화

한국측이 남북고위급회담을 제안한 이후 북측은 적극적으로 호응하지 않았다. 이 시기 북측의 입장에서는 남북대화가 결코 달갑지 않았다. 무엇보다 국제환경의 변화에 민감하게 반응할 수밖에 없었기 때문이다. 1989년 베를린 장벽이 붕괴되고, 곧이어 소련 및 동유럽의 체제전환이 급속도로 진행되었다. 이와 같은 변화에 대해서 북한은 매우 민감하게 반응할 수밖에 없었다. 북한은 이른바 '피포위 의식(siege mentality)'이 심화되게 된다.[21] 피포위 의식은 현존 사회주의 국가들이 자본주의적 제국주의 국가들로 둘러싸여 있다는 위기의식을 일컫는다. 북한은 사회주의권의 붕괴를 목도하게 되면서 피포위 의식이 더욱 심화되게 된다. 김일성은 이 시기에 "막강하고 포악한 제국주의 세력이 우리나라를 압살하려고 하고 있습니다"라고 말한 적이 있다.[22] 게다가 한국은 그 이전부터 서독의 동방정책(Ostpolitik)을 모방한 북방정책(Nordpolitik)을 추진했다. 노태우 정부의 북방외교가 시작될 수 있었던 것은 소련의 페레스트로이카와 글라스노스트를 계기로 동유럽 지역에서 개혁과 개방 정책의 보편화가 시작되었기 때문이다. 한국정부는 소련 및 동유럽의 변화를 체제경쟁에서 유리한 위치를 점할 수 있는 '기회의 창'으로 여기고 있었던 것이다. 이에 대해서 북한의 위기의식은 더욱 심화될 수밖에 없었다. 북한은 자국의 우방으로 여겨왔던 현존 사회주의 국가들이 남한과 수교를 맺게 되었기 때문이다. 즉 한국 외교가 소련 및 동유럽 지역으로 그 지

---

21   김갑식, "남북기본합의서에 대한 북한의 입장." 『통일정책연구』 제20권 1호 (2011), p. 62.
22   김일성, 『김일성 동지 회고록, 세기와 더불어 7』 (평양: 조선로동당출판사, 1996), p. 181.

평을 확대해 갈수록, 북한의 위기의식은 더욱 심화된 것이다. 물론 북한 역시 국제사회에서 영향력을 확대하기 위해서 경주(傾注)했다. 북한은 1989년 7월 13차 '세계청년학생축전'을 유치했다. 북한은 이 축전을 위해서 무리하게 자원을 동원하였으며, 그 결과 북한경제는 이후 더욱 심각한 문제에 직면하게 되었다고 한다.[23] 사실 북한경제는 2차 7개년 경제계획에서 국제유가 상승과 군비지출 확대 등으로 인해서 좋은 성과를 거두었다고 할 수 없었다. 즉 북한은 대내외적인 변화를 체제위협으로 인식하였으며, 이와 같은 상황 인식은 결국 남북대화에 적극적으로 참여하지 않는 모습으로 나타나게 되었다.

(1) 협상 과정의 난맥상: 북한의 체제위협에 대한 공포

남북고위급회담은 1988년 한국의 강영훈 총리가 제안한 이래로 약 3년 동안 8차례의 예비회담을 거쳐 비로소 시작될 수 있었다. 그리고 남북고위급회담에는 북한의 이와 같은 위기 인식이 그대로 반영되었다. 이시기 북한은 남북대화를 기본적으로 체제 생존을 보장받기 위한 공간으로 인식하고 있었던 것이 분명하다. 1차 남북고위급회담에서 북한의 연형묵 총리는 첫날 기조연설에서 정치군사적 대결을 우선적으로 해결해야 한다고 주장했다.[24] 먼저 북한은 '정치적 대결'을 해소하기 위한 방안으로 상호비방 중지, 민족적 단합과 통일에 배치되는 모든 법률적·제도적 장치 제거, 사상의 자유 보장, 자유로운 왕래와 접촉, 국제정치무대에 남

---

23   1989년 이후 북한경제 위기는 대내적으로 평양축전만이 아니라 베를린 장벽 붕괴로 인한 대외적 문제와 함께 진행된다. 이 시기에 북한사회의 취약계층이 빠르게 증가했다. 관련 논의는 다음 책을 참조할 것. 임강택 외, 『통일 비용·편익 추계를 위한 북한 공식경제부문의 실태연구』 (서울: 통일연구원, 2011), p. 15.

24   "북한측 기조연설문," 『남북대화』, 제51호, p. 31.

북 공동 진출 등이었다.[25] 이는 사실상 남한의 국가보안법을 겨냥한 것이 었다. 국가보안법을 비판하고, 이를 통해서 한국의 시민사회에서의 통일 운동을 자국에게 유리한 남북관계를 형성하는 데 이용하고자 한 것이다. 그리고 '군사적 대결상태를 해소하기 위한 방안'으로는 "외국군대와의 모든 합동군사연습과 군사 훈련을 금지한다"를 첫 번째로 제시했다.[26] 이 는 당시 '팀 스피리트' 훈련을 겨냥한 것이었다. 연형묵 총리는 기조 연 설문에서 다음과 같이 언급하며 팀 스피리트 훈련 중지를 강력히 요구한 바 있다.

> 오늘 우리나라에서 군사적 대결상태를 해소하고 긴장을 완화하는데서 나 서는 가장 긴절한 문제는 남조선에서 진행되는「팀 스피리트」합동군사연 습을 중지하는 것입니다. 해마다 수개월간씩 우리를 가상적인「적」으로하 여 벌어지는 대규모의「팀 스피리트」합동군사연습은 그때마다 우리 나라 정세를 극도로 긴장시키고 있으며 북남대화에도 엄중한 영향을 미치고 있습니다.[27]

1차 회담에서 나타난 이와 같은 북측의 입장은 북한이 오랫동안 지 연시켜 왔던 남북고위급회담에 참여하게 된 이유를 말해 주고 있다. 북 한은 남북고위급회담을 통해서 체제의 위협이 되는 요인들을 제거해 나 가려 하고 있는 것이다. 그래서 북한은 특히 정치군사적 대결 상태를 우 선적으로 해결해야 한다고 주장한 것이다. 이것이 해결되면 경제, 사회, 문화적 교류는 자연스럽게 확대될 것이라고 전망했다. 정치적 대결을 해

25 위의 글, pp. 33~34.
26 위의 글, p. 35.
27 위의 글, p. 37.

소하는 방안은 당시 노태우 정부의 정당성을 압박하는 방식을 택하고 있다. 남북한 간의 '창구단일화'의 원칙과 '국가보안법'이라는 제도적 장치를 비판함으로써 노태우 정부의 정치적 정당성이 취약하다는 점을 남북고위급회담에서 이용하려 한 것이다. 군사적 대결의 해소 방안은 사실상 팀 스피리트 훈련 중지는 물론 한미동맹, 주한미군 주둔의 문제를 이야기하고 있는 것이다. 이는 남북대화를 통해서 자국 체제를 위협하는 요소들을 제거하려는 의도였다. 이는 이른바 심화된 '피포위 의식'의 결과이다.

평양에서 개최된 2차 회담에서 북측은 남북고위급회담이 성사되기 위한 문제를 '통일'의 문제로 환원시키고 있다. 통일의 주체와 통일 지향적 태도 그리고 상호 간의 불신 해소가 남북고위급회담이 성사될 수 있는 조건으로 제시되었다. 이 세 가지 조건은 다른 듯이 보이지만 사실은 앞서 1차 회담에서 제기했던 내용과 동일한 것이었다. 미국의 개입 반대와 한국 시민사회 내부의 통일운동 세력의 인정 등을 이야기하고 있는 것이다. 다만, 여기서 다른 점은 2차 회담에서 '흡수통일'을 염려하고 있다는 점을 우회적으로 말하고 있다는 점이다.[28] 이 시기 북한은 남북고위급회담을 통해서 남한의 흡수통일 의지를 확인하고, 이것을 대화라는 방법으로 차단하려는 생각하고 있었던 것이다. 북한은 독일통일 과정을 지켜보면서, 흡수통일의 문제를 매우 큰 위협으로 인식하고 있었다. 이러한 인식을 기초로 문제를 해결하기 위해서 남북고위급회담에 임하게 된 것으로 볼 수 있다. 즉, 북한은 국제적인 정세 변화를 체제위협으로 인식하고 '대화'라는 방법으로 이 위협을 해소하려 하였다.

3차 회담에서 북한은 남한의 군사외교 태도와 정책에 대한 적대감

---

28 "남북고위급 2차 회담 북측 기조연설문," 『남북대화』, 제51호, pp. 59~60.

을 분명히 표시하려 했다. 첫째, 한국의 군사정책을 '힘의 우위'를 실현하기 위한 것으로 비난했다.[29] 이 시기 북한은 남한의 군비확장에 대해서는 비판하면서 동시에 남북한 간의 군비경쟁에 대해서는 평화의 이름으로 우려의 목소리를 내비쳤다. 북한은 남북대화를 '정당성 경쟁의 장'으로 인식하고 있던 것이다. '민족', '통일', '평화'와 같은 단어를 통해서 북측의 입장과 정책의 정당성을 주장하면서, 동시에 남측의 권력정치적 특성에 대해서 비난하고 있다. 물론 이것의 행간에는 남한의 이와 같은 태도를 한반도의 긴장을 악화시키는 원인으로 지목함으로써 대내외적으로 정당성을 확보하기 위한 의도가 있다. 둘째, 미군의 작전지휘권의 문제에 대한 지적이다.[30] 미군의 작전지휘권 문제는 팀 스피리트 훈련에 대한 경계를 표시하는 것이면서 동시에 궁극적으로 한미동맹 자체의 문제를 이야기하고 있는 것이다. 남북한 관계의 문제에서 미국의 존재 자체를 체제위협 요소로 인식하고 있는 것이다. 셋째, '북방정책'에 대한 경계이다.[31] 남한의 북방정책이 북한의 개방을 유도하기 위한 것이라는 점에 대한 반감의 표시이다. 이는 북한이 체제변화를 곧 체제위협으로 인식하고 있다는 점을 말해 주는 것이다.

(2) 협상 타결: 체제안정의 보장

북한은 걸프전쟁과 팀 스피리트 훈련을 이유로 4차 회담을 연기하게 된다. 이시기 북한은 국제정세의 변화에 대단히 민감하게 반응했다. 다시 개최된 4차 회담에서 북한은 국제정세의 변화와 남한의 전략에 대한 '부

---

29 "3차 남북고위급 회담 북한측 기조 연설문," 『남북대화』, 제52호, p. 21.
30 위의 책, p. 22.
31 위의 책, p. 22.

담감'과 '적대감'을 한꺼번에 토로하게 된다. 북한이 인식하는 남한의 전략은 국제정세의 변화에 편승하여 북한을 변화시키려 한다는 것이었다. 물론 이는 흡수통일에 대한 강력한 우려를 포함하는 것이었다. 북한은 이러한 인식을 토대로 다음과 같이 남북한 관계는 경쟁관계가 아니라고 이야기한다. "민족공동의 통일위업을 성취하는 길에서 동족 사이에 무슨 우렬을 가릴것이 있으며 《승》과 《패》를 론할것이 있겠습니까."[32] 이시기 북한은 남한과의 경쟁에서 수세적인 위치에 있다는 점을 시인하고, 오히려 통일과 민족의 이름으로 이 경쟁관계에서 벗어나려 했다. 그리고 북한은 남북한 유엔 동시가입을 계기로 주한미군 철수와 북미 간의 '평화협정 체결'을 제안한다. 이는 북한이 남북고위급회담을 통해서 궁극적으로 미국으로부터도 체제안정을 보장받으려 했다는 것을 의미한다. 북한이 4차 회담에서 제안한 '조선반도의 비핵지대화에 관한 선언'도 바로 이러한 맥락에서 이해할 수 있다.

남북한은 5차 남북고위급회담에서 '남북사이의 화해와 불가침 및 교류·협력에 관한 합의서'에 극적으로 타결했다. 그렇다면 1년 3개월 동안 난항을 이어오던 협상이 어떻게 타결될 수 있었는가. 북한은 5차 회담의 협상 과정에서 공식적인 회담은 물론 남측의 회담 참여자들과 비공식적인 회담을 진행했다. 그리고 협상 과정 동안 그동안의 협상 결렬의 원인이 결국 남한에 있다는 점을 밝히면서 동시에 협상 타결은 자신들 때문이라는 점을 과시했다. 그러나 그동안 협상의 난맥상이 발생하게 된 원인을 면밀히 관찰할 필요가 있다. 북한은 남북고위급회담을 통해서 체제안정을 보장받으려 했다. 이는 한편으로 남한의 대북정책이 북한의 변화를 유도하기 위한 것이 아니라는 점을 약속받고, 다른 한편으로 북

---

32 "4차 남북고위급 회담 북한측 기조 연설문,"『남북대화』, 제53호, p. 38.

한이 체제위협 요소로 인식해 오던 팀 스피리트와 같은 한미 군사훈련과 전술핵 배치 등의 문제를 해결하려 했다. 기본합의서와 비핵화 공동선언을 발표하는 조건으로 팀스피리트 훈련을 취소하고 전술핵 철수 선언 등을 계기로 북한의 입장 변화가 나타나게 되었다.[33] 즉, 북한은 남북기본합의서를 통해서 수세적 국면을 돌파하려 했다.

(3) 협상 실행의 난항

기본합의서와 비핵화 선언이 남북한 모두에서 승인되어 공표된 이후에 7차 회담에서는 그 이행 문제가 본격적으로 논의되었다. 이 자리에서 이행 방식을 두고 남측은 단계적인 실행을, 북측은 일괄합의와 동시실천을 주장하게 된다. 물론 북한의 이러한 원칙은 자국이 우선적으로 실현시켜야 한다고 판단하고 있는 문제들을 해결하기 위한 것이다. 그리고 동시에 협상 과정에서 합의된 사항들이 실행되지 않았을 때, 그 책임을 상대방에게 전가하기 위한 방법이다. 일괄합의는 모든 문제에 대해서 합의할 '의지'를 가지고 있다는 점을 대내외에 과시하기 위한 전술이다. 그러나 현실적으로 민감한 사항이 많은 남북한 관계에서 일괄합의는 실현되기 어렵다는 점을 감안하면, 북한이 기본합의서와 비핵화 선언을 실행하는 문제에 대해서 다소 유보적인 입장을 가지고 있었다는 것을 의미한다. 비록 기본합의서와 비핵화 선언에 합의했지만, 북한은 남측의 의도에 대해서 강한 의구심을 가지고 있었다. 특히 북한은 7차 회담부터는 고위급 회담을 남한의 국내정치와 대외관계의 변화를 본격적으로 요구하는 창

---

33 도널드 그레그, "노태우 정부의 북방외교: 해빙의 시대 여는 초석," 『월간중앙』(2009년 1월), p. 315; 정문헌, "1990년대 남북관계의 부침과 한반도 평화정착: 남북기본합의서의 재조명," 『남북기본합의서 비준동의 정책자료집』(2005), pp. 9~11.

구로 이용하는 모습을 보이게 된다.

　기본합의서와 비핵화 선언에 남북한 합의가 성사될 수 있었던 이유
는 남북한이 상대방의 체제를 인정하고 체제를 보장했기 때문이다. 그
렇지만 합의를 이행하는 문제에서 남북한은 서로 합의했던 이유가 매우
다른 것이었음을 확인하게 된다. 그리고 합의 이행 문제에 대한 논의 과
정에서 남북한 간의 '상호불신'은 더욱 증폭된다. 북측은 합의 이행 과
정에서 다시 한 번 남한이 북측을 변화시키지 않으려 한다는 점을 확인
하려 했다. 그것은 한미합동군사훈련의 중지와 남한의 창구단일화 원
칙 및 국가보안법 폐지를 주장하는 형태로 나타나게 된다. 그러나 남한
의 정치권력의 입장에서 이러한 요구는 권력의 정당성을 위협하는 것으
로 인식될 수 있는 사항들이었다. 즉, 북한은 합의 이행에 관한 논의를
통해 남측의 정당성 문제를 공략함으로써 자기 체제의 정당성을 그리고
나아가 체제경쟁에서 자기 체제의 우월성을 대내외적으로 과시하고자
했다.

2. 남측의 인식 변화

남한은 '남북고위급당국자회담'을 제안하던 시기에 이미 남북관계를 주
도할 수 있다는 강한 자신감을 가지고 있었다. 강한 자신감은 노태우 정
부의 북방정책(Nordpolitik)을 통해서 대외적으로 표출되기 시작한다.
북방정책이란 "중국, 소련, 동구제국과 기타 공산국가 및 북한을 대상으
로 하는 외교정책과 외교를 의미하는 것으로서, 중국과 소련과의 관계
개선을 도모함으로써 한반도의 평화와 안정을 유지하고, 공산국가의 경
제협력을 통한 경제이익의 증진과 남북한 교류 협력관계의 발전 추구,
그리고 궁극적으로는 공산국가와의 외교정상화와 남북한 통일의 실현을

위한 정책과 이러한 정책 실현을 위한 방법"이다.[35] 북방정책의 1단계는
여건조성 단계로 동구(東歐)권, 소련, 중국과의 수교까지이다. 2단계는
남북한 통일로서 '남북한 기본합의서'가 그것을 위한 성과였다. 3단계는
생활문화권을 북방으로 확대시키는 것이다.[36]

남한이 이전과 달리 적극적으로 사회주의 국가들과의 관계 개선을
추진할 수 있었던 이유는 역시 국제정세의 변화 덕택이다. 북방정책은
미소 몰타회담에서 냉전종식 선언과 이후 각급 무기감축협정, 패전국인
동독의 처리, 독일통일, 패전의 와중에 있다고 판단한 북한에 대한 처리
문제 등이 주요 관심사였던 시기에 입안되었다. 또한 소련과 중국은 이
시기 남한과의 관계 개선을 통해서 경제적 도움을 받으면서 동시에 한반
도에 정치적 영향력을 확대하고자 했다.[36] 물론 이러한 변화가 가능할 수
있었던 가장 중요한 배경은 남한이 경제성장을 지속하면서 국제적 위상
이 재고되었기 때문이다. 그리고 이를 바탕으로 구사회주의권에서 영향
력을 확대하고 한반도 문제를 남한이 주도적으로 해결하려는 의지를 표
명하였다.[37] '남북고위급회담'은 이러한 의지가 구체적으로 실현된 것이
라 할 수 있다.

---

34   김달중, "북방정책의 개념, 목표 및 배경," 『국제정치논총』, 제29집 2호 (1989), p. 43.
35   "노태우 육성 회고록(1) – 북방정책의 철학(4)" 〈https://www.chogabje.com/board/
     view.aspC_IDX=10259&C_CC=AK〉.
36   전재성, "노태우 행정부의 북방정책 결정요인과 변화과정 분석," 『국제문제연구』, 제24권
     1호, pp. 266~267; 김연철, "노태우 정부의 북방정책과 남북기본합의서," 『역사비평』, 97
     호, pp. 89~92.
37   김연철, "노태우 정부의 북방정책과 남북기본합의서," 『역사비평』, 97호, p. 93.

(1) 협상의 난맥상: 남한의 체제 우월성 과시

제1차 남북고위급회담의 기조연설에서 남한측은 '남북관계 개선을 위한 기본합의'를 제안했다. 남측 제안의 가장 핵심적인 내용은 '상대방의 체제에 대한 인정', '교류와 협력의 실현', '평화체제로의 전환'이었다. 남한은 우선적으로 교류와 협력의 확대를 통한 남북관계 개선을 강조했다. 남한이 북측의 주장과 달리 다각적인 교류와 협력을 확대할 것을 제안할 수 있었던 것은 체제경쟁에서 유리한 상황을 점하고 있다는 점을 반증하고 있는 것이다. 이 시기 남북한의 경제적 격차가 크게 벌어지기 시작하였다.[38] 이는 회담 진행 과정에서 남한측의 여유 있는 태도를 통해서 쉽게 확인된다. 2차 회담에서 남측은 북측이 1차 회담에서 제기했던 3개 원칙을 수용하여 새로운 안을 제시하게 된다. 여기에서 남북한이 상호 실체를 인정하고 북한이 '대남혁명노선'을 포기해야 한다고 역설한다. 이는 북측의 '두 개의 조선'을 받아들일 수 없다는 주장과 남한 시민사회 세력 가운데 일부 통일운동에 대한 북측의 지원을 강력하게 반대하고 있는 것이다. 남한은 괄목할 만한 경제성장과 올림픽 등을 통한 국제적 위상 제고, 그리고 국제정세의 변화 가운데에서도 여전히 북한의 대남전술에 대해서 강한 의심과 적대감을 안고 있었다. 이는 남한이 비록 북방외교를 추진할 정도의 여력을 갖추었지만, 남북한 협상과정은 '체제경쟁의 장'이라는 점을 말해 준다.

남측은 3차 고위급 회담에서 북측의 '불가침선언' 주장을 수용하기 위해서라도 남측의 '기본합의서'가 채택될 필요성이 있음을 역설한다.[39]

---

38 김갑식, "남북기본합의서에 대한 북한의 입장," 『통일정책연구』, 제20권 1호 (2011), pp. 64~66.
39 『남북대화』, 제52호, pp. 17~18.

특히 남측은 기본합의서에 북측의 요구가 충분히 수용되어 있다는 점을 강조한다. 이는 협상에서 북측이 잘못되었다는 부정적인 방식으로 자기 주장의 타당성을 주장하기보다는 남측의 포용력을 보여 줌으로써 타당성을 확인하는 방식을 택하고 있다는 점을 보여 준다. 남한은 남북고위급회담이 남한이 북한을 배려함으로써 이 회담을 이끌어 가고 있다는 인상을 줌으로써 정당성을 대내외적으로 과시하였다. 물론 이는 말 그대로 '보여 주기' 위한 것이었다. 남한 정책결정자들의 실제 생각은 남북대화가 지연되고 협상이 타결되지 못하는 이유가 북한이 대화에 적극적으로 임하지 않기 때문이라고 생각했다.[40] 사실 북측 역시 자신들이 남측과 협상을 지속하려 한다는 의지를 보여 주었지만, 북측의 태도는 남한의 그 것과는 다른 것이었다. 북측이 협상과정에서 입장과 태도를 중심으로 하는 것이었다면, 남한은 남한의 협상 태도와 북한에게 제시한 일련의 정책들이 정당하다는 점을 대내외적으로 보여 줌으로써 궁극적으로 남한 체제의 우월성을 분명히 하고자 했다.

(2) 협상의 타결: 권력정치와 힘의 우위

4차 회담에서 남한은 북측의 우려를 불식시키고자 했다. 무엇보다 먼저 남한이 비밀리에 핵무기를 개발하려 하고 있다는 북측의 우려에 대해서 반박하였다. 반대로 남측은 북한에 핵무기 개발 중단과 모든 핵물질 시설에 대한 국제기구의 사찰을 촉구했다.[41] 또한 남한은 북측에 남한이 흡

---

40 노태우 정부 시기 『남북대화』 44~57호를 참조할 것. 그리고 노태우 정부 시기 이후에도 한국정부는 남북대화가 지연 혹은 결렬 되는 일에 대한 책임을 북측에 전가하는 모습을 보인다.

41 "4차 고위급회담 우리측 기조연설문." 『남북대화』, 제53호, p. 28.

수통일의 의사를 가지고 있지 않다는 점을 분명히 밝혔다.[42] 그리고 남한의 '한민족 공동체 통일방안'의 타당성을 강조하였다. 물론 북한은 우려불식을 위한 남측의 이러한 발언을 그대로 받아들이지 않았다. 하지만 이러한 양보 끝에 남북한은 4차 회담에서 '남북 사이의 화해와 불가침 및 교류·협력에 관한 합의서'라는 명칭으로 단일문건을 채택할 것에 합의했다. 그리고 5차 회담에서 기본합의서에 합의하고 '한반도 비핵화에 관한 선언'에 가서명하였다. '극적 타결'이었다. 첫째 날 양측의 기조연설문을 보면, 여전히 남북한은 서로의 태도 변화를 요구하고 있었다. 그런데 남북한이 극적 합의에 성공할 수 있었던 원인은 무엇인가? 당시 남측 대표단은 5차 회담에서 협상이 타결될 수 있었던 원인을 김일성의 지시에 따른 북측의 태도 변화 때문으로 판단한다.[43] 정원식 국무총리는 북한이 기본합의서에 동의했던 이유를 4가지로 판단했다.[44] 첫째, 북측이 개방이 불가피하다는 점을 인식하였다. 둘째, 경제개발을 위한 자금으로 일본배상금을 이용하려 했기 때문이다. 일본정부는 남북 간의 화해가 전제될 때 일본배상금 지불이 가능하다고 했다. 셋째, 회담을 통해서 남측의 흡수통일에 대한 의사를 확인하려 했기 때문이다. 넷째, 팀 스피리트 훈련의 문제를 제기하기 위해서였다. 이렇게 남한 정책결정자들이 북한을 철저히 이해관계의 계산에 따라 행동하는 '합리적 행위자'로 판단하고 있다는 점이 매우 흥미롭다.

당시 남북고위급회담을 실제로 지휘했던 김종휘 수석은 노태우 대통령이 우월의식과 상호주의 원칙에 입각해서 논의를 진행했다고 증언

---

42 위의 책, p. 29.
43 임동원, 『피스메이커』 (서울: 중앙북스, 2008), pp. 224~225. 이는 정원식 국무총리 역시 마찬가지였다.
44 정원식 국무총리의 견해는 KBS 한국현대사 증언 'TV 자서전'을 참조하였음.

한다. 이러한 증언을 볼 때, 당시 노태우 정부는 체제경쟁에서 이미 승리했다고 판단하고 있었던 것으로 보인다. 단, 일방적인 수혜관계가 아니라 상호주의적 원칙을 강조함으로써 북한의 태도 변화를 요구했던 것으로 판단된다.[46] 노태우 대통령 역시 북한을 대화의 장으로 끌어들일 수 있는 방법은 '힘'이라고 생각했다.[47] 그는 남북한 관계를 권력관계로 인식하였다. 이는 단순히 남북한 간의 경쟁과 주도권 다툼 정도 수준이 아니라 남북한 관계에서 약자는 강자의 의지와 생각대로 움직일 수밖에 없다고 생각하고 있었다는 점을 보여 준다. 또한 남북한 관계에서 대화와 평화적 관계가 유지되는 것은 권력관계에서 '남한'이 우위에 있기 때문이라고 판단한 것이다. 특히 그는 남북고위급회담에서 남북기본합의서라는 성과물을 만들어 낼 수 있는 것은 남한이 주도하는 권력정치의 성과라고 생각했다. 물론 여기에는 선험적 판단이 내재해 있다. 북한은 그 이데올로기적 특성 때문에 결코 대화라는 평화적인 수단을 선호하지 않는다는 것이다. 하지만 북한 역시 권력정치에서 밀리게 되면 힘의 우위에 있는 자의 의지대로 행동할 수밖에 없다고 판단한다.

대통령이 남북관계를 현실주의적 인식을 기초로 일반적 국제관계와 같이 권력정치로 이해하게 된 것은 남한체제에 대한 자신감과 우월의식 때문이다.[47] 이러한 자신감과 우월의식은 한국이 북한과 비교할 때 괄목할 만한 경제성장을 성취했다는 판단에 기인한다. 노태우 정부 시기 남북고위급회담은 서울과 평양을 오가면서 8차례 개최되었다. 그런데 서울과 평양을 방문하는 방식을 놓고 사전접촉에서 상당한 논란이 있었다.

45 신욱희·조동준, "김종휘," 『고위관료들, '북핵위기'를 말하다』 (과천: 국사편찬위원회, 2009), p. 56.
46 노태우, 『노태우 회고록 하권』, (서울: 조선뉴스프레스, 2011), p. 351.
47 위의 책, p. 353, pp. 373~374, p. 354.

하지만 한국정부는 오히려 이것을 계기로 해서 남한의 발전상을 북측에 과시하려 했던 것으로 보인다. 그리고 대통령은 회담 참여자들로부터 북측 대표단이 한국의 발전상을 보고 자신감을 잃고 위축되었다고 보고 받았다. 이러한 보고의 사실 유무에 상관없이, 남한의 정책결정자들이 북한에 대해 경제적 격차로 인해서 상당한 자신감과 우월의식을 가지고 있음을 보여 주는 것이다.

(3) 협상 실행의 난항: 힘에서 정당성 경쟁으로

6차 회담에서는 5차 회담에서 가서명했던 남북기본합의서와 한반도 비핵화 선언을 발효했다. 이 과정에서 북한에 핵사찰을 강력히 요구했다. 이에 북측은 이 문제에 대해서 국제원자력기구(IAEA)와 '자주적'으로 해결할 문제라고 주장했다. 이러한 태도에 대해서 남측은 핵사찰을 받지 않으려는 일종의 '지연술'로 이해한다. 그리고 남한은 북측에게 남북한이 이번 합의를 이행할 것임을 대내외적으로 보여 주어야 한다는 생각을 표명하였다. 그 방법으로는 이산가족 문제부터 해결할 것을 제안했다.[48] 협상의 이행에 관한 난맥상이 발생할 때, 남한은 힘의 우위라는 전략보다는 이산가족 문제를 이용해서 대내외적으로 정당성을 확보하려 하였다. 정당성 경쟁을 통해서 북한측이 협상 이행을 어렵게 하고 있다는 점을 폭로하면서 동시에 남한은 곤란한 상황에서 남북대화를 지속하려 했다는 점을 보여 주기 위한 것이다.

그리고 남측은 팀 스피리트 훈련을 중지한 만큼 북한 역시 핵사찰을 받을 것을 강조했다. 이른바 상호주의 원칙을 강조하고 있는 것이다. 이

---

48   "7차 남북고위급회담 우리측 기조연설문," 『남북대화』, 제55호, p. 8.

처럼 남측이 핵문제에 민감한 것은 비록 남북고위급회담이 남한이 유리한 국면에 시작되었지만 여전히 남북한의 체제경쟁은 끝나지 않았음을 말해 주는 것이다. 북한의 핵개발은 남한에게 가장 주요한 체제위협으로 인식되고 있는 것이다. 8차회담에서 남한은 비핵화공동선언에도 불구하고 북측이 상호사찰의 약속을 이행하고 있지 않고 있음을 따졌다. 북한은 미국이 만들어 낸 '핵소동'에 남한이 부화뇌동하고 있다고 폄훼하였다.

V. 결론을 대신해서: 남북고위급회담의 시사점

분단 60여 년의 시간 동안 남북대화는 순탄하게 진행된 적을 거의 찾아볼 수 없다. 협상이 시작되어 타결되고 그리고 그것이 제대로 이행된 적은 더욱더 찾아보기 힘들다. 사실 그보다 더욱 큰 문제는 남북대화가 자주 단절되었다는 점이다. 협상은 타결되기보다는 결렬되거나 연기되었다. 남북한은 협상결렬의 원인을 상대방에게 전가시켰다. 물론 그런 상대방의 주장에 대해서는 언제나 터무니없는 것이라고 평가절하했다. 이는 지금도 마찬가지이다. 박근혜 정부는 3차 핵실험 이후 긴장이 고조되고 있는 가운데 북한에 직접 대화를 제의했다. 하지만 며칠 뒤 북한의 최고지도자는 대화 제의를 거부하면서, 대화 이전에 남측의 태도 변화가 선행되어야 한다고 주장했다. 남북한의 긴장을 평화적인 방법으로 해결될 수 있는 출발점인 남북대화는 아직 요원하기만 하다.

1990년부터 1992년까지 8차례의 남북고위급회담은 남북한의 정치외교 엘리트들이 직접 만나 남북한의 현안과 미래의 통일에 대해서 서로의 생각과 지식 그리고 그 실천 및 이행 방안을 서로 확인한 최초의 남북대화이다. 8차례의 남북고위급회담 과정 역시 결코 순탄치 않았다. 하지만 남북한 정치지도자들의 적극적인 의지로 '남북 사이의 화해와 불가침 및 교류·협력에 관한 합의서'와 '한반도 비핵화에 관한 공동선언'이라는 성과를 가져올 수 있었다. 물론 이후 이것에 대한 구체적인 실행을 수립하는 과정에서 남북대화는 또다시 단절되었다. 그리고 결국 북한이 1993년 NPT 탈퇴를 선언하면서 남북대화 단절과 한반도 핵위기가 발생하고 말았다.

노태우 정부 시기 남북고위급회담 일지에서 남측이 북측에 가지고 있는 첫 번째 선입견은 북한은 대화에 적극적이지 않다는 생각이다. 이는 상층의 정책결정자 역시 마찬가지였다. 그리고 사실 이러한 생각은 한국사회에 널리 퍼져 있는 생각이기도 하다. 단 대화에 응할 때는 남한이 주도권을 가지고 대화를 적극적으로 이끌어 갈 수 있는 환경과 능력이 될 때 가능한 것으로 판단한다. 또, 설령 북한이 대화에 임한다고 하더라도 현안의 해결보다는 시간지연을 통해서 문제를 호도하거나 불리한 국면전환을 꾀하는 것이 일반적이라고 생각한다. 그리고 남측 대표단은 북측의 시간지연이 궁극적으로 약속을 이행하지 않기 위해서일 것이라고 판단한다.

한국의 당시 주요 정책결정자들은 남북고위급회담이 남북기본합의서와 비핵화 공동선언이라는 성과를 가져올 수 있었던 것은 남한의 힘이 우위에 있었기 때문이라고 생각하였다. 여기서 북한은 국제정세의 변화, 남한의 힘(군사, 경제적 능력), 북한 스스로의 역량을 계산할 수 있는 '합리적 행위자'로 묘사된다. 따라서 대화의 성과였던 합의서와 선언이 제대로 이행되지 못한 것 역시 남한의 역량이 미약해지는 문제, 대표적으로 노태우 대통령의 권력누수 때문이라고 생각하였다. 남북한 대화는 체제경쟁과 권력정치가 실현되는 장으로 이해되고 있는 것이다.

하지만 남북고위급회담이 진행되는 과정에서 남한의 정책결정자들

은 북측 대표단에 대해 정서적인 동질성 혹은 연민과 동정을 보이게 된
다. 북한이라는 국가에 대해서는 철저히 국제정치학의 현실주의적 접근
에 기초해서 이해하는 반면 북한을 대표하는 사람들에 대해서는 개인적
이고 감정적으로 접근하는 모습도 찾아볼 수 있었다. 남북한 관계에서
체제경쟁이 치열하게 진행되는 과정에서, 남북한 사람들의 이와 같은 정
서적인 반응은 향후 평화적인 통일을 준비하는 데에 있어서 남북대화가
얼마나 중요한지를 보여 주는 것이라고 할 수 있다. 남북관계의 진전에
대한 판단은 단지 이성적인 사고에서만 출발하는 것보다 정서적인 부분
을 포함할 수밖에 없기 때문이다.

한반도의 긴장국면이 3차 핵실험 이후 전환될 기미를 보이지 않고
있다. 그렇지만 명확한 사실은 남북한 긴장을 평화적인 방식으로 해소하
기 위해서는 '대화' 밖에는 해답이 없다는 점이다. 다행히 박근혜 대통령
은 며칠 전 남북대화를 제안했다. 이에 북한은 공식적으로 거부의사를
밝혔지만, 대신 여운을 남겼다. 물론 긴장국면에서 남북한의 만남이 곧
문제 해결을 의미하지는 않는다. 그 만남은 오히려 본격적인 대립과 갈
등을 낳을 수도 있다. 하지만 이 글에서 다루고 있는 노태우 정부 시기뿐
만 아니라 역사적으로 남북대화는 긴장국면에서 더욱 더 절실히 필요했
다. 그리고 남북한 대화는 극적인 타결의 실마리를 제공했다. 그래서 답
은 하나이다. 지금 우리는 만나야 한다.

제5장

독일 '내적 통합'이 남북한 '마음의 통합'에 주는 교훈[1]

윤철기(서울교육대학교)

I. 문제제기

한반도의 분단이 어느덧 70년이 넘었다. 남북한 각각은 자기 체제와 이데올로기의 정당성을 상대방에 대한 비난과 적대성을 통해서 확인하려 했다. 분단 70년의 역사는 한국전쟁 외에도 크고 작은 갈등과 분쟁이 발생하고 말았다. 물론 지난 70년의 역사는 대립적인 특성만을 가지고 있었던 것은 아니다. 한국전쟁 이후 남북한은 대화와 협력을 통해서 문제를 해결하려는 시도를 반복했다. 7.4 남북공동성명, 남북기본합의서, 6.15 선언, 10.4 선언 등은 대화와 협력의 결과물이었다. 그렇지만 남북한의 대화와 협력은 오랫동안 지속되지 못했다. 남북한의 냉전적 대립구

1   이 연구는 본 연구진이 2014년 10월 14~20일 독일의 베를린과 라이프치히 등 구동독지역을 중심으로 동서독 간의 교류와 협력을 경험한 독일인들과 관련 독일 전문가들의 심층면접을 기초로 이루어졌다. 통역은 북한대학원대학교 북한미시연구소의 정시형 조교가 맡아주었다. 이 연구를 위해서 시간과 노력을 아끼지 않았던 정시형 조교에게 감사의 말씀을 전한다.

도는 탈냉전 시대에도 여전히 지속되고 있으며, 분단으로 인해서 남북한
은 서로를 비방하면서 상대방에게 상처를 주고 있다.

　독일통일이 2014년으로 25주년이 되었다. 영국의 역사학자 홉스봄
은 『극단의 시대』에서 20세기의 역사에 가장 혁명적인 사건은 현실 사회
주의 국가의 등장이라고 규정지은 바 있다. 하지만 현실 사회주의는 한
세기를 넘기지 못했다. 베를린 장벽의 붕괴는 한 세기 동안의 역사적 실
험이 끝났음을 알리는 서곡이었다. 동독의 시민사회는 동독 사회주의가
실패했음을 공식화했으며, 곧 이는 독일통일이라는 결과로 나타났다. 그
러나 독일통일의 과정은 결코 순탄치 않았다. 분명 분단은 종식되었기에
동서독 사이에 냉전적 대립관계는 사라지고 평화가 찾아왔다. 그러나 동
서독 시민들 사이의 갈등과 대립은 지속되었다.

　독일통일은 통일이 하나의 사건(event)이 아니라 긴 과정(process)
이라는 점을 다시 한 번 확인시켜 주었다. 동서독의 사회통합은 통일
이후 독일사회의 가장 중요한 이슈였다. 동서독 사람들은 서로를 '베씨
(Wessi)'와 '오씨(Ossi)'로 부르면서 비난했다. 서독 시민들은 자본주의
사회에 적응하지 못하고 있는 동독 사람들의 모습을 보고, "무능력하다"
라고 평가하였다. 반면 동독 시민들의 눈으로 서독 시민들의 모습을 보
면, 서독 시민들은 자본주의 사회에 너무 익숙한 "돈만 아는 사람"으로
비춰졌다. 비록 같은 민족으로 같은 언어를 쓰고 있지만, 동서독 사람들
은 서로를 잘 이해하지 못했다.

　독일통일 이후 동서독 시민들 간의 대립과 갈등은 근본적으로 해결
되지 못했다. 갈등은 해결된 것이 아니라 잠재되어 있다. 독일은 하나의
국가가 되었지만, 사회는 아직 하나가 되지 못했다. 그러나 독일 시민들
은 강제로 하나가 될 생각은 없는 듯하다. 독일은 전체주의를 경험한 사
회이다. 독일사회는 '강제적인 하나'가 가진 위험을 너무나 잘 알고 있

다. 북한대학원대학교 북한미시연구소 사회과학연구지원사업(SSK)팀이 만난 동서독의 시민들과 지식인들은 동서독 시민들 간의 사회통합 문제는 오히려 사회의 문제라는 인식을 가지고 있는 경우가 대부분이었다. 특히 동서독 사람들의 만남과 대화를 강조했다.

이 글은 독일통일 25년이 되는 오늘날 독일의 이른바 '내적 통합(innere Einheit)'의 현주소를 알아보고, 독일 사회통합의 현실이 남북한 사회통합에 주는 시사점을 살펴보고자 한다. 분단 70년의 역사는 결코 남북한 단절의 역사가 아니었다. 남북한 사람들의 만남은 다양한 형태로 지속되었다. 물론 남북한 관계의 변화에 따라 만남의 구체적 양상이 달라진다. 남북한 긴장이 고조되는 시기에는 대립과 갈등이, 화해 국면에는 대화와 협력이 지배적인 상태가 된다는 점을 의미한다. 분단이라는 상황에서 남북한 사람들 간의 만남의 형태에 가장 중요한 특성은 만남이 항상성(consistency)을 가지지 못한다는 점이었다. 제한적인 시간과 공간에서 만남이 이루어졌다. 그런데 1990년대 북한의 경제위기 이후 북한이탈주민이 증가하게 되면서, 만남의 양상과 성격이 달라지기 시작했다. 한국과 해외 공간에서 남북한 사람들의 만남이 항상성을 가지게 되었다. 남북한 사회통합의 문제가 먼 미래의 문제가 아니라 현재성을 가지게 되었다. 현재 남북한 사람들의 만남의 유형을 살펴보고, 독일 사례를 기초로 해서 남북한 사람들의 마음의 통합을 위해서 누가(Who), 어떻게(How) 해야 하는지에 대해서 살펴보고자 한다.

II. 독일 '내적 통합'의 현주소

독일인들은 통일을 어떻게 평가하고 있을까? 통일 이후 15년이 지났을 때

설문을 살펴보면 동독지역에서 통일독일이 이익이 된다는 답변은 18~49
세에서 34%를 차지하고 있는 반면, 손해라고 생각하는 답변이 36%나 되
었다. 50~59세의 경우에는 서독지역이 이익이라는 생각이 40%, 동독지
역이 손실이라는 생각이 42%나 되었다. 이러한 응답은 30대 중반부터 40
대 중반 사이가 통일을 경험한 세대로서, 세금을 부담하는 노동가능 인구
가운데 가장 높은 비율을 차지하고 있기 때문일 수 있다. 60~85세 사이
의 노인들은 이익과 손실 모두 있었다는 답변이 높았다. 이 세대의 답변은
젊은 시절부터 분단을 경험하고 40대 후반 이후 통일을 모두 경험한 세대
라는 점에서 주의 깊게 살펴볼 필요가 있다. 아무튼 이 설문의 답변을 보
면, 세대 간의 차이는 있지만 통일이 독일인들에게 무조건 긍정적으로 이
해되지도 않고, 그렇다고 무조건 부정적으로 이해되고 있지도 않다는 점
을 잘 알 수 있다.

　　독일의 인구사회조사(Allbus)의 1980~2010년 조사에 따르면 독일
인들에게 독일통일 이후 삶에 대해서 물었다. "하나의 국가, 독일에서 매
우 좋은 삶을 살고 있는가?"라는 질문에 대해서 긍정적인 답변(매우 그
렇다와 거의 그렇다)이 동독지역에서는 약 80%를 상회하였다. 반면 그렇

표 1. 독일통일에 대한 평가: "당신은 독일통일 15년을 어떻게 평가하고 있습니까?"의 응답

	18~49세		50~59세		60~85세	
	동독	서독	동독	서독	동독	서독
이익	34%	31%	28%	40%	33%	25%
손해	36%	36%	42%	30%	29%	29%
이익과 손해 모두	26%	25%	28%	14%	32%	41%
잘모르겠다/무응답	5%	9%	2%	16%	5%	5%

출처: SFZ/Leben 2005 survey; Marta Zawilska-Florczuk and Artur Cienchanovicz, "One Country,
Two Societies?: Germany twenty years after reunification," Osrodek sutiow Wschodnich(OSW)
에서 재인용.

지 않다는 답변이 약 20% 정도로 조사되었다.[2] 독일통일 이후 동독인들이 분명 살기 좋아졌다고는 하지만, 여전히 적지 않은 수가 현재의 삶에 만족하고 있지 못한 것으로 드러났다. 통일 이후 사회적 격차에 대해서 수용할 수 있다는 긍정적인 답변이 1994년 이후에는 갑자기 감소한다는 것을 알 수 있다. 그 이전까지 40%를 상회하던 답변이 1998년에는 30% 대로 감소한다. 2010년에도 남성이 30%, 여성이 23% 내외로 역시 낮았다.[3] 이는 통일 이후 사회적 격차에 대해서 독일인의 상당수가 수용하고 있지 못하고 있다는 점을 말해준다.

동서독의 경제적 격차 역시 문제이다. 동독지역의 GDP 성장률은 서독지역과 비교할 때 현저히 낮다(그림 1 참조). 동독지역의 GDP성장률은 통일 직후 급상승했다가 1995년을 기점으로 폴란드와 비교할 때도 낮아지게 된다(그림 2 참조). 자본주의와 통합한 국가보다 체제전환 국가의 성장률이 더 높다는 점은 동서독의 경제통합이 시너지 효과를 발휘했다고 장담하기 힘들다는 점을 말해 준다.

물론 동독지역의 소득은 지속적으로 상승했다. 1991년 1인당 GDP는 같은 기간에 7,300유로에서 2010년 22,384유로로 20년 사이에 3배정도 상승했다. 그렇지만 동독지역 시민들의 소득수준은 여전히 서독지역 시민들의 소득수준과 비교할 때 90~95%에 해당된다. 이러한 소득격차는

2 Allbus(Die allgemeine Bevolkerungsumfrage der Sozialwissenschaften) 홈페이지 상에서 현재 공급되는 설문 내용과 결과는 모두 독일인에 대해서 묻는 설문만이 나와 있다. 한신대 민주정책사회연구원의 황규성 박사가 인용하고 있는 통계는 동독지역과 서독지역이 분리된 통계로 현재 홈페이지에서 공급되지 않는다. 따라서 이 글은 황규성 논문에서 인용된 것을 재인용할 수밖에 없었다. 황규성, "통일독일 불평등과 사회국가의 정당성," 『독일연구』, 제25호 (2013), p. 76.

3 Allbus(Die allgemeine Bevolkerungsumfrage der Sozialwissenschaften), Supplement zur Fragebogendokumentation ALLBUS-Kumulation 1980-2010, Studien-Nr. 4574. pp. 148~149.

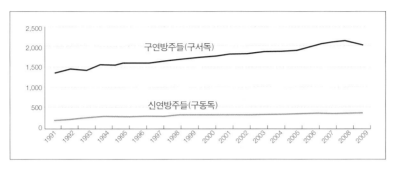

그림 1. 동서독의 GDP(10억 유로)

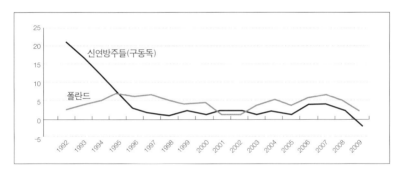

그림 2. 동독과 폴란드의 GDP 성장률(단위:%)

출처: Marta Zawilska-Florczuk and Artur Cienchanovicz, "One Country, Two Societies?: Germany twenty years after reunification," Osrodek sutiow Wschodnich(OSW).

통일 직후와 비교할 때 그 간극이 좁혀진 것은 분명하다. 하지만 문제는 구동독 시민들이 체감하는 불평등이 결코 줄어들지 않았다는 점이다.

통일 이후 동독지역은 '탈산업화'를 경험하게 된다(Priewe and Hickel, 1994). 구동독지역의 산업시설은 통일 이후 경쟁력을 가지기 힘들었다. 서독지역의 공장 및 기업들과 비교할 때 생산성이 낮았기 때문이다. 효율성(efficiency)보다는 효과성(effectiveness)을 강조하게 되면서, 현실 사회주의식 투자는 설비와 노동에 대한 과잉투자를 초래한다. 이러한 기업들은 통일 이후 자본주의적 시장경제에는 어울리지 않는 기

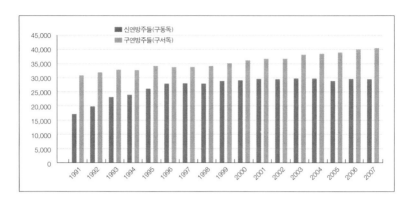

그림 3. 평균 연간 가계소득(단위: 유로)

출처: Marta Zawilska-Florczuk and Artur Cienchanovicz, "One Country, Two Societies?: Germany twenty years after reunification," Osrodek sutiow Wschodnich(OSW).

업들이었다. 생산 효율성은 서독지역과 비교하기 어려울 정도로 현저히 낮았다(그림 4 참조). 그 결과 동독지역의 탈산업화로 인해 동독지역 주민들이 일자리를 찾아 서독지역으로 이동하게 되고, 일자리 부족으로 인한 실업률 증가를 초래하게 된다.

특히 동독지역에서 실업문제는 중요한 사회적 문제로 대두된다. 그 결과 동서독 주민들 간의 사회경제적 격차는 좀처럼 좁혀지지 않는다. 동독지역의 실업률은 1991년 이후 2011년까지 10% 이하로 떨어진 적이 없다. 실업으로 인한 소득 불평등은 동독 주민들에 대한 상실감으로 이어질 수밖에 없다. 현실 사회주의가 공식적으로 실업이 존재하지 않는 사회였기에, 동독 주민들의 상대적 박탈감은 더욱 클 수밖에 없다.

그래서 독일사회는 통일 이후 줄곧 '내적 통합'의 문제를 제기하였다. 내적 통합은 주관적 인식과 삶의 기준에 대한 주관적 해석의 문제이다. 두 개의 상이한 체제가 하나로 합쳐지면서 경제조건, 직업선택, 교육

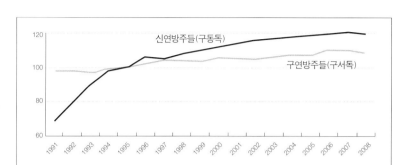

그림 4. 동서독 지역에서 생산 효율성의 변화 추이(단위:%)

출처: Marta Zawilska-Florczuk and Artur Cienchanovicz, "One Country, Two Societies?: Germany twenty years after reunification," Osrodek sutiow Wschodnich(OSW).

체계와 기회 등과 같은 수많은 객관적 특성은 동등해지지만, 가족, 공동체, 지역 내부의 자원(지위, 소득 등)에 대해 접근하는 문제에 있어서 실질적인 차이가 존재할 수 있다. 하지만 객관적 삶의 조건에서 차이는 내적 통합을 설명하는 특징으로 충분하지 않다. 내적인 통일은 공동체에 대한 유대감을 포함하여 인식과 가치관이 주관적인 기대와 관련되거나 주관적인 비교기준에 관련된 것이다. 내적 통합의 특징은 동서독 사람들의 서로에 대한 인식이다. 상위 체계의 정비, 집단적 규칙과 행위규범의 수용, 정서적인 공동체 귀속감을 통해서 의미를 부여하는 일들을 포함한다. 즉 내적 통합은 (1) 경제사회적 조건과 같은 객관적인 상황, (2) 삶의 만족도, 가치관은 물론 동서독 사람들의 닮은 점과 같은 주관적 특성, (3) 서로에 대한 인식과 의미 부여, 동서독 사람들의 상호작용, (4) 국가와 같은 공통적인 체제에서의 존재, 그리고 무엇보다 광범위한 사회체계의 시민으로서 공통적인 목적, 가치, 규범의 존재 등이다(Trommsdorf und Kornadt 2001: 367-368).

독일은 통일 이후 25년이라는 시간이 지났지만 동서독 시민들 사이의 '내적 통합'은 미결 과제로 남아 있다. 내적 통합은 여전히 해결하기 어려운 난제이다.[4] 사실 마음은 쉽게 변화하지 않는다. 따라서 사회경제적 상황이 좋아졌다고 하더라도, 마음의 통합은 어려운 문제일 수밖에 없다. 동서독 사람들은 이데올로기와 생산양식의 차이로 인해서 삶의 양식이 달랐다. 이로 인해 가치와 사고방식만이 아니라 정서적 측면에서도 다른 점을 보이게 되었다. 서독 사람들이 '개인', '합리성', '능력'을 강조하는 반면, 동독 사람들은 '집단성'과 '공동체의식'을 강조한다.

통일 이후 동독 사람들은 삶의 양식이 근본적으로 달라졌고, 적응해야 했다. 물론 이는 강요된 것이 아니라 상당 부분 동독 시민들이 선택한 결과이다. 라이프치히의 현대사 포럼(zeitgeschichte Forum) 소장인 에커트(Eckert) 교수는 본 연구진과의 인터뷰에서 독일통일을 '평화 혁명(die friedliche Revolution)'으로 불러달라고 말했다. 독일통일은 서독 시민들이 아니라 동독 시민들의 노력의 결과라는 주장이다. 에커트 교수의 주장처럼 통일이 동독 시민들이 선택한 결과라고 할 수 있는 측면이 적지 않다. 동독 시민사회의 체제저항이 곧 독일통일의 시발점이라는 점은 부인할 수 없는 사실이기 때문이다. 그렇지만 동독 시민들이 통일 이후 근본적으로 삶의 양식이 변화되었고, 그로 인해서 큰 어려움을 겪게 된다는 점을 부인하기 어렵다. 오히려 에커트 교수의 설명처럼 동독 시민들이 자신들의 선택으로 통일이 성취됐다고 생각한다면, 아마도 후회와 상실감은 더욱 클 것이다.

서독 사람들은 동독 시민들에게 많은 것을 제공한 것으로 이해한다.

---

4   북한대학원대학교 북한미시연구소 한국사회연구지원사업(SSK) 연구팀은 마음을 가치, 정서, 사고방식으로 정의하고, 마음의 통합을 사회통합의 궁극적인 형태로 이해한다. 이에 대한 자세한 내용은 다음 논문을 참조할 것. 윤철기·양문수, "북한연구의 미시적 접근과 남북 접촉지대 연구: 마음체계 통합 연구를 위한 시론," 『현대북한연구』, 제16권 2호 (2013), pp. 251~280.

분명 동독 시민들은 통일 이전까지 스스로 삶의 문제를 스스로 결정한 적이 없다. 감시와 처벌이 일상화되어 있었다. 통일은 동독 시민들에게 스스로의 삶을 스스로 결정할 수 있는 기회를 제공했다. 그러나 동독 시민들은 통일 이후 분명히 '잃은 것'이 있다고 생각한다. 특히 동독에서의 삶의 방식이 총체적으로 부정당했다고 생각한다. 동독 주민들은 여전히 동독에서 삶의 양식 가운데 지켜져야 하는 것들이 있다고 생각한다. 동독지역이 문화나 예술 분야에서 우월성을 가지고 있다는 생각이다. 교육에서도 수학과 물리학 등 기초과학에서 동독지역이 우수했다는 점을 간과해서는 안 된다는 것이다.

통일 이후 독일사회는 동독 사람들에게 변화할 것을 요구했다. 그렇지만 동독 사람들의 입장에서는 동독에서의 삶이 총체적으로 부정당하는 것을 이해할 수 없었다. 그 결과 오히려 동독에서의 삶을 그리워하는 현상이 발생하고 말았다. 물론 이는 앞서 언급한 바와 같이 동서독 간의 사회경제적 격차가 좀처럼 좁혀지지 않았기 때문에 더욱 그러했다. 동독 사람들에게 있어서 통일을 찬성하고 정당화할 수 있는 이유가 많지 않게 되어 버린 것이다. 이른바 동독 시민들 사이에 향수병, 즉 '오스탈기 (Ostalgie)'가 나타나게 된 것이다. 물론 이는 동독 시민들 전체의 현상은 아니다. 반대편에는 통일 이후 동독 사람들 가운데 상당수는 새로운 삶의 방식에 잘 적응해 살아가고 있다는 주장 역시 존재한다.[5] 동독출신의 90%는 다시 과거 체제로 돌아가서 살수는 없다고 생각하고 있다.[6] 하지만 '내적 통합'에 대한 논의는 단지 경제적 영역에서만이 아니라 광범

---

5   현대사 포럼의 에커트 교수는 오스탈기(Ostalgie) 현상에 대해서 동의하지 않았다. 그것은 동독출신 가운데 통일 이후 자신의 욕망을 충족시키지 못한 사람들에게서 나타나는 것일 뿐이라고 주장했다. 반면 슈타지 박물관 힐머 관장은 동독출신들의 상실감을 강조했다.

6   악셀 슈미트 괴델리츠, "독일 통일 후 내적 통합: 성과, 도전, 그리고 전망," FES Information Series (2012-4).

위한 공론장에서 논의되었다. 동독인들의 동독에 대한 향수는 비단 언론 의 수사적 표현에 지나지 않다고 폄하하기 어려운 측면이 있다. 동독에 대한 향수를 그린 영화, "굿바이 레닌(Good-Bye Lenin)"은 2천3백만이 란 관객을 영화관으로 이끌었다.[7] 독일의 연구들은 동독에 대한 노스텔 지어(DDR-Nostalgie)는 "과거의 독일에 대한 동독 사람들의 긍정적인 오리엔테이션"으로 규정했다.[8] 이러한 현상은 이후 동독의 생산물, 표어, 기호, 심볼, 동독의 일상문화에 대한 부활과 인기를 통칭하는 개념인 오 스탈기 현상으로 발전했다.[9] 현재 독일에서 오스탈기 현상은 엄연히 실 재한다.

동독출신의 지식인 가운데 한 명인 스테판 볼레(Stefan Wolle) 박사 는 동독에서의 삶이 총체적으로 부정당하는 것을 막고 동독에서의 일상 생활을 기억하기 위해서 베를린 시내에 동독 박물관을 열었다. 특히 볼 레 박사는 통일 이후 서독의 젊은이들에게 "동독의 역사가 오늘에도 영 향을 미치고 있다는 점을 말해 주고 싶다"라고 말한다. 사실 서독인들 가 운데 상당수는 통일 이후에도 동독지역을 방문하지 않았다고 한다. 반면 동독인들의 대부분은 서독지역을 방문하였다고 한다. 동독인들은 이를 서독인들이 자신들에 대해서 무관심하다고 생각하는 것으로 받아들이고 있다. 서독인들이 통일이 되었음에도 불구하고, 동독 사람들을 이해하려 는 노력을 하고 있지 않다는 것이다. 실제로 서독인들 가운데 상당수는 통일 이후에도 거주나 여행을 목적으로 동독지역을 방문한 경험이 동독 인들과 비교할 때 현저히 낮게 나타나고 있다고 한다.

7   Katja Neller, "(DDR-)Nostalogie, Ostalgie und Ostidentitat," *DDR-Nostalogie* (Wi-eswaden: VS Verlag fur Sozialwissenschaften, 2006), p. 39.

8   ibid., p. 43.

9   ibid., p. 49.

베를린 자유대학교 한국학과의 브로클로스(Holmer Blochlos) 교수 역시 마음의 통합은 여전히 독일통일 이후 해결해야 할 과제라고 주장했다. 그는 동독출신으로 평양에 유학한 경험이 있는 학자였다. 그는 통일 이후 동독사회에서 이야기되거나 지켜지던 모든 가치가 부정당했고, 동독인들이 그로 인해서 상처를 받게 되었다고 주장했다. 동독의 체제와 사람은 분리해서 수용되어야 한다는 주장이다. 체제가 잘못되었다고 해서 그곳에 살던 사람들이 믿던 가치를 모두 부정해서는 안 된다는 생각이다. 분명 논리적으로 체제와 사람을 분리하는 것은 가능할지 모른다. 하지만 현실에서 체제와 사람을 분리하는 것은 어려운 일이다. 서독 시민들 역시 동독의 체제와 사람들을 분리해서 사고하고 행동으로 옮기지는 못하고 있는 것이다.

반면에 서독지역 시민들은 통일비용에 대한 부담을 하고 있다는 점에 대해서 큰 불만을 가지고 있었다. 독일통일은 서독의 복지와 재정 제도를 동독에 이식하는 과정이기도 했다. 이 과정에서 서독 시민들은 동독 시민들을 위한 복지비용을 자신들이 부담하게 되었다는 점에 대해서 불만을 가지게 되었다. 1991년 7월부터 납부하게 된 '연대세(Solidaritätszuschlag)'에 대해서 서독 시민들은 상대적으로 더 많은 거부반응을 보이게 된다.[10] 연대세 외에도 독일은 통일과정에서 재정지출을 증가시키지 않을 수 없었다. 동독지역의 인프라스트럭쳐를 구축하는 과정에서도 재정지출을 하지 않을 수 없었기 때문이다.

서독출신 독일인들은 동독지역에 무관심한 편이다. 통일 이후 분명 그 이전보다 동서독 사람들의 교류가 활발하게 증가했다. 하지만 동서독 사람들이 언제나 만나서 교류하고 협력하는 것은 아니다. 특히 서독 사

---

10   Olaf Schulemann, "Der umstrittene Solidaritatszuschlag: Mythen und Fakten," Karl-Brauer-Institue (2010).

람들은 동독과 통일하지 않았어도 서독은 "이미 잘살고 있었다"라는 생각을 가지고 있다. 이러한 생각은 동독지역과 동독인들에 대한 무관심으로 이어지고 있다. 서독출신 독일인 가운데 동독지역을 한 번도 가 보지 않은 시민들이 여전히 많다고 한다. 독일 「빌트(Bild-Zeitung)」지의 조사에 따르면 독일통일 20년이 지났지만 서독인의 21%가 한 번도 동독 땅에 발을 들인 적이 없다고 했다. 또한 단지 67%의 서독인만이 동독출신과 결혼을 상상할 수 있다고 했다. 반면 동독인들은 단지 9%만이 서독을 가보지 않았다고 응답했다. 또 동독인 78%는 서독인을 결혼상대자로 선택할 수 있다고도 답했다.[11,12]

독일인들의 74%가 동서독 사람들 사이에는 '정신적 차이(Mentalitäts-Unterschiede)'가 있다고 생각하고 있다.[13] 동서독 주민들이 구체적으로 차이를 느끼는 부분은 그림 5에서 볼 수 있듯이 매우 다양하다. 정신(mentality), 사고와 인식 방식, 말하는 방식, 전통과 관습, 삶의 우선순위, 책임감을 수용하는 준비성, 낙관주의, 전문성, 이웃에 대한 태도, 양육 방식, 일에 대한 이니셔티브, 위험에 대한 준비성, 드레싱의 방

---

11 "Nach 22 Jahren Deutsche Einheit: Jeder funfte Westdeutsche war noch nie im Osten," 「Online Focus」; 〈http://www.focus.de/politik/deutschland/nach-22-jahren-deutsche-einheit-jeder-fuenfte-westdeutsche-war-noch-nie-im-osten_aid_830662.html〉.

12 사실 동독출신 역시 서독인들과의 관계를 어디까지 발전시켜 나갈 것인가에 대해서 긍정적인 답변을 하는 것은 아니다. 본 연구진이 만난 동독출신 호프만 교수 부부는 자신의 딸을 이야기하면서, 서독 출신 남자와는 결혼하지 않겠다고 말한다고 했다. 그리고 이것이 비단 자신의 딸만의 생각은 아니라고 주장했다. 동서독 주민들이 서로를 이해하게 되었다고 해도, 가족의 일원으로 상대방을 받아들일 수 있는가 하는 문제는 또 다른 문제라는 점을 말해 주는 것이다.

13 "Nach 22 Jahren Deutsche Einheit: Jeder funfte Westdeutsche war noch nie im Osten," 「Online Focus」; 〈http://www.focus.de/politik/deutschland/nach-22-jahren-deutsche-einheit-jeder-fuenfte-westdeutsche-war-noch-nie-im-osten_aid_830662.html〉.

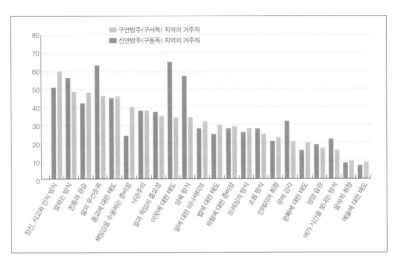

그림 5. "동서독의 거주자들의 정확히 무엇이 다른가?"에 대한 질문에 대한 답변(단위:%)
출처: Marta Zawilska-Florczuk and Artur Cienchanovicz, "One Country, Two Societies?: Germany twenty years after reunification," Osrodek sutiow Wschodnich(OSW).

식, 쇼핑 방식, 인테리어 취향, 유머 감각, 영양 습관, 여가 시간을 보내는 방식, 음악적 취향, 예술에 대한 태도 등에서 모두 문화에 대한 태도 차이를 보이고 있다. 그림 5의 그래프를 보면, 동독인들은 특히 서독인들과 삶의 우선순위, 이웃에 대한 태도, 양육 방식 등에서 크게 차이를 느끼는 것으로 나타났다. 반면 서독인들은 정신, 사고와 인식 방식, 전통과 관습, 책임감을 수용하는 준비성 등에서 큰 차이를 느끼고 있는 것으로 나타났다. 물론 동서독 사람들이 이러한 차이를 느끼고 있다고 해서 그것이 사회적 갈등의 원인이라고 분석하는 것은 무리이다. 이러한 차이는 동서독 시민들이 서로를 이해할 수 있다면 큰 문제가 되지 않을 수 있다. 하지만 문제는 동서독 사람들의 서로에 대해서 이해하지 않으려 하는 태도에 있다.

그림 6을 보면 동독 사람들은 통일 직후에는 독일인으로서의 정체

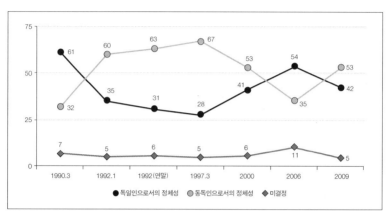

그림 6. 동독인들의 정체성 경향(단위:%)

출처: Thomas Ahbe, "Zur wechselseitigen Konstruktion westdeutscher und ostdeutscher Iden-titägen," Vortrag auf der Tagung: Politische Kultur in Deutschland 20 Jahre nach der Vereinigung.

성을 강하게 체감한다. 아마도 이는 동독인들의 통일에 대한 기대와 희망을 보여주고 있는 것일 것이다. 하지만 시간이 지날수록 동독인으로서의 정체성을 더욱 강하게 느끼게 되는 경향을 가지게 된다. 특히 독일인으로서의 정체성이 상당한 기간 동안 약화되는 모습을 보이게 되는 것이다. 통일 이후 동독인들이 서독인들과 교류가 늘어나면서 오히려 동독인으로서의 정체성을 강하게 느끼게 되었던 것으로 보인다. 서독 사람들과의 차이를 절감했다는 것이다. 그리고 2006년 잠시 역전되었다가, 다시 2009년 이후 독일인으로서의 정체성은 약화된다. 이는 정체성의 변화가 쉽지 않다는 점을 다시 한 번 말해 주는 것이다.

그렇다면 통일 이후 25년이 넘었지만 왜 동서독 사람들은 서로의 차이를 절감하고 있는 것인가에 대한 의문이 제기된다. 분명 독일인들 가운데 상당수가 기민당의 동독 출신 메르켈(Merkel)이 내각의 수반이 되는 것에 대해서 문제를 제기하지 않는다.[15] 그렇지만 동서독 사람들은 지금도 여러 가지 측면에서 차이를 확인하고 있다. 모일레만(Meulemann

1996: 270)은 통일 이후 동서독 사람들 사이에 평등(Gleiheit), 성과
(Leistung), 공동결정(Mitbestimmung), 수용(Akzeptanz)의 다른 이유
를 분석하려 했다. 동서독 사람들은 40년 동안 상이한 사회헌법(Sozial-
verfassung) 하에서 살았고, 상이한 역사를 경험했다. 사회헌법과 역사
를 통한 특성은 통일 이후에도 사라지지 않았다. 새로운 독일에서도 지
속되고 있다. 과거의 서독과 동독의 사회헌법은 그 가치를 담지한 상이
한 구조적 기회를 제공한다.

동서독은 '생활세계(Lebenswelt)'의 영역에도 사람들의 존재양식
과 가치관이 근본적으로 다르다. 구동독에서 일상생활은 분명 소수의 권
력에 의해서 은밀하게 지배되었다(Wolle 2009: 213). 그렇다고 하더라
도 동독 사람들이 모두 그들의 삶을 총체적으로 부정하는 것은 아니다.
그들이 부정하는 것은 구동독의 권력에 의해서 감시와 통제를 받은 것이
지, 그들의 삶 전체가 아니다. 동독 사람들에게도 간직하고 지키고 싶은
과거가 있다. 물론 이는 동독 사람들이 맹목적으로 과거의 동독 시절로
돌아가고 싶어 한다는 식으로 확대하여 해석되어서는 안 된다. 또 과거
의 이데올로기에 대한 향수라는 식의 환원론적 설명도 경계되어야 한다.
통일 이전 누군가에 의해서 생활세계가 은밀하게 지배되었다고 하더라
도 그것은 완벽한 것이 아니었다. 동독사람들이 40년 동안 지켜 온 가치
와 문화들이 있다. 그것을 쉽게 지울 수는 없고, 또 강제로 지우려 해서
도 안 된다. 그래서 여전히 독일통일은 완료형이 아니라 진행형이다. 이
글은 독일에서 내적 통합(innere Einheit)이라 불리는 마음의 통합의 문

14　"Nach 22 Jahren Deutsche Einheit: Jeder funfte Westdeutsche war noch nie im Os-
ten," 「Online Focus」; ⟨http://www.focus.de/politik/deutschland/nach-22-jahren-
deutsche-einheit-jeder-fuenfte-westdeutsche-war-noch-nie-im-osten_aid_830662.
html⟩.

제를 현재 우리의 상황과 비교하여 시사점을 도출하고자 한다.

III. 남북한 사람들의 관계와 상호작용

현재 국내외 '접촉지대(contact zones)'에서 남북한 사람들 관계의 양
상은 매우 다양한 형태로 나타나지만, 그 특성은 남북한의 '분단' 상황
을 반영하게 된다. 분단된 상황에서 남북한 사람들의 접촉은 매우 제한
될 수밖에 없다. 하지만 북한의 1990년대 경제위기 이후 탈북자의 증가
는 한국사회에서 남북한 사람들 간의 접촉면을 증가시켰다. 또한 김대중
정부와 노무현 정부 시기 대북포용정책의 결과, 만남과 교류가 증가하면
서 남북한 사람들 간의 접촉면이 증가하게 된다. 접촉면이 확대되는 가
운데, 남북한 사람들 간에 형성되고 있는 관계와 마음체계의 특성을 요
약정리하면 다음과 같다.

　(1) 남북한 간의 교류와 협력에서 북한체제에서 살아가는 북한 사람
들과 남한 사람들의 관계가 형성되는 경우이다. 이러한 만남에서 남북한
사람들 간의 관계는 고용관계(관리자와 노동자)와 공여자-수혜자 간의
관계이다.
　남북한 간 협력사업으로 인한 고용관계는 대표적으로 '개성공단'에
서 남측의 관리자와 북측의 노동자들 간에 형성되고 있다. 남측 입주기
업 경영자 및 관리자들은 북측 근로자들에게 직접 지시를 하지 못하게
되어 있다(그림 7 참조). 북측 근로자의 대표격인 직장장을 반드시 경유
해야 한다. 주로 개성현지 법인의 대표(법인장)가 북측의 직장장에게 각
종 지시 관련 사항을 전달하면 북측의 직장장이 반장-조장을 거치거나

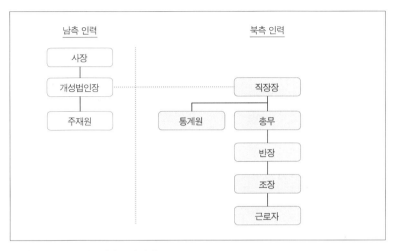

그림 7. 개성공단 입주기업 운영체계
출처: 통일부

직접 근로자에게 지시를 하달하는 구조로 되어 있다.[15] 이때 남북한 사람들 사이에는 인식의 차이가 있다. 남측 기업 사람들은 북측의 직장장이나 총무에 대해 북측 근로자 대표 정도로 생각한다. 즉 남측 기업은 기업 내에서 남과 북은 수평적 관계가 아니라 수직적 관계, 즉 상하관계에 있다고 보고 있다. 반면에 북측 사람들은 스스로를 주인으로 생각한다. 남과 북은 동등한 관계에 있다고 생각한다. 이는 개성공단이 북한지역에 있기 때문일 것이다. 즉, 개성공단의 남북한 사람들 사이의 관계에서 남측 사람들 보다는 북측 사람의 인식이 이른바 '공간효과'에 영향을 많이 받고 있다고 할 수 있다.

개성공단에서 남북한 사람들의 사적인 접촉은 극히 제한된다. 북한 근로자가 남한 관리자와 만날 때, 결코 혼자 만나는 일이 없다. 그리

---

15 양문수·이우영·윤철기, "개성공단 북한 근로자에 대한 남한 주민의 태도에 관한 연구," 『통일문제연구』, 제59호 (2012), pp. 147~148.

고 개인 간의 접촉에서도 당국의 영향력이 매우 크다. 특히 북한의 경우가 그렇다. 뿐만 아니라, 남북한 관계에 영향을 받지 않을 수 없다. 남북한 관계가 경색 국면일 때, 개성공단에서 남북한 사람들의 관계와 남북한 관계가 좋을 때의 관계는 다를 수밖에 없다. 그런데 흥미로운 점은 이렇게 개성공단에서 남북한 사람들의 관계를 통제하거나 영향을 주는 외부적 요인이 강력함에도 불구하고, 남북한 사람들의 태도 변화가 나타나고 있다는 점이다. 특히 북한 사람들의 태도를 변화시키고 있다. 북한 노동자들의 남한 사람들에 대한 적대감이 약화되고 있다(양문수·이우영·윤철기 2013).[16] 즉, 개성공단이란 접촉지대에서 남북한 사람들의 변화는 '외적 강제'가 존재함에도 불구하고 서로에게 영향을 주고 있다는 점에서 더욱 중요한 의미를 가진다.

공여자-수혜자 간의 관계에서 공여자는 대북지원활동의 증가로 인한 남한 정부와 시민단체이고, 수혜자는 북한 주민들이다. 북한 기관(주로 민화협)들은 공여자와 수혜자 간의 직접적인 만남을 제한하고자 차단하는 경우가 많았다.[17] 일반적으로 공여자-수혜자 관계는 권력관계의 특성을 보일 수 있지만, 현재 남북한 간에는 반대로 자칫 권력관계의 모습이 나타날까 최대한 자제하는 모습을 보이고 있다. 남한의 시민단체들은 북한 기관과 주민들에 대해서 '겸손'을 대단히 강조한다. 대북지원단체

16 북한 주민들에 대한 태도 변화는 직접적으로 설문할 수 없다. 남한 관리자들이 인식하는 변화일 수밖에 없다. 양문수·이우영·윤철기, "개성공단의 남북한 접촉이 북한 근로자에 미친 영향에 관한 연구," 『통일연구』, 제17권 2호 (2013).
17 대북지원단체의 활동가들을 인터뷰한 결과 공여자와 수혜자 간의 직접적인 대화와 만남이 대단히 어렵다는 점을 다시 한 번 확인할 수 있었다. 특히 대북지원활동이 본격화되기 이전에 북한 정부가 남한의 시민단체를 정확히 인지하지 못했다고 한다. 북한 정부와 사람들이 국가와 시민사회에 대한 구별이 명확하지 않기 때문이다. 특히 대북지원활동에서 자주 부딪히게 되는 북한 민화협 참사들에게 시민단체가 무엇인지 설명하고 이해시키는 데 오랜 시간이 걸렸다고 한다.

에서 주도적으로 활동하고 있는 시민운동가들의 한결 같은 의견이었다. 그리고 모니터링 등을 이유로 북한 주민들과의 직접 접촉을 확대하려 노력하였다. 대북지원 시민단체들은 시민들의 후원이 중요하다는 점을 북측 관계자들에게 설명하고, 후원을 받기 위해서는 주민들을 직접 만나 지원을 하는 모습을 보여 주어야 한다는 점을 설명하였다.[18] 그러나 이러한 관계의 특성상 남한 사람들은 북한 사람들에 대한 우월감과 동정심을 가지게 되는 경우가 많다. 반면 북한 사람들은 한편으로는 경계심을 늦추지 않고 있으며, 다른 한편으로 고마움을 표시하고 민족의 동질성을 강조한다.

(2) 북한이탈주민들이 한국으로의 입국 이후 남북한 사람들 간의 관계가 자본-임금노동 관계적 특성을 가지게 되는 경우이다. 북한이탈주민은 탈북 이후 한국으로 입국하면서 마르크스가 이야기했던 이른바 '이중의 자유'를 획득한다. 그래서 결국 북한이탈주민들은 생계를 유지하기 위해서 노동력을 판매해야 한다. 그렇지만 북한이탈주민들은 노동력의 판매조차도 어렵다. 한국 노동시장의 진입장벽이 높기 때문이다. 단순히 경험과 지식의 부족으로 인해 한계노동생산성이 낮기 때문이 아니다. 북한이탈주민들이라는 이유로 노동시장에 진입조차 어려운 경우도 있다.[19] 설령 진입한다고 하더라도 한국의 평균임금수준 이하의 '저임금 노동력'이 될 뿐만 아니라 남한 사람들이 꺼리는 이른바 3D 업종이 대부분이다.

북한이탈주민들 가운데 상당수가 한국의 노동시장에 필요한 기술과

---

18 대북지원 시민단체 활동가들은 주민들과의 접촉면을 확대하려 노력했다는 점을 강조한다. 물론 이 과정에서는 북측 민화협 및 당국자들과의 갈등은 일정정도 불가피했으며, 이들을 설득하기 위해서 노력했다고 한다.

19 한국사회에서 북한이탈주민들 가운데 오히려 '조선족'이라고 속이고 취업을 하는 사람들을 어렵지 않게 찾아볼 수 있다. 차라리 자신의 신분을 속이는 것이 덜 차별받는 방법이라는 생각에서이다.

교육수준을 가지고 있지 못하기 때문이다. 게다가 북한에는 경제위기가 오랫동안 지속되면서 잔업, 특근, 야근 같은 것들이 없을 정도로 공장가 동률이 현저히 낮았지만, 한국의 공장들은 그에 비해서 노동시간이 길고 강도도 센 편이다. 북한이탈주민들은 북한과 비교할 때 노동강도는 세고 한국 노동자들과 비교할 때 임금이 낮아 상대적 박탈감을 느끼게 되는 경우가 많다. 이러한 상대적 박탈감을 더 강하게 느끼게 하는 것은 남한 의 사장이나 직장 상사 및 동료들과 교류가 없는 경우에 더욱 심각하게 나타나는 것으로 조사되었다.[20]

(3) 탈북자들은 이주노동자와 같은 다른 사회적 소수자 집단에 대해 서 이중적인 태도를 보이고 있다. 첫 번째는 이주노동자에 대한 연대의 식을 가지게 되는 경우이다. 탈북자들은 한국사회에서 사회적 소수자에 대한 '차별'과 '불평등'을 인식하게 되면서, 다른 사회적 소수자 집단에 대해서 동질감을 느끼게 되는 경우가 있다. 탈북자들은 자신들에 대한 차별과 선입견을 가진 문제를 직접 체감함에 따라 다른 사회적 소수자 집단에 대한 차별이 가진 문제점 역시 심각하게 인식하게 된 것이다. 두 번째는 다른 이주노동자와의 경쟁심을 가지게 되는 경우이다. 이는 같은 민족임에도 불구하고 오히려 다른 국적을 가진 이주노동자들보다 오히 려 더 못한 처우를 받는다고 느낄 때는 남한 사장에 대해서는 서운함을, 다른 노동자들에 대해서는 경쟁심을 느끼는 것으로 나타났다. 같은 민족 이기 때문에 그리고 탈북자는 엄연히 한국인이기 때문에 다른 국적을 가 진 이주노동자보다 못한 처우를 받아서는 안 된다는 생각을 가지고 있는

---

20 인천시 남동구 일대에서 비정규직이나 비공식 분야에서 종사하고 있는 탈북자들 46명과 인터뷰한 결과 회사 내에서 교류가 없는 경우일수록 높은 노동강도와 낮은 임금수준에 대 한 불만도는 더욱 높았다. 상대적으로 회사에 적응을 잘한 경우에도 탈북자들이 승진이나 임금수준 면에서 한국 사람들과 비교할 때 뒤처지게 된다는 점에 대해서는 상실감을 가지 고 있었다.

것이다.

(4) 탈북자들이 고용되는 분야 가운데 많은 비중을 차지하는 것이 서비스 분야이다. 탈북자는 서비스를 제공하는 노동자이며, 남한 사람은 그 서비스를 소비하는 '고객'이다. 북한생활에 익숙한 탈북자에게 남한의 서비스는 잘 이해가 가지 않는다. 탈북자들은 남한의 음식점이나 술집에서의 서비스가 과도하다고 느낄 때가 많다. 서비스 노동 혹은 감정노동에 대해서 탈북자들의 피로도는 남한 사람과 비교할 때 더욱 높다. 그런데 더욱 힘든 점은 남한의 손님들과의 관계에 있다. 남한 사람들은 음식을 주문하거나 다른 서비스를 요구할 때, 용어나 단어가 생소해서 말을 못 알아들으면 곧바로 다른 사람을 부른다. 이렇게 되면 같이 일하는 다른 동료들에게 주문이 몰리게 된다. 결국 "말을 못 알아듣는다"라는 것 때문에 손님은 물론 동료들의 눈치를 보는 일이 생기게 된다. 이 경우 탈북자 가운데는 자신의 말과 말투가 바뀌었으면 좋겠다고 느낄 정도로, 자기정체성을 부정하는 사람들이 생겨나기도 한다. 그리고 '팁'을 주는 문화 역시 낯설다. 고마움을 느낄 때도 있지만 동정을 받는 것 같아 언제나 기분이 좋지는 않다. 이를 통해서 우리는 탈북자들에 대한 사회적 통합이 단순히 '돈'의 문제가 아니라 '마음'의 문제라는 점을 새삼 알 수 있다.

(5) 남북한 대화에서 남한과 북한의 대표자 자격으로 만남이 이루어진다(윤철기·구갑우 2013). 분단 상황에서 남북한 대화에 참여하는 당국자들은 정부 혹은 국가의 대표 자격을 가지고 만남이 이루어지기 때문에 기본적으로 대등한 관계를 형성하게 된다. 하지만 남북대화는 일반적인 외교회담과는 그 성격이 근본적으로 다르다. 이는 유엔 가입 문제를 놓고 남북한 간에 벌어졌던 신경전을 통해서 단적으로 확인할 수 있다. 노태우 정부는 유엔 동시 가입을 추진하지만, 북한은 '조선은 하나다'라는 논리로 남북한 동시 가입을 반대했었다. 국제사회에서 남북한은 모두 주

권을 가진 국가임을 자임하지만, 남북한은 서로의 주권을 인정하지 않았다. 이는 일반적인 국가 간의 회담에서 찾아보기 힘든 일로, 남북한이 분단국가로서의 특징을 가지고 있다는 점을 말해 준다. 즉, 남북회담은 일반적인 국가 간의 회담과 달리 상대방의 주권을 인정하지 않은 채 진행된다. 뿐만 아니라 남북한은 회담 과정에서 서로 자기체제의 '정당성'을 상대방과 국제사회에 보여 주기 위해서 노력한다. 정당성은 남북한이 자기체제의 우월성을 보여 주거나 상대방 체제의 문제점을 통렬하게 지적하는 방식으로 진행된다. 문제점은 크게 세 가지 수준에서 상대방을 자극하는 방식으로 진행된다. 첫 번째는 상대방 체제의 문제점과 이데올로기를 연결시켜 상대방을 비난하는 방식이다. 두 번째는 회담 과정에서 발생하는 일련의 문제들을 상대방의 책임으로 돌리는 경우이다. 마지막은 첫 번째와 두 번째 방식을 혼합한 것이다. 예컨대 회담이 결렬되면 그것은 상대측의 이념과 체제 때문이라고 주장하는 것이다.

외교 회담에서 참여국들의 기본 목적은 '국가이익의 실현'이다. 국가 간에는 외교 협상 과정에서 국익실현을 위해 때로는 경쟁하고 때로는 협력한다. 협력하게 되는 경우에는 큰 문제가 없지만 경쟁하게 될 경우에는 종종 외교적 갈등을 발생시키기도 한다. 경쟁적인 관계에서도 타협점을 찾기도 하지만 때로 결렬되기도 한다. 협상이 결렬될 경우에는 그것이 빌미가 되어 국가 간의 마찰과 갈등으로 이어지기도 한다. 남북대화 역시 경쟁적 관계에 있는 국가 간의 외교 협상과 유사한 특성을 가진다. 남북대화 역시 남북한이 자신의 이해관계를 관철시키기 위해서 각축하는 장이다. 그렇지만 남북한 관계는 '특수한 관계'이다. 남북대화에서 표출되는 양측의 이해관계는 다른 국가들과 분명한 차이를 보인다. 남북한은 상대방의 대화 제안에서부터 의구심을 표명하게 된다. 남북한은 대화의 필요성을 인정하지만, 상대방이 대화를 제안하면 그 진정성을 믿지 못한다. 실제로 남북한은 대화가 진행되는 과정에서 서슴없이 상대방을 비방하고 흑색선전하는 일이 비일비재했다. 남북대화의 의제는 분단체제에서 발생하게 되는 남북한의 긴장 때문에 발생하게 된다. 그러면 대화에서 남북한은 우선 한반도에 긴장을 고조시킨 책임을 상대방에게 전가하기 바쁘다.

　그렇지만 남북대화가 언제나 결렬되는 것은 아니다. 대화 과정에서 양측이 상대방의 주권과 체제를 정당하다고 생각하지 않기에 성과를 가져오기가 쉽지 않은 것은 분명한 사실이다. 하지만 역사적으로 남북대화는 여러 차례의 큰 성과를 거둔 바 있다. 이는 남북한 간에도 '공동의 이익'이 존재한다는 점을 말해 준다. 이는 곧 남북한에게 국가이익이 반드시 상대방의 체제를 부정할 때만 실현되는 것은 아니라는 점을 말해준다. 남북한 대화를 통해서 궁극적으로 성취하고자 하는 목표는 '통일'이다. 하지만 남북대화에서 일차적인 공동의 이익은 '현상유지(status quo)'이다. 남북대화는 통일을 지향하지만, 그보다는 먼저 체제의 유지에 목적이 있다. 실제로 남북대화는 더 이상 남북관계가 악화되지 않고 분단된 현 상황을 유지하기 위해서 개최되는 경우가 많다.

IV. 결론을 대신해서: 독일통일이 남북한 마음의 통합에 주는 교훈

남북한 사회통합의 문제는 먼 미래의 문제가 아니라 오늘 한국사회가 직면한 문제이다. 앞서 살펴본 바와 같이 남북한 사람들은 여러 접촉지대에서 다양한 관계를 형성하고 있다. 그리고 이러한 관계에서 남북한 사람들의 마음이 상호작용하고 있다. 현재 남북한 사람들의 마음의 상호작용은 정확히 어느 방향으로 흘러갈지 모른다. 남북한 사람들의 만남이 서로에 대한 이해의 폭을 넓히는 것은 사실이지만 이해한다고 해서 관계가 좋아지는 것은 아니다. 서로에 대해서 마음이 열리는 것은 아니다. 남북한 사람들이 어울리게 되면서 서로에 대한 불신이 증가하는 경우도 적지 않다. 특히 북한이탈주민들의 '소외감'은 큰 문제이다. 북한이탈주민들은 자신들의 삶과 가치관에 대해서 남한 사람들과 이야기할 수 있는 '공론의 장(Öffentlichkeit)'을 가지고 있지 못하다. 북한이탈주민들 가운데 일부가 웹페이지를 만들어 인터넷에서 북한 사람들의 이야기를 하려고 시도하고 있다. 하지만 그것은 '온라인 북한 소식통'으로 이해되는 경우가 대부분이다. 그리고 결정적으로 대부분의 남한 사람들은 그것에 관심이 없다. 즉 남한 사람들과 소통할 수 있는 공론의 장이 부재하다.

독일사회는 지난 25년 동안 '내적 통합'을 위해서 다양한 노력을 기울이고 있다. 독일사회와 본 연구진이 만난 비판적 지식인들은 내적 통합을 위한 '시민사회의 역할'을 강조한다. 독일사회는 파시즘을 경험한 사회이다. 따라서 국가가 '내적 통합'의 문제에 직접적으로 개입하게 되는 것에 대해서 생래적인 거부반응을 보이고 있다. 대신 시민사회가 주도하여 동서독 사람들의 서로에 대해서 이야기할 수 있는 '공론의 장'이 중요하다고 주장한다. 독일의 경우에는 학교와 교회의 역할이 중요했다. 특히 교회는 구동독 시절부터 '공론의 장' 역할을 톡톡히 해 왔다. 물론 몇 차례의 만남과 대화로 해결되지는 않을 것이다. 지속적인 만남과 대화가 중요하다. 또 서로를 이해하게 된다고 하더라도, 동서독 사람들 간의 관계가 어디까지 발전할 수 있을지는 정확하지 않다. 이러한 독일 시민사회의 노력은 남북한 마음의 통합에도 시사하는 바가 크다.

남북한 사람들의 마음의 통합을 위해서는 '시민사회'의 역할이 중요하다. 한국은 독일과 같은 전체주의를 경험하지는 않았지만, 오랫동안 권위주의를 경험했다. 여전히 권위주의적 잔재들은 사회 곳곳에서 나타나고 있다. 국가가 때때로 사회를 동원하고 감시하는 일이 발생한다. 이러한 사회에서 국가가 마음의 통합 문제에 적극적으로 개입하는 것은 위험한 일일 수 있다. 국가의 역할은 시민사회를 보완하는 수준에서 진행되어야 한다. 우리 역시 독일과 마찬가지로 시민사회가 주도해서 남북한 사람들의 마음의 통합을 위해서 경주(傾注)해야 한다. 특히 이는 결코 통일 이후의 문제가 아니다. 이미 한국사회에서는 2만 6천명이 넘는 북한이탈주민들이 살고 있다. 그런데 이 사람들은 한국 시민들과 비교할 때 수적으로도 열세이다. 또한 그들은 북한사회를 스스로 거부하고 남한으로 온 사람들이기 때문에, 한국생활에 적응해야 한다. 그래서 한국사회는 그들의 이야기를 듣기보다는 한국사회의 생활양식을 배우고 적응할 것을 강조해 왔다. 그러는 사이에 북한이탈주민들은 마음의 상처를 받고 있다. 따라서 시민사회 차원에서도 북한이탈주민들의 트라우마를 치료하고 남북한 사람들의 마음의 통합을 확대하기 위한 '공론의 장'이 하루속히 마련되어야 한다.

다른 한편 남북한의 경제사회적 격차를 줄이려는 노력이 병행되어야 한다. 이를 위해서는 시민사회와 정부의 노력이 모두 중요하다. 남북한은 정치·제도적으로도 통일을 이루지 못했다. 분단 70년의 기간 동안 남북한의 격차는 더욱 커졌다. 분단구조에서 남북한 관계의 특성상 정치적 이슈들은 민감하기 때문에, 정치적 격차는 줄이기 힘들 것이다. 하지만 남북한의 사회경제적 격차부터 줄여나가는 것이 필요하다. 한국은행 통계에 따르면 남북한은 GDP는 약 15배 정도의 차이가 난다. 게다가 북한은 1990년대 심각한 경제난과 식량난으로 인해서 공장과 기업소 가운데 온전히 작동하는 공장들을 찾아보기 힘들 정도이다. 북한경제 전문가들은 북한의 공장가동률을 20~30% 내외로 보지만, 통일이 되어서 가동되는 생산라인 가운데 실제로 경쟁력을 가질 수 있는 생산라인은 극히 예외적인 경우를 제외하고는 찾아보기 힘들 것이다. 자본주의 시장경제였다면 생산효율성이 낮아, 이미 가동이 중단되었을 공장과 설비가 대부분이라고 판단할 수밖에 없을 것이기 때문이다. 비록 북한이 일부 주요 공장에 대한 투자를 지속하고 있다고 하지만, 그 공장들이 실제로 얼마나 가동되고 있는지 의심스럽다. 곧 통일 이후 북한지역의 탈산업화는 동독지역과 비교가 되지 않을 정도로 심각해질 가능성이 높다.

그러므로 무엇보다 통일을 위해서는 북한경제의 회복이 중요하다. 현재 북한경제의 수준으로 통일이 진행될 때, 통일비용은 계산하기조차 힘들 것이다. 한국의 경제력은 그 통일비용을 감당하기 어려울 것이다. 더욱 큰 문제는 한국의 시민사회는 그것을 부담하려 할 것인가 하는 점이다. 따라서 남북한 사회통합을 준비하기 위해서는 북한에 대한 개발지원이 이루어질 필요성이 있다. 물론 5.24 조치가 지속되고 있는 가운데 남한의 대북지원이 차단되어 있는 상황이기에 북한의 개발지원이 언제부터 가능할지는 미지수이다. 그렇지만 분명한 점은 현재 북한의 상황이 유지되는 상태에서 이루어지는 어떠한 통일도 바람직하다고 할 수 없다는 점이다.

남북한 사람들의 마음의 통합 문제는 오늘 한국사회가 해결해야 할 과제이다. 북한이탈주민들이 한국사회에 적응하기 위해서 이루어지는 하나원과 지역 하나센터의 교육만으로는 역부족이다. 그러한 교육으로는 북한이탈주민들이 탈북과 입국 이후 생활에서 남한 사람들과의 만남으로부터 받게 되는 마음의 상처를 치유하기 힘들다. 뿐만 아니라 남북한 사회통합을 위해서는 한국사회의 인식 변화가 동반되어야 한다. 이는 결코 정부가 단독으로 해결할 수 있는 문제가 아니다. 시민사회 내부의 자발적인 노력이 중요하다. 이제 정부의 통일정책과 사회통합 담론에만 의존해서는 곤란하다. 남북한 사람들의 마음의 통합을 위해서 시민사회가 적극적으로 사고하고 행동해서 남북한 사람들이 지속적으로 교류하고 소통할 수 있는 공론의 장을 마련할 수 있도록 노력해야 한다.

제3부   비제도화된 접촉지대

제1장

북한 '핵 담론'의 원형과 마음체계, 1947~1964년

구갑우(북한대학원대학교)

I. 문제 설정

북한은 2005년 2월 10일 외무성 성명을 통해 핵무기 보유를 선언했다. 그리고 2006년 10월, 2009년 5월, 2013년 2월 핵실험을 했다. 북한은 한반도 비핵화가 김일성의 "유훈"이라 말하면서도, 북한식 표현에 따르면 핵무기 보유의 "부득불 장기화"에서 "영구화"의 길을 가고 있다. 2012년 4월 "사회주의헌법의 수정보충"을 통해 전문에 김정일의 업적으로 "핵보유국"을 명문화했다. 2013년 3월 "조선로동당 중앙 위원회"에서 "경제건설과 핵무력 건설을 병진"하는 노선을 선택했고, 4월에는 최고인민회의에서 "자위적 핵보유국의 지위를 더욱 공고히 할 데" 대한 법령을 채택하면서 국내법으로도 핵 보유를 영구화하는 조치를 취했다.

북한은 핵무기를 "어디까지나 자위적핵억제력"이라고 주장한다. 그리고 핵 국가의 핵 위협 때문에 핵무기를 보유했지만, 비핵 국가에 대해서는 핵무기로 위협하지 않으며 핵 확산을 하지 않겠다는 논리를 전개하고 있다. 비핵화의 조건은 세계의 비핵화로 상승된 상태다. 그러나 북한의 핵 억제력은 타자로부터 '인정' 받지 못하고 있다. 북한은 핵실험, 핵 운반체 실험, 핵탄두의 소령화와 경량화와 같은 핵 '능력'의 강화와 핵과 관련하여 단호한 듯한 '결의'를 보여 주는 방식으로 핵 억제력 확보를 위한 인정투쟁을 하고 있다.[1]

북한의 핵무기 담론은 규칙의 측면에서 모순적 요소들의 구성물이다. 비핵화와 핵 보유의 영구화가 충돌하고, 핵 폐기를 위한 핵 보유는 역설이다. 핵 위협에 스스로의 핵 억제력으로 맞서는 것은, 2002년 10월 미국이 고농축우라늄에 의한 북한의 핵 개발 의혹을 제기한 후 제2차 북핵 위기가 시작되고, 2003년 1월 핵확산금지조약(Treaty on the Non-Proliferation of Nuclear Weapons: NPT)을 탈퇴할 때까지,[2] 북한의 공식 담론이 아니었다. NPT 탈퇴를 밝힌 최고 수준의 대외적 입장 표명인 "정부 성명"을 통해 북한은 "핵무기를 만들 의사는 없으며," 자신들의 "핵활동은 오직 전력생산을 비롯한 평화적목적에 국한될것"이라 말한 바 있다.[3] 따라서 북한의 핵 보유는 정세적 대응뿐만 아니라 정책결정자들

---

1 구갑우, "북한의 핵억제담론의 심리학,"『한반도 포커스』, 26호 (2013).
2 북한은 NPT를 "핵무기전파방지조약"으로 번역한다.
3 "조선민주주의인민공화국 정부 성명,"『조선중앙년감 주체93』(평양: 조선 중앙통신사, 2004), pp. 581~582. 인용문에서 볼 수 있듯이, 북한식 띄어쓰기의 독특성이 있다. 불완전명사를 앞 단어에 붙여 쓰고 있다. 북한의 "띄어쓰기"에도 근본적 전환이 있었다. 1954년에 간행된 조선어 철자법(평양: 조선 민주주의 인민 공화국 과학원)에서는 "조선 민주주의 인민 공화국"이라 띄어 쓸 것을 권하고 있다. 그러나 2005년에 출간된『조선문화어건설리론』(평양: 사회과학출판사, 2005)은 "조선민주주의인민공화국"으로 붙여 쓰고 있다. 대중용 띄어쓰기 지침은 북한의 대중잡지인 천리마에 게재된다. 예를 들어,『천리마』, 6~7, 8호 (2000)에 게재된 "새로 규정한 우리 글의 띄어쓰기" 참조. 북한식 띄어쓰기에 대한 간략한 소개로는 구갑우, "정치에 전범을 제시한 어느 출판사의 편집 매뉴얼,"「교수신문」, 2012년 5월 7일. 이 글에서는 북한 문헌의 경우 가능한 한 출간 당시의 띄어쓰기를 사용한다. 따라서 같은 표현이 다른 띄어쓰기를 가질 수 있다. 두 따옴표에 들어 있는 인용문은 대부분 북한의 글들이다. 이 원칙은 국내외 문헌에도 적용된다.

의 '심리적 전환'을 생각하게 한다.

이 글은 핵무기와 핵 억제, 핵 위협과 핵 확산, 핵에너지의 평화적 이용 등으로 구성되어 있는 북한 핵 담론의 '원형'을, 핵무기 금지 담론이 등장하는 1947년부터 1964년 10월 핵 확산을 긍정하는 계기가 되는 중국의 첫 핵실험까지의 기간에서 추출하고자 한다. 이 기간에 북한 핵 담론의 모든 구성요소들이 등장했다. 즉, 이 글은 1947년부터 1964년까지에 형성되는 북한 핵 담론의 모순과 역설 그리고 핵 억제 및 핵 확산을 인정하는 심리적 전환의 계기가 배태되는 과정에 대한 서술이다. 핵 담론의 심리학에 대한 이론과 방법을 토대로, 미국의 핵 독점에서 소련의 핵실험을 거쳐 중국의 핵실험이 이루어지는 단계별로, 북한의 핵 담론을 관찰하고 북한 핵 담론의 '마음체계'를 도출하는 것이 이 글의 목적이다.

II. 핵 담론의 심리학: 이론과 방법

1. 이론

핵무기의 출현이 국제정치에 미친 결과는 체제 전복적이었다.[4] 핵 무기의 파괴력은 핵 국가(nuclear weapon state)가 비핵 국가의 심리와 행동을 통제하는 권력을 가지게 했다. 미국의 핵 독점체제에서 1949년 8월 소련의 핵실험 이후 핵 복점체제(複占體制)로 이행한 후에는,[5] 핵 국가들

---

4   박건영, "핵무기와 국제정치: 역사, 이론, 정책 그리고 미래," 『핵의 국제정치』 (서울: 경남 대학교출판부, 2012), p. 12.

5   미국은 1945년 7월 16일 뉴멕시코 주에서 인류 역사상 첫 번째 핵실험을 했다. 그리고 1945년 8월 6일 '우라늄' 원자폭탄을 일본의 히로시마에 투하했다. 이 원자폭탄의 이름은 '작은 소년(Little Boy)'이었다. 1945년 8월 9일 일본의 나가사키에 투하한 '플루토늄' 원

표 1. 핵무기를 매개로 한 국제관계

정체성 　국제관계	핵 국가들의 관계	핵 국가와 비핵 국가의 관계
친구	핵 협력	핵우산
적	핵 갈등과 핵 억제	핵 위협과 핵 개발(핵 확산)

의 관계에서 공멸(共滅)의 핵전쟁을 예방하고자 하는 '핵 억제 (nuclear deterrence)'의 개념이 등장했다. 핵무기는 한편으로 '매력(attraction)' 이지만, 다른 한편으로 '공포(revulsion)'이기 때문이다.[6] 즉, 핵 복점과 핵 과점체제의 국제정치에서는 핵 국가 대 비핵 국가의 관계뿐만 아니라 핵 국가들의 관계도 고려해야 한다.

이 두 관계들의 내용과 형태는 핵 능력보다는 '핵 심리(nuclear psychology)'에 의해 결정된다.[7] 서로를 적으로 또는 친구로 규정하는 정체성(identity)의 정치에 따라, 핵무기의 숫자와 같은 핵 능력이 관계를 결정하는 변수가 아닐 수 있다. 적의 핵무기가 공포라면 친구의 핵무기는 매력일 수 있기 때문이다. 이 관계들을 도식화하면 표 1과 같다.

핵 협력은 핵과 관련하여 국가 정책의 상호 조정이 이루어지는 것을 의미한다. 예를 들어 영국은 미국의 핵무기 개발 계획인 맨해튼 프로젝트(Manhattan Project)에 참여했지만, 미국은 핵실험 성공 이후 영국에 핵 기술을 이전하지 않았다. 영국은 독자적으로 핵실험을 하고 미국이

자폭탄의 이름은 '뚱보(Fat Man)'였다. 첫 번째 핵실험에서 사용된 원자폭탄과 같은 종류 가 나가사키에 투하되었다. 미국은 대량살상무기인 두 종류의 핵무기의 폭발 여부를 민간 인 밀집지역에서 실험한 셈이다. 1952년 10월 영국이 원자폭탄 실험을 하면서 핵 과점체 제가 형성되었다. 프랑스는 1960년 2월 핵실험을 했다.

6　　D. Barash and C. Webel, *Peace and Conflict Studies* (London: Sage, 2002), p. 140.
7　　국제 구조를 결정하는 변수로 능력보다 관념에 주목하는 구성주의적(constructivist) 사고 다. 대표적으로 A. Wendt, *Social Theory of International Politics* (Cambridge: Cambridge University Press, 1999).

소련에 맞서기 위해 영국에 협력하자 1958년부터 미국과 공동으로 핵실험을 했다.

억제란 일방이 원하는 방식으로 상대방이 행동하지 않는다면 보복이나 처벌을 가하겠다는 조건부 약속이다. 국제정치에서 상대방의 군사적 공격을 예방하기 위한 억제는, 일반적으로 효과적인 군사적 능력에 기초한다. 억제가 기능하기 위해서는 처벌의 위협을 상대방이 '신뢰'할 수 있어야 한다.[8] 즉, 억제는 상대방의 인정을 포함하는 소통과 약속의 협력 게임이다. 핵 억제는 핵 경쟁과 핵 갈등이 야기하는 안보 불안, 즉 안보 딜레마(security dilemma)를 탈출하는 한 방법이다. 핵무기에 의한 '상호확증파괴(mutual assured destruction: MAD)'에 대한 인식 공유라 할 수 있는 냉전시대 미소의 공포 균형은 핵 억제가 만들어진 대표적 사례다.[9]

핵 위협은 비핵 국가가 핵 국가와 적대관계일 때 느끼는 심리적 상태다. 핵 위협을 느낄 때 어떤 국가의 선택은 핵 개발일 수 있다. 그러나 핵 개발은 의지뿐만 아니라 능력을 필요로 한다. 의지와 능력이 있지만, 국제적 압력 때문에 핵 개발이 저지될 수도 있다. 군사적 방법에 의한 방위를 지속하고자 한다면, 핵무기의 대체물로 방위력을 강화하거나 친구가 될 수 있는 핵 국가를 찾아야 한다. 핵 국가와 비핵 국가가 친구라면, 핵 국가는 비핵 국가에게 핵우산을 제공할 수 있기 때문이다. 소련의 공격을 억제하고 비동맹 정책을 지속하기 위해 1945~1968년 사이에 핵무기를 개발하려 했던 스웨덴이 핵 포기와 미국과의 군사적 협력을 교환했

8　P. Morgan, *Deterrence Now* (Cambridge: Cambridge University Press, 2003).

9　한 번의 공격으로도 대량살상을 가능하게 하는 핵무기의 등장으로, 방위(defence)에 기초한 거부(denial)와 핵무기를 사용한 처벌(punishment)에 의한 억제가 구분되면서, 방위와 억제는 서로 '대체 가능한' 선택이 되었다. G. Snyder, *Deterrence by Denial and Punishment* (Princeton: Woodrow Wilson School of Public and International Affairs, Princeton University, 1959).

던 것처럼,[10] 비핵 국가의 경우 핵 개발의 대체물로 핵우산을 통해 핵 위협을 해소하고자 한다. 핵우산은 핵 국가가 친구인 비핵 국가에 대한 위협이나 공격을 예방하고자 하는 '확장 억제(extended deterrence)'의 한 형태다. NPT 밖에서 핵무기를 개발하고 핵 국가가 된 인도, 파키스탄, 이스라엘, 북한 등은 핵우산이 아니라 핵 개발을 선택한 국가들이다.

이 네 관계 형태가 국제 구조에 의해 주어진 것이 아니라 우리와 그들, 친구와 적을 가르는 정체성의 정치에 의해 결정된다면,[11] 정체성의 정치에 영향을 미치는 변수들을 생각해야 한다. 즉, 국가들의 정체성의 표현인 '다른' 선택과 행동―예를 들어, 핵 국가 또는 비핵 국가 되기―의 원인에 대한 고려다. 국가들이 무정부란 구조 하에서 자신의 이익을 극대화하는 동질적 행위자가 아니라 동일한 환경 속에서도 서로 다른 마음체계를 가지고 있고 따라서 서로 다른 결정과 행동을 할 수 있다는 이론의 도입이다.[12] 즉, 국가를 의인화(擬人化)할 수 있다면 그 의인의 현실 태인 정책결정자들의 심리적 요인들의 인과 효과를 가정할 수 있다.

우리는 이 집합 심리의 구조화된 질서를 '마음체계'로 정의하고 그것이 국제적 행동으로 현상하는 과정을 추적한다. 마음에 대한 소박한 해석은 마음을 인지(cognition)와 동일시하여, "지, 정, 의를 모두 포괄

10   T. Jonter, "Swedish Plans to Acquire Nuclear Weapons, 1945~1968: An Analysis of the Technical Preparations," *Science and Global Security*, vol. 18 (2010); P. Cole, "Atomic Bombast: Nuclear Weapon Decision-Making in Sweden, 1946-1972," *The Washington Quraterly*, vol. 20, no. 2 (1997). 인도와 남아프리카공화국도 핵 개발을 한 사례다. K. P. O'Reilly, "Leaders' Perceptions and Nuclear Proliferation: A Political Psychology Approach to Proliferation," *Political Psychology*, vol. 33, no. 6 (2012).

11   K. Woodward, *Understanding Identity* (London: Arnold, 2002).

12   동질화 가정은 K. Waltz, *Theory of International Politics* (Reading: Addison-Wesley, 1979); 심리학적 접근은 J. Mercer, *Reputation & International Politics* (Ithaca: Cornell University Press, 1996); 은용수, "심리/인지적 연구와 국제관계학," 『국제정치논총』, 제53집 4호 (2013).

하는 능동적인 심적 활동"으로 정의하는 것이다. 인지가 정보를 수집하고, 처리하며, 이해하고, 사용하는 과정이라 할 때, 마음은 '정보처리체계(information processing system)'일 수 있다. 이 정의에 기초하여 우리는 마음체계를, "주체를 만들어 내는 담론적 혹은 비담론적 요소들의 네트워크"로 보려 한다.[13]

핵 과점체제의 국제정치에서 주체를 호명하는 마음체계는 정의상 상호적이다. 타자라는 현 존재가 주체의 마음체계에 영향을 미치기 때문이다. 역으로 자신의 마음체계는 타자를 주체화한다. 한 국가의 성격은 그 국가의 핵 담론을 결정하는 요인이지만, 다른 한편 상대 국가도 그 국가의 성격을 고려하며 핵 담론을 생산한다. 그러나 서로를 보는 시각은 다르다. 적으로 간주하는 세력이 기대와 달리 긍정적 행동을 할 때는 '정세(situation)'를 그 행동의 원인으로, 그 반대로 기대한 것처럼 부정적 행동을 할 때는 '성향(disposition)' 때문이라 생각하는 경향이 있다.[14]

---

13   마음과 인지의 동일시는 신현정 외, 『마음학: 과학적 설명+철학적 성찰』 (서울: 백산서당, 2010). 정보처리체계는 G. Butler and F. McManus, 『Psychology: A Very Short Intro-duction』 (Oxford: Oxford University Press, 1998). 마음체계의 정의는 김홍중, 『마음의 사회학』 (파주: 문학동네, 2009). 마음의 사회학에서는 마음'체계(system)'가 아니라 마음'레짐(regime)'이란 표현을 사용하고 있다. '특정한 정치 경제적 국면'에서 구조화되어 주체를 형성하게 한다는 의미에서 레짐을 차용했을 것이다. 국제관계학에서도 비슷한 맥락에서 분명하게 정의된 이슈 영역(issue area) 안에서 작동하는 행위자들 사이의 규칙, 기대, 처방의 틀을 '국제 레짐'으로 정의하고 있다. S. Krasner, ed., 『International Regimes』 (Ithaca: Cornell University Press, 1983). 이 글에서 레짐 대신에 체계란 표현을 사용하는 이유는, 구조화를 강조하면서 동시에 주체들의 마음의 통합을 향한 공통의 필요와 행동을 담기 위해서다. 국제관계학에서 마음체계 개념의 도입은 합리적 선택 이론이 구조의 담지자 내지는 단위(unit)로 명명하는 행위자를 "개성 있는 '주체'"로 복원하는 작업이기도 하다. 도종윤, "국제정치학에서 주체 물음: 해석학적 접근을 위한 시론," 『국제정치논총』, 제53집 4호 (2013).

14   정세와 성향에 관한 '이론적 논의'는 J. Mercer, *Reputation & International Politics*. 바이오폴리틱스(biopolitics)에서도 상대방을 적으로 인식하는 경우 상대 이득(relative gains)이 중요하지만, 친구로 인식할 경우 절대 이득(absolute gains)에 따라 행동한다는

친구에게는 정반대로 원인을 생각한다. 예를 들어 핵에너지의 평화적 이용도 적이냐 친구냐에 따라 핵 개발의 전 단계일 수 있고 아닐 수 있다.

　행위자의 위치도 서로 다른 마음체계를 작동하게 한다. 예를 들어, 핵억제를 부과하려는 행위자는 객관적 세계에 대한 반작용, 즉 정세 때문이라 자신의 행동을 해석하지만 관찰자는 그 행위자의 성향에서 행동의 원인을 도출하려 한다. 이해관계의 변화에 따라 적을 친구로 만들어야 할 때는 상대 국가의 성향에서 행동의 원인을 찾지 않고 정세의 변화를 언급하게 된다. 예를 들어 미국과 인도, 미국과 파키스탄 관계에서 볼 수 있듯이, 정세의 변화로 상호이익과 상호주관성이 형성되어 두 국가를 사실상의 핵국가로 인정하기도 한다. 즉, 정세와 성향 가운데 무엇을 원인으로 보느냐에 따라 행동이 다르게 나타날 수 있다. 정세는 변수지만 성향은 상수이기 때문이다.[15] 심리학적 접근은 행동의 원인을 성향으로 귀결시키는 합리적 선택 이론과 달리 성향과 정세 두 가지 다를 고려한다.

2. 방법

심리적 접근을 도입할 때, 정책결정자의 마음체계를 어떻게 측정할 것인가가 쟁점이다. 마음체계의 측정을 위해, 정책결정자들의 핵심적 정치신념─철학적 신념과 도구적 신념─을 계량화하는 '조작적 코드(operational code)'가 사용되곤 한다. 예를 들어, 정치지도자가 생산하는 텍스트에서 '동사(verbs)'를 추출하여 마음체계가 협력적인가 또는 갈등적인

연구 결과가 나오고 있다. 김세균·이상신, "권력의 DNA: 정치 행태의 생리적 접근," 『평화연구』, 제21권 2호 (2013).

15　J. Mercer, *Reputation & International Politics*.

가를 보여 주려 한다.[16] 그러나 이 방법을 통해 정책결정자들의 마음체계
가 담론과 행동의 원인임이 증명되지는 않는다. 심리적 접근에서 생물학
에 의존하려는 이유도 이 때문인 것처럼 보인다. 정치 행태를 설명하기
위해 진화심리학, 뇌신경의학, 내분비학, 생리학, 형질인류학 등이 동원
되고 있고,[17] 유전자 환원론의 성격을 지니는 이 생물학적 정치학의 철학
적 기초는 몸과 마음을 하나로 보는 일원론이라 할 수 있다.

　　이 글에서는 제한적이지만 북한 핵 담론의 관찰과 분석을 통해 정
책 결정자들의 마음체계를 읽고자 한다. 마음체계가 생산하는 담론과 사
실의 차이에 주목하면서, 마음체계를 해석한다. 해석의 기초는 텍스트
(text)다. 텍스트는 행동(action)을 포함하지만 이 글에서 주요한 초점
은 글과 말로 생산된 텍스트다. 텍스트를 국제적 맥락(context) 속에서
읽으며 텍스트의 논리와 모순 그리고 실제 행동과의 괴리를 찾는 작업
이다. 역사적 구조에 관한 담론과 담론의 텍스트는 의미론적 구성요소를
포함하고 있다. 따라서 텍스트 해석은, 사람들이 특정한 시공간에 건설
하는 인간 조건과 의미에 관해 질문을 제기하는 것이다.[18] 이 의미가 행
동의 출발점이다. 그러나 이 의미는 행동과 괴리될 수 있다.

　　주요한 텍스트는 핵 담론과 관련하여 북한의 정부기관들이 발표한
문건들―예를 들어 성명, 비망록, 담화 등등―과 북한을 "령도"하는 조
선로동당 중앙위원회 기관지인 「로동신문」과 기관잡지인 『근로자』와 북

16　은용수, "심리/인지적 연구와 국제관계학." 인지적 신념과 의사결정의 행태를 조작적 코드
　　를 통해 측정하려는 고전적 연구로는 A. George, "The Causal Nexus between Cognitive
　　Beliefs and Decision-making Behavior: The 'Operational Code' Belief System," in L.
　　Falkowski, ed., *Psychological Models in International Politics* (Boulder: Westview
　　Press, 1979).

17　김세균·이상신, "권력의 DNA."

18　K. Rogers, *Toward a Postpositivist World* (New York: Peter Lang, 1996).

한의 한 해를 결산하는 『조선중앙년감』의 기사와 논문, 그리고 조선 로동당이 출간한 사전류와 '소설'이다. 이 텍스트들은, 언표들(statements)의 집합이자 이 언표들을 생산하는 규칙들이 존재하는 담론의 구성요소다. 북한의 소설도 '사상교양의 기능'이 강조된다는 점에서 '감성'에 의존하는 담론의 하나로 규정할 수 있다.[19] 담론의 구성요소인 이 규칙들은 언표들 외부의 조건인 정치적·사회적 맥락, 즉 권력의 작용과 관련되어 있다.[20] 북한의 담론도 차이와 배제를 담지하며 타자를 생산한다. 따라서 핵 담론 속에서 갈등과 협력의 언표들을 발견할 수 있다.

담론(discourse)을 '담화(談話)'로 번역하는 북한도 담화를, "사업설정이나 형편을 료해하고 문제해결의 방도를 찾으며 사람들을 발동시키기 위한 사람과의 사업의 기본형식이며 효과적인 교양방법"으로, 또한 "일정한 문제에 대한 견해나 태도를 공식적으로 발표하는 말"로 정의하고 있다.[21] 즉 북한의 담론도 자신의 정체성과 이익에 부합하는 나름

---

19 북한의 문학은 이른바 "주체사실주의"에 기초해 있다. "사회주의문학은 수령을 중심으로 하여 하나의 전일체를 이루고 있는 수령, 당, 대중의 호상관계를 잘 그려야 한다. 문학이 인민대중의 자주위업 수행에 적극 이바지하기위하여서는 정치사상교양적기능, 생활인식적기능, 문화정서교양적기능을 높여야 한다. 여기서 특히 중요한 것은 사상교양의 기능이다." 김정일, 『주체문학론』 (평양: 조선로동당출판사, 1992). 마음체계를 구성하는 지, 정, 의 가운데, 감성체계에 주목하여, 북한예술작품에서 나타나는 '붉은', '위대한', '들끓다', '미적이다', '흠모하다' 등과 같은 '감성어휘' 분석의 방법을 제시하는 시론적 연구로는 김정수, "북한의 감성체계 분석을 위한 방법론 모색," 『2014년 북한연구학회 춘계학술회의 자료집』 (2014).

20 미셸 푸코(M. Foucault), 이정우 역, 『담론의 질서』 (서울: 서강대학교출판부,1998); 구갑우, 『국제관계학 비판: 국제관계의 민주화와 평화』 (서울: 후마니타스, 2008), 15장. 인간의 사고가 언어로 완전히 표현될 수는 없지만, 언어야말로 인간의 사고를 이해할 수 있는 표현물이다. 의식은 단어 속에 자신을 표현한다는 언명은 사고와 언어의 한 관계에 대한 진술이다. 담론의 구성물인 언어는 다른 사람에게 향하는 외적 언어와 자기중심적인 내적 언어로 분류할 수 있다. 특히 사회적 소통을 위한 외적 언어는 행위자의 '동기'를 이해할 수 있을 때, 충분히 이해될 수 있다. 레프 비고츠키, 이병훈·이재혁·허승철 역, 『사고와 언어』 (파주: 한길사, 2013).

21 사회과학원 언어학연구소, 『조선말대사전』 (평양: 과학백과사전출판사, 2004).

의 정치 질서를 구성하려는 '수행적(performative) 담론'의 성격을 가진
다.[22] 이와 더불어 우리는 수행적 담론의 한 형태지만, 사후적으로 어떤
사건에 의미를 부여하는 '정당화 담론'에도 주목한다. 단, 북한의 담론에
서 마음체계 읽기를 시도할 때 유의해야 할 사항은, 북한이 "집단활동의
심리적 특성"을 "협력"으로 규정하고 있다는 것이다.[23] 그러나 이 규정성
은 이른바 사회주의적 특성을 가진 국가 '안'의 집단으로 한정된다. 북한
은 국가 '밖'의 일인 외교정책을 "국가의 본질로부터 나오는 대내정책의
연장"으로 보고 있기 때문에,[24] 핵 담론 속의 대상인 상대국의 성격에 따
라 담론의 내용에서 '선험적으로' 협력 또는 갈등이 전제될 수 있다.

III. 미국의 핵 독점과 북한의 핵무기 담론: '핵무기 금지'

미국은 두 번의 핵폭탄 투하를 통해 핵무기의 '파괴력'과 핵무기 사용
'의지'를 시현했다. 그리고 핵 독점을 통해 동북아에서 소련의 영향력 확
대를 방지하고자 했다.[25] 미국의 핵 독점체제 하에서 "위대한 쏘련의 무
력에 의하여 해방된" 북한의 핵무기 담론의 최초 형태는 원자무기의 '금
지'였다.[26] 1947년 3월 13일 「로동신문」에는 "원자무기금지에 관한 문제

---

22   D. Campbell, *Writing Security: United States Foreign Policy and the Politics of Iden-
     tity* (Manchester: Manchester University Press, 1992).

23   "단결과 협력이 사람들의 생존방식이다. 사람의 본질적 속성인 자주성과 창조성과 의식성
     은 사람들이 단결과 협력관계를 맺고 자연과 사회를 개조하기 위한 투쟁을 벌리는 과정에
     서 형성발전되었다. 사람은 사회적 존재로서 처음부터 단결하고 협력하는 방법으로 자기운
     명을 개척했다." 리재순, 『심리학개론』 (평양: 과학백과사전종합출판사, 1998).

24   조선민주주의인민공화국 사회과학원, 『정치용어사전』 (평양: 사회과학출판사, 1970).

25   박건영, "핵무기와 국제정치," p. 12.

26   '1958년'에 사용된 표현이다. 김희중, "미제의 침략에 의한 남조선의 참상," 『근로자』, 3
     호 (1958). 소련도 "소련의 무력이 일본의 식민적 억압으로부터 한반도를 해방했다"는 표

에 대하여"가 8월 24일에는 "누구가 원자무기의 금지를 반대하느냐" 등의 기사가 실린 바 있다. 원자폭탄을 금지하는 문제의 토의를 미국과 영국이 회피하고 있다는 주장도 1949년 2월 24일 「로동신문」에 게재되었다. 이틀 뒤인 2월 24일에는 소련이 "군비축소와 원자무기금지를 위한 투쟁의 선두에 서있다"는 기사도 볼 수 있다.

북한의 이 핵무기 담론은 소련 공산당이 주요 역할을 했던 평화운동과의 연관 속에서 국내 정치적 계기를 가지게 된다. 1947년경 소련 공산당의 주도로 만들어진 공산당들의 국제사무국인 코민포름(Communist Information Bureau: Cominform)은 세계를 소련이 주도하는 평화 세력 대 미국이 주도하는 전쟁 세력으로 구분한 후 세계적 수준에서 '평화운동'을 조직하기 시작했다.[27] 그러나 이 평화운동은 "실질적으로 무당파적 민주 운동"이었고, '반핵'을 매개로 최대공약수를 찾아낸 대중운동으로 평가되기도 한다.[28] 1948년 8월 폴란드의 브로츠와브(Wroclaw)에서 '평화를 위한 세계지식인대회'가 개최되었고,[29] 1949년 4월에는 72개국이 참여한 '세계평화대회'가 프랑스의 파리(Paris)와 체코의 프라하(Prague)에서 열렸다. 이 평화대회의 핵심 의제는 핵무기 '금지(prohibition)'였다.

현을 사용하고 있다. I. D. Ovsyany et al., *A Study of Soviet Foreign Policy* (Moscow: Progress Publishers, 1975), p. 68. '1956년' 중소의 북한에 대한 내정간섭인 이른바 '8월종파투쟁' 이후 북한 문헌에서 '위대한 소련'이란 표현은 감소했다. 정성임, "북·러 관계," 『북한의 대외관계』(파주: 한울, 2007), p. 303.

27 소련 공산당이 참여했지만 당시의 평화운동을 무당파적 운동으로 보는 시각은, 청카이(程凱), "평화염원과 정치동원: 1950년의 평화서명운동," 『'냉전' 아시아의 탄생: 신중국과 한국전쟁』(서울: 문화과학사, 2013); 소련 공산당의 역할을 강조하는 시각은 D. Barash and C. Webel, *Peace and Conflict Studies*, pp. 39~40.

28 청카이(程凱), "평화염원과 정치동원," pp. 108~111.

29 화가 피카소(P. Picasso), 핵물리학자 졸리오-퀴리(F. Joliot-Curie), 소설가 헉슬리(A. Huxley)와 같은 유명한 지식인들이 이 대회에 참여했다. 〈https://uk.sagepub.com/en-gb/asi/case-conceptualization-and-effective-interventions/book242131〉.

북한은 국가 수립 후 1년이 채 안 되는 시점이었지만, 이 세계평화
대회에 대표단을 파견했다. '1957년'에 간행된 『대중 정치 용어 사전』에
는 "평화 옹호 운동"의 항목이 있을 정도다.

> 전쟁을 반대하며 평화를 유지 공고화하기 위하여 투쟁하는 현 시기의 가
> 장 위력 있는 인민 대중의 운동이다. 제2차 세계대전 후 얼마 안 있어 미
> 국과 그를 추종하는 서방 침략 계층은 쏘련과 인민 민주주의 나라들을 반
> 대하는 침략 전쟁 음모를 강화하여 나섰는바 이것은 전쟁의 참화를 체험
> 한 인민들을 불안케 하였다. 1949년에는 서부 렬강들이 북대서양 동맹을
> 조직하여 전쟁의 위협을 증대시켰다.[30]

위 인용문에서 볼 수 있듯이, 북한은 조성된 '정세' 속에서 평화운동
의 출현을 정당화하고 있다. 그러나 평화운동을 사회주의 진영의 전유물
로 생각하고 있지는 않았다.

> 현 시기의 평화 옹호 운동의 특징은 《평화는 앉아서 기다릴 것이 아니라
> 쟁취하여야 한다》는 구호하에 적극적이며 조직적인 인민 운동으로써 전
> 쟁 방화자들의 음모를 적극적으로 폭로 분쇄하며 그들이 전쟁을 일으킬

---

30 『대중 정치 용어 사전』 (평양: 조선로동당출판사, 1957), pp. 316~317. 1959년에 출간된
『대중 정치 용어 사전(증보판)』, pp. 296~297은 이 구절에서 미국을 "미 제국주의자들"
로 바꾸고, "서부 렬강" 앞에 "미제를 괴수로 하는"이라는 수식어를 붙이고 있다. 미국에 대
한 표현이 더욱 과격해졌음을 확인할 수 있다. 더불어 서구의 구호를 "《반쏘 반공》"으로 묘
사하고 있다. 북대서양 동맹도 "북대서양 조약 기구(나토)"란 정식 명칭으로 부르고 있다.
1957년판 『대중 정치 용어 사전』은 발간의 목적을 "로동자 농민을 비롯한 근로 대중의 일
상 생활과 정치 학습에서 제기되는 용어들에 대한 해명을 줌으로써 그들의 학습을 방조하"
기 위한 것이라 적고 있다. 98원의 가격이 매겨져 있고, '80,000부'가 발간되었다고 기록되
어 있다.

수 없도록 고립시키는 데 있다. 이 운동은 처음에 공산당원을 비롯한 진보적 지식인들이 중심이 되어 시작된 것인데 그 후 사상, 신앙, 민족별을 불문하고 세계의 모든 선량한 사람들이 광범히 망라되게 됨으로써 마침내 그의 규모와 조직성에 있어서 일찍이 력사상 류례를 찾아볼 수 없는 위력 있는 운동으로 되었다.[31]

이 해설은 세계평화대회가 공산당과 지식인 중심에서 무당파적 성격으로 변모했다는 '사실'을 기술하고 있다. 그러나 '1959년'에 간행된 『대중 정치 용어 사전』에는 공산당원을 비롯한 진보적 지식인이 중심이 되었다는 구절이 없다. 평화옹호운동의 무당파성을 강조하기 위한 것으로 보인다. 또한 이 해설에서 주목되는 것은, 세계평화대회의 핵심 의제인 핵무기 금지 또는 반핵이 언급되지 않고 있다는 점이다.

북한은 세계평화대회의 참여를 국내적 차원의 대중운동과 연계했다. 1949년 3월 24일로 예정된 '평화옹호전국연합대회'를 위해 각계각층이 참여하는 군중대회를 개최했고, 이 평화옹호전국연합대회에서 소설가이자 당시 최고인민회의 대의원이었던 한설야, 여성계를 대표하여 북조선민주여성총동맹 위원장을 역임한 박정애, 종교계를 대표하여 기독교민주동맹 위원장을 했던 김창준을 파리에서 열리는 세계대회에 파견할 대표로 파견했다.[32] 당시의 세계평화운동을 문화예술인이나 과학

---

31   1959년판 사전에는 "적극적으로"가 "신랄하게"로 바뀌어 있다. 1964년에 출간된 『대중 정치 용어 사전』 3판에는, 평화는 쟁취하여야 한다는 구절이 빠져 있다. 대신 북한에서 부정적 의미로 사용되는 "평화주의"에 이 구절이 들어 있다. "평화주의"는 "제국주의의 존재가 전쟁의 근원이라는 사실을 호도하며 정의의 전쟁까지도 포함한 온갖 전쟁을 부인한다"는 것이 비판의 핵심이다. "평화는 전쟁과 마찬가지로 국가 정책, 사회 제도의 본질과 관련되어 있"고 따라서 평화를 얻기 위해 폭력적 방법을 부정하지 않는다. 북한의 평화에 관한 마음체계의 핵심이 이 둘이었다.

32   북한의 평화옹호운동과 관련된 선구적 연구는, 정용욱, "냉전의 평화, 분단의 평화: 6·25전

자와 같은 지식인이 주도하고 있다는 사실을 염두에 둔 대표단 구성으로 보인다. 1949년 6월 9일 「로동신문」에는 평화옹호세계대회에 참가한 북한 대표단이 귀국했다는 보도를 볼 수 있다.

반핵을 기치로 한 세계평화대회에 북한이 참가한 것은, 제2차 세계대전 이후의 '정세'와 사회주의 국가의 '성향'에 대한 북한의 인식을 보여 준다. 1949년의 시점에서 북한은 남로당을 대표했던 박헌영의 글에서 볼 수 있듯이, "민주주의 진영과 제국주의 진영"의 대립, 즉 소련 진영 대 미국 진영의 대결로 제2차 세계대전 이후의 '국제정치'를 읽고 있었다. 그리고 이 진영 대립을 생산하는 '외교정책'을 국가 성격의 연장으로 생각하고 있었다. "쏘베트국가의본성에서 흘러나오는 쏘베트외교정책의 목적"이란 표현은 북한이 수입한 외교정책론이라 할 수 있다.[33] 또한 평화운동의 보편성의 수용과 함께 북한은 평화운동의 한반도적 특수성을 '통일'과 연계하는 변용을 하고 있었다. 세계평화대회에서 북한 대표로 연설을 했던 한설야는 귀환보고대회에서, "우리나라에서 평화옹호운동의 당면한 문제는 곧 미군을 철퇴케 하며 반동배들을 처단하여 조국의 완전한 통일독립을 완성하는 것"이라 말했다고 한다.[34] 한반도적 맥락

<hr/>

쟁 전후 북한의 평화운동에 나타난 평화론." 「'평화'의 역사, 역사 속의 평화」, 서울대학교 역사연구소 10주년 기념 학술대회 (2013년 11월 15일). 미국 국립문서관의 '노획북한군문서철'에서 찾은 1949년에 간행된 평화옹호 세계대회문헌집과 1950년 3월과 4월에 발간된 평화옹호 산업성 위원회의 회의록철이 정용욱 교수 논문의 주요 자료들이다. 이 논문에서 평화옹호운동과 관련된 부분의 문제의식은 정용욱 교수의 논문에 상당 정도 빚을 지고 있다.

33　진영론은 박헌영, "조선민주주의인민공화국정부의대외정책에관하여," 『인민』, 2월호 (1949); 외교 정책의 목적은, 드·브·레빈, "외교의개념에관한 문제에대하여," 『인민』, 3월호 (1949). 두 글 모두 『북한관계사료집 제37권』 (과천: 국사편찬위원회, 2002)에서 인용.

34　정용욱, "냉전의 평화, 분단의 평화," pp. 89~90. 1949년 6월 11일 「로동신문」에 실린 한설야 귀환담의 제목은, "전쟁도발자를 반대하는 전세계 인민들의 단결은 공고하다!"다. 대표단 귀환 직후인 1949년 6월 27일 북한에서는 '조국 통일 민주주의 전선'이 결성되었다. 통일운동체의 조직화였다. 북한은 이 조직을, "1946년 7월 22일에 조직된 북조선 민주주의 민족 통일 전선을 일층 확대 강화 하고 조국 통일의 위업을 전국적 범위에서 더욱 강력

에서 평화운동은 곧 통일운동으로 해석된 셈이다.

IV. 소련의 핵실험과 북한 핵 담론의 형성:
'나쁜' 핵무기와 '좋은' 핵무기

1. 소련의 핵실험과 한국전쟁: '핵무기 사용 금지'

1949년 8월 29일 소련은 카자흐스탄 사막지역에서 지상 폭발의 형태로 핵실험에 성공했다. 미국의 핵무기에 맞서는 소련의 세력 균형 정책이었다. 핵무기에 핵무기로 맞선 첫 사례였다. 소련의 핵실험이 있고 한 달이 지난 1949년 9월 28일 북한은 "쏘련에서의 원자폭발사건에 관한 따쓰의 공식보도"를 언급한 후, 9월 29일에는 '북조선직총'과 '북조선민청' 중앙위원장의 명의로 미국과 영국이 소련의 핵실험에 당황하고 있고, 소련의 핵실험이 "인류행복에 기여한다"는 반향을 1면에 보도했다. 1949년 9월 30일에는 소련과 공산주의로 1956년 이른바 '8월 종파사건'으로 숙청되는 박창옥이 '북조선로동당 선전선동부장'의 직함으로 "쏘련의 원자무기 소유는 전세계의 평화와 안전에 기여될 것"이라고 발언했다.

이 발언을 통해, 미국의 핵무기에는 반대하지만, 소련의 핵무기는 평화의 도구로 생각하는 북한의 마음체계를 읽을 수 있다. 소련의 핵무기도 미국의 핵무기와 마찬가지로 대량살상무기일 수 있지만 국가 성격, 즉 국가의 성향에 따라 핵무기가 다르게 기능할 수 있다는 논리다. 결국

히 촉진시키기 위하여 1949년 6월 27일에 남북 조선을 통한 71개의 애국적 민주 정당, 사회 단체 지도자들의 참가 하에 결성되었다"고 밝히고 있다. 1957년판 『대중 정치 용어 사전』, p. 264. 1959년 증보판에서는 단체의 숫자가 72개다.

북한의 핵무기 담론은 소련의 핵실험 이후 소련의 '좋은' 핵무기 대 미국의 '나쁜' 핵무기라는 이분법을 가질 수밖에 없게 되었다. 북소관계가 우호적인 조건에서 소련의 핵 보유가 북한에 대한 핵우산으로 기능할 수 있으리라 생각했을 것이다. 즉 북한의 입장에서 본다면, 한국전쟁의 도발까지 논리를 연장하는 것은 무리겠지만, 소련의 핵 보유는 자신이 핵무기를 개발할 수 있는 기술과 자원을 가지고 있지 못한 상황에서, 안보의 물적·심리적 토대를 강화하는 사건이었을 것이다. 매력이자 공포인 핵 심리의 이중성은, 북한의 핵무기 담론에도 반영되었다. 소련의 스탈린(J. Stalin)은 한국전쟁의 와중인 1951년 10월 7일 핵무기 금지가 미국의 핵 독점을 해체할 때만 가능하다는 논리를 제시했고,[35] 북한은 소련의 주장을 수용하여 핵무기 담론을 구성했다. 스탈린의 이 발언에 대한 "반향"이 1951년 10월 「로동신문」에 빈번히 등장하는 기사였다.[36]

다른 한편, 소련의 핵실험이란 정세의 변화에도 불구하고, 핵무기의 금지를 향한 북한판 평화운동은 계속되었다. 북한 최고인민회의는 1950년 3월 3일 "평화옹호 세계위원회 평화제의 호소문에 관하여"란 결정을 채택했다. 세계평화대회 상설위원회 호소문의 주요 내용은, "군비 및 병력을 축소하며 원자무기를 금지하며 강대국간의 평화조약을 체결"하는 것이었다.[37] 1950년 3월 19일 세계평화대회 상설위원회는 "스톡홀름 호소문(Stockholm Appeal)"을 채택하고 '서명운동'을 전개하기 시작했

35 "〈원자탄의 지지자들은 오직 자기들이 이미 결코 독점자들이 아니라는 것을 알 때에라야만 원자무기의 금지에 동의할 수 있다고 나는 생각합니다 쓰딸린〉 쁘라우다지 기자의 질문에 대한 쓰딸린 대원수의 대답," 「로동신문」, 1951년 10월 7일.

36 조선직업총동맹 중앙위원회 부위원장 문두재', '평화옹호위원회 위원장 한설야', '조선민주청년동맹 김기수' 등의 이름이 보인다.

37 『조선중앙년감 1951~1952』 (평양: 조선중앙통신사, 1952), p. 80. 당시 「로동신문」 기사를 보면, 최고인민회의 대의원 최경덕, 평화옹호 전국 민족위원회 대표 김익두, 대의원 리기영 등이 토론을 했다고 한다.

다. '네 가지' 내용으로 간략하게 구성된 이 호소문의 앞의 둘은, 핵무기의 '무조건적 금지'와 핵무기의 '국제적 통제'였다. 그리고 핵무기를 먼저 사용한 정부를 전범으로 간주하겠다는 내용과 더불어 선의(善意)를 가진 인민들에게 서명을 호소하고 있었다.[38] 핵무기의 무조건적 금지를 담고 있던 이 호소문에는 2년 동안 5억 명 이상이 서명했다고 한다. 소련의 핵실험이 공개되면서 미국이 수소 폭탄 개발을 준비하던 시점이기도 했고,[39] 따라서 대중의 핵 공포의 심리가 서명으로 폭발했다고 할 수 있다.[40] 또한 핵무기 금지는 소련의 핵실험으로 미소 핵 복점체제가 성립되었지만 미국이 핵 우위에 있는 조건에서 소련에게 유리한 구호이기도 했다.[41] 소련의 지도자 스탈린은 1952년에 간행된 글에서, 제국주의가 "폐물"이 아니기 때문에 제국주의 국가들 사이에서 전쟁이 불가피함을 강조하면서 당시 평화운동의 의의를 다음과 같이 정리했다.[42]

38 이 호소문은 당시 의장이었던 핵물리학자인 프레데릭 졸리오-퀴리가 초안을 작성했다고 한다. 「로동신문」 1950년 3월 24일 자에는 "평화옹호세계위원회, 원자무기를 먼저 사용하는 정부는 범죄자로 인정될 것이다. 졸리오·큐리의 연설"이라는 기사가 실려 있다. 프레데릭 졸리오-퀴리는 노벨물리학상을 수상한 피에르 퀴리(P. Curie)와 마리 퀴리(M. Curie)의 사위다. 프레데릭 졸리오-퀴리는 부인인 이렌 졸리오-퀴리와 함께 노벨화학상을 수상했다. 이렌 졸리오-퀴리(I. J. Curie)도 프레데릭 졸리오-퀴리와 함께 평화운동에 참여했다. "졸리오-큐리"는 1950년대 「로동신문」에서 "위대한 평화 투사"로 묘사된다.

39 미국은 1952년 11월, 소련은 1953년 8월 수소폭탄 실험을 했다. 영국은 1957년, 중국은 1967년, 프랑스는 1968년이다.

40 소설가 토마스 만(T. Mann), 상송가수 이브 몽땅(Y. Montand), 시인 파블로 네루다(P. Neruda), 화가 파블로 피카소(P. Picasso), 작곡가 드미트리 쇼스타코비치(D. Shostako-vich) 등의 이름이 보인다. 우파 정치인으로 1995년 프랑스의 대통령이 되는 자크 시라크(J. Chirac)도 서명했다.

41 중국도 이 흐름에 동참했다. 중국에서의 '평화서명운동'은 중국의 국가 수립 이후 1950년대 초반에 이루어진 전국적 규모의 첫 번째 "선전운동"이었다. 이후 한국전쟁 발발 후 "항미원조운동"이 전개된다. 청카이(程凱), "평화염원과 정치동원," pp. 114~115, pp. 125~152. 미국의 핵 우위기는 상호확증파괴의 개념이 도입되는 1960년대 말까지다. 박건영, "핵무기와 국제정치," pp. 14~18.

42 스탈린, "U.S.S.R.에서의 사회주의의 경제적 문제들," 서중건 역, 『스탈린선집 제2권』 (서

오늘날의 평화운동의 목적은 인민 대중들이 평화의 보존과 또 다른 세계
전쟁의 억제를 위해 투쟁하도록 일으키는 것이다. 따라서 이 운동의 목표
는 자본주의를 타도하고 사회주의를 건설하는 것이 아니다―그것은 평화
를 보존하는 민주주의적 목표에 한정된다.

만약 평화운동이 사회주의를 위한 투쟁으로 발전한다면, "그것은 더
이상 오늘날의 평화운동이 아"니라는 것이 스탈린의 생각이었다. 소련
공산당이 설정한 이 한계는 역설적이지만 평화운동을 대중운동으로 만
들었던 이론적 동력이었다.

북한에서는 직장, 학교, 지역 등의 단위에서 서명운동이 군중운동
의 형태로 진행되었다. 특히 평화운동을 통일운동으로 번역하고 있던 북
한의 마음체계에서 서명운동의 한반도적 맥락성은 제고될 수밖에 없었
다.[43] 한국전쟁 와중에도 이 서명운동은 계속되었다.[44] 사실 한국전쟁의

울: 전진, 1990), pp. 224~225.

43 당시의 문건에서 평화운동을 통일운동으로 번역하는 마음체계의 작동을 확인할 수 있다.
"평화적 조국통일을 촉진하는 평화옹호자대회의 결정서", 「로동신문」, 1950년 2월 22일.
"평화 옹호 세계위원회 평화제의 호소문에 관하여(1950년 3월 3일 채택된 결정)"에서도,
"조국의 평화적 통일을 위한 조국통일 민주주의 전선의 평화적 조국통일 방책에 대한 제의
를 전적으로 지지 찬동하며 그 실천을 위한 투쟁에 궐기한 애국적 전체 조선인민들을 격려
한다"는 구절이 보인다. 『조선중앙년감 1951~1952』 (평양: 조선중앙통신사, 1952).

44 한국전쟁 와중에도 북한은 이른바 '해방지구'에서 스톡홀름 평화호소문에 대한 서명을 진
행했다. 북한 자료에 따르면, 1950년 9월 16세 이상의 서명자가 1,331만 9,102명에 이르
렀다고 한다. 정용욱, "냉전의 평화, 분단의 평화," 100쪽. 『조선중앙년감 1953』 (평양: 조
선중앙통신사, 1953)의 "국제회의 및 기구" 편에는 세계평화대회 및 아시아·태평양 평화
옹호대회에 대한 자세한 소개가 실려 있다. 북한은 한국전쟁 기간인 1952년에도 세계평화
대회에 한설야를 대표로 파견했다. 「로동신문」, 1952년 5월 16일. 북한은 아시아·태평양
지역평화옹호 대회에도 적극 참여했다. 한국전쟁 와중인 1952년 5월 17일 「로동신문」에는
"아세아 및 태평양 구역 평화 옹호 대회 발기를 중국의 저명한 평화 투사들"이 "호소"했다
는 기사가 실려 있다. 아시아·태평양지역 평화옹호대회는 1952년 10월 2일부터 10월 15
일까지 중국의 북경에서 개최되었고, 10월 6일에는 한설야가 "공평하고 합리적 기초 위에

발발은 국제적 수준의 서명운동을 촉진한 결정적 계기였다. 한국전쟁이 발발하자 핵무기 사용 가능성이 제기되었고, 따라서 서명의 숫자가 폭발적으로 증가했다. 핵무기 선제 사용의 금지를 담고 있는 서명이 한국전쟁 기간 미국의 핵무기 사용을 억제한 것은 아니겠지만, "'한 묶음의 종잇조각'들이 완전하게 원자폭탄 투하의 실제 걸림돌이 되고 있었던 것"임은 부인할 수 없을 것이다.[45]

2. 냉전의 도래와 북한판 국제정치이론의 형성: 핵 담론의 기초

한국전쟁의 정전 이후, 동아시아에도 냉전이 도래했다. 미소가 대립하면서 1948~1949년 무장 갈등에 거의 근접했던 베를린 위기가 한국전쟁 이후 동아시아로 수입된 것이다. 한국전쟁 기간인 1951년 9월 미국과 제2차 세계대전 연합국인 48개국은 일본과 샌프란시스코 평화조약을 체결했다. 이 조약에 대해 소련은 반대 의사를 밝혔고,[46] 중국은 회의에 초청을 받지 못했다. 전쟁 중인 남북한도 이 회의에 참석하지 못했다. 한반도에서 열전(熱戰)을 거치는 와중에 전쟁도 평화도 아닌 상태인 냉전(冷戰)에 대한 합의가 이루어진 셈이다. 이 조약의 핵심은, '미·일안보조약'을 통해 일본을 반공 진영에 편입하는 것이었다.[47]

서 조선문제를 평화적으로 해결할 데 관한" 보고를 했다. 이 대회에서는 '조선문제에 대한 결의문', '5대강국 평화조약 체 결을 위한 운동을 강화할 데 대한 결의문' 등이 채택되었다. 북경 평화옹호대회의 진행 과정과 이 대회에 대한 미국의 반응은, 정용욱, "냉전의 평화, 분단의평화," pp. 101~109 참조.

45 청카이(程凱), "평화염원과 정치동원," pp. 120~125.
46 당시 소련 대표단의 수석이었던 그로미코(A. Gromyko)는, "이 조약은 합의를 본 연합국의 결정과 모순된다. 이것은 일본의 침략으로 고통을 당한 나라들의 안전을 보장하지 않고, 그들의 정당한 요구를 무시하며, 일본 군국주의가 재생할 조건을 만들어내는 것이어서, 전 세계에 중대한 결과를 초래할 것이다"라고 말했다고 한다. 안드레이 그로미코, 박형규 역, 『그로미코 회고록』 (서울: 문학사상사, 1990).

북한은 정전 이후 국제정치를 읽는 개념과 이론을 수입하게 된다. 두 개념, "랭전"과 "힘의 립장에 선 정책"이 「로동신문」 1953년 10월 21일과 1954년 10월 31일에 등장한다.[48] 1955년 7월 13일 「로동신문」에는 "독자들의 질문에 의한 시사 용어 해설"로 "랭전"이 기사화될 정도다. 북한의 냉전에 대한 생각의 일단을 보여 주는 1955년 『근로자』의 글 가운데 일부다.[49]

제二차 세계 대전 후의 력사는 과거에 공동의 원쑤인 파시즘을 반대하는 투쟁에서 동맹국들이었던 국가들 간의 관계의 악화로써 특징지어졌다. 서방 국가들의 많은 정객들은 각이한 사회 제도를 가진 국가들 간의 평화적 공존이 불가능하며 소위《랭전》이 불가피하여《랭전》이 현 시대의《운명》이라고까지 말하여 왔던 것이다.

자본주의와 사회주의 두 진영의 관계 악화가 북한이 이해하는 냉전의 핵심이다. 냉전은 평화적 공존이 아니라는 인식도 주목의 대상이다.[50]

---

47 마고사키 우케루, 양기호 역, 『미국은 동아시아를 어떻게 지배했나: 일본의 사례, 1945~2012년』 (서울: 메디치, 2013). 평화조약은 샌프란시스코의 화려한 오페라하우스에서, 미·일안보조약은 샌프란시스코 외곽의 미국 육군기지 내에 있는 하사관클럽에서 체결되었다. 미·일안보조약이 '은밀한' 마음체계의 산물임을 보여 주는 공간 배치다.

48 두 기사의 제목은 "랭전 정책은 서부 베를린 주민들에게 무엇을 가져 왔는가": "힘의 립장에 선 정책 지지자들의 파산"이다.

49 허봉삼, "평화와 국제적 협조를 위하여." 『근로자』, 8호 (1955).

50 스탈린은 앞서 언급한 1952년 문건에서 당시의 평화운동을 평가하면서 제한적이지만 평화공존을 민주주의적 목표로 이론화한 바 있다. 1955년 근로자에 서 언급되는 '평화공존'은 1956년 소련 공산당 20차 당대회에서 흐루쇼프(N. Khrushchyov)가 스탈린에 대한 개인숭배 비판과 함께 발표한 자본주의 진영과 사회주의 진영의 평화공존론보다 선행한 개념이다. 소련공산당 20차 당대회에 대해서는, 레오날드 샤피로, 양호모 역, 『소련공산당사』 (서울: 문예출판사, 1977), pp. 518~521 참조. 이 대회에서는 스탈린의 1952년 문건에 대한 비판도 있었다고 한다. 북한의 평화공존론의 뿌리는 1954년 6월 중국의 주은래(周恩

1959년 『대중 정치 용어 사전』에서는 냉전의 원인과 상태에 대한
정의가 있다.

> 사회주의 진영 국가들과의 관계에서 침략적 제국주의자들이 실시한《힘
> 의 립장에 선》정책으로 인하여 조성된 국제 긴장 상태를 묘사하기 위하
> 여 사용하는 말이다. 냉전이란 전쟁(열전)과 대비되는 말로서 정신상, 정
> 치, 경제상으로 진행되는 적대적 활동을 말한다.[51]

냉전의 발생을 미국을 비롯한 자본주의 국가들 탓으로 돌리는 당파

來)와 인도의 네루(J. Nehru)가 인도의 델리에서 합의한 "평화적 공존의 5개 원칙"이라 할
수 있다. 1956년 4월 "조선 로동당 제3차 대회 관계"에서는 평화공존 5원칙이 언급되고 있
다. 1957년판 『대중 정치 용어 사전』, p. 317은 평화공존 5원칙의 내용을 다음과 같이 정리
하고 있다. "(1) 상대방의 령토 완정과 주권에 대한 호상 존중, (2) 호상 불가침, (3) 상대
방 내정에 대한 불간섭, (4) 평등 및 호혜, (5) 평화적 공존인데 이것을 평화적 공존의 5개
원칙이라고 부른다. 그 후 이 원칙은 서로 다른 사회 제도를 가진 세계 모든 나라들 사이의
관계의 기초를 규정하는 기본 원칙으로 되었다. 1954년 10월 12일 북경에서 발표된 쏘, 중
량국 정부의 공동 선언은 쏘, 중 량국이 이 5개 원칙을 아세아와 태평양 지역 나라들 및 기
타 나라들과의 관계의 기초로 삼는다는 것을 선포하였다. 1955년 4월 아세아 및 아프리카
의 29개 국가 대표들의 참가 하에 진행된 반둥 회의(아세아, 아프리카 회의)는 평화적 공존
및 우호협조에 관한 10개 원칙을 선포하였는바 이는 사실상 평화적 공존의 5개 원칙을 구
체화한 것이다." 더불어 "평화적 공존의 5개 원칙의 승리는 쏘련이 시종일관 견지하여 온
대외 정책의 기본 원칙인 평화적 공존에 관한 레닌적 총 로선의 력사적 승리를 말하여 준
다"는 주장을 덧붙이고 있다. 그러나 1964년판 『대중 정치 용어 사전』에는 중소가 이 원칙
에 합의했다는 구절과 레닌적 노선의 승리 운운이 사라지게 된다. 2002년판 『국제법사전』
(평양: 사회과학출판사, 2002)에는 "각이한 사회제도를 가진 나라들 사이에 지켜야할 국제
관계기본원칙"으로 이 "평화5원칙"을 규정하고 있다. 1959년판 사전과 달리 『국제법사전』
에는 "령토 완정"에서 한반도의 통일과 연관된 '완정(完整)'이 빠져 있다. 영토와 주권에 대
한 상호 존중만이 언급된다.

51 1959년판 『대중 정치 용어 사전』, p. 111. 1957년판에는 이 이론적 인식이 보이지 않는다.
"랭전 정책"(p. 103)이란 항목에서, "미제를 두목으로 하는 제국주의 국가들이 제2차 대전
종결 후 사회주의 진영 국가들을 반대하는 새 전쟁을 준비하며 국제 긴장 상태를 첨예화시
키기 위하여 실시하는 여러 가지 형태의 침략적인 전장 도발 정책을 말한다"는 정도다.

성을 견지하고 있지만, 냉전이 심리적·정치경제적 차원의 적대적 상태임을 지적하고 있다. 냉전의 '감정(emotion)'은 역사적·정치적 차이에 뿌리를 두고 있고, 적대를 넘어 '혐오(hatred)'를 만들어 내는 신화에 기초한 것이었다.[52] 북한은 냉전의 원인을 미국의 '힘의 정책'에서 찾고 있었다.[53]

> 《힘의 립장에 선》 정책으로부터 출발하여 사회주의 진영을 반대하는《랭전》이 선포되고 군비 경쟁이 심화되였으며 인공적으로 국가들 간의 불신임이 고취되고 침략적 군사 뿔럭인 나토, 세아토, 바그다드 조약 등이 조작되였다.

북한은 미국의 힘의 정책의 요점이, "다른 나라들과의 관계에 있어서 호상 평등과 호혜의 원칙에 기초하여 평화적 회담의 방법으로 국제적 분쟁 문제를 해결하려는 것이 아니라 군사적인 '힘'을 내세우면서 상대방을 굴복시키며 자기의 의사를 강요하려는 데 있다"고 생각했다.[54]

물론 소련은 핵실험을 했던 것에서 확인할 수 있듯이, 힘의 균형을 객관적 법칙이라 생각했다. 힘에 힘으로 맞서는 정책의 정당화 논리였다. 그러나 주관적 요인을 담고 있는 외교정책은 '인민'을 위한 제도인 사회주의의 건설을 위한 우호적인 외적 조건을 창출하는 것이 목표라 말한다. 세력 균형을 고려하는 외교정책이 세력 균형의 한 요소라 말하지만, 자국의 의도는 미국과 달리 세력 균형 그 자체에 있지 않다는 것이다.[55] 제2차 세계

52 P. Calvocoressi, *World Politics since 1945* (London: Longman, 1991), p. 3.
53 정철산, "미제의《힘의 립장에 선》 정책의 전면적 파산," 「근로자」, 3호 (1958).
54 1959년판 『대중 정치 용어 사전』, p. 315.
55 I. D. Ovsyany et al., *A Study of Soviet Foreign Policy*, pp. 11~15; D. Tomashevsky, *Lenin's Ideas and Modern International Relations* (Moscow: Progress Publishers,

대전 이후 북한식 표현에 따르면 미국의 '힘의 정책'을 실천하게 한 이론적 기초인 국제관계 이론인 현실주의(realism)의 마음체계가 도덕적 진보와 인간의 가능성에 대한 비관주의와 인간의 동기에서 권력과 안보의 우선성을 가정하는 것과는 근본적 차이가 있는 것처럼 보일 수도 있다.[56]

북한도 소련처럼, "쏘련을 선두로 하는 강력한 사회주의 진영의 존재와 광범한 평화 애호 인민들의 친선 단결은 어떠한 힘으로도 깨뜨릴 수 없으며 그들을 굴복시킬 수 없다"고 주장했다.[57] 그러나 실제 소련의 핵 담론과 마찬가지로 북한의 핵 담론에서 사회주의의 특성을 발견하기란 어렵다. 소련의 핵실험은 '마찬가지' 힘의 정책이었고, 북한은 소련의 정당화 담론을 답습했다. 물론 평화운동 세력이 냉전 해소의 동력이 될 수 있다는 담론은 지속되었다. 북한의 핵 담론이 갖는 고유한 특성이 있다면, 이것도 부분적으로 소련이 만든 이론의 수입이기는 하지만, 평화운동을 통한 핵 체제의 종식, 바로 이 부분이었다고 할 수 있다.

3. 냉전시대 북한 핵무기 담론의 이중성

소련의 핵실험 이후 핵무기의 금지는, 핵실험 및 선제 사용의 금지로 옮겨 가고 있었다.[58] 북한의 『조선중앙년감 1954~1955』의 "기타 국제 회의 관

1974), pp. 64~103.

56 현실주의의 마음체계는, R. Gilpin, "The Richness of the Tradition of Political Realism," in R. Keohane, ed., *Neorealism and Its Critics* (New York: Columbia University Press, 1986).

57 1959년판 『대중 정치 용어 사전』, 315쪽. 그러나 1964년판 『대중 정치 용어 사전』에는 소련 및 사회주의 진영에 대한 언급이 없이, '평화 애호 력량'만을 미국의 힘의 정책에 맞서는 세력으로 설정하고 있다.

58 평화옹호세계위원회, "원자무기를 먼저 사용하는 정부는 범죄자로 인정될 것이다. 졸리오-퀴리의 연설," 「로동신문」, 1950년 3월 24일.

계 중요 문헌"에는 평화옹호운동의 상설 기구인 세계평화이사회(World Peace Council)의 1954년 5월 28일 "원자 무기 문제에 관한 결의문"이 실려 있다. 이 결의문에는, "가장 긴급한 조치"라는 명목하에 "원자 및 수소탄의 시험을 진행하지 않으며 이와 같은 종류의 무기를 사용하지 않을 것을 약속"해야 한다는 언급과 더불어 핵실험 및 선제 사용 금지에 관한 협정이 이루어지면 "원자 에네르기를 평화적 목적에 리용"할 수 있는 "협력"의 길이 개척될 수 있다는 구절들이 있다. 1955년 2월 18일부터 북한의 조선평화옹호전국민족위원회는 세계평화이사회의 선언서와 호소문의 실천을 위해 "원자 전쟁을 반대하는 서명"을 시작했고, 5월 15일까지 615만 명 이상이 서명운동에 참여했다고 한다.[59] 또한 1955년 8월 6일에는 평양시에서 "원자 및 수소 무기 반대" 군중대회를 개최했다.[60] 1956년 4월 14일에는 군비 축소와 원자무기 금지는 반드시 실현되어야 한다는 기사를 「로동신문」 1면에 싣기도 했다.

물론 북한 핵무기 담론의 이중성이 사라진 것은 아니다. 1956년 5월의 미국의 핵실험은 "규탄"의 대상이었지만, 1956년 11월 소련의 핵실험은 "성과적으로 진행"된 것으로 서술된다. 1957년 하반기에 있었던 대륙 간 탄도미사일의 완성과 인공위성 발사가 "위대한 쏘련"이 만들어 낸 "세계사적 사건들"로 묘사될 정도다. 냉전시대에 소련이 미국을 압도할

---

59 「로동신문」, 1955년 3월 17일 자에는 "원자 무기 반대 서명 운동 계속 활발(중국에서의 원자무기 사용 반대 서명 운동)"이란 기사도 볼 수 있다.

60 당시 핵무기 금지는 군축과 연계되어 있었다. 서동훈, "군비 축소와 국제 긴장 상태의 완화," 『근로자』, 제9호 (1955)에서는 그 관계를 다음과 같이 기술한다. "원자 및 수소 무기의 사용은 군비 축소에 관한 조치들의 실시가 시작됨과 동시에 금지된다. 이 규정은 안전보장 리사회의 결정에 의하여 침략을 반대하는 방위적 목적을 위하여서만 례외로 될 수 있다. 원자 및 수소 무기의 생산은 상용 군비가 합의된 규준의 50% 축소됨과 동시에 중지된다. 원자 및 수소 무기의 완전한 금지는 상용 군비와 병력이 합의된 규준의 75% 축소된 후에 효력을 발생하며 국가들의 군비로부터의 이러한 무기의 제거와 그의 파괴는 상용 군비의 합의된 수준의 나머지 25%가 축소됨과 동시에 반드시 실현되여야 한다."

힘을 가지게 되었다는 평가일 터다.[61] 즉 소련의 핵 능력 축적을 긍정하는 발언이다.

소련이 1957년 유엔에서 수소폭탄을 포함한 핵실험의 중지, 핵무기 생산 및 축적의 금지, 핵무기 사용의 거부 등을 다시금 의제화하자 북한은 이 3원칙에 동의했다.[62] 소련은 1958년 1월 30만의 병력을 감축하겠다는 보도를 했고, 북한은 이 조치가 "국제적 긴장 상태를 완화"할 것이라는 입장을 표명했다.[63] 1958년 3월 31일 소련이 핵실험을 전면 중지하는 결정을 하자, 북한은 1958년 4월 10일 "내각 전원 회의" 이후 소련의 입장에 찬동하는 "정부 성명"을 발표하기도 했다. 성명의 일부다.[64]

오늘 핵무기를 소유하고 있으며 그를 생산하고 있는 나라가 오직 쏘련, 미국, 영국 3개국뿐이라는 사실과 더욱 쏘련이 핵무기의 시험을 일방적으로 중지한 조치를 취하였다는 사실은 이러한 종류의 무기 시험을 전면적으로 중지할 데 대한 국제적 합의를 용이하게 달성할 수 있는 유리한 조건을 조성하고 있다.

평화옹호전국민족위원회도 4월 11일 "미제의 도발적 책동들은 조선의 평화를 위협"한다는 취지를 강조하며 소련의 결정을 지지하는 "결

---

61   정철산, "미제의 《힘의 립장에 선》 정책의 전면적 파산," p. 100.

62   「로동신문」, 1957년 7월 11일.

63   "미국과 기타 서부 렬강의 침략 계층에 의한 《랭전》과 군비 경쟁을 종식시키며 국제 정세를 근본적으로 개선할 수 있는 현실적 방도를 제시하고 있다. … 미국 침략 계층들의 《힘의 립장에 선》 정책은 오늘 세계 도처에서 참패를 거듭하고 있다." 이 인용문은 "국제 긴장 상태를 완화하며 세계 평화를 유지 강화할 데 대한 쏘련 최고 쏘베트의 결정 및 쏘련 정부의 제안들과 관련한 조선 민주주의 인민 공화국 최고 인민 회의 결정," 『조선중앙년감 1959』 (평양: 조선중앙통신사, 1959).

64   「로동신문」, 1958년 4월 11일. 4월 11일 「로동신문」 사설의 제목은, "조선 인민은 핵 무기 시험의 전면적 중지를 강경히 요구한다"였다.

정서"를 채택했다. 「로동신문」 1958년 4월 12일 자는, "위원장 한 설야", "직총 중앙 위원회 한 상두", "평양 전기 공장 로동자 남 기홍", "평양시 동구역 정책 농업 협동 조합 관리 위원장 박 리용", "인민 배우 최 승희", "과학원 원장 백 남운", "녀맹 중앙 위원회 김 영수", "민청 중앙 위원회 김 기수", "북조선 기독교도 런맹 중앙 위원회 강 량욱" 등의 지지발언을 실었다. 같은 날짜에는 중국의 주은래 총리가 북경 주재 외교 대표들의 모임에서 "중국 정부와 인민은 핵무기 시험 중지에 대한 쏘련의 결정을 열렬히 지지한다"는 발언을 했다는 기사도 게재되어 있었다.[65]

그러나 소련의 핵실험 일방 중단은 1958년 10월 2일 폐기되었다. 「로동신문」 1958년 10월 4일 자는 "쏘련에서 핵 무기 시험을 재개하기로 결정한 데 대하여"라는 "따스의 성명"이 실려 있다. 소련의 논리는, "다른 나라들이 그 시험을 계속하는 경우에는 쏘련 정부가 쏘련의 안전의 리익을 고려하여" 핵실험을 재개할 수 있다는 것이었다. "핵 무기 시험을 부득이 재개하"였지만, 핵실험을 "영원히 전면적으로 즉시 중지시키기 위"해 노력할 것이라는 말로 이 성명은 끝을 맺고 있다. 1958년 10월 31일 핵실험 중지를 위한 미·영·소 회담이 진행되자 북한은 다시금 "핵 무기 시험을 영원히 종식시키라"는 구호를 다시 들고 나왔다.[66] 1960년 초에 재개된 3자회담에서 소련은, "핵 폭발이라고 의심되는 현상들을 현지에서 조사하기 위한 시찰 소조들을 가장 간단한 규범에 립각하여 미리 합의된 매해의 할당 수의 범위 내에서 파견"하는 새로운 제안을 했다고 한다. 「로동신문」은 미국이 "시찰 소조들의 수를 일방적으로 증가시키려" 하고 있기 때문에 합의가 이루어지지 않고 있다고 평가하고 있다.

---

65   1958년 4월 16일 자 「로동신문」에는 "주 은래 총리 쏘련의 결정을 지지하여 흐루쑈브 수상에게 서한"이란 기사도 보인다.
66   「로동신문」, 1958년 11월 2일.

계속해서, 소련이 핵실험의 금지를 위해 "불요 불의 노력"을 하고 있다고 주장하며 미국을 다음과 같이 비판하고 있다.

시찰 소조의 수와 시찰 횟수를 턱없이 증가시키려는 미국의 완고한 주장은 사실 시찰의 명목하에 상대국의 군사 기밀을 정탐하려는 것으로서 도저히 용허할 수 없는 것이었다.

1961년 8월 31일 소련은 "핵 무기 시험 폭발을 진행할 데 대한" 성명을 발표했다. 핵실험 일방 중단을 다시금 공식적으로 폐기하는 성명이었고, 북한은 1961년 9월 1일 「로동신문」 2면에 소련 정부의 성명을 게재하고 1면에 소련의 결정을 지지하는 사설 "전쟁 광신자들의 머리는 식혀 주어야 한다"를 발표했다. 사설 하단에는 "전쟁 세력을 제어하며 전세계 평화를 유지 공고히 하기 위한" 소련의 조치를 지지하는 "홍 명희 동지 담화"가 게재되었다. 9월 2일에는 소련의 핵 실험 재개를 "전쟁 광신자들의 침략 책동을 제어하며 세계 평화를 위한 단호한 조치"라고 평가한 "평화 옹호 전국 민족 위원회 한 설야 위원장의 담화"가 실렸다. 홍명희와 한설야 모두 북한을 대표하는 소설가였다. 9월 3일에는 "쏘련과 기타 사회주의 국가들에 대한 어떠한 침공도 섬멸적 보복 타격을 면치 못한다는 것을 알아야 한다"는 담화를 발표한 "조쏘 친선 협회 중앙위원회" 위원장 리기영도 소설가다. 북한은 미국의 핵무기 담론은 제국주의 국가라는 성향에서 소련의 핵무기 정책의 변화는 정세에서 그 원인을 찾으려 했다. 미국은 어떤 담론과 정책을 선택하든 악(惡)이었고, 소련은 핵정책을 번복해도 사회주의 국가라는 성향 때문에 선(善)이었다. 제국주의 국가와 사회주의 국가라는 성향은 상수였고, 정세는 사회주의 국가에게만 적용되는 변수였다. 그러나 북한만 이 마음체계를 가지고 있던 것은 아니다. 1961년 9월 2일 자 「로동신문」에는 소련의 핵실험 재개가 "제국주의자들에 대한 준엄한 경고"라는 제목하에 "전쟁 광신자들의 발열한 머리를 식혀 주는 해열제"이며 "전 세계에서 평화를 위해 투쟁하고 있는 모든 나라 인민들에게 강력한 고무로 된다"는 중국 정부의 지지 성명이 실려 있다.[67] 세계평화이사회 '조차' 소련 정부의 핵실험 재개를 동서독의 "강화 조약 체결에 관한 쏘련의 제안에 전쟁 준비 강화로써 대답"했기 때문에 정당화될 수 있다는 취지의 발언을 했다는 것이 북한의 보도다.[68]

소련의 핵실험 재개 결정은, 1961년 6월 미소 비엔나 정상회담 이후의 이른바 '베를린 위기'와 연관되어 있었다. 동서로 분단되었던 베를린에서 동독 주민의 서베를린으로의 탈출이 증가하자 소련은 독일통일을 봉쇄하기 위해 동서독과의 평화조약을 제안했다. 미국은 베를린을 자유 도시로 하는 내용을 담고 있는 소련의 제안이 베를린에 대한 접근권의 차단으로 이어질 것을 우려했고, 결국 미소는 핵전쟁까지 운위하면서 대립했다. 1961년 8월 소련은 베를린에 장벽을 건설하기 시작했고, 10월에는 미소의 전차가 베를린에서 맞서기까지 했다. 베를린에 장벽이 완성되고 미소의 대립이 완화되는 시점이 11월이었다. 소련의 핵실험 재개 결정과 북한과 중국의 지지 성명은 미소의 대립이 절정으로 치달으려는 9월에 나왔다. 1961년 9월 2일 자 「로동신문」에는 평양 주재 동독 대사와의 "인터뷰"가 실려 있다. "량 독일 국가와의 강화 조약을 체결하여 서

---

67 북한은 "사회주의 진영은 제국주의에 의한 새 전쟁 준비의 엄중한 위협에 대하여 높은 경각심을 유지해야 하며 자기의 국방력을 강화하기 위한 조치들을 단호히 취해야 한다고 강조했다"는 내용을 보도하고 있다. 이후 북한과 중국은 각기 국방력 강화를 위한 조치를 취하게 된다.

68 소련의 핵실험 재개에 대한 세계평화이사회의 지지는 이 조직이 '절대평화주의(pacifism)'가 아니라 비평화적 방법에 의한 평화의 추구도 인정하는 평화주의(pacificism)에 기반하고 있음을 보여 준 것이었다.

부 베를린을 비군사화된 자유 도시로 전변시키"려는 소련과 동독의 제안에 미국과 서독이 군사적으로 맞섰다는 것이다.[69]

4. 미국의 핵무기와 북한의 핵 위협 담론

북한 핵 담론의 주요 구성 요소 가운데 하나인, '핵 위협 담론'은 '1958년 경'부터 북한 매체에 등장하기 시작했다. 북한에 위협을 가하는 주체는 미국이었다. 미국이 1957년 한반도에서 무력증강을 금지한 정전협정 제13항 ㄹ목의 일방적 폐기를 선언하고 남한에 핵무기를 반입했다는 것이 그 이유였다.[70] 북한은 1958년 2월 1일 개최된 "군사 정전 위원회 제80차 회의"에서 남한을 "원자 전쟁 기지로 전변시키려는" 미국 측에 "강경한 항의"를 제출했다.[71] 그리고 1958년 2월 6일 정식으로 "정부 성명"으

---

69   1961년 베를린 위기 당시 서베를린 시장은 나중에 서독의 동방 정책을 주도했던 사회민주 당의 빌리 브란트(W. Brandt)였다. 평양주재 독일대사는 독일 사회민주당 우파가 군국주의자와 결탁하고 있으며, "서부 베를린 시장 브란트의 행동에 언급하여 그는 이 자가 가장 악명 높은 전쟁 고창자라고 지적"했다고 한다.

70   정전협정 13항 ㄹ목의 내용이다. "한국경외로부터 증원하는 작전비행기, 장갑 차량, 무기 및 탄약을 들여오는 것을 정지한다. 단 정전 기간에 파괴, 파손, 損耗 또는 소모된 작전비행기, 장갑차량, 무기 및 탄약은 같은 성능과 같은 유형의 물건을 일대일로 교환하는 기초위에서 교체할 수 있다. 이러한 작전비행기, 장갑차량, 무기 및 탄약은 오직 본 정전협정 제43항에 열거한 출입항을 경유하여서만 한국으로 들어올 수 있다. 교체의 목적으로 작전비행기, 장갑차량, 무기 및 탄약을 한국으로 반입할 필요를 확인하기 위하여 이러한 물건의 每次 반입에 관하여 군사 정전위원회와 중립국감독위원회에 보고한다. 이 보고 중에서 교체되는 處理情況을 설명한다. 교체되어 한국으로부터 내어가는 물건은 오직 본 정전협정 제43항에 열거한 출입항을 경유하여서만 내어갈 수 있다. 중립국감독위원회는 그의 중립국시찰소조를 통하여 본 정전협정 제43항에 열거한 출입항에서 上記의 허가된 작전비행기, 장갑차량, 무기 및 탄약의 교체를 감독하며 감시한다." 정전협정은 〈www.unikorea. go.kr〉 참조.

71   「로동신문」, 1958년 2월 2일. "지난 1월 29일 《유엔군 사령부》는 원자 탄두를 발사할 수 있는 280미리 원자포가 이미 남조선에 반입되었다는 것을 언명하였다. … 1957년 6월 21일 미국측이 정전 협정 제13항 ㄹ목의 일방적 폐기를 공개적으로 선언한 리유가 바로 서구라

로 "조선 인민은 미제 침략군의 철거를 견결히 요구한다"를 발표한 바 있다.[72] 1959년 6월 "조선 평화 옹호 전국 대회"의 "호소문"에도 "그들은 남조선에 원자 무기를 도입하고 원자 무기 기지를 설치하였으며 남조선 주둔 미군 부대들을 원자 부대로 개편하였다"는 구절이 나온다.[73]

1958년을 지나며 북한의 핵무기 금지라는 보편 담론이 미국이 북한에 가하는 핵 위협 담론으로 전환되었다고 할 수 있다. 북한은 소련의 의제를 수용하면서 동시에 자신의 핵무기 담론에서, 아시아지역에 미국의 핵무기가 배치되는 것과 핵실험의 중지를 강조했다. 1961년 베를린 위기 당시 소련의 핵실험 재개를 지지하는 북한의 정부 성명에서도, "남조선에 원자 및 유도 무기를 비법적으로 반입하고 무력을 증강하여 조선의 평화를 위협하고 있"다는 구절을 볼 수 있다.[74]

당시 북한의 핵 위협 담론과 관련하여 주목의 대상이 '아시아·태평양지역'의 발명과 '평화지대'라는 개념이다. 북한의 아시아·태평양지역에 대한 생각은 1952년 아시아·태평양지역 평화옹호대회에 참여하면서부터라 할 수 있다. 한국전쟁 이후 1954년 11월에는 '국제스탈린 상' 수상자인 박정애를 단장으로 하여 "아세아 제국 회의"에 참가하기도 했다. 특히 북한은 미국이 가하는 핵 위협을 상정하면서 아시아·태평양지역이 평화지대가 되어야 함을 강조했다. 평화지대(zone of peace)는 안정적(stable) 평화가 가능한 지역으로, 북한은 소련의 글을 인용하며 "핵 및

파로부터 극동에 걸친 미국의 원자 전쟁 준비 계획의 일환으로서 남조선을 미국의 원자 전쟁 기지로 전변시키는 데 있었다는 것을 다시 한 번 증명하는 것이다."

72 「로동신문」, 1958년 2월 6일. 미국이 1958년부터 주한미군 시설에 전술핵 전력을 배치해 왔다는 사실에 대해서는, 황일도, 『북한 군사전략의 DNA』(서울: 플래닛미디어, 2013), pp. 69~70 참조.

73 "전 세계 평화 애호 인민들에게 보내는 호소문(조선 평화 옹호 전국 대회)," 『조선중앙년감 1960』(평양: 조선중앙통신사, 1960).

74 「로동신문」, 1961년 9월 3일.

로케트 무기가 없는 지역"을 평화지대로 규정한 바 있다.[75] 1957년판 『대중 정치 용어 사전』에서는 "제국주의 침략과 전쟁을 반대하며 평화와 안전과 인민들 간의 친선을 위하여 싸우는 인민들이 거주하는 지역"으로 정의하고 있고, 1959년판에는 "평화지대의 확대와 평화역량의 강화가 제국주의를 물리치는 정신적, 물질적 능력"이라는 표현이 추가되어 있다.[76]

평화지대의 설립을 주장하던 북한은 1961년 7월 6일과 11일, 소련 및 중국과 동맹을 체결했다. 평화지대가 핵 위협에 대응하는 담론이었다면, 동맹은 핵 위협에 대한 행동이었다고 할 수 있다.[77] 「로동신문」은 북소 동맹을 "조선과 극동에서의 평화의 위력한 담보"로, 북중 동맹을 "불패의 동맹, 평화와 안전의 강력한 지주"로 묘사하고 있다. 두 조약 모두 어느 일방이 군사적 공격을 당할 경우 자동으로 개입한다는 조항을 담고 있었고, 특히 북소조약 1조의 "자기가 보유하고 있는 온갖 수단으로써 군사적 및 기타 원조를 제공한다"는 북한에 대한 소련의 핵우산으로 해석될 수도 있었다.[78] 1961년의 시점에서 중국은 핵 국가가 아니었기 때문에 북중조약 2조의 "모든 힘을 다하여 지체 없이 군사적 및 기타 원조를 제공한다"보다 북소조약의 구절이 강한 의미를 가질 수 있었다. 소련은 동맹조약 체결 이후 MIG-17과 MIG-22 등을 북한에 제공했고, 북한은 핵우산과 더불어 공군력 강화를 통해 스스로 느끼는 핵 위협에 대처할 수 있었다.

---

75 "아세아는 핵 및 로케트 무기가 없는 평화 지대로 되어야 한다," 「로동신문」, 1958년 3월 11일.

76 이후 평화지대는 비핵지대(nuclear-free zone)와 동의어가 된다. 2002년 『국제법 사전』, p. 251에서는 평화지대와 비핵지대는 같은 항목에 들어 있다. 그 정의는 다음과 같다. "핵 무기의 시험과 생산, 소유 및 그 사용이 허용되지 않으며 핵무기를 장비한 비행기, 함선의 령공 및 령해의 통과와 비행장, 항구의 사용이 금지되고 외국군사기지들과 군사시설들이 없는 지역."

77 두 조약 모두 '우호, 협조 및 호상 원조에 관한 조약'이다.

78 김광수, "조선인민군의 창설과 발전, 1945~1990," 『북한군사문제의 재조명』 (파주: 한울 아카데미, 2006).

동맹의 체결을 통해 명시적이지는 않지만 핵우산을 보장받았지만, 북소관계가 악화되면서 핵 위협에 대한 북한의 대응은 전기를 맞이하게 된다. 1961년 말 소련이 알바니아의 개인숭배(personal cult)를 비판하고 1962년 11월 쿠바 미사일 위기 때 미국의 봉쇄정책에 소련이 타협을 하자, 북한은 정책 전환을 시도하게 된다. 북한은 소련의 타협을 굴복으로 해석하고 비판을 가하면서도,[79] 소련에게 군사적 지원을 요구했지만 거부를 당했고, 따라서 소련의 핵우산이 취소될 수도 있다고 느꼈을 수 있다.[80]

북한의 선택은 경제와 국방의 동시적 발전을 추구하는 "병진로선"이었다. 북한판 역사 다시 쓰기의 한 표본인 '2006년판' 『조선로동당력사』는 북한이 병진노선으로 가는 과정을 다음과 같이 기술하고 있다.[81]

현대수정주의자들은 쏘련의 핵무기이면 충분하기 때문에 다른 사회 주의 나라들은 구태여 군사력을 강화할 필요가 없다고 하였으나 실지 까리브

---

79 1962년 11월 「로동신문」에는 반미(反美)·친(親)쿠바 기사들이 계속 실리고 있다. 대표적으로, 11월 6일 "큐바 인민의 투쟁은 반드시 승리할 것이다"; 11월 8일 "큐바 수상 피델 카스트로의 11월 1일 텔레비죤 방송 연설(전문)"; 11월 17일 "맑스-레닌주의의 혁명적 기치를 더욱 높이 들자"; 11월 30일 "영웅적 큐바 인민은 필승 불패이다" 등을 참조. 쿠바 미사일위기에 대한 쿠바 정책 결정자들의 마음체계는, F. Castro, *Cold War: Warnings for a Unipolar World* (Melbourne: Ocean Press, 2003). 카스트로(F. Castro)는 자신들이 모스크바의 괴뢰가 아니었고, 라틴 아메리카의 해방운동에 대해 소련과 지속적인 불일치가 있었음을 강조하고 있다. 쿠바 미사일위기에 대한 미국 정책 결정자들의 마음체계는, 셸던 M. 스턴, 박수민 역, 『존 F. 케네디의 13일』 (파주: 모던타임스, 2013). 소련은 자신들의 평화적이면서 단호한 행동에 의해 위기가 종료되었다고 주장한다. I. D. Ovsyany et al., *A Study of Soviet Foreign Policy*, p. 173.

80 김광수, "조선인민군의 창설과 발전," pp. 127~130.

81 조선로동당 중앙위원회 당력사연구소, 『조선로동당력사』 (평양: 조선로동당출판사, 2006), p. 319. 1964년 출간된 『조선로동당력사』 교재에는 "병진로선"이 독립된 절로 기술되지 않고 있다. 1979년판 『조선로동당력사』에는 병진노선이 한 절로 등장하지만 "미제국주의"에 대한 비판만 있지 소련에 대한 비난은 없다. 1991년도 『조선로동당력사』에도 소련에 대한 비난은 없다. 소련의 붕괴 후 출간한 2004년 『조선로동당력사』에서부터 소련에 대한 비난이 등장한다.

해위기 때에는 사회주의국가의 존엄도 집어던지고 미제의 압력 앞에 로 골적으로 굴복하는 데로 나아갔다.

소련이 북한에 제공하는 핵우산을 믿을 수 없었기 때문에 국방력을 강화했다고 읽히는 대목이다. 1962년 12월 10~14일에 개최된 조선로 동당 중앙위원회 제4기 제5차 전원회의의 의제 가운데 하나가, "조성된 정세와 관련하여 국방력을 더욱 강화할 데 대하여"였다. 그러나 당시의 보도에는 소련에 대한 노골적 비판 대신에 "사회주의 진영의 통일을 확 고히 수호하며 이 통일을 약화시키려는 어떠한 행위와도 견결히 투쟁할 데 대하여 강조하였다"는 표현 정도가 등장한다.[82] 정책 결정자들의 실제 마음체계보다 온건한 어휘의 사용이었다고 할 수 있다.

5. 핵에너지의 평화적 이용과 관련한 담론: 소련과의 핵 협력

최초의 원자력발전소는 1954년 6월 소련에서 가동되었다. 소련은 오브 난스크 원자력발전소에 관한 보고서를 1955년 9월 공개한 바 있다. 원자 력의 평화적 이용을 시작한 소련은 1956년 3월 26일 북한을 포함한 사 회주의 국가들과 "련합 원자 핵 연구소 설치에 관한 협정"에 조인했다.[83] 이 연구소에는 알바니아, 불가리아, 헝가리, 동독, 중국, 북한, 몽골, 폴 란드, 루마니아, 소련, 체코슬로바키아가 참여했다. 이 연구소 설립의 목

---

82   "조선 로동당 중앙 위원회 제4기 제5차 전원 회의에 관한 보도," 『조선중앙년감 1963』 (평 양: 조선중앙통신사, 1963).

83   『조선중앙년감 1957』 (평양: 조선중앙통신사, 1957). 이 협정에 서명한 북한 대표는 "화학 공업상 정 준택"이었다. 로동신문 보도의 제목은, "합동 핵 연구소 조직에 관한 협정 모쓰 크바에서 조인"이었다. 1956년 4월 7일 「로동신문」에는 단장이었던 정준택의 귀환담이 실 려 있다.

적은 원자력의 평화적 이용을 위하여 "본 협정에 조인한 나라 과학자들이 핵 물리학 분야에서 리론적 및 실험적 연구를 공동으로 진행하는 것을 보장"하는 것이었다. 북한은 이 연구소의 건설 및 유지비로 0.05%를, 중국은 20%를, 소련은 17.25%를 부담했다. 중국의 부담률이 높다는 점도 주목된다.[84] 소련의 깔리닌주 두브나(Dubna)에 있던 이 연구소에 파견된 북한의 과학기술자들이 초기 북한의 핵 기술 발전 과정에서 역할했던 것처럼 보인다.[85]

북한의 핵에너지의 평화적 이용과 관련한 담론은, 1958년경부터 확인할 수 있다. 김일성은 북한의 국가 수립 10주년을 기념하는 '과학전람회'에서 "핵물리학 분야의 간부를 양성하는" 문제를 언급했다고 한다.[86] 1961년 9월에 열린 4차 당대회에서 김일성은 "원자력을 생산에 받아들이기 위한 연구사업을 전망성있게 진행하여 방사성동위원소와 방사선을 공업과 농촌경리를 비롯한 여러 부문들에 널리 적용하여야 할 것"이란 발언을 한 바 있다. "원자력공업의 자립적인 토대"를 만들고자 한 것이다.[87] 동맹의 체결을 통해 핵 위협에 대응하고 동시에 핵 기술의 토대가 될 수 있는 원자력공업을 육성하고자 했음을 알 수 있는 대목이다.

---

84   이 연구소는 1964년을 결산하는 『조선중앙년감 1965』에서는 이전의 연감에서와 달리 국제기구의 하나로 소개되지 않는다. 이후 기술하는 1964년 중국의 핵실험과의 연관을 생각하게 한다.

85   1961년 7월 7일 「로동신문」에는 "우리나라 과학자 김희인을 비롯한 과학자 집단에 1961년도 련합 원자핵 연구소 과학상을 수여"했다는 기사도 보인다.

86   윤명수, 『조선과학기술발전사(해방후편 1)』(평양: 과학백과사전종합출판사, 1994), p. 166.

87   김일성, 『조선로동당 제4차대회에서 한 중앙위원회 사업총화보고』(평양: 조선 로동당출판사, 1968); 윤명수, 『조선과학기술발전사』, p. 247. 1961년 9월 김일성종합대학 창립 15주년 기념보고회에 참가한 교직원들과의 담화에서, 김일성은 "원자력과 태양광선을 리용하는 문제도 깊이 연구하고 이 부문 전문가들을 키우는데도 큰 관심을 돌려야 하겠습니다"라고 말했다고 한다. 김일성, "교수 교양사업과 과학연구사업을 잘하여야 한다," 『김일성전집 제27권』(평양: 조선로동당출판사, 1999).

V. 중국의 핵실험과 북한 핵 담론의 전환:
'핵 폐기를 위한 핵무기'

1. 중국 핵실험의 긍정

북소갈등이 심화되는 가운데 1963년 6월 5일부터 23일까지 북한 최고 인민회의 상임위원회 위원장인 최용건이 중국을 방문하여 중화 인민공화국 주석인 류소기(劉少奇)와 공동 성명을 발표했다. 이 성명에는 당시 소련에 대한 북한과 중국의 '불편한' 마음체계가 드러나 있다.

관련 구절들이다.[88]

중화 인민 공화국은 평화적 공존에 관한 5개 원칙의 창시자로서 평화적 공존에 관한 5개 원칙과 반동 정신을 일관하게 견지하면서 친선적 선린 정책을 실시하고 있으며 아세아와 세계의 평화를 수호하는데 있어서 거대한 기여를 하고 있다.

현 시기 국제 공산주의 운동의 주되는 위험은 수정주의이다. … 그들은 자신이 제국주의를 반대하지 않을 뿐만 아니라 남들도 제국주의를 반대하지 못하게 하고 있다.
쌍방은 지금 사회주의 진영과 국제 공산주의 운동 내에 존재하는 의견 상이가 반드시 내부적인 평등한 협상의 방법을 통하여 해결되여야 한다고 인정한다.

---

[88] "최용건 위원장과 류소기 주석의 공동 성명," 『조선중앙년감 1964』 (평양: 조선 중앙통신사, 1964).

이 인용문에서 수정주의는 소련을 지칭한다. 북한과 중국은 소련의 대외 정책에 대한 반대를 명확히 하고 있다. 소련을 구체적으로 언급하지 않았을 뿐이지 소련이 미국의 제국주의에 반대하지 않고 있다는 지적까지 하고 있었다.

북한과 중국이 공유한 소련 비판은 중국의 핵 개발에 대한 북한의 긍정으로 나타났다. 1963년 8월 5일 미국, 영국, 소련은 모스크바에서 '핵실험금지조약(Treaty of Banning Nuclear Weapons Tests in the Atmosphere, in Outer Space and under Water)'에 합의했다. 그러나 이 조약은 지하 핵실험은 인정하는 부분적 핵실험금지조약이었다. 「로동신문」 8월 4일 자에는 이 조약을 비판하는 사설, "미제의 핵 전쟁 도발 책동을 반대하며 핵 무기를 철폐하기 위하여 투쟁하자"가 실렸다.[89] 이 사설에서 북한은 이 조약이 "핵 시험 금지를 핵 무기의 금지와 분리시키고 있으며 핵 시험 금지도, 지하 핵 시험은 제외하고" 있음을 비판한다. 그리고 다음과 같이 중국의 핵 개발을 언급한다.

핵무기의 전파 방지라는 허울 좋은 간판 밑에서 미제가 노리는 진짜 목적은 바로 중국을 비롯하여 사회주의 국가들이 핵무기를 소유하는 데 장애를 조성하며 나아가서 사회주의 진영의 위력을 약화시키려는 데 있다는 것이 명백하다.

미국에 대한 비판이지만 소련에 대한 비판도 담고 있는 사설이다. 그리고 미·영·소가 주도하는 핵 확산 금지를 사회주의 국가들의 핵 보유를 저지하기 위한 조치로 인식하고 있음을 볼 수 있다. 달리 표현하면

89 북한은 1958년 2월 「로동신문」에서 "원자 및 수소 무기 시험의 조속한 중지 문제"를 위한 미·영·소의 "수뇌자 회의"를 개최하자는 소련의 제안을 긍정적으로 보도한 바 있다.

사회주의 국가의 핵 보유 및 사회주의 국가로의 핵 확산을 긍정하는 발언이다. 중국의 핵 개발이 북한의 안보에 긍정적일 것이라는 기대도 담겨 있다. 중국이 북한에 제공할 수도 있는 핵우산을 북한은 생각했을 것이다.

1964년 10월 16일 중국은 핵실험을 했다. 10월 17일 「人民日報」에 핵실험을 알리는 성명서가 게재되었다. 북한의 10월 18일 「로동신문」은 "중국에서 첫 핵 시험을 성과적으로 진행"이란 기사와 더불어 중국 정부의 성명을 전재했다. "중국에서 성과적으로 진행한 핵 시험은 국방력을 강화하여 조국을 보위함에 있어서 중국 인민이 달성한 커다란 승리이며 동시에 전 세계 평화를 수호함에 있어서 중국 인민이 이룩한 커다란 기여"라는 게 북한의 평가였다. 중국 정부의 성명은, 미국의 핵 위협 때문에 핵실험을 했고, 미·영·소의 부분적 핵실험금지조약은 "기만"이며, 핵 무기 보유가 "핵 렬강의 핵 독점을 분쇄하고 핵 무기를 소멸하기 위해" 핵실험을 했다는 논리로 구성되어 있었다.[90] 북한이 2006년 10월 첫 핵 실험을 했을 때도 '같은' 논리를 전개했다.[91]

---

90 중국 정부의 성명은 "우리는 인간이 핵무기를 만든 것만큼 인간이 반드시 그것을 소멸할 수 있다는 것을 확신한다"로 끝을 맺고 있다. 「로동신문」, 1961년 11월 2일 자에서는 중국의 류소기 주석의 핵무기에 관한 발언을 보도하고 있다. "자기의 대외 정책을 작성함에 있어서 중국 정부는 결코 자기가 핵무기를 가지고 있는가 있지 않는가 하는 데로부터 출발하지 않는다. 핵 전쟁을 방지하고 세계 평화를 수호하기 위하여 중국 정부는 핵 무기의 완전한 금지 및 완전한 파괴 문제를 토의할 세계 국가 수뇌자 회의를 소집할 데 대한 제안을 다시금 제기하였으며 이에 있어서 핵무기를 이미 소유하고 있거나 가까운 장래에 그것을 소유할 수 있는 나라들이 첫 조치로서 우선 핵 무기를 사용하지 말 데 대한 의무를 질 것을 주장하고 있다." 핵무기를 보유한 이후 중국도 핵사용의 금지를 핵 담론의 핵심으로 삼게 된다.

91 2006년 10월 3일 핵실험을 예고했던 북한 외무성 성명의 일부다. "오늘 조선반도에서는 미국의 날로 가중되는 핵전쟁 위협과 극악한 제재압력책동으로 말미암아 우리 국가의 최고 리익과 안전이 엄중히 침해당하고 우리 민족의 생사존망을 판가리하는 준엄한 정세가 조성되고 있다. … 조선반도의 비핵화를 실현하고 세계적인 핵군축과 종국적인 핵무기철폐를 추동하기 위하여 백방으로 노력할 것이다." 구갑우, 『비판적 평화연구와 한반도』 (서울:

중국의 핵 억제력에 대한 북한의 긍정은, 당시 내각수상인 김일성과 최고인민회의 상임위원장 최용건 명의로 축전을 보낸 것에서도 드러난다. 축전의 말미에 북한은, "우리는 중국 공산당 주위에 굳게 단결하여 국방력을 강화하고 조국을 보위하며"라는 표현을 담았다.「로동신문」10월 19일 사설에서는 "사회주의 중국이 핵무기를 소유하게 된 것은 자기의 방위와 평화를 고수하기 위한 부득이한 조치"라고 주장했다. "부득이한"에 방점을 찍을 수 있지만, 북한의 핵 담론이 핵 보유 반대에서 사회주의국가의 핵 보유 인정, 즉 핵 확산 동의로 이동했음을 보여 주는 사설이다. 1964년 10월 29일 김일성이 10월 17일 중국의 주은래가 보낸 서한에 대한 "회답 서한"인 "핵 무기의 완전한 금지와 완전한 파괴 문제를 토의할 세계 각국 수뇌자 회의를 소집할 데 대한 중화 인민 공화국 정부의 제의를 지지하여"에서도 중국의 핵 실험이 "자위적인 조치"라는 논리가 반복되고 있다.[92]

2. 중국의 억제력과 북한의 국방력

'2012년 5월' "불멸의 력사" 총서로 발간된 소설『운명』에는 중국의 핵 실험 보고를 접한 직후 김일성이 '비장하게' 1962년 12월의 전원회의를 회상하는 장면이 있다.[93] 전원회의 첫날 '기록영화'를 보는 장면이 나온다. 미국 정부가 쿠바에 대한 해상봉쇄를 결정하고 쿠바의 군중들은 "조국이냐, 죽음이냐. 우리는 승리할 것이다!"라고 외치고 있다. 소련에서

후마니타스, 2007), pp. 283~285.

92 『조선중앙년감 1965』(평양: 조선중앙통신사, 1965). "조선 민주주의 인민 공화국 정부는 핵무기의 완전한 금지와 완전한 파괴를 시종 일관 주장하여 왔으며 국제 긴장 상태의 완화와 세계 평화를 수호하기 위하여 자기의 모든 노력을 다하고 있"다는 구절도 이 "회답 서한"에서 주목의 대상이다.

는 "흐루쑈브"가 "쿠바에 전개했던 미싸일과 중폭격기들의 철수를 명령
한다." 흐루쇼프의 말과 함께 "회오리치는 진바지들, 무릎우에까지 올라
간 짧은 치마가 휘돌아가"게 소련 젊은이들이 "쟈즈곡"에 맞추어 춤을 추
는 장면이 그다음이다. 기록영화는 베트남의 호지명, 중국의 모택동의
연설을 보여준 다음, 한반도 동해로 들어오는 미국의 항공모함 "엔터프
라이즈"호를 등장하게 한다. 군사정전위원회의 북한 측 대표의 발언에
이어 열병광장의 북한군으로 기록영화는 끝을 맺는 것으로 묘사된다.

그리고『운명』은 전원회의의 발언들을 소개한다. 소설 속 김일성의
말이다.

병진이란 말을 문자 그대로 경제, 국방에 다 같이 힘을 넣는 것이라고 단
순하게 생각해선 안 됩니다. 그것은 사실 경제건설보다 국방건설에 더 큰
힘을 넣는다는 것을 의미하는 것이기도 합니다. 그러니 너무 쉽게만 생각
지 말고 다들 더 연구합시다. 생각하고 또 생각해본 다음 토의해봅시다.

2012년의 시점에서 1962년 전원회의가 선택한 병진노선이 사실상
의 국방강화노선이었고, 병진노선이 '경제-국방의 딜레마'로 가질 수밖
에 없었다는 해석을 보여 주는 묘사다. 그리고 회의 '다섯 째' 날에 했다
고 하는 김일성의 발언이다.

---

93 정기종, 『운명』(평양: 문학예술출판사, 2012). 총서『불멸의 력사』는 북한이 주체사상을
지도이념으로 설정한 1970년대에 제작되기 시작했다. 김일성의 "수령형상"이 주제인 이
총서의 첫 권은 1972년에 출간된『1932년』이었다. 김일성 사망 후에도 총서는 계속 발간
되고 있고,『운명』은 그 가운데 하나다. 한 평가처럼, " '총서'는 김일성을 중심으로 한 문학
창작물이고 역사적 사실을 공식화한 텍스트이자, 북한의 정치, 역사, 이념, 문학예술 등의
정책과 제반 지침을 망라한 자료의 집적물이다." 상허학회,『총서『불멸의 역사』와 북한문
학』(서울: 깊은샘, 2008).

사실 경제국방병진로선이라는 것을 말로 하기는 그닥 힘들지 않습니다. 만장일치로 손을 들어 찬성하는 것도 그렇습니다. 하지만… 정작 우리가 그것을 결심하면 우리 인민은 또 허리띠를 졸라매며 힘들게 살아야 합니다.

1962년 전원회의에서 병진노선을 둘러싼 갈등을 추측하게 하는 대목이다. 그리고 병진노선의 딜레마가 그 원인이었음을 생각하게 한다.

『운명』의 전개 과정에서 볼 수 있듯이, 북한은 중국의 핵실험이 "부득이한" 선택이었음을 강조한다. 이른바 "조성된 정세"가 중국이 핵 보유를 하게끔 만들었다는 논리다. 사회주의국가라는 중국의 성향보다는 정세에 초점을 맞추고 있다. 북한은 이 위기의 정세에서 '국방력' 강화로, 중국은 '억제력'의 확보로 대응한 형국이다. 북한이 핵무기를 만들 수 있는 자원과 기술력을 확보하지 못한 상태에서 1962년의 병진노선이 '불가피한' 선택이었음을 보여 주려는 의도로 읽힌다.

그러나 북소관계와 북중관계가 서로 상쇄하는 관계로 전환되면서 북한은 어느 한 편에 편승하지 못하는 '등거리' 외교전략을 선택할 수 없게 되었다 할 수 있다.[94] 따라서 이른바 자주 또는 주체라는 '반(反)대국

---

[94] 문화대혁명 이전인 1965년 북소관계는 개선되어 북한과 소련은 군사협정을 체결하기도 했다. 그러나 1960년대 중반 중국의 문화대혁명 시기에 홍위병은 김일성을 "살찐 수정주의", "흐루쇼프의 제자" 등으로 비난했고, 심지어 김일성이 군부 쿠데타로 축출되었다는 주장까지 나오기도 했다. 북한의 중국에 대한 비판은, 1966년 8월 12일 「로동신문」의 1면과 2면에서 확인할 수 있다. "자주성을 옹호하자," "자기 머리로 사고해야 한다," "자기 힘을 믿어야 한다," "남의 경험을 기계적으로 모방하지 말아야 한다," "민족적 긍지를 가져야 한다," "자립적 민족경제는 자주성의 물질적 기초이다," "자주성을 서로 존중하여야 한다" 등이 사설과 기사의 제목들이다. 1967년 1월 25일 북한은 「조선중앙통신」을 통해 중국 홍위병들의 주장을 반박하기도 했다. 그 내용은 "베이징을 비롯한 중국 각지의 홍위병 신문, 벽보 및 삐라들이 퍼뜨리고 있는 우리 나라에 대한 선전이 전혀 무근거한 날조이라는 것을 언명하고 우리나라 당, 정부, 인민 그리고 인민군대에 대한 참을 수 없는 중상이 아닐 수 없는 그러한 허위선전이 다시는 되풀이되지 말아야 할 것"이다. 『조선중앙년감 1968』(평양: 조선중앙통신사, 1968)에 실려 있다.

주의적' 집합 심리를 구축하게 되었고, 결국 북한도 '인정'한 병진노선에 내재한 딜레마가 심화되었던 것처럼 보인다. 김일성은 1970년 11월 조선로동당 제5차 당대회에서 다음과 같이 말한 바 있다.[95]

> 우리의 국방력은 매우 크고 비싼 대가로 이루어졌습니다. 털어놓고 말하여 우리의 국방비 지출은 나라와 인구가 적은데 비해서는 너무나 큰 부담으로 되었습니다. 만약 국방에 돌려진 부담의 한부분이라도 덜어 그것을 경제건설에 돌렸더라면 우리의 인민경제는 보다 발전하였을 것이며 우리 인민들의 생활은 훨씬 더 높아졌을 것입니다. 그러나 정세는 이렇게 하는 것을 허용하지 않았습니다.

정세 때문에 "조국보위의 완벽을 기하기 위하여 국방력을 강화"했다는 논리다. 그러나 병진노선의 딜레마가 심화되었음을 인정하고 있다. 핵 무기를 개발할 능력이 없는 정세에서 북한의 선택은 이른바 병진노선이었지만, 그 노선은 북한경제에 부정적 영향을 미칠 수밖에 없었다.

VI. 결론

북한 핵 담론의 원형은 1947~1964년의 기간에 배태되었다. 이 핵 담론은 핵무기 담론, 핵 위협 담론, 핵에너지의 평화적 이용과 관련한 담론 등으로 구성되어 있었다. 핵무기 담론은 북한의 국가 수립 초기 핵무기 금지에서 소련의 핵실험과 한국전쟁을 거치며 핵무기 선제 사용의 금지로

95 　김일성, "조선로동당 제5차대회에서 한 중앙위원회사업총화보고," 『조선중앙년감 1971』 (평양: 조선중앙통신사, 1971).

이동했다. 특히 1949년 소련의 핵실험 이후 북한은 소련의 '좋은' 핵무기와 미국의 '나쁜' 핵무기라는 이분법을 가지게 되었다. 이 핵무기 담론은 매력과 공포라는 핵 심리의 이중성을 전형적으로 보여 주는 것이었다. 북한 핵 담론의 마음체계는, 적으로 생각하는 미국의 성향으로부터 핵 위협 담론을 도출하고, 친구로 생각하는 소련의 성향으로부터 핵우산과 같은 핵 협력을 획득하는 방식으로 작동했다. 북한은 소련의 핵 정책—예를 들어, 핵실험 금지에서 핵실험의 재개로—의 전환에 대해서는 정세의 변화를 그 원인으로 생각하곤 했다. 소련의 핵 능력 축적도 소련의 성향이 아니라 조성된 정세의 탓으로 그 원인을 돌리고자 했다. 소련의 핵무기가 자국의 안보에 기여할 것이라는 전제가 있었기에 가능한 마음체계의 발로였다. 1950년대 중반부터 핵에너지의 평화적 이용에 관심을 가져온 북한은 최초로 원자력발전소를 가동한 소련과의 협력을 통해 핵 기술을 전수받는 선택을 했다. 1961년 조선로동당 4차대회 이후 핵에너지의 평화적 이용은 북한경제의 발전을 추동하는 담론으로 작동해 왔다.

그러나 북소관계가 악화되면서 북한의 핵 담론에 변화가 발생했다. 1963년 미·영·소가 지하핵실험은 인정하는 부분적 핵실험금지조약에 합의했지만, 북한은 이 조약을 중국의 핵 개발을 가로막는 조처로 해석했다. 소련의 핵우산이 불확실해진 정세에서 북한은 사회주의 국가이자 친구인 중국의 핵실험을 긍정하게 된다. 핵실험 금지와 핵군축을 주장했던 북한이 핵 확산을 동의하는 마음체계를 형성하게 된 것이다. 그리고 스스로 핵 억제를 대안으로 선택할 수 없었던 북한은 이미 경제·국방 병진노선의 길로 가고 있었다. 이 병진노선이 경제의 희생을 대가로 국방력을 강화하는 것임을 북한은 노선의 선택 초기부터 인지하고 있었지만, 적과 적의 위협을 상정하는 핵 위협 담론에 포획된 북한의 마음체계가 작동한 불가피한 결과였다.

마지막으로, 북한 핵 담론에서 부정이 아니라 긍정의 대안으로 고려하고 있는 평화지대의 개념이 있음에도 유의할 필요가 있다. 북한은 국가수립 이후 적의 위협에 맞설 수 있는 두 세력으로, 사회주의 진영과 평화옹호 세력을 상정해 왔다. 전자가 전형적인 세력 균형 정책을 통해 미국과 맞섰다면, 후자는 평화 세력의 연대를 통해 핵 과점체제에 도전하고자 했다. 평화지대화는 핵무기가 없는 지역의 창출, 즉 비핵지대화를 의미했다. 핵 능력이 충족되지 않은 조건하에서 평화지대는 북한의 마음체계에서 핵우산과 같은 효과를 가질 수도 있었다. 1980년 조선로동당 6차 당 대회에서 북한은 세력 균형으로는 평화와 안전이 유지되지 않는다고 주장하며, 한반도를 포함한 전 세계의 비핵지대화, 평화지대화를 제안한 바있다.[96] 그리고 "세계 모든 지역에서 핵무기의 시험과 생산, 저장과 사용을 금지하며 모든 핵무기를 완전히 폐기할 것을 주장"했다.[97] 그러나 결국 북한은 2005년 핵무기의 보유를 선언했고 더불어 핵 폐기를 주장하는, 즉 마음체계의 모순과 역설을 표현하는, 핵 담론을 개진하고 있다. 이 모순과 역설은 북한 핵 담론의 원형에서 그 싹을 확인할 수 있다.

---

96 2002년판 『국제법사전』, p. 251에서는 북한이 1981년에 일본 사회당과 함께 동북아시아 지역에 비핵지대, 평화지대를 설치하자는 제안을 했다는 구절도 나온다.

97 김일성, 『조선로동당 제6차대회에서 한 중앙위원회사업총화보고』 (평양: 조선로동당출판 사, 1980).

제2장

남북한 마음의 통합
-접촉지대로서 대북 인도적 지원의 경우-

이우영(북한대학원대학교)

I. 남북관계의 중층성

분단 이래 남북한은 '동족상잔'이라고 일컬어지는 한국전쟁이 상징하듯이 끊임없이 적대적 갈등을 겪어 왔다. 서해상의 수차례에 걸친 충돌과 같은 소규모의 무력 충돌을 포함하여 인명이 살상되는 갈등도 지속되었고, 국제무대에서 외교적 경쟁에서부터 스포츠에 이르기까지 남북 간의 긴장관계는 오늘날까지 여전하다고 할 수 있다. 이와 같이 갈등이 남북관계의 키워드였지만 두 번에 걸친 남북정상회담이 대표하듯이 화해와 협력의 관계도 없었던 것은 아니다. 한때는 전쟁과 다름없이 진행되었던 남북간 운동경기도 이루어졌지만, 단일팀을 이루어 세계를 제패한 경험도 있었다. 마찬가지 맥락에서 '아웅산 테러'로 최고지도자와 정부 고위 관계자들에 대한 공격이 있었음에도 불구하고 1985년에는 전쟁 이후 최초의 남북한 이산가족 상봉이 이루어진 것이 이러한 이율배반적인 남북관계의 역사를 잘 보여주는 것이다.

갈등과 화해가 변주되는 남북관계가 분단사의 주요 특징인 것은 분명하고, 통일을 지향하는 관점에서 적대적 관계를 넘어 평화공존을 지향해야 한다는 것이 일종의 당위적 명제이기는 하지만 한편으로는 이와 같은 시각 자체가 남북관계를 체제 간의 관계로 그리고 그 관계마저도 좋거나 나쁘거나 하는 식의 이분법적으로 환원시키는 경향의 토대가 되었다는 점에서 문제가 있다.[1] 그러나 다른 시각에서 본다면 남북한은 두 체제로 나뉘어 독자적으로 존재하여 왔지만 동시에 끊임없이 상호작용하여 왔다고 할 수 있다. 전쟁을 포함하여 적대적인 관계를 유지하였든, 협력사업을 하면서 화해적 관계를 유지하였든 혹은 외양적으로 직접적인 접촉자체가 없었든 간에 양 체제간의 상호작용은 항상 지속되어 왔기에 적대적 혹은 협력적이라고 단절적으로 관계를 규정하는 것은 한계를 가진다.

남북 간의 상호작용이 지속되었다는 것은 단순히 각각의 체제가 분단으로 영향을 받았다는 것을 의미하는 것만은 아니다.[2] 체제와 아울러 체제를 구성하고 있는 남북한 주민들의 의식은 물론이고 일상생활도 지속적으로 분단 상황과 관련되어 있다는 것이다. 학업생활이나 컴퓨터 게임에 이르기까지 폭력이 일상적인 것에서 시작하여 국가주의와 민족주의가 과잉인 사회의식의 수준에 이르기까지 분단과 남북관계와 무관하지 않다. 그리고 더 나아가 남북관계의 변화 그리고 상호작용의 변화는 사회구조적 특성이나 사회구성원의 성격과 연결되어 변화를 유인하고 있다고 볼 수 있다.

1   남북관계는 대한민국과 조선민주주의인민공화국간의 관계 즉, 국가 간의 관계와 같은 것으로 생각한다는 것이다. 또한 가치판단이라고 할 수 있는 적대관계(긍정)와 협력관계(부정)의 단순한 범주로 나누어 버린다. 이 경우 자연스럽게 사건이나 상황이 발생하는 특정 시점이나 기간만 관계의 고려 대상이 된다.
2   이러한 주장의 대표적인 경우가 백낙청의 분단체제론이다. 백낙청, 『분단체제 변혁의 공부길』 (서울: 창작과 비평사, 1994) 참조.

남북한 간에 이루어지고 있는 상호작용은 사회구조에서 일상의 수준에 이르기까지 그리고 상호작용의 주체가 다차원적인 동시에 상호작용의 양상이 다양하다는 특징을 갖고 있다. 남과 북이 상호작용하면서 어떤 경우는 일방적으로 영향을 받는 경우도 있고, 경우에 따라 상호타협하거나 혹은 긴장과 충돌이 생길 수도 있다는 것이다. 이와 아울러 다양한 상호작용은 복합적으로 이루어지는 경우가 적지 않은데 타협과 충돌이 동시에 일어나거나 시간의 흐름에 따라 상호작용의 양상이 변하기도 한다는 것이다.

따라서 남북관계는 거시적 차원이나 외적인 관점에서 보는 것과 달리 대단히 복잡하다고 할 수 있다. 이와 같은 상황은 남북한 체제를 독자적으로 분석하는 데도 적지 않은 어려움을 초래하지만,[3] 남북한 사회통합과 같이 상호작용과 직접적으로 영향을 받는 주제에는 보다 정교한 분석이 필요한 이유가 된다. 다시 말한다면 남북의 사회 통합을 고민한다면 먼저 남북의 상호작용이 구조의 차원과 일상의 차원에서 어떤 효과를 구체적으로 어떻게 영향을 받는가를 살펴보는 것이 전제되어야 한다는 말이다. 왜냐하면 제도의 통합과 달리 사회통합은 사회구성원들이 주체가 되는 것이고 이들의 일상이 남북관계의 변화 과정에 지속적으로 영향을 받고 있기 때문이다. 이러한 맥락에서 이 글이 주목하는 것은 남북한 상호작용이 두드러지게 나타나는 공간으로서 '접촉지대(contact zone)'의 상정과 상호작용의 유형으로 '마음의 체계'의 통합이다.

---

3   예를 들어, 남한사람들의 의식구조를 연구한다고 하더라도 분단체제는 물론이고 연구 대상 시점의 남북관계의 영향도 동시에 고려할 필요가 있다는 것이다.

II. 대북 인도적 지원과 남북관계

분단 이후 남북관계는 부침을 반복해왔다. 전쟁을 경험하면서 극단적인 대결 상태를 유지하면서 크고 작은 충돌이 지속되어 왔지만 다른 한편으로는 다양한 차원에서 남북 간에 화해와 협력을 위한 접촉이 이루어져왔다. 7·4공동성명, 6·15 및 10·4 공동선언을 포함한 최고위급의 정치적인 협상도 있었고, 기본합의서로 대변되는 다양한 수준의 남북 간 합의도 이루었다. 이러한 접촉은 주로 남북 당국 간 그리고 정치적 차원의 것으로서 경제협력이나 사회문화교류의 활성화와 연결되었고, 점진적이지만 남북관계를 발전시키는 계기가 되었다고 할 수 있다. 정치적인 차원에서 사회문화교류 차원까지 다양한 접촉이 이루어졌지만 이 가운데 주목할 것은 1990년대 중반 이후 활성화된 대북지원 활동이다.[4]

대북지원 활동이 활성화된 배경은 기본적으로 '고난의 행군'이라고 일컬어지는 1990년대 중반 북한의 심각한 식량난이라고 할 수 있다.[5] 아사자만 100여만 명이라고 추산되는 북한 상황을 접하면서 남한사회에서는 북한을 도와주어야 한다는 주장이 제기되었다. 북한 지원은 절박한 상황에 처한 북한 주민을 도와야 한다는 보편적 차원의 인도적 지원의 발현이라고 할 수 있지만, 기본적으로 1980년대 이후 남북의 경제적 격차가 확대되는 가운데 발전된 남한의 경제력이 뒷받침되었기 때문이라

---

4   여기서 대북지원활동이라 함은 남한의 시민사회단체가 중심이 되어 추진하여온 북한에 대한 식량, 의약품 제공과 보건·교육 지원과 같은 인도적 지원을 의미한다.

5   '고난의 행군' 시기는 좁게는 김일성 사망 이후부터 김정일 체제 공식 출범일인 1994년 하반기부터 1997년까지를 말하나, 넓게는 북한의 체제 기간인 1980년 후반부터 1990년 후반까지를 의미한다. 김갑식, "1990년대 '고난의 행군'과 선군정치: 북한의 인식과 대응," 『현대북한연구』, 제8권 1호 (2005), pp. 9~11. 고난의 행군과 관련된 사회변화에 대해서는 이상림, "고난의 행군기 이후의 북한 내 인구이동: 도시-농촌 간 인구이동," 『통일문제연구』, 제25권 2호 (2013), pp. 29~60 참조.

고 할 수 있다. 이와 더불어 1987년 체제의 또 다른 측면 즉, 성장한 시민사회의 존재도 대북지원 활성화의 계기가 되었다. 민주화의 중심이었던 시민사회 세력들은 1987년 체제가 성립된 이후 다양한 사회활동에 적극적으로 참여하였으며, 이 가운데 통일운동이나 평화운동으로 방향을 정한 조직도 적지 않았다. 이들은 종교단체 등과 연대하면서 대북지원활동의 주축이 되었다.

초기에 긴급 구호 중심으로 파편적으로 시작되었던 대북지원 활동은 김대중 정부의 등장과 정상회담을 계기로 남북관계가 화해협력을 기저로 바뀌면서 양과 질에서 급격하게 발전하였다. 김대중 정부의 뒤를 이은 노무현 정부 시절에도 시민사회가 중심이 되는 대북지원은 활발하게 진행되었다. 물론 강경한 대북정책을 추구하였던 이명박 정부 이후 이들의 활동이 주춤해졌다고는 하나 15년이 넘는 동안 이루어진 남한 시민사회의 대북지원활동은 기존의 남북관계가 국가가 중심이 되었다는 점에서 남북관계 전환의 하나의 계기가 되었다는 점에서도 중요한 의미가 있다. 시민사회의 대북지원은 남북관계와의 차원에서뿐 아니라 북한의 식량 및 보건 문제 해결에 도움이 되었는가 여부와 같은 지원의 효율성 문제 그리고 대북지원을 둘러싼 남한사회 내 사회갈등 문제 등 시민사회의 대북지원에 대한 다양한 검토가 필요한 시점이라고 할 수 있다.[6] 그동안 대북 인도적 지원과 관련된 논의는 주로 남북관계와 사회문화교류의 사례로서 그리고 대북정책의 차원에 집중하는 경향이 있었다. 그러나 이에 못지않게 중요한 것은 대북지원의 남북한 주민들의 접촉공간

---

6   인도적 지원의 전반적 현황에 대해서는 김정수, "인도적 대북지원과 북한체제의 존속력에 미친 영향," 『통일정책연구』, 제19권 1호 (2010), pp. 211~218 참조. 대북지원의 효과에 대해서는 양문수, "북한에 대한 인도적 지원의 경제·사회적 효과," 『동향과 전망』, 70호 (2007), pp. 243-272; 이금순, 『대북 인도적 지원의 영향력 분석』 (서울: 통일연구원, 2004) 참조.

이 된다는 점이다. 대북지원을 추진하면서 시작된 남북한 실무자들의 협상 공간은 물론이고 북한을 방문한 사람들이 지원현장을 방문하면서 다양한 수준의 남북한 주민들의 접촉이 이루어졌고 이와 같은 접촉은 과거에는 가져 보지 못한 경험이었다. 이러한 맥락에서 이 글은 대북인도적 지원 현장을 남북한 주민의 마음이 만나는 '접촉공간'으로 상정하고 여기서 남북한의 마음들이 어떻게 만나고 상호작용을 하는지 그리고 그 결과로 다시 남북한 주민의 마음에 어떤 영향을 미치는가를 살펴보는 것에 주안점을 두고자 한다.[7]

먼저 대북인도적 지원이 어떤 특성을 갖는가를 개괄적으로 살펴보고, 접촉공간으로서 대북 인도적 지원이 갖는 성격을 검토한 이후에 대북 인도적 지원에 참여한 사람들의 증언을 중심으로 남북한 주민의 마음의 통합 문제를 분석하는 순서로 이 글을 구성할 것이다. 연구를 위하여 지원단체 활동가들을 중심으로 인터뷰를 진행하였고, 후원자로서 북한을 방문하였던 일반 시민들의 참여기 등의 문건을 보조적인 수단으로 활용하였다. 그리고 주요 대북 인도적 지원단체의 대북사업 관련 문건들도 분석의 자료로 삼았다.

15년이 넘는 동안 대북지원활동이 지속되었고, 이 결과 많은 관련 단체들이 생겼지만, 중점 분석의 대상으로 삼은 단체는 「우리민족서로돕기」, 「어린이의약품지원본부」, 「어린이 어깨동무」, 「월드비전」 그리고 「사랑의 연탄나눔 운동」이다. 이들을 선정한 이유는 이들 단체들이 지속적으로 대북지원활동을 경험하였기 때문이다. 이와 더불어 포괄적인 상황에 대한 이해를 위해서 「민족화해중앙협의회」, 「한반도 평화포럼」 관

---

7 접촉지대와 마음의 통합에 대해서는 양문수·윤철기, "북한연구의 미시적 접근과 남북 접촉지대 연구: 북한연구의 미시적 접근과 남북 접촉지대 연구: 마음체계 통합연구를 위한 시론," 『현대북한연구』, 제16권 2호 (2013) 참조.

표 1. 대북지원 관련 면접 대상자 목록

성 명	소속/직위	인터뷰 날짜
L1	국제인도단체한국지부/부장	2014. 3. 20
Y1	국내·대북지원단체/실장	2014. 3. 6
P1	통일관련단체/국장	2014. 3. 12
L2	통일관련단체/처장	2014. 3. 13
S1	대북지원단체/부장	2014. 3. 17
K1	대북지원단체/처장	2014. 3. 5
H1	대북지원단체/국장	2014. 3. 28
U1	대북지원단체/총장	2014. 3. 19

계자의 증언도 참조하였다. 각각의 단체가 사업을 추진하는 과정에서 남북한 사람들의 마음의 체계(mind system)가 만나 어떻게 상호작용하고 있는지 실증적으로 고찰하는 것이 이 연구의 골자이다. 이러한 형태의 접촉이 긍정적 효과를 거두었는지 아닌지, 그러한 결과를 초래한 원인은 무엇인지 살펴보는 것도 이 연구의 중요한 부분이다.

III. 접촉지대로서 대북 인도적 지원

접촉지대에서 발생하는 마음의 체계의 상호작용에 대한 연구는, 무엇이 사회구성원을 하나로 묶어주는가라는 고전적 사회통합 논의를 '미시적 수준'에서 고찰하는 것이라고 할 수 있다. 사회통합(social integration)을 거시적 수준에서 체제의 지배 정당성이 사회구성원에 의해 인정되고 수용되는 '체제통합(system integration)'과 개인 및 집단의 상호작용을 통한 관계성의 증가인 '사회활동의 통합(societal integration)'으로 구분할 수 있다면(Giddens 1982, 92-93), 마음체계의 상호작용에 대한 연구

표 2. 남북한의 접촉지대

장소	제도	제도화	비제도화
경계		(1) 남북협상	(2) 북방한계선(NLL)
영토	남한	(3) 탈북자 거주지역	(4) 비공식 부문 탈북자
	북한	(5) 개성공업지구, 금강산	(6) 인도적 지원, 사회문화교류
	해외	(7) 유엔, 6자회담	(8) 탈북자의 해외 거주지역

는 거시적 사회통합의 미시적 기초를 밝히는 연구이다.[8] 남북한의 접촉지대는, '장소(place)'로서의 '지리적 공간'과 '공간의 제도화' 존재유무라는 두 변수를 사용하여 유형화할 수 있다. 첫 번째 변수인 장소는, 남북한의 '경계' 그리고 경계에 의해 공간이 획정되는 '영토'로 구분할 수 있다. 이 영토는 또한 남북한 각각의 영토 내부 그리고 해외의 장소를 상정할 수 있다. 다른 한편 남북의 접촉지대는 '고안된 제약'인 '게임의 규칙'의 존재여부(North 1996, 13), 즉 '제도화/비제도화'의 기준을 통해 분류할 수 있다(표 2 참조).[9]

위의 분류에 따르면 대북지원은 장소로서는 북한 영토 안이고, 접촉의 제도화의 차원에서 본다면 '비제도화'된 접촉공간이다. 대북지원이 장기간에 걸쳐 이루어졌고, 지원의 주체와 대상이 비교적 일정하다고 할 수있으나 지원사업은 불규칙적이고, 남한이 북한 그리고 상호간의 일정하게 구축된 제도적 틀이 없다는 차원에서 비제도화된 공간으로 볼 수 있다.

구체적인 차원에서 접촉지대로서 대북 인도적 지원을 이해하기 위해서는 대북지원이 갖는 성격을 우선 알아야 할 필요가 있다.[10]

---

8   위의 글, pp. 254~255.
9   위의 글, p. 258.
10   대북 인도적 지원의 역사적 배경에 대해서는 이금순, 『대북지원민간단체의 남북교류협력

첫째, 분단 이후 남북관계는 주로 정부가 중심이 되었고, 일부 사회문화교류에서 민간단체가 개입하였던 적이 있으나 대북지원은 명실상부하게 민간이 중심이 되는 남북간 접촉이었다는 점이다. 이러한 차원에서 분단 이후 남북관계에서 시민사회가 전면에 나서는 첫 번째 계기가 대북지원활동을 통하여 이루어졌다고 할 수 있다.[11]

둘째, 시민사회가 중심이 되었다고는 하나 남북관계의 특수성으로 인하여 접촉과정이나 물자 반출 등에서 정부의 허가가 필요하였던 까닭에 대북지원활동은 기본적으로 거버넌스적인 특성을 갖고 있었다는 사실이다.[12] 더욱이 정부와 시민단체의 결합뿐 아니라 의약품 등의 물자지원에 관련기업들도 참여함으로써 정부(중앙정부와 지방정부)–시민사회–기업의 결합이라는 거버넌스 체제가 작동하기 시작한 계기가 되었다는 점도 중요하다.[13]

셋째, 총리급 회담과 기본합의서 및 부속합의서 채택 과정에서 지속적인 남북간 접촉을 경험하였지만, 대부분의 남북접촉은 일회적인 행사로 끝나는 경우가 많았다. 반면 대북지원은 지속적으로 이루어지면서 동시에 접촉의 형태와 범위도 점차 확산되는 경향성을 띠었다고 할 수 있다.[14] 지원의 내용도 단순한 긴급구호에서 점차 개발지원적 사업으로 발

연구』(서울: 통일연구원, 2004), pp. 17~24 참조. 구체적인 지원 사업의 진행에 대해서는 대표적인 관련단체인 우리민족서로돕기운동과 어린이 어깨동무의 활동 역사를 참고할 수 있다. 〈http://ksm.or.kr/index.html; http://www.okfriend.org/about_ustab=tab_our_way〉(2014. 6. 1. 검색).

11 대북지원과 정부 민간부분의 관계에 대해서는 문경연, "북한의 식량난과 대북지원 민간단체의 역할," 『KDI 북한경제리뷰』, 14권 9호 (2012), pp. 43~45 참조.

12 강동완, "정책네트워크 분석(Policy-Network Analysis)을 통한 대북지원정책 거버넌스 연구: 정책 결정과정을 중심으로," 『국제정치논총』, 제48집 1호 (2008), p. 298.

13 남북관계 및 교류협력과정에서 거버넌스의 문제에 대해서는 김국신, 『북한 통합을 위한 바람직한 통일정책 거버넌스 구축방안』(서울: 통일연구원, 2005); 김근식, 『북한 사회·문화협력 거버넌스 실태조사』(서울: 통일연구원, 2006) 참조.

전하였다.

넷째, 민주화과정에서 통일운동을 지향했던 단체들이 없었던 것은 아니나 이들의 일차적인 목표는 권위주의 정부의 타도에 있었다. 반면 대북지원이 주축이 되었던 시민사회단체들을 직간접적으로 북한과 접촉하면서 실질적인 통일 관련 활동을 수행하였다는 점이다. 이념적인 차원보다는 북한 주민의 상황개선이라는 구체적인 사안을 통일과정의 하나로 간주하고 실천적인 차원에 초점을 맞춘 사회운동을 전개하였다는 점에서 기존 통일운동 조직과 차이가 있다.

다섯째, 이념적인 특성이 없는 것은 아니지만, 대북지원에 참여하는 시민사회의 범위가 넓었다는 점이다. 처음으로 대북지원을 적극적으로 지원한 「우리민족 서로돕기운동 본부」의 경우는 7대 종단이 주축이 되었고, 보수적인 대북관을 견지해왔던 개신교 기반의 대북지원단체들도 확산되어갔다. 평화교육에 관심 있는 「어린이 어깨동무」 등도 이념기반의 사회운동단체와는 거리가 있었다.

대북지원의 특성은 접촉지대로서 대북지원 단체들의 활동에 영향을 미쳤다. 이를 토대로 나타나는 접촉지대로서 대북지원 사업의 특징을 정리하면 다음과 같다.

첫째, 지속적인 대북지원 활동으로 다층적인 남북접촉이 이루어졌다. 단순히 인도적 지원을 목적으로 하는 접촉뿐만 아니라 보건지원을 통한 의료인들의 접촉, 병원 등의 구호시설 건축을 위한 건설전문인들의 접촉, 인도적 지원을 후원하는 일반 시민들의 방북을 통한 보통 사람들의 접촉 등 다양한 접촉이 이루어졌다는 것이다. 그리고 이러한 다양하고 지속적인 남북 접촉은 과거에 경험하지 못한 일이었다.

14   이우영, "민간단체의 대북지원 쟁점 및 개선방안." 『KDI 북한경제리뷰』, 제13권 7호 (2011), p, 81.

둘째, 대북지원의 주체가 되었던 NGO의 실무 중심자들은 과거 민주화 투쟁의 경험을 갖고 있으며, 상대적으로 북한에 대한 관심이 적지 않았던 집단이지만 대북지원활동을 통하여 북한에 대한 실질적 이해의 정도가 높아졌다고 할 수 있다. 이것은 접촉지대의 질적 차원이 시간의 흐름에 따라 변화하는 배경이 되었다.

셋째, 사업의 진행과 확산과정에서 반복적인 접촉이 이루어졌고, 접촉을 유지하였던 남북 사람들의 접촉면도 심화되고 확대되었다는 것이다. 업무 중심의 대화에서 시작하여 상대방의 개인사까지 나누게 되는 경우가 빈번해지면서 이념이나 가치관 그리고 정서의 부분 등 마음체계 전반이 상호작용하는 결과를 가져왔다. 상호이해가 증진되면서 상대방의 마음체계를 수용하기도 하였지만 때로는 충돌하고 재규정되는 현상을 보이게 되었다.

넷째, 대북지원 긴급구호에서 병원건설, 농업지원, 농기계 제작, 교육지원 등 점진적으로 발전하였고, 과거에 비해서 접촉양식이 구조화되는 경향이 있었지만 남북관계에 영향을 받으면서 법적인 안정장치가 없다는 점에서 제도화의 수준은 낮다고 할 수 있다. 지원단체별로 혹은 지원사업별로 남북 간 접촉이 이루어졌고 일정한 제도의 틀은 갖추지 못하였다는 것이다. 대북지원단체들간의 조직(북민협; 대북협력민간단체협의회)이 만들어지고 정부와의 연결도 이루어졌지만 불안정한 수준이었다.

다섯째, 대북지원의 공간은 북한영토가 중심이었다. 협상을 위한 공간으로 중국 등 제3국이 활용되기는 하였지만 개성공단 개설 이후에는 개성을 주된 협상 장소로 활용하였고, 실질적인 접촉의 공간은 북한영토였다. 그리고 사업의 진전 과정에서 신의주나 남포 그리고 개성이나 해주 등 지방이 접촉공간이 되기도 하였지만 기본적으로 평양이 중심이 되었고, 평양인근지역이 해당지역이 되는 경우도 있었다. 접촉공간이 일정하지 않다는 점도 비제도화된 접촉공간의 특성을 보이게 된다.

여섯째, 남북 간의 접촉이라는 차원에서는 상호작용이 일어나고 있지만, 인도적 지원이라는 의미 자체가 물물을 공여하는 입장과 원조 받는 입장이라는 점에서 관계의 불균등성을 내포하고 있다. 남한 사람들은 기본적으로 '갑'의 입장이며 북한 사람들은 '을'의 입장이라는 것이다. 이 것은 다른 접촉지대의 만남과는 차이가 있는 부분이다.

일곱째, 접촉의 주체가 다양하면서 불균형적이라는 점이다. 남한 사람들은 기본적으로 지원 관련 단체의 활동가 중심이 되고 있지만, 관련 사업의 전문가들이 접촉이 주체가 된다. 북한의 경우 대남관련사업 종사자들이 중심이면서 부분적으로 해당 분야 전문가들이 참여한다. 그러나 방북에 대한 남북한 당국의 제한 등으로 접촉공간에 참여하는 사람들은 제한된다. 이와 같은 상황에서 마음의 접촉은 차별적으로 이루어진다.

IV. 대북지원에서 마음체계의 상호작용

개별 단체와 추진하는 사업에 따라 차이가 있지만 기본적으로 대북지원 활동은 다음의 몇 단계를 거쳐 이루어진다.[15] 첫째, 남한의 지원단체가 대북지원을 결심하고, 통일부에 승인을 얻은 이후 북한의 관련 기관과 접촉을 한다. 두 번째는 북한의 대남관련 실무자들과 남한의 지원단체 실무자 간에 사업 추진과 관련 의견을 조율한다. 넷째, 남한의 지원단체 실무자가 북한을 방문하여 북한의 대남사업 담당자와 더불어 사업 현장

---

15   이금순, 『대북지원민간단체의 남북교류협력 연구』, pp. 51~61 참조. 이와 더불어 면접대상자, S1, L2, H1의 증언을 바탕으로 재구성한 것이다.

에서 북한의 관련 사업 전문가들과 사업을 진행하게 된다. 경우에 따라 남한의 관련 전문가가 동행하는 경우도 있다. 이와는 별도로 대북 지원 활동을 후원하는 남한의 일반 주민들의 북한 지역을 직접 방문하여 접촉하는 경우가 비정기적으로 존재한다.

공여자와 수혜자라는 권력관계가 남북한 주민들의 마음체계 상호작용의 근본 배경이 되지만, 대북지원 활동의 접촉공간에서는 반드시 그런 것은 아니다. 이것은 무엇보다도 지원의 필요성에 상관없이 북한, 특히 대남사업 종사자보다 정치사업 종사자는 대북지원을 적극적으로 원하지 않는 경향이 있는 반면 남한 단체 관계자들은 대북지원 활동 자체에 적극적인 성향을 갖고 있기 때문이다. 또한 상대적으로 물자가 부족한 북한 사람들은 자신들의 치부가 드러나는 것에 대해서 거부감을 갖고 있거나 대외 원조 자체를 자존심과 관련시키는 경우가 많아서 일반적인 공여자–수혜자 관계의 상호작용과는 다소 다르다고 할 수 있다. 이 과정에서 마음의 통합 관련 상호이해를 증진하는 긍정적인 요소들과 갈등을 유발하는 부정적인 요소들이 공존하고 있다.

1. 부정요인: 갈등 초래

(1) 선입견과 경쟁의식

대북지원 현장에서 이루어진 남북한 주민의 마음의 상호작용은 기본적으로 다른 접촉지대의 상호작용과 유사하다고 할 수 있다. 분단 이후 갖고 있는 상대방에 대한 선입견이 대표적인 사례이다.[16] 이와 더불어 상호

---

16 냉전적인 교육과 미디어에서 비롯된 적대의식이 여기에 포함한다. 양문수·이우영·윤철기, "개성공단에서의 남북한 접촉이 북한근로자에 미친 영향에 관한 연구," 『통일연구』, 제17권 2호 (2013), p. 140.

작용에서 마음의 통합을 저해하는 요인들이 몇 가지 나타나고 있는데 그 첫 번째가 자기 검열이라고 할 수 있다.

> 북한 애들하고 되게 친한 것 같은데 북한을 들어갈 때 긴장되고, 북한 애들 만날 때 답답하고. 그건 병처럼 갖고 있어요. 왜 그러냐면은 말 한마디 하는 거, 쟤가 무슨 얘기를 할까? 그 의도가 뭘까? 맨날 순수하게 받아들이면 참 좋은데 이게 습관화 되어있는 거예요. 쟤가 왜 저런 얘기를 할까? 그럼 난 뭐라고 받아쳐 줘야 되지? 내가 얻고자 하는 건 뭐지? 음? 내가 지금 제대로 얘기하고 있는 거야? 자기, 제 스스로가 이런 것들을 다 이렇게 검열하고, 검증하고, 이러다 보니 북한 애들이랑 이야기하는 게 막 편하지만은 않아요. (L1)

협상과정에서 상대방에 대한 의도를 계산하고 대응하는 것은 일반적이라고 할 수 있지만 북한은 순수하지 않다는 선입견이 자기검열로 이어진다. 분단이후 지속된 남북한 간 갈등과 반복되어온 반공교육은 접촉공간의 상호작용에서 중요한 역할을 한다고 볼 수 있다.

체제수준의 남북한 간 적대적 대결관계는 개인 수준에서의 경쟁의식으로 발현되는데 인도적 지원이라는 명분에도 불구하고 이러한 사고는 마찬가지이다.

> 서로서로에 대한 어떤 경쟁 라이벌 의식 같은 게 보이지 않게 있어요. 근데 한번 그 친구랑 엘리베이터를 타고 가는데 그 친구가 갑자기 선뜻 그런 얘기를 하는거예요. "야, 이팀장, 왜? 나 있잖아. 너한테 지구 싶지 않아." 그러는 거예요. 저도 그땐 인식하지 못했던 거였는데, 내가 애를 이겨야지 하는 생각을 못 했었는데, 그런데 나도 모르게 그 친구가 얘기

하면 받아 치구 받아 치구, 내가 얘기하면 그 친구가 받아 치구 받아 치구,
뭐 이런 것들이 그 친구는 언제나 라이벌 의식을 가지고 있었던 것 같구
요. … (L1)

인도적 지원이라는 사업이 공동의 이익을 구현하는 것이 목적임에
도 불구하고 경쟁의식이 작용하고 있다는 것이 접촉하고 있는 남북한 주
민의 상호작용에 장애요인이 되고 있다.

남북한의 상호불신은 사업을 일정기간 지속하면서 약화되기도 한
다. 그러나 개인적인 차원에서 신뢰감이 생긴다고 하더라도 체제에 대한
불신이나 선입견은 여전히 작동하면서 완전한 신뢰감 형성에는 어려움
을 겪게 된다. 북쪽 담당자가 남쪽 실무자의 건강을 진심으로 걱정하여
산삼을 건네주었는데 상대방에 대한 의심이 발생한 사례이다.

박스 하나를 이렇게 딱 주는 거예요… 삼 한 뿌리가 캔 지 얼마 안 된 삼
한 뿌리가 잎사귀까지 싱싱한 삼 한 뿌리가 딱 있는 거예요… 순간적으
로요. 너무 긴장이 되기 시작하는 거예요. 그리고 주변을 돌아보기 시작
하는 거죠. 나도 모르게, 살짝살짝, 녹화되나, 녹음되나, 누가 주변에 없
나… 북한에서 내가 알고 있는 경험은 의심해야 되고 조심해야 되고 긴장
해야 되는 상황인거예요…. 얘가 그걸 원 하는 거야? 도대체 뭐지? 그러
고선 와서 침대 앞에 놓고서는 한참을 고민해요. 이걸 돌려줘야 되나? 의
도가 뭘까? 내가 이걸 먹은 다음에 뭘 요구할까? 저는 그때부터 그 친구
가 순수해보이지 않기 시작하는 거예요…. 제발 부탁인데 아무한테도 얘
기하지마라. 그 순간에 제가 되게 창피했어요. 그 친구는 진심이었는데 저
는 그 친구의 진심을 받아들일 준비가 돼 있지 않았던 거예요… (L1)

(2) 통제 및 감시의 문제

인도적 지원의 현장에서도 협상이나 사업에 참여하는 개개인들에 대한 정치적 사회적 감시와 통제는 적지 않은 영향력을 행사한다. 북한의 경우는 남북관계 전반을 정치적인 사업으로 간주하고 사업 현장에도 통상적인 정치적인 감시 및 통제가 이루어지고 있는 반면 남한의 경우는 지원사업에 참여하는 당사자가 소속된 조직의 압력이 통제의 기능을 수행한다.

> 그리고 어떻게든 난 너를 믿으려고 노력할거다. 근데 나는 너를 믿지만 내가 너를 믿는 거에 비해서 나의 후원자들과 우리 기관은 나를 믿어주지 않아. 내가 우리 기관과 우리 후원자들한테 너를 믿고 있다, 라고 하는 증거를, 이런 믿을 수 있는 사람이라고 하는 증거를 보여줬으면 좋겠어. (L1)

> 통제와 감시는 상호작용에 참여하는 당사자들의 신뢰가 축적되고 일정 기간이 흘러 사업이 원활하게 되는 경우에는 북한 쪽의 감시의 강도가 강화되는 경향이 있다.[17]

> 여러 가지로, 그 이후는 그 친구가 저한테 살짝 얘기하는 게 뭐냐하면, "사람들이 나를 의심하기 시작했다. 네가 남쪽 사람이냐? 네가 ××에 뭐가 있냐?"라는 이야기를 듣기 시작했다는 거예요. (L1)

---

17 북한의 사업관련 실무자의 교체도 이와 같은 현상을 반영한다고 할 수 있다. 인터뷰에 참가한 면접자들(P2, K2, H1, L2)도 이러한 현상에 대해서 언급한 바 있다.

　감시자의 유무와는 조금 다르지만 접촉하는 시점과 장소에서 어떤 사람들이 있는가하는 점도 남북한 주민들 간의 관계형성에 영향을 주는 요인이다. 같은 사람이라고 하더라도 다수의 남한 사람들이 있다면 이들을 의식하는 경우도 있고, 주변에 다른 사람들이 없으면 솔직한 태도를 보이기도 한다.

　2009년에 제가 중국에서 나와서 북한 의사들 교육을 병원에서 한 적이 있던 시기에 무뚝뚝하고 경계를 하던 북한분이 있었는데 한 달 정도 연수를 마치고 평양에서 만났을 때 사람이 180도 바뀌어 있었어요. 원래 그런 사람이 아닌 거죠. 그런데 남쪽 사람들이 있기 때문에 그랬던 거죠. 원래 임무가 있고 마음을 열기 싫었던 거죠. 근데 마음을 나누는 과정을 거치면서 마음이 바뀐 거 같아요. 그래서 마음을 여는 과정이 굉장히 중요하다는 걸 그때 많이 느꼈고. 사실 건축 과정 등 그런 일 하면서 사실 많이 친해져요. 많이 친해지게 되면 평소에 몇십 년 차이가 난다는 것을 인정 안 하다가도 제3국에서 아무도 없을 때 자기들이 부족하다는 것을 인정하는 경우도 있죠. (K1)

　감시와 통제의 문제는 접촉하는 사람들의 구성과도 관련된다. 지원사업의 과정에는 북한체제의 특성상 지원사업에도 정치사업을 하는 사람과 남북관계를 주로 하는 사람과 사업의 실무자들로 참여자가 구성되는데, 특히 내부정치를 담당하는 사람이나 남북관계를 담당하는 사람의 감시나 통제를 실무자들은 의식하게 된다. 체제경쟁의식과 결합하여 북한이 뒤떨어진 분야를 인정하는 것은 내부적으로 문제가 되는 것으로 생각하고 있는 경향이 있고, 실무적인 차원에서 능력이나 기술 등의 한계를 드러내는 것을 꺼리는 경향이 있다.

책이랑 똑같이 얘기하구. 그게 자기네랑 전혀 다른 얘기인데 책을 보고서 다 외우기 때문에 그게 당장 자기네가 실현되구 있는 것처럼 얘기한단 말이죠. 자존심엔, 자존심과 뭐 이런 게 부딪히면 와, 아닌거예요. (L1)

대북지원 관련 사업을 하는 북한의 실무자라고 하더라도 민화협이나 민경련과 같은 남북관계 사업을 하는 사람들과는 반복적인 만남을 통하여 신뢰도 생기고 상호이해의 폭도 넓어질 수 있으나 상대적으로 접촉 빈도가 적은 현장 실무자와의 관계는 어렵다.[18]

(3) 상대에 대한 지식 부족과 가치 및 언어의 차이

대북지원의 접촉과정에서는 상대에 대한 기본적인 지식이나 가치관 그리고 사용하는 언어의 차이도 오해 및 갈등의 원인이 되기도 한다. 무엇보다 초기의 대북지원에서 특히 문제가 되는 것이 시민사회의 개념이 없는 북한 사람들이 민간 그리고 비정치적 접촉자체에 대한 개념이 부재하다는 것이다.

문제는 북이 그걸 어떻게 바라보냐 하는 건데, 북한은 이렇습니다. 그거를 이해를 못하는 거지요. 그게 뭐인지를 몰랐던 거지요. 북한은 우선 민간에 대한 개념이 없는 거지요. 남쪽이라는 게 정치적 차원세계가 관리하고 만나고 그렇게 공작하고 뭐 이런 거로 생각했는데 결국 자기가 남쪽을 혁명역량을 강화해서 어쨌든 남쪽을 적화시키는 데 있어서 어떻게 할 것인가라는 이런 개념에서 이걸 출발했었는데 대남 사업이라는 것을, 그러니

---

18   U1 증언.

까 거기서 정식적으로 북한을 접촉하자고 제안하는 사람은 대부분 그런 어떤 정치적 차원이지요…. "당신 왜 국정원에서 일하고 있는 거 아닌가." 이런 거예요. 민간에서는 그 사람이 그렇게 묻는 거예요. 그게 무슨 소리냐고 우리는 아무 관계없다 그런 거 아니다, 라고 하니까 그걸 이해를 못하는 거지요. (H1)

상대방 체제에 대한 이해 부족과 더불어 남북한의 생활수준의 차이에서 비롯되는 특정 사업관련 지식의 차이가 마음의 상호작용에서 어려운 요인이 되는 경우가 적지 않다. 대북지원 사업 특히 개발협력적인 차원의 사업에서는 기술적인 요소가 개입되는 경우가 많은데 기술적인 차원의 지식차이가 문제가 된다.

북한의 제약공장 담당자하고 만났을 때도 뭐 묻고 뭐 묻고 하면 그에 대해 답을 못하지요. 그거는 너무나 당연한 거고 북쪽은 우리의 60년대 70년대 수준이잖아요. 우리는 뭐 거의 2000년대 수준에서 그 이야기를 하니까 통하지 않지요. 그니까 이제 그 서로간의 어떤 그 제약 공장이라는 게 있으면 이 제약 공장의 수준을 가지고 엄청나게 많은 협의가 이루어질 수밖에 없지요. (S1)

기술적인 차이와 더불어 사업을 추진하는 과정에서 중시하는 남북한 참가자들의 가치관의 차이도 장애요인이 되는데 남쪽은 상대적으로 실용주의적 접근을 하는 반면, 북쪽의 담당자들은 과시적인 사업을 중시하는 경향이 있어 갈등의 원인이 된다.

북쪽에서는 우선적으로 크고 멋들어진 거면 돼, 라는 게 기본적이구요, 제일 최신식의 설비에 최신식의 기계인 거지요. 그러면은 그거 하기 위해서는 북에서는 우선 "그 설비가 들어가면 기계를 운영하는 사람은 있느냐" 아니면 어떤 기계가 들어가는, 제약공장 같은 경우 "공장은 계속해서 돌아가야 되니까 전기가 있냐" 라는 질문을 우리가 할 수밖에 없지요. (H1)

대북지원의 공간에서 두드러지는 남북 가치관의 갈등은 여성과 관련된 의식이라고 할 수 있다. 대북지원 단체에는 여성 실무자들이 다수이나 북한은 가부장적 전통이 강하고 여성에 활동에 대해서는 저항감이 있는 반면 남쪽의 여성들은 반발하게 되고 이것이 갈등으로 이어진다.[19]

여성이 들어가는 것을 굉장히 거부감이 많았어요. 저도 모르구, 그래서 처음에는 면담장에 들어 갈 수가 없었어요. 하지만 막판, 그 신뢰가 쌓이면서 제가 원스톱으로 처리하고 올 수 있는 것까지 남북양쪽 시민단체나 북이 참석했어도 결정권을 줬었고, 그렇게 진행을 됐었죠… 근데 저를 두고 내기를 건 거예요. "저 여성동무가 이 험한 일을 언제까지 할 지 지켜보자." 이렇게 했다고 얘기를 했다구, 그걸 3,4년 뒤에 얘기를 하더라구요. (Y1)

밥 먹고 또 한 시간을 싸웠어요. 근데 그 뭐 갖고 싸웠냐면, 어떤 거냐면 그 60차례 이상 방북을 한 사람도, 저도 그 사고방식이나 문화를 이해를 못한 거예요… 남잔데, 나이도 있고 한데 이 사람이 굉장히 또 가부장적인 식으로 또 보이죠. (Y1)

---

19 2014년 6월 현재 「우리민족서로돕기운동」의 경우 전업 실무자 8명 가운데 여성이 3명, 「월드비전」은 3명 가운데 1명, 「어린이어깨동무」는 6명 중 5명, 「어린이의약품지원본주」는 3명 전원, 「평화3000」은 4명 중 3명, 「우리겨레하나되기운동본부」는 7명 중 6명이 여성이다.

상호간의 지식 부족이나 가치관의 차이와는 별도로 남북한은 같은 언어를 사용함에도 각각의 단어가 서로 다른 의미를 내포하는 경우가 있어, 실제로 소통과정에서 복잡함을 배가시키기도 한다.

> 우리식의 표현을 그쪽 식의 표현으로, 그쪽 식의 표현을 우리 식의 표현으로 바꾸는데 둘이서 협의를 하게 되어지는 거죠… 명분을 좀 달라. 내가 예를 들어 말을 할 때 이렇게 말해 줄 수 있어. 남쪽 식으로 얘기하지 말고 북쪽 식으로 얘기해 줘. (L1)

(4) 대북지원의 특수성: '갑을관계'와 남한단체 간 경쟁

접촉지대로서 대북지원은 지원의 주체로서 남한 그리고 피공여자로서 북한이라는 점에서 일종의 '갑을관계'가 성립된다. 이러한 관계에서 비롯되는 갈등이 존재한다. 제공한 물건의 품질을 둘러싼 논란의 경우인데 남쪽 실무자와 북쪽 담당자의 갈등이 생겼을 때 오간 대화 내용이다

> 자기가 봤는데 뭐 뜨겁지도 않고 뭐 어쩌고저쩌고 얘기를 하는 거예요. 보고 하자. 날 넣어 달라. 하니까 안 된다는 거예요. 근데 막 화를 내는 거예요. 왜 자기 말을 안 믿구, 이렇게 내가 직접 봐야 된다는 등 뭐 이렇게 얘기를 하냐는 거예요. (Y1)

> 쟤네는 제거 아니라고, 이거 대충 나른다. 이런 불순이 또 깔려 있는 거예요. 우리도, 그럼 그게 암묵적으로 없지 않아 있습니다. 그런 그리고 북한 주민들에게는 쟤네 잘 살아서 잘난 척한다, 라는 느낌을 줄 때가 있어요. 그런 것 때문에 그니까 어떤 사람들은 자기 쓰던 거를 끼워놓고 오거든

요. 연탄에다가, 탄에다가, 뭐 신발도 끼워 놓고 오구 양말도 끼워 놓고 그러고… (Y1)

남북한 간 상호불신에서 비롯되었다고 볼 수도 있지만 제공자로서 남쪽 실무자는 일종의 권리의식을 갖고 있고, 북쪽 사람들은 남한체제에 대한 이해가 부족하다는 것을 전제하고 이야기하지만 자신들이 비용을 지불하고 있는 입장이라는 것을 강조하기도 한다.

남측은 이 연탄이 마음에 안 들면 다른 연탄공장에 가서 사도 돼. 우린 후원금을 받는 거고 시민단체이기 때문에 죽어라 열심히 하고 시민단체이기 때문에 이 돈을 또 소중히 써야 돼서 이렇게 할 수도 있어. (Y1)

제공한 연탄의 문제 원인이 조사 결과 남쪽 제조사의 책임으로 밝혀졌지만 이를 확인하는 과정에서는 상호불신과 절차의 문제로 불필요한 갈등을 겪게 된다.

물품을 제공하는 입장에서 남한은 '갑'의 입장이고 제공을 받는 북한은 '을'인 것은 분명하지만 남북 간의 대북 지원은 일반적인 인도적 지원과 다소 성격이 다르다. '을'이라고 할 수 있는 북한은 단일한 주체인 반면 '갑'은 주체가 다수인 경우가 적지 않았다. 대북지원이 활성화되면서 다수의 시민단체들이 경쟁하는 상황이 발생하면서 반대로 '을'의 권한이 확대되어 갈등의 원인이 되기도 한다.

모두가 감자, 감자, 했던 거죠. 왜 그러냐면 김정일이 내가 감자 사령관이 되겠다고 얘기를 하거든요. 이 성공을 기반으로 해서 그니깐 민간단체들이 다 감자하겠다고 또 나섭니다. 남쪽의 민간단체들이, 그러면서 이제 과

일경쟁이니 뭐니 막 또 여러 가지 남쪽에서의 어려움을 또 겪게 되죠. 북측 애들은 그걸 적절히 이용하구요. (L1)

(5) 남북관계의 변화와 상황인식의 차이

인도적 지원을 포함하여 사회문화교류도 근본적으로 남북관계 특히 정부 간 정치적 관계의 영향에서 자유롭지 않다. 남북관계가 전체적으로 좋다면 대북지원에 긍정적인 영향을 받겠지만 반대의 경우는 대북지원 현장에도 부정적인 영향을 미칠 수밖에 없다. 다음은 이명박 정부의 5·24 조치 후 방북한 지원단체 담당자의 증언이다.

그냥 밥만 먹고 바로 나가자고 하니까 나갈 수 없다고 싸운 거죠. 세관 앞에서. 그러니까 대놓고 북쪽에서 그런 거죠. 이 암흑과 같은 시기에 너희 단체들이 어떻게 올 수 있었냐 의심하는 거죠. 그래서 우리는 어떻게 그딴 식으로 이야기 할 수 있냐 이러고. 그러니까 걔네들도 우리가 어떻게 들어왔을까 뭐지 이런 식으로 의심할 수 있는 것이고. 남한 정부로부터 받은 스트레스를 민간단체에 풀 수도 있는 것이고. 우리는 남과 북 정부 모두의 입장이니까. 하여튼 사진 하나 찍는 것 하나도 다 검사하고 찍지 말라하고 실갱이하고. 더 예민했었죠. 그래서 더 어렵다 느꼈죠. (U1)

남북한 간 정세 자체도 영향을 미치지만 이와는 달리 남북관계와 관련된 상황인식 특히 상대방의 정치사회적 환경에 대한 이해가 부족하여 논의의 진전을 가로 막는 경우도 있다.

북쪽은 잘 진짜 몰라요. 그니까 뭐냐 하면 우리가 뭔가 거의 한 3년 4년

뭔가 안 된다, 라는 거 계속 얘기를 하는데도 끊임없이 이거는 보내줄 수 있어, 라고 물어보는걸 보면 그런 인식이 잘 안 되는 것 같아요. (U1)

2. 긍정 요인

(1) 시간과 경험 축적

남한의 지원사업 관련자들이 방북하고 일을 진행하는 것이 특수한 경우를 제외하고 3박4일 정도에 그치기 때문에 지속적인 관계를 맺기 어렵다. 대북지원을 담당하는 실무자는 지속적으로 만남을 반복하면서 문제가 해소되는 반면 사업과 관련된 전문가의 경우 접촉시간의 제한은 부정적인 요인이 되어 접촉당사자 간의 관계 형성을 제한하기도 하지만, 일정 시간이 지나게 되면 상대에 대한 지식이 증진되고, 문화에 대한 이해도 깊어지면서 참여자들의 변화를 초래하고 결과적으로 신뢰감이 형성되는 토대가 마련된다.

제가 변한 거는 맨 처음에 "나 너 못 믿어." 근데 "지금은 나 너 믿을 수 있어."까지는 된 것 같아요. 그건 저의 변화에요…. 그 친구에 대한, 개인에 대한, 인간에 대한 신뢰인거예요. 북한 체제를 믿진 않아요. (L1)

나름대로 김밥도 싸구요. 닭두 잡구요. 술두 막 중간중간에 이 술, 저 술 막 있는 거구, 어우, 막 감동을 받는 거죠. 그러더니 가시는 길에 배 곯지 마십시오. 감사합니다. 고맙습니다. 이제 그때부터 이제 인사하시는 거예요. 그 분의 태도가 일년 전과는 완전히 달라진 거죠. 그 분은 인제는 우리가 얘기하면 귀담아 듣구요. (L1)

시간의 경과와 경험의 축적은 남북한 사람들에 대한 친밀도를 높여주기도 하지만 동시에 상대 체제 자체에 대한 이해도 높여준다.

> 처음에는 민간단체에 대해서 이해를 못 했지만 시간이 지나면서 아, 나중에는 민간단체가 이런 식의 내용이 있구나 하는 부분을 인지하게 되고 알게 되고 그러면서 이제 협력, 협조 이런 것들이 가능하게 된 거지요. (S1)

사업을 추진하는 기간이 길어지면서 접촉의 차원이 다양화된다. 예를 들어 같이 먹을 수 있는 음료나 떡 등을 나누어 먹으면서 점차로 공감대 형성이 가능해지기도 한다. 간식을 가지고 방북하여 사업 현장에서 나누어 먹은 후에 돌아오는 과정에서 예상치 못한 인사를 받은 사람의 이야기이다.

> 누가 "굿바이" 이러는 거예요. 정말 큰 소리로, 순간적으로 제가 쟤 교육받겠다. 싶은 거예요. 쟤 끌려가겠다. 그래서 차를 타려다가 다시 돌아선 거예요. 돌아서 웃으면서 어떤 상황인지 보고 무마시키려고 그러는데 거기에 세관도 있었고 군인도 있었고, 당 간부도 있었는데 주민들이 한 50여 명이 있었는데 그 말에, 굿바이라는 말에 어느 누구도 동요가 없었어요. 그니까 모든 거 통일되는 날 하루 빨리 만납시다. 또 만납시다. 뭐 이러면서 굿바이 하고 한 사람이 그랬는데, 똑같이 하고 있더라는 거예요. 정말 전 충격이었어요. (Y1)

(2) 참여자의 자세와 이해 능력의 제고

남북한 사람들의 접촉공간에서는 만나는 사람들의 개인적인 입장과 자세가 중요하다. 대북지원사업에서는 남쪽 담당자들은 비교적 장기간 업무에 종사하는 반면 북쪽 사람들은 상대적으로 교체되는 경우가 많다. 따라서 반복되는 동일한 사업이라고 할지라도 참여하는 사람들이 상대방에 대해서 어떤 자세와 인식을 갖고 있는가는 이해 증진이나 원활한 관계형성에 중요한 요인이 된다.

> 민화협도 사람이 참 자주 바뀌어요. 자주 바뀌어서 뭐 1년… 다음에 가면 바뀌고 이런 경우도 상당히 많았었어요. 근데 오래 했었던 사람들은 지원본부에 대해 잘 알죠… 잘 이해하는 사람들하고 이야기 하는 게 좋은 거잖아요. 오래 하고 지원 업무를 잘 아는 사람들이 좋은 거죠. 북쪽에서도 참사들의 성향이 다 다를 수가 있잖아요. 성격도 다르고 민간단체 지원을 바라보는 시각들도 다를 거고 좀 우호적이거나 이런 사람들하고 이야기 하는 것이 편하죠. 뭐든지 안 되는데, 라고 말하는 사람들도 있거든요. 그렇게 하면 힘들죠. (U1)

> 제가 담당자로서 책임을 져야 하는 상황인 거예요. 그 책임감이 굉장히 높았고, 그리고 어떤 소명의식, 이게 내가, 그니까 소명의식, 저는 소명의식이 굉장히 중요하다고 봅니다. 대북지원에 있어서, 그니까 그게 종교단체의 포교나 이런 거에 대한 소명의식이거나 아니면 저처럼 뭐 시민단체의 실무자로써 내가 갖고 있는 소명의식이라든가 이런 게 굉장히 중요한 역할을 한다고 보고요. (Y1)

대북지원의 접촉공간에 참여하고 있는 주체들이 상대방에 대해서 적극적으로 이해하고자 하고 상대에 대한 정보나 지식이 높은 경우 남북한 주민들 간의 상호작용은 상대적으로 긍정적인 방향으로 흐르게 된다.

접촉과정에 있는 사람들의 자세 못지않게 상대방에 대한 이해 능력이 갖추어지는가 여부가 중요하다. 이를 일종의 '해독능력'이라고 이야기하는데 상호작용에서 상대방에 대한 올바른 이해를 위해서는 중요한 요인이 된다.

> 비둘기파냐 매파냐에 따라서 감각으로. 얘기를 해보고 감각에 따라 달라요. 그래서 이제 어떻게 보면 북에서도 낯설은 거 싫어하지만 우리 활동가도 많이 가 본 사람들이 느끼는 그런 게 매뉴얼화할 수 없는 게 있어요. 물론 경험도 많이 해야 되고, 경험 속에서 해독 능력이 돼야 돼요. (Y1)

(3) 대상의 차별성

대북지원의 접촉공간에서 상호작용을 하는 상대방에 따라 갈등이 증폭되거나 약화될 수 있는데, 특히 젊은 사람과 노년간의 차이가 있다.

> 내가 선생님 수제잡니다. 수제잡니다. 그니까 우리도 너는 이 선생님 수제자다. 저도 그렇게 생각합니다. 많이 배웠습니다. 선생님 제가 이런 것도 생각해 봤는데 이건 어떻겠습니까? 그니까 그 오래간만에 누가 오면 막 달라붙어 가지구서 뭐 이렇게 막 하듯이 그동안에 궁금했던 것들을 거기다 다 쏟아 내는 거예요. (L1)

북한의 노년층은 경쟁의식도 있고, 자존심을 내세우는 경우가 많지만 상대적으로 젊은 사람들은 남한의 새로운 기술이나 정보의 획득에 적극적이고 결과적으로 원활한 관계형성을 맺게 되는 경향이 있다.

또한 대북지원사업에 참여하는 사람들의 배경이 다양한 경우, 집단별로 인간적인 관계를 맺는 정도가 다르게 나타난다.

건축팀이 훨씬 깊이 있게 들어가는 경우가 많고 그다음 의료진들은 장기
간 몇 년에 걸쳐 만나니까 서로 다 알아보고 깊은 애기를 하는 경우도 있
고 환자들도 많이 보는 편이고 200X년도에는 XXX 지으면서 교육을 한
달 동안 같이 했기 때문에 상당히 깊은 이야기를 나눌 수가 있었죠. (K1)

지원사업을 관리하는 남북의 실무자들은 전체적으로 지속적인 만남
을 통하여 이해의 폭이 넓어진다. 그럼에도 불구하고 사업의 목표달성이
나 남북관계 및 남북의 내부 상황에 영향을 받으면서 크고 작은 갈등을
반복적으로 경험한다. 반면에 사업 자체의 실무적인 분야 특히 기술부분
종사자 간은 직업의 동질성과 같은 관심사를 공유하고 있다는 점에서 상
대적으로 소통이나 교류의 폭이 넓다.

(4) 공동 목표의 존재와 논의 주제의 한정

앞에서 이야기한 여러 가지 요인으로 인하여 대북지원의 접촉공간에서
남북한 사람들은 일상적으로 의견충돌을 겪는다.

요즘에는 현장업무를 구체적으로 명시를 해요. 오전오후 다 나눠서, 근데
이제 그렇게 명시를 해도 안 되는 경우에는 이제 분위기가 안 좋거나 현
장방문이 좀 어려운 상황이 생겨서 그럴 경우에는 이제 들어가서 싸우는
이제 시간이 필요해요. (K1)

그러나 지원사업에 종사하는 사람들은 달성해야 하는 공동의 사업

목표가 있고, 이에 대한 압박을 받게 된다. 북한 사람들은 정치적 차원에서 실적을 달성하여야 하고, 남한 사람들은 지원사업을 후원하는 다수의 시민들을 생각하여야 한다. 이와 같은 상황에서 방북기간은 제한되어 있다는 사실 그리고 방북의 과정이 복잡하다는 점도 실무적인 합의를 강제하게 된다. 따라서 남이나 북이나 타협점을 찾게 된다.

> 저희 입장에는 수긍할 때도 있어요. 굉장히 어려운 상황이라고 생각할 때 그 때 우리가 목적이 이거라면 저희도 세게 얘기를 하는 경우도 있는데 거기가 아무래도 조율하죠. 왜냐하면 원래는 2시간 있어야 되는데 30분 있다가 나온다던가, 이제 그런 방법적인 걸 찾아가는 편이에요. (K1)

> "주는 것만 해도 고마운데 어떻게 힘든 일까지 시키냐?" 이렇게 이제 핑계를 대는 거죠. 이제 반은, 못 만나게 할려구. 근데 우린 아니죠. 우리 얼어 죽겠는데 좀 같이 하자. 힘들어 죽겠다. 이래 가지구 이제 진짜 협상과정까지 가면서 싸워요. "그럴 거면 우리 안 들여온다."부터 시작해 가지고 싸우다가 결국 어떻게 되냐면은 "좋습니다. 그러면 한 대만 몇 사람 주민들 빼서 한 대에서만 같이 합시다." 이렇게 얘기가 돼요. (Y1)

목표 달성의 압박이 있다고 하더라도 서로 다른 이념체계를 토대로 발전하여온 남북한은 적대적 갈등을 지속한 결과 남북한 사람들이 만나는 과정에는 정치적으로 민감한 주제들이 많다. 체제와 이념과 관련된 이야기들이 대부분 여기에 포함되는데 대북지원의 접촉 현장에서는 이와 같은 주제들을 회피하는 것이 갈등을 극복하는 데 도움이 된다.

당, 정치, 이런 얘기 하지 말고, 대신 교육, 가족 얘긴 해도 된다. 그래서 이제 나온 게 날씨, 그 다음에 자녀 교육문제, 그 다음에 가정과 애기, 요 정도 애기가 제일 좋아요. 그런 말로 이제 그렇게 시작을 하는 거죠. (Y1)

업무와 관련된 이야기가 중심이 되지만 접촉하고 있는 남북한 사람들의 정서적 공감대를 형성하는 것이 중요하며, 이를 위해서는 가족을 포함한 일상사는 관계 증진을 위한 윤활유의 역할을 할 수 있다는 것이다.

(5) 정치적 환경변화

정치적 차원의 남북관계가 긍정적인 방향으로 변화하게 되면 대북지원의 접촉과정에서 남북한 사람들의 이해 증진이나 관계 변화에 긍정적인 영향을 미친다.

2000년도 정상회담이라는 부분이 있었으니까 사실 민간단체에 방법이나 접촉이나 이런 부분에 있어서 이전에 비해서 훨씬 더 용이해졌을 거라는 부분이고 전반적으로 이제 남북 정상회담 이후에는 전반적으로 남, 북, 교외 협력에 양이나 질에 이런 부분을 더 넓혀 나가야 된다는 여론이 남쪽에서도 좀 있었고 북쪽에서도 인제 어차피 김정일 차원에서도 인제 어차피 남쪽의 정상과 만났으니까 남쪽과의 교류 협력을 더 넓혀 나가자라는 분위기가 아마 당시는 있었을 거고…. (S1)

기본적으로 남북관계가 화해를 지향하게 되면 대북지원 사업 자체를 활성화하는 조건을 형성한다.[20] 그러나 더 나아가 접촉공간에서는 참

---

20   김민주, "대북지원 NGO 활동의 성장과 정부 재정지원의 상대적 중요도," 『한국행정연구』, 제21권 1호 (2012), pp. 85~86.

여하고 있는 남북한 주민들의 태도에도 영향을 미친다고 할 수 있는데, 지배권력의 규정력이 상대적으로 강한 북한의 주민에게 더욱 영향력이 크다.

(6) 신뢰 있는 중간 매개자의 존재

대북지원 과정은 전문적인 지원단체가 중심이 되고, 사업과 관련된 해당 분야 조직이 결합하는 형식으로 이루어지는 경우가 많다.[21] 이와 같은 상황에서 지원단체 실무자들은 대북사업의 경험과 지식이 있는 반면 전문기관이나 단체의 실무자들은 북한이나 북한 사람에 대한 정보나 이해가 부족한 경우가 많다. 이러한 과정에서 북한과의 사업에 경험이 있고, 상대방의 신뢰를 얻고 있는 사람이 중간에서 적절한 역할을 하는 것이 필요하다.

> 사업의 방식의 통역이 필요한 거지요. ○○을 소개할 때에 ○○은 대학교수로 있다. 이렇게 소개를 북한에 했을 때에 북한이 색안경을 끼고 볼 수가 있지요. 그럴 때에는 우리가 ○○이라는 사람이 북한에 대해 대단히 잘 아는 사람이다, 라고 소개를 할 때에는 다른 문제가 되는 거지요. 그래서 소개를 해서 사업의 이야기를 하고 그럼 이제 OK 관심 있다 만나보자 해서 우리가 방문할 때 같이 가 만난다는 이렇게 사업을 하는 거지요. (H1)

---

21   예를 들어, 의료지원 사업의 경우는 대북지원단체와 의료나 보건 관련 단체나 기관이 결합하는 양식이다.

V. 대북지원 마음체계 상호작용의 특성

북한에 대한 인도적 지원 사업이라는 점에서는 공통점이 있지만 개별 사업의 현장은 차별성이 적지 않다. 민간단체의 대북지원은 접촉공간이 북한 영토로 제한되고 평양지역으로 주로 중심이 되고 있지만, 실제로 지원이 이루어지는 지역은 개성, 신의주, 금강산 등 다양하다. 그리고 의료보건 지원 사업, 교육지원 사업, 연료 및 식량 지원사업 등 업종도 다양하고 지원단체별로 사업의 지속기간이나 참여하는 사람별로도 차이가 존재한다. 그리고 대북지원 사업이 이루어지는 시점을 전후로 한 남북관계의 성격도 동일하지는 않다. 그럼에도 불구하고 지원현장을 경험한 다양한 단체의 사람들의 면접을 통해서 나타나는 상호작용의 특성은 크게 차이가 나지 않았다. 지금까지의 면접조사 결과 나타나는 대북 지원 NGO의 접촉 공간에서 이루어지는 남북 마음체계 상호작용의 특징은 다음과 같다.

첫째, 정서적인 차원에서는 기본적으로 공여자-수혜자 관계에서 비롯되었겠지만, 남한의 우월의식과 북한의 패배의식이 깔려 있었다. 그리고 정치적 선입견의 존재 그리고 가치관의 차이 등으로 갈등과 긴장이 존재하고 있지만 이것이 외부로 극단적으로 표출되고 충돌하는 경우는 많지 않다. 지원의 주체인 남한 사람들은 지원활동의 지속이 가장 중요하기 때문에 북한 사람들의 열등감을 자극하지 않으려고 노력하기 때문이고 북한 사람들은 사업의 성패가 정치적인 책임과 연결되기 때문이라고 보인다. 그리고 국제적 차원의 여타 인도적 구호 지원 사업에서와는[22] 달리 북한 사람들은 명분을 중시하는 사회주의적 특성상 그러하겠

---

22 일반적인 국제원조에 대해서는 정보배·김희강, "국제원조정책, 무엇이 문제인가: 토마스 포기(Thomas Pogge)의 논의를 중심으로," 『OUGHTOPIA』, vol. 27, no. 1 (2012),

지만 남한의 물질적 지원을 민족적 차원에서 당연한 것으로 인식하여 패배의식이나 열등감을 표현하기보다는 대등한 입장을 견지하는 경향이 있다. 그러나 공식적인 상황이 아닌 경우 그리고 특히 젊은 세대나 지원사업 관련 분야에 종사하는 북한 사람들은 남한의 우월한 물자와 기술 등에 대해서 부러워하는 경우도 적지 않았다.

둘째, 가치의 차원에서는 남북한 마음의 체계가 비교적 조화를 이루는 경향이 있다. 사회주의와 자본주의의 체제 차이와 장기간에 걸친 대결적 남북관계에서 비롯된 가치관의 차이는 존재한다. 그러나 대북지원의 출발이 보편적인 인류애의 실현에 있었고, 대북지원에는 민족애적인 의미가 담겨있기 때문에 지원활동과 관련된 접촉지대의 마음체계의 상호작용에서 가치의 부분이 상대적으로 타협의 대상이 된다. 이 과정에서 정치적으로 민감한 주제를 피하려는 남북한 주민들의 노력도 일정한 기여를 한다. 또한 접촉기간이 장기화되면서 가치관의 차이를 인정하게 되는 것도 가치관의 조화에 긍정적인 영향을 미친다.

셋째, 사고방식의 경우에는 사업의 추진과정에서 남북 간 마음체계 간에 적지 않은 긴장이 조성되었다. 남한의 지원단체의 사람들은 남한 주민의 후원(경우에 따라서는 정부 및 지자체의 지원)을 받고 있기 때문에 비용 절감을 통한 효율적 사업 추진을 지향한다. 반면 북한의 실무자들은 관료제의 절차주의를 강조하고 있으며, 지역이나 대상 집단 간의 차별성 문제에 대해서는 민감하게 반응하면서 사업의 효과보다는 정치적 정당성을 판단이나 행위의 핵심 근거로 삼고 있다. 이러한 까닭에 사업의 추진을 위해서 결과적으로는 합의에 이루고 있다고 하더라도, 매 단

pp. 72~77; 문경연, "대북지원 딜레마와 극복방안 모색," 『글로벌정치연구』, 제6권 1호 (2013), pp. 9~10 참조. 북한에 대한 국제기구의 인도적 지원에 대해서는 이금순, 『대북 인도적 지원 개선방안: 개발구호를 중심으로』 (서울: 통일연구원, 2000), pp. 34~50 참조.

계마다 의견 충돌이 발생하고 있다. 접촉빈도가 많아지고 상호이해의 폭이 넓어짐에도 불구하고 추진과정에서 경험하고 있는 갈등이나 긴장이 반복되는 것은 효율 지향의 사고방식과 명분 우선의 사고방식 간의 차이에서 비롯되었다고 볼 수 있다.

넷째, 대북지원이라는 접촉지대에서 남북한 마음체계의 상호작용의 특성이 비교적 비슷한 형태로 나타나고 있지만 접촉의 대상에 따른 마음체계 상호작용의 양상이 상대적으로 차이가 크다고 할 수 있다. 특히 북한의 대남사업 전문가보다는 관련 사업에 종사하는 사람들과의 상호작용은 다르게 나타나는 경우가 많았다. 예를 들어 의사 간이나 건설노동자간의 접촉과 같이 동일업종에 종사하는 집단 간에는 상호이해의 폭이 넓고 변화 속도도 빠른 반면, 남과 북의 대화나 협상 실무자들은 갈등하는 경우가 많았다. 그리고 북한 주민의 경우 노년층과 젊은 층 간 차이가 적지 않다.

다섯째, 장기간에 걸쳐 지속적으로 북한 지원 활동을 하는 NGO의 경우에도 조직단체 별로 차별성이 적지 않았다. 이것은 남쪽 조직의 특성(단체의 발생론적 특성 혹은 지향하는 목표)에 따라 대북지원 사업의 위상이 다르기 때문이다. 예를 들어 북한 문제에만 국한되지 않는 시민단체는 대북지원과정에 원칙의 유지가 중요한 반면 북한 관련 사업에만 집중하는 단체는 대북사업의 성사를 절대적인 것으로 간주하기 때문에 상대적으로 유화적인 태도를 견지하는 경향이 있다. 또한 남쪽 단체의 실무자들의 북한에 대한 지식이나 이해 정도 그리고 사업 경험도 차별화의 원인이 되는 경향이 있다.

여섯째, 접촉이 반복되면서 남북한 주민들의 마음체계에 변화가 나타났는데 이것도 집단별로 차이가 있었다. 진보적 의식을 갖고 있거나 과거 민주화 운동의 경험을 갖고 있는 집단은 북한의 이념이나 가치에 동조하거나 이해하는 부분은 약화되는 등 가치부분의 변화가 있는 반면 보수적인 성향의 대북관을 갖고 있는 사람들은 북한의 어려운 현실에 동정심을 느끼고 지원의 필요성에 동의하는 정도가 높아지는 경우가 있다.[23] 북한의 입장에서는 지원활동을 접하거나 실제로 지원의 대상이 됨으로써 남한 사람이나 남한체제에 대한 적개심이 완화되는 경향이 있으나 이 경우도 주로 정서적인 부분에서 두드러진다.

VI. 맺음말

접촉지대로서 대북지원이 갖는 특성은 남북주민들의 마음체계 상호작용에 근본적인 영향을 미친다고 할 수 있다. 분단 이후 지속된 적대적 대결관계와 체제 차이에서 비롯된 마음체계의 이질성에서 비롯된 선입견과 정치적인 차원의 남북관계의 영향력은 대부분의 접촉공간에서 나타나는 일반적인 현상이다. 그럼에도 불구하고 다른 접촉지대와는 달리 공동으로 이루어야 할 사업 목적이 있다는 사실, 비교적 장기간에 걸친 접촉이 반복적으로 이루어졌다는 사실, 상호작용에 참여하는 남북한 주민들이 상대에 대한 이해를 적극적으로 하는 집단이라는 사실 그리고 대북지원 실무자와 관련 사업 전문가들이 결합되는 접촉공간이라는 사실이 중요

---

23 대북지원사업의 과정에는 실무적인 접촉과 별도로 다수의 후원자들을 모집하여 북한의 지원 현장을 방문하는 경우가 있는데, 방북 기간 동안 북한 사람들과 충돌하는 사람들은 진보적인 경향인 사람들이 많은 반면, 상대적으로 북한에 비판적인 사람들은 북한의 현실을 목격하고 대북지원에 대한 지지도가 높아지는 경향이 있다고 한다. K1, S1 증언. 대북지원에서 중요한 역할을 하고 있는 개신교에서도 보수적인 집단이 적극적이라는 분석도 이러한 현상과 무관하지 않다. 이범진, "한국 개신교의 대북지원 성격 연구," 『한국기독교역사연구소소식』, 95호 (2011), p. 35.

하다고 볼 수 있다.

장기간에 걸친 반복적 접촉은 상대에 대한 지식과 정보를 풍부하게 하였고, 충돌과 타협을 반복하면서 이해의 폭이 넓어지는 동시에 타협을 위한 협상의 기술도 발전시켜 마음체계의 순응에 도움을 주었다. 남한의 참여자들 가운데 과거 민주화 운동 경험자들이 중심이 되어 상대적으로 북한에 대한 이해 수준이 높고, 대북사업에 대한 사명감이 높은 집단이 었고, 북한의 참여자들은 직업의 차원에서도 지원사업의 성과가 반영되는 현실에서 상대적으로 마음체계가 상호작용에도 갈등을 피할 수 있는 조건이 되었다는 것이다. 반면 대북지원에 참여하는 사람들의 다층성은 상호작용 차별화의 원인이 되었다.

접촉지대로서 NGO 대북지원에서 남북한 주민들의 마음체계의 상호작용은 과거에는 경험하지 못하였던 중요한 현상으로 통일과정 특히 사회통합에 시사하는 바가 적지 않다. 이를 위해서는 좀 더 구체적이고 심도 있게 대북지원 공간에서의 마음체계 상호작용을 살펴보고 분석할 필요가 있으며, 변화과정도 심도 있게 검토할 필요가 있다. 이를 위해서는 대북지원에 참여한 남북한 주민들을 모두 조사 분석하여야 하지만 이 글에서는 남쪽 참여자들만을 면접대상으로 하였다는 점에서 한계는 존재한다. 따라서 앞으로는 대북지원이라는 접촉지대의 북한 주민들을 조사하는 방법을 강구하는 것이 시급한 과제라고 할 수 있을 것이다.

제3장

영국 뉴몰든 코리아 타운 내
남한이주민과 북한난민 간의 관계와 상호인식

이수정(덕성여자대학교)·이우영(북한대학원대학교)

I. 문제제기

이주의 시대, 다양한 역사와 배경을 가진 코리안들의 초국적 이주(transnational migration)는 한반도뿐만 아니라 해외에 이미 존재하던 코리안 종족공동체(ethnic community)의 지형도 바꾸고 있다.[1] 탈냉전 이후 글로벌 이주가 활성화되면서 비교적 동질적인 국가 및 민족 정체성을 가진 구성원들로 이루어졌던 각각의 코리안 디아스포라 사회에 코리안으로서의 종족 정체성에 기반하되 서로 상이한 국가 정체성을 가진 그룹들

[1] 이 글에서는 남한출신 이주민, 북한출신 난민, 그리고 중국 조선족이주민을 포괄하여 "코리안"으로, 문맥에 따라 남한출신 이주민은 "남한이주민" 혹은 "한인," 북한출신 난민은 "북한난민" 혹은 "북한 사람," 그리고 중국 조선족이주민은 "조선족" 혹은 "조선족이주민"이라고 지칭한다. 일부 학자들은 다양한 "Korean" 종족집단을 "한인"으로 번역하여 쓰기도 하지만, 뉴몰든의 경우 "한인"은 남한출신 이주민만 지칭하는 용어로 쓰인다. '한인' 이외 남한출신 이주민을 칭하는 용어로는 "한국 사람"이 있다. 북한난민들은 스스로를 "북한 사람"(또는 "북조선 사람")이라고 칭하고 한인이나 조선족이주민들도 그렇게 부르고 있으며, 조선족이주민의 경우 자칭 타칭 모두 "조선족"을 사용한다.

이 새롭게 합류하면서 종족공동체가 분화되는 양상을 나타내고 있는 것이다.[2] 예전에는 상당히 분리된 삶을 살았던 북한 사람, 남한 사람뿐만 아니라 조선족, 사할린동포, 조총련, 민단인, 재미동포 등 수많은 코리안 디아스포라들의 삶이 지구촌 곳곳에서 얽히면서 이러한 분화현상은 점점 더 두드러지고 있다. 윤인진은 이러한 현상을 '다자적 동족집단(multilateral co-ethnic group)'이라는 개념으로 설명하고 있다. 그에 따르면 최근까지 코리안의 초국가적 종족공동체에 대한 연구는 거주국 내의 이민자 집단을 주류 집단과의 관계 속에서 하나의 동질적 종족집단으로 상정하는 '단일동족집단모델(mono co-ethnic group mode)'에 기반을 두어왔다. 그러나 다양한 이주로 인해 발생한 초국가적 종족공동체의 계층적, 문화적 다원화와 이들 집단 간의 역동적 상호작용을 분석하기 위해서는 '다자적 동족집단' 모델이 필요하다는 것이다. '다자적 동족집단'은 하나의 종족집단 내 복수의 하위종족집단이 존재하고 이들이 거주국의 주류 집단뿐만 아니라 동족 내 하위집단들과 복잡한 관계를 맺는 양상을 분석하기 위한 개념이다.[3]

윤인진이 지적하듯, 대다수의 해외 코리아 타운에 대한 선행연구들은 그 지역에 살고 있는 코리안들의 동질성을 가정하고 이들과 주류 집단의 관련성에 관한 논의를 중심으로 진행되어 왔다. 물론 세대, 계층 등 그룹 내 역학에 관한 논의들은 있지만 이들의 국가 정체성은 동일한 것으로 가정하는 경향이 있었다. 민단과 조총련 등 뚜렷한 정치적 지향을

2　이 글에서는 영국에서의 코리안들을 "종족" 개념으로 분석한다. 종족은 대개 민족보다 작은 집단을 지칭하며, 현대사회에서 민족과 종족의 핵심적 구별점은 종족이 문화와 지역의 불일치를 느끼는 집단이라는 점에 있다. 한국산업사회학회, 『사회학』(서울: 한울아카데미, 2008).

3　이윤경·윤인진, "왕징 코리아 타운 내 조선족과 한국인 간의 상호인식과 사회관계: 다자적 동족집단모델의 도입," 『한국학연구』, 제47권 (2013), pp. 322~323.

가진 집단으로 나뉘어 있는 재일 코리안들에 관한 연구 정도가 예외적이라고 볼 수 있다. 최근 들어 윤인진과 유사한 문제의식을 가진 일군의 학자들은 이주로 인한 재외 코리안 디아스포라 사회구성의 다변화에 주목하면서 이들 간의 관계에 대한 연구를 발표하기 시작하였다.[4]

영국 뉴몰든 코리아 타운 내 남한이주민과 북한난민 간의 사회관계와 태도를 분석하고자 하는 이 연구는 이렇듯 코리안 디아스포라 집단의 내부적 차이와 분화의 역동성에 주목하는 일군의 연구와 그 궤를 같이 한다. 하지만 두 가지 점에서 차별성을 갖는다. 첫째, 이 연구는 재외 코리안 집단을 재구성하는 주요 행위자로 북한난민을 고려한다. 지금껏 재외 탈북자 관련 연구는 주로 북한을 떠나 중국 등 제3국에 머물고 있는 사람들에 대한 현황 분석과 난민 인권 이슈 차원의 논의, 그리고 한국 '정착' 이후의 '탈남' 현상에 대한 분석과 이러한 현상이 한국사회에 주는 함의를 중심으로 구성되어 왔다.[5] 아직 탈북자들을 초국적 코리안 커뮤니티의 일원으로 파악하여 다른 코리안 그룹과의 상호작용과 이를 통한 상호관계를 중심으로 연구한 경우는 거의 없으며 이 연구가 첫 연구가 되는 셈이다.

둘째, 이 연구는 초국적 코리아 타운을 '커뮤니티'가 아닌 '접촉지대 (contact zone)'라는 개념으로 접근한다. 이 개념을 서로 다른 사회문화적 배경을 가진 주체들이 만나는 상황을 분석하는 데 유의미한 도구로 소개한 프랫에 의하면, 접촉지대는 역사, 지역, 문화, 이데올로기적 분리

---

4   김현미, "중국 조선족의 영국 이주 경험: 한인 타운 거주자의 사례를 중심으로," 『한국문화인류학』, 제41권 2호 (2008); 임승연·이영민, "오사카 한인타운의 장소성과 재일한인 정체성의 관계적 특성 연구," 『로컬리티 인문학』, 제5권 (2011).

5   송영훈, "해외탈북이주 현상의 현황과 쟁점," 『JPI정책포럼』, 2012-15 (2012); 박명규·김병로·김수암·송영훈·양운철, 『노스 코리안 디아스포라: 북한주민의 해외탈북이주와 정착실태』 (서울: 서울대학교 통일평화연구원, 2011).

를 경험한 주체들이 "(대개의 경우) 고도로 비대칭적 권력관계의 맥락에서 서로 만나고 충돌하고 싸우는 사회적 공간(social space)"이다.[6] 그는 이 개념을 공동체(community) 개념과 대비해서 논의하고 있는데, 이는 '공동체'가 언어, 문화, 역사 등의 동질성을 전제로 하는 개념이기 때문이다.[7] '접촉지대'는 다양한 집단 간 만남의 장들을 동질성을 전제로 한 공동체가 아닌, 다른 역사와 배경을 가진 사람들이 '접촉'하는 곳인 동시에 다른 자아, 문화, 공동체의 만남에서 배제와 포섭, 충돌과 소통, 갈등과 공존의 '역동성'이 교차하는 공간으로 파악할 수 있도록 한다. 또한 이러한 관점은 접촉지대 사람들의 정체성의 복수성(plurality)를 전제한다. 접촉의 과정은 대체로 위계적이며, 서로 다른 역사, 문화, 사회적 배경을 지닌 사람들을 동질화하지 않는다는 것이다. 다만, 이 과정에서 기존의 경계가 고정적으로 작동하는 것은 아니라는 사실에도 유의할 필요가 있다. 접촉과 상호작용은 기존의 경계를 확인하고, 그 경계에 기반한 상호재구성을 추동하기도 하지만 동시에 새로운 '우리' 및 '우리'와 '그들'의 '경계'를 만드는 또 다른 '정체성(identity)'을 배태하는 역동적 과정이다.[8]

이러한 접촉지대 개념을 "다자적 동족집단" 개념과 더불어 사고할

6   Pratt, Mary Louise, "Arts of the Contact Zone," *Profession*, vol. 1991 (1991), p. 34.

7   Ibid., p. 37. 영국으로 이주한 조선족의 사례를 분석하여 코리안 디아스포라 집단 거주지가 '상상의 공동체'라기보다는 여러 집단의 코리안들 사이 "서로 다른 초국적 실천들이 경쟁하고 경합을 벌이며 생성해 가는 역동적인 현장"임을 드러내는 김현미의 경우도 비슷한 문제의식을 갖고 있다. 김현미, "중국 조선족의 영국 이주 경험: 한인 타운 거주자의 사례를 중심으로," p. 40.

8   이수정·양계민, "북한출신주민과의 지역사회 내 접촉수준에 따른 남한출신주민의 태도의 차이: 인천 논현동 지역 거주자를 중심으로," 『북한연구학회보』, 제17권 1호 (2013); 윤철기·양문수, "북한 연구의 미시적 접근과 남북 접촉지대 연구: 마음체계 통합 연구를 위한 시론," 『현대북한연구』, 제16권 2호 (2013). 이 논문에서 활용되는 접촉지대 관련 논의의 상당부분은 필자들이 소속되어 있는 SSK 사업단이 공유하고 있다.

때 다양한 코리안 이주민들의 초국적 이주로 형성되고 또 변화하는 '재외 코리아 타운'을 분석하는 데 장점이 있다. 다른 역사와 문화를 담지한 코리안들이 서로 다른 시기에 제3국으로 이주하여, 역동적인 상호작용을 통해서 사회관계를 만드는 과정, 그리고 그 과정을 통해서 그 공간을 재구성하며 동시에 새로운 정체성들을 만들어내는 과정을 분석할 수 있기 때문이다. 이는 뉴커머들의 선주민 문화에로의 일방적 적응이 아닌, 상호작용을 통해 구성되는 사회적 관계를 분석할 수 있도록 한다. 재외 코리아 타운에서 만나는 코리안들은 '코리안'이라는 공동의 종족성을 중심으로 유의미한 상호관계를 구축한다. 동시에 이들은 다른 역사와 문화, 경제적 배경을 바탕으로 역동적으로 서로를 재구성하기도 한다.

한편, 재외 코리아 타운은 공동상태에서 이루어지는 것이 아니며, 더 큰 접촉의 맥락 위에서 이루어짐도 유의할 필요가 있다. 이 공간이 이주민들의 공간인 만큼 선주민들이 정치, 경제, 사회문화적 권력을 가진 수용국의 상황과 그 안에서의 이주민 사회의 위치가 코리아 타운 내의 다이나믹에 영향을 줄 수밖에 없기 때문이다. 더불어, 점점 더 초국화되어 가는 글로벌 시대, 이주민들의 삶은 수용국이라는 일국의 정책이나 경제상황에만 영향을 받지도 않는다. 이들이 떠나온 수원국 상황, 더 나아가 잠재적 수용국이 될 제3의 사회와도 관련이 있을 수밖에 없는 것이다. 이러한 이슈들을 포괄하여, 이 글에서는 뉴몰든을 "코리안 디아스포라의 초국적 접촉지대"로 살펴보고자 한다.

이 연구는 영국 뉴몰든을 이렇듯 다양한 힘들이 작용하는 코리안 디아스포라의 초국적 접촉지대로 정의하되, 이 지역에 거주하는 남한이주민과 북한난민이 경험한 생활의 의미를 공간의 특성, 상호관계와 서로에 대한 인식을 중심으로 살펴보고자 한다. 이 연구를 위하여 필자 중 한명은 2013년 1월 초부터 2월 초까지 한 달 동안 영국 런던 남서쪽에 위치한 뉴몰든(New Malden)에서 민족지적 현장연구(ethnographic field research)를 실시하였다.[9] 뉴몰든은 영국 런던 남서부 킹스턴 보로우 (Kingston Borough)에 속한 지역으로 유럽 내 유일한 코리아 타운으로 알려져 있다. 현장연구를 실시했던 2013년 당시 5천~1만 5천 명의 남한이주민(한인), 5백~1천 명 가량의 조선족, 3백~5백 명 남짓의 북한난민이 거주하고 있었다.[10] 현장연구 기간 동안 이 지역에서 일어나는 다양한 한인 관련 일상과 행사를 참여관찰하였고, 남한이주민 26명, 북한난민 25명, 조선족이주민 1명에 대한 설문, 남한이주민과 북한난민 각각 12명, 그리고 조선족이주민 1명에 대한 심층면접을 실시하였다.[11] 이 논문은 이렇듯 다양한 방법을 포괄한 민족지적 현장연구를 통해 수집한 참여관찰 자료와 남북한 출신 주민들의 서사를 통해, 뉴몰든에서 일어나는 남한이주민과 북한난민 간의 다양한 접촉양상과 서로에 대한 태도를 살펴보고, 이러한 양상이 어떠한 맥락에서 이루어지고 있는지 분석한다.

이 연구는 크게 두 가지 점에서 의의를 가진다. 첫째, 이주의 시대 다양한 코리안 그룹들의 초국적 이주가 기존의 코리안 종족공동체를 어떻게 변형시키고 있는지에 대해 특히 북한난민을 주요 행위자로 포함시켜 살

---

9   민족지적 현장연구는 "연구자가 직접 연구대상자들의 삶의 현장에 참여하여 지속적이고 깊이 있는 인간관계를 맺어가면서 일상생활에 대한 연구작업을 수행하는 것"이다. 이용숙·이수정·정진웅·한경구·황익주, 『인류학 민족지 연구, 어떻게 할 것인가』 (서울: 일조각, 2012), p. 102. 이때 연구의 지속성과 깊이를 수치화하기는 어렵다. 인류학 학위논문의 경우 대체로 1년 정도의 현장연구를 수행하지만, 전문 연구자의 경우 한두 달 정도 수행하는 경우도 많다.

10   한인, 조선족, 북한난민 모두 정확한 숫자를 파악하기는 어렵다. 한인의 경우 정주민보다 3~4년 정도 체류하는 유동인구가 많고 조선족 역시 중국 국적의 단기체류자와 신분을 숨기고 불법체류하는 경우가 많으며 북한난민은 다른 지역으로 배치 받은 사람들이 이주하는 경우가 많기 때문이다. 제시한 숫자는 뉴몰든 현장연구 과정에서 현지 사람들에게서 들은 숫자의 편차를 포괄한 것이다.

11   탈남 북한난민 이슈는 현재 정치적, 사회적으로 매우 민감한 문제이다. 연구대상자의 익명성을 보장하기 위하여 구체적인 인물정보는 밝히지 않는다.

퍼보는 첫 연구이다. 둘째, 남북한 사람들의 접촉양상이 공간적 특징에 따라 어떤 차이가 있는지에 대한 더 큰 맥락의 비교연구를 위한 기초자료로서 활용될 수 있을 것이다.

II. 뉴몰든 코리아 타운 형성과 발전 과정

초국적 코리안 접촉지대로서의 영국 뉴몰든은 크게 세 그룹 코리안들의 시차를 둔 이주로 형성되었다. 1989년 해외여행 자유화로 본격화된 남한 사람들의 집단이주, 1978년 중국의 개혁개방 정책으로 시작되어 1990년대 후반 사회주의권의 몰락과 더불어 집중적으로 이루어진 중국 조선족의 이주, 그리고 2006년 유럽연합(EU)의 북한인권법 제정으로 폭증한 북한난민의 유입이 현재의 코리아 타운 형성과 발전의 주요 배경이 되었다. 한인들이 코리아 타운의 기반을 닦은 후, 중국 조선족이주민과 북한난민이 합류하여 일종의 '종족타운'을 구성한 것이다. 소수의 정주민과 다수의 유동인구(무역, 유학생, 주재원)로 구성된 한인, 극소수의 정주민과 대다수의 유동인구로 구성된 조선족이주민, 그리고 대다수의 정주민으로 구성된 북한난민 등 세 그룹 모두 경제적, 사회문화적 소수집단으로서 다양한 방식의 협력과 갈등관계를 유지하고 있다. 이 장에서는 뉴몰든 코리아 타운의 형성과 발전 과정을 세 코리안 그룹의 순차적 이주과정을 통해 소개하고자 한다.

1. 남한이주민에 의한 "리틀 코리아"의 형성

뉴몰든을 중심으로 최초로 유의미한 형태의 코리안 커뮤니티가 형성된 것은 1990년대 초반이며, 그 주인공들은 남한출신 이주민들이다. 영국 한인사회의 형성에 관한 최초의 학술적 연구를 진행한 이진영에 따르면 코리안들의 영국 이주는 1882년 조선-영국의 수교 때부터 시작되었지만 그 숫자가 미미하였고, 이러한 현상은 1949년 한국-영국의 수교 이후에도 지속되어 대사관 직원, 유학생, 그리고 영국인과 결혼한 여성 등이 소수 영국 거주자의 대부분을 이루었다. 그러다 1974년 일차 석유파동을 극복하기 위한 중동건설 진출과 더불어 일종의 거점으로 영국 런던에 다수의 상사주재원들이 파견되면서 코리안 커뮤니티 형성의 기초가 마련되었다. 현대그룹, 대우건설, 삼성물산 등의 대기업 주재원들과 이들을 지원하기 위한 은행 직원 등 단기 체류자들이 당시 영국거주민의 주축을 이루었지만, 이들을 대상으로 한 여행업, 식당업 등의 사업에 종사하는 '영주교민'들도 나타났고 주재원들 중 일부는 한국으로 돌아가지 않고 영국에 정착하기 시작했기 때문이다. 이 시기는 주말학교 형태의 '한인학교' 및 '한인교회' 등이 생겨나고 한인들이 대사관과 현대 숙소 등이 있는 템즈강 남서쪽에 모여 살기 시작한 시기이기도 하다.[12] 이후 1980년대 중후반 가족을 동반하는 주재원들이 급증하면서 상대적으로 임대료가 저렴하고 런던으로의 교통이 편리하며 학군이 좋은 뉴몰든 인근 지역을 중심으로 거주지가 집중되게 되었다.[13]

남한 사람들이 유의미한 규모로 영국으로 이주하여 상사주재원 중심의 뉴몰든 풍경을 바꿔놓은 것은 1990년대 들어서였다. 1989년 실시된 한국의 해외여행 자유화와 영국의 이민법 완화가 이에 크게 기여했다.

---

12 이진영, "영국 한인사회의 형성과 변화: 해외여행 자유화(1989) 이전을 중심으로." 『재외한인연구』, 제25호 (2005), pp. 155~167.

13 김현미(2008)는 뉴몰든에 유명한 공립학교가 있었기 때문에 한인들이 이 지역을 중심으로 거주하였다고 한다. 김현미, "중국 조선족의 영국 이주 경험: 한인 타운 거주자의 사례를 중심으로." p. 52.

해외여행 자유화로 여행객이 급증하면서 이들을 상대로 한 여행사, 음식점, 잡화점 등이 생겨났다. 더불어 한국기업들이 영국의 다양한 개발사업에 적극적으로 투자함으로써 주재원이 폭발적으로 증가하였으며 이들을 대상으로 부동산, 식료품점, 식당, 선물점 등의 상업이 뉴몰든 중심가를 중심으로 발달하였다. 한편 여행자유화와 한국 사회의 영어 붐은 어학연수를 중심으로 한 유학생 급증도 가져왔고, 이들 유학생들이 아르바이트와 학원, 그리고 주거를 찾아 뉴몰든에 모여들면서 코리아 타운의 경제 부흥에 이바지했다.[14] 즉 코리아 타운의 활성화는 상사주재원과 유학생의 급격한 증가가 이들을 대상으로 한 부동산, 식료품점, 식당, 학원 등 종족경제(ethnic economy)를 발전시키면서 이루어졌다고 볼 수 있다.

이후 1997년 한국의 IMF 위기 시 기업 관련 인원들과 유학생들이 철수하면서 코리안 커뮤니티도 위축되었다가 일정한 시간 이후 한국 경제의 회복 및 명예퇴직한 상사원 및 조기유학생들의 합류로 회복기를 맞이한다. 특히 2001년 9.11 테러 이후 미국행 비자를 받기 어려워지면서 영국으로의 유학이 활성화되었고 이에는 어학연수, 학위과정의 학생은 물론 조기유학도 포함된다. 조기유학은 2005년에 최고조에 이르렀는데, 기업화된 유학 알선 및 관리, 가디언(guardian) 제도 등의 활성화로 코리안 커뮤니티의 경제 활성화에 크게 이바지한다.[15] 뉴몰든에서 민박집을 운영하면서 조기유학생들의 가디언 역할도 한 한인 O에 의하면 조기유학생들은 여러모로 뉴몰든 경제에 이바지하였다. 유학을 도와주는 업

---

14 1989년 이전에는 한국의 통제적이고 제한적인 여권발급 정책과 해외이주 정책, 그리고 영국의 영연방 및 유럽 중심의 선별적이고 폐쇄적인 이민정책으로 인해 이주 자체가 쉽지 않았다. 이진영, "런던의 코리아 타운: 형성, 구조, 문화," 『재외한인연구』, 제27호 (2012), pp. 185~187.

15 이진영, 위의 글, pp. 188~192; 김현미, "중국 조선족의 영국 이주 경험: 한인 타운 거주자의 사례를 중심으로," pp. 50~57.

체들은 물론, 현지 가디언, 잦은 방학 기간 동안 숙식을 제공하며 공부를 도와주는 민박집 및 학원, 아이들을 지원하기 위해 장단기 체류하는 부모들의 숙식을 지원하는 민박집, 상점, 음식점 등이 모두 조기유학생들의 경제적 효과였다.

이렇듯 주재원과 유학생들은 코리안 종족경제의 주요한 소비자이자 노동력이었으며, 이는 뉴몰든 한인 사회가 미국 등의 다른 코리안 디아스포라 집단과 다른 특성을 가졌음을 함의한다. 즉, 뉴몰든의 한인 사회는 단기체류자, 유동인구가 중심이며 정주자들은 오히려 이들을 지원하는 구조를 가진다. 이러한 특성은 뉴몰든 한인 사회의 한국 경제 의존성을 의미하기도 한다.

최근 들어 EU 국가들의 이주정책 보수화로 말미암아 영국 유학 및 이주가 어려워지고 한국에서의 조기유학 붐이 사그라지면서 뉴몰든 경제의 유학생 특수는 상당히 위축되고 있다.[16] 인터뷰에 응한 한인 W는 어학연수 및 조기유학이 까다로워지면서 뉴몰든 경제가 확실히 타격을 받았다고 증언한다. 우선 주요 소비자가 유의미하게 줄어들었을 뿐 아니라, 한인 상점 및 음식점에서 값싼 파트타임 인력을 구하기 힘들어진 점도 이러한 경제위축에 기여하였다고 한다. 이러한 유학생과 단기 이주자의 빈 자리를 2000년대 이주를 시작하여 뉴몰든을 초국적 코리안 접촉지대로 전환시킨 조선족과 북한난민들이 채우고 있다.

16 2000년대 들어 국내의 경제상황이 나빠지고 동유럽 출신 이민자들과 불법 이민이 증가함에 따라 영국의 이민법은 보수화되었다. 2008년 범죄, 이민, 테러리즘만을 포괄적으로 전담하는 "영국국경청"(UK Borders Agency)의 출범은 영국의 이민정책이 통제 위주로 제도화되었음을 상징한다. 온대원, "영국의 이민정책과 사회통합," 『EU연구』, 제26호 (2010).

2. 조선족이주민의 결합

조선족도 중국인민의 신분으로 유학생 및 재외공관의 직원 등의 형태로 영국사회에 일찍 진출했을 가능성이 크다. 그러나 이에 대한 공식적 자료는 남아 있지 않으며 영국의 조선족이 집단적으로 가시화된 것은 1990년대 후반 들어서이다. 중국의 이주정책 변화, 조선족 사회 내부의 역학, 한중 수교 이후 한국의 중간기지로서의 역할, 그리고 영국의 이주정책 변화 등이 그 배경이 된다. 우선 중국은 1978년 개혁개방 정책 이후 이주와 정치를 분리시키면서 해외 이주자들에 대한 부정적 인식을 개선해 나갔고, 1985년 새로운 이주법을 제정하여 일반시민에게도 해외에 나갈 수 있는 통로를 확장했으며, 1990년대 이후부터는 자국민의 해외진출을 적극적으로 장려하였다. 조선족은 이런 상황을 활용하여 적극적으로 해외이주를 실천하였고, 따라서 중국의 개혁개방정책 이후 중국의 56개 민족 중 해외이주가 가장 활발한 민족으로 손꼽힌다. 이에는 사회주의 시스템 붕괴 이후 직업난, 조선족 지역의 상대적 낙후, 조선족의 교육적 성취 등도 영향을 끼쳤지만, 남한이라는 코리안 동족들로 구성된 이주의 선택지가 가까이 있었다는 사실이 매우 중요한 조건이었다.[17]

1992년 한중 수교 이후 "산업연수생 제도" 도입(1993년 1월), 중국 동포에게 부여된 '특례제도' 및 '친척초청 확대조치(1994년 7월)' 등 남한정부의 일련의 조치는 제도적으로 조선족들의 한국 이주를 가능하게 했다. 이들 중 다수는 합법 체류 기간인 5년을 넘겨 남한에 체류하면서

---

17 이진영, "글로벌 이주와 초국가 공동체의 형성: 영국 거주 조선족 사회의 형성과 변화," 『한국동북아논총』, 제62호 (2012); 박광성, 『세계화시대 중국조선족의 초국적 이동과 사회변화』(서울: 한국학술정보, 2008); 김현미, "중국 조선족의 영국 이주 경험: 한인 타운 거주자의 사례를 중심으로"; 구지영, "지구화시대 조선족의 이동과 정주에 관한 소고: 중국 청도를 중심으로," 『인문연구』, 제68호 (2013).

상당한 돈을 벌어 중국의 가족들에게 보내고 일부는 불법체류하다 추방 당한다. 이들이 보낸 돈은 조선족 사회의 경제적 발전을 뒷받침하여 자식 들의 해외 유학 등 자금이 되었고, 해외에서 체류하며 돈을 벌어본 경험 은 연속이주를 추동하였다. 한국에서 돈을 벌어 본 사람들 중 다수는 재 이주를 선택하며, 일본, 영국, 미국 등 다양한 국가로 이주를 하게 된다.

조선족의 합법적 영국 이주는 1997년 실시된 영국의 "선택적 개방" 정책으로 본격화되었다. 이 정책은 어학연수 등을 하려는 중국인에게 재 정이나 신원 보증 등의 제한조치를 완화하는 내용을 담고 있다. 이와 더 불어 홍콩의 중국 이양 이후 영국이 중국인들의 입국정책을 완화함으로 써 일부 조선족이 합법적으로 영국 진출을 할 수 있는 길을 열었다. 그러 나 조선족 다수는 브로커에게 한국여권을 구입하여 한국과 무비자 협정 이 체결된 영국으로의 진입에 성공하였다. 한국이 조선족 영국 이주의 중간기지이자 중재자 역할을 한 것이다.[18]

2003년 무렵에는 뉴몰든 일대의 조선족이 2,000명에 이르렀다. 그 러나 2004년 이후 영국의 강력한 이민 통제 정책으로 중국인 밀입국자 에 대한 통제가 이루어지고 2007년 글로벌 경제 위기로 코리아 타운 경 제가 침체기에 빠지면서 많은 조선족들이 다른 국가로 재이주하거나 중 국으로 귀환하여 현재는 1,000명이 채 남지 않은 것으로 파악된다. 그나 마 많은 수는 뉴몰든을 떠나 런던 시내 등에서 일을 하고 있기 때문에 일 부 인터뷰이들은 뉴몰든에 거주하는 조선족들은 500명이 되지 않을 것 이라고 주장하기도 하였다.

조선족 중 일부는 영국의 난민레짐을 활용하여 '북한난민'으로 인정 받고 지내고 있기도 하다. 이러한 현상은 영국이 북한난민을 받아들이기

---

18   이진영, 위의 글, pp. 57~63; 김현미, 위의 글, pp. 43~66.

시작한 2004년 시작되어 북한난민에 대한 인정절차가 까다로와진 2009년 이전까지 지속되었다. 현장연구 과정에서 만난 한 조선족이주민도 북한난민 신분으로 뉴몰든에 거주하고 있는 경우였는데 자신이 난민자격을 신청한 2004년 즈음만 해도 북한에 대한 간단한 정보를 외워서 심사를 통과하는 데 큰 어려움이 없었다고 하였다.

영국사회로 진입한 조선족들은 여성의 경우 주로 한국 식당이나 식품점, 미용실 등에서 종업원으로 일하거나 입주 가정부나 보모 등으로 서비스직에서 일하고 있다. 남성의 경우 한국인이 운영하는 건축, 수리 등의 업종에서 일하거나, 그 과정에서 기술을 익혀 독립하여 소규모 사업을 하는 경우가 많다. 이들이 뉴몰든 코리아 타운에서 한인들과 더불어 살면서 함께 일을 하기 시작한 이유는 주로 언어 문제 때문이다. 즉 영어 구사에 어려움이 있어 영국 주류 사회에서 취업하기 어려웠기 때문에 한국어만 갖고도 일자리를 구할 수 있는 뉴몰든을 찾아온 것이다. 조선족들이 노동력으로 뉴몰든에 대거 진출하면서 이들의 불법적 지위를 악용해서 임금차별이나 체불을 하는 한인 고용주들과 많은 갈등이 있었다.[19] 그러다 영국 체류 기간이 길어져 영국사회에 익숙해지면서 이들 중 많은 수는 다시 뉴몰든을 떠났다. 따라서 필자 중 한 명이 현장연구를 진행할 당시에는 뉴몰든에서 조선족의 가시성이 상당히 떨어지고 있었다. 북한난민으로 인정받아 정주를 선택한 소수 이외 많은 조선족들은 언젠가 중국으로 귀환할 꿈을 가지고 있으며 뉴몰든의 삶도 중국 가족들과 긴밀히 연결되어 있다. 최소한의 생활비용 이외에는 중국 가족에게 송금하고 있으며, 인터넷 등을 통해 끊임없이 중국 소식을 접하는 등 연결의

---

19 예를 들어, 인터뷰에 응한 한 조선족이주민은 2002년 한인 식당에서 일할 때 한인종업원은 시간당 3파운드 50펜스를 받은 데 반해 자신은 2파운드 30펜스를 받는 등 차별을 경험했다고 하였다.

끈을 놓지 않고 있다. 동시에 더 나은 경제환경을 찾아 언제든 제3국으로 떠날 준비를 하고 있기도 하다.

3. 북한난민의 유입

세 코리안 그룹 중 뉴몰든 코리아 타운에 가장 늦게 진입한 그룹은 북한난민이다. 이들 중 다수는 한국을 거쳤다. 이러한 현상은 '탈북자'들이 북한정권의 억압을 벗어나 한국사회로 정주하기를 원한다는 기존 담론을 정면으로 거스른다. 영국정부가 북한 사람들을 난민으로 인정하기 시작한 2004년 시작되어 2006년부터 확대된 탈북자의 '탈남 도영' 현상은 2007, 2008년에 절정을 이루다가 난민심사가 까다로와진 2009년부터 다소 주춤한 기세이다. 아래 표는 영국 거주 북한난민 및 망명신청자에 관한 UNHCR의 자료로서 2004년 17명, 2005년 16명, 2006년 31명을 난민으로 인정하다 2007년 217명, 2008년에 289명으로 가파르게 증가했음을 나타낸다. 이후 2009년 4명, 2010년에 7명, 2011년 22명, 2012

표 1. 영국 거주 북한난민, 2013 UNHCR 인구통계참고DB

년도	난민 (당해년도 증가인원)	망명신청	합계
2004	17 (17)		17
2005	33 (16)		33
2006	64 (31)		64
2007	281 (217)		281
2008	570 (289)		570
2009	574 (4)		574
2010	581 (7)		581
2011	603 (22)		603
2012	619 (16)	40	659

년에는 16명을 인정하는 데 그쳤다. 이러한 변화는 2009년 영국정부가
북한난민 중 다수가 한국에서 이미 시민권을 획득했다는 사실을 파악한
후 난민인정에 매우 소극적인 자세를 취함으로써 발생한 것이다.

2012년 현재 영국에 거주하는 '북한난민'은 619명이며 망명신청 중
인 40명까지 포함하면 총 659명이 난민 혹은 망명신청인 자격으로 영국
에 거주하고 있는 셈이다. 그런데 이 숫자는 이미 영국시민권을 획득한
사람은 제외한 것이다. 난민인정 후 5년이 지나면 영주권 신청이 가능하
고 영주권 획득 후 1년이 지나야 시민권 획득이 가능하므로 2013년 말
을 기준으로 하면 2006년까지 난민인정을 받은 64명 중 시민권자는 이
통계에서 제외되었을 가능성이 있다. 그러나 아이들과 노인들을 제외하
고서는 시민권 획득에 필요한 자격요건(경제활동, 영어시험 합격 등)이
있으므로 실질적 숫자는 64명보다는 훨씬 적을 것으로 판단된다. 한편
659명에는 북한출신으로 위장하여 난민 자격을 인정받은 일부 조선족도
포함된다. 앞서 언급한 것처럼 영국 정부가 북한난민들의 영국이주 경로
에 대해 의심하지 않고 난민인정을 해주던 2008년 중반까지는 심사 과
정이 그리 까다롭지 않았고 따라서 북한의 상황에 대한 단기간의 학습을
통해 심사 통과를 할 수 있었던 조선족이 꽤 있었기 때문이다.[20]

한편, 앞서 언급했듯이 영국에서 난민신분을 획득한 대다수의 북한

---

20 2007년 북한출신 망명 신청자가 2006년의 13배에 이르고 영국의 망명신청자 중 9번째로
많은 국가출신이 되자 영국 정부가 그 배경에 대해 탐문하기 시작했고 이들 중 다수가 한
국 시민임을 확인하였다. 이에 영국은 북한난민 심사 과정에서 이들이 한국 국적을 획득하
였는지에 초점을 맞추었고, 이에 따라 2007년에는 난민인정이 거부되는 상황이 발생하였
다. 그 전에는 북한의 역사, 노래, 지리, 정치체제 등에 대한 이해여부를 검토하여 난민지위
를 인정하였고, 따라서 조선족 중 일부는 이를 미리 학습하여 난민심사를 통과하였다. 때로
는 이들이 북한 화폐, 출생증명서 등 공식문서를 제시하기도 하였으나 2007년 이후 이러한
문서는 온라인상에서도 구입가능하다는 사실이 밝혀짐에 따라 '북한 사람'으로서의 증거가
치를 상실하였다. 〈http://asiancorrespondent.com/22663/fraudulent-north-korean-
defectors-to-beexpelled-from-uk〉(2014. 4. 29. 검색).

사람들은 한국에서 "탈남"한 사람들이다. 짧게는 몇 개월 길게는 10년까지 한국에서 거주하며 한국 시민권을 획득한 이들이 재이주를 결정한 이유는 다양하다. 학령기 자녀를 가진 많은 부모들은 '교육문제'로, 노인들은 '복지천국'을 찾아서 영국으로의 재이주를 결정했다고 이야기하였다. 다른 이들은 한국에서의 북한출신 사람들에 대한 차별, 북한의 위협에 대한 두려움, 자신이 남한에 있다는 사실이 북한 가족들에게 피해를 줄까봐 염려하여, 또는 더 나은 삶의 기회와 여유를 찾아 영국으로의 재이주를 선택하였다. 국제 난민레짐의 변화, 즉 북한출신 이주민들을 난민으로 받아들이는 계기가 된 2004년 미국의 북한인권법 제정, 2006년 EU의 북한인권법 제정도 이들의 유럽으로의 재이주를 촉진시켰다. 북한난민 수용을 공식적으로 천명했지만 그 과정에 있어 매우 까다로운 조건을 내건 미국보다는 훨씬 전향적인 난민 수용 정책을 가진 EU가 탈북자들의 관심지역이 되었고 그 중 영어를 배울 수 있는 영국이 선호되었기 때문이다. 이들은 대체로 한국 여행비자로 EU 국가에 입국한 후 비행기나 배를 타고 영국으로 진입하거나 영국행 비행기를 직접 타고 입국하여 한국을 경로했다는 사실을 숨긴 채 망명신청을 한다. 망명신청은 공항이나 항구, 혹은 런던 근교의 망명조사국에서 진행된다. 한국인은 3개월 동안 비자 없이 EU 국가 체류가 가능하고 일단 EU 국가에 진입하면 영국으로의 이동도 무리가 없기 때문에 진입 자체가 어렵지는 않은 편이다.

　영국으로 들어가 망명신청을 하고 인터뷰를 통과하면 난민신분을 획득하게 된다. 인터뷰 과정에서 주거지원을 받으려면 거주지 선택을 할 수 없기 때문에 이들은 처음에는 영국의 여러 지역으로 분산 배치된다. 인터뷰에 응한 이들은 대체로 맨체스터나 글라스코 등 북쪽 지방에 배치를 받았다. 배치받은 지역에서 일정 기간 지내다 결국 대다수는 뉴몰든으로 모여든다. 코리아 타운화한 뉴몰든에서는 한국말을 사용할 수 있고, 한국음식을 편하게 먹을 수도 있으며, 영어를 못해도 일자리를 구하기가 쉽기 때문이다. 뉴몰든 지역 거주 북한난민의 정확한 숫자는 알 수 없으나 대략 300~500명 정도라고 알려져 있다. 이들은 난민들을 대상으로 하는 사회복지 시스템 내에 머물기도 하고 남한 사람들이 경영하는 식당이나 가게, 혹은 회사에서 일하기도 한다. 조선족 인구가 줄어드는 상황에서 이들은 뉴몰든 한인 사업체의 주요한 대체 노동력이다. 또한 학부모, 이웃, 같은 교회 교인으로, 또는 소비자로 남한이주민과 일상적 상호작용을 한다. 현장연구 당시에는 하이스트리트(High Street)를 중심으로 하는 뉴몰든 중심가에서 북한난민들의 가시성이 두드러졌다.

한편 이들은 서로 단합하여 집단 이익을 지키기 위한 시도도 하고 있다. 2010년 7월 결성된 재영조선인협회도 그 중 하나라고 볼 수 있다. 이들은 북한난민 간의 친목을 도모하고 북한난민에 대한 차별에 적극적으로 대응할 뿐만 아니라 북한 관련 이슈에도 발언권을 행사하고 있다. 예를 들어 2010년 10월 재영북한대사관 앞에서 시위를 조직함으로써 김일성 생일과 '조영 국교 10주년'을 기념하려던 북한대사관 측에 찬물을 끼얹기도 했고, 영국 정부에 북한과 국교단절을 요구하기도 하였다.[21] 정치적 방식 이외에도 뉴몰든에 거주하는 북한난민들은 송금 등을 통해 북한의 가족들과 연결된 삶을 살고 있으며, 남한에 남겨둔 가족과도 일상적 소통을 하고 있다. 현장연구 중 북한으로의 송금과 북한 가족 탈북 지원 문제로 고민하는 이야기를 자주 들을 수 있었고, 남한의 가족과 통화하는 모습, 남한체류를 선택한 가족들이 뉴몰든을 방문하여 함께 지내는 모습도 관찰할 수 있었다.

---

21 〈http://www.dailynk.com/english/read.phpcataId=nk03100&num=6789〉(2014. 4. 29. 검색). 한편 협회 운영 방식에 대한 이견 등으로 2014년 1월 재영한민족협회라는 별도의 조직이 구성되었는데, 협회의 반북활동에 대한 견해 차이가 주요한 이슈 중 하나였다.

　　이상과 같이 서로 다른 시기 다른 방식으로 영국으로 이주한 세 그룹의 코리안들은 동업자나 동료, 고용주와 피고용인으로, 판매자와 소비자, 동료 학부모나 이웃으로, 성직자와 교인으로 때로는 동료 교인으로 일상에서 만나면서, 뉴몰든을 초국적 코리안 디아스포라 접촉지대로 형성하고 발전시켜왔다.

III. 뉴몰든 코리아 타운의 공간적 특성

접촉지대의 접촉양상을 살펴보는 데 있어 접촉이 일어나는 공간적 특성을 파악하는 일은 중요하다. 공간은 단지 빈 그릇이 아니라, 접촉과 사회관계를 적극적으로 주조하는 틀이기 때문이다.[22] 이러한 의미에서 공간은 그 자체로 중요한 행위성을 가진다고 볼 수 있다. 따라서 이 장에서는 남한이주민과 북한난민의 접촉 맥락을 살펴보기 위해, 뉴몰든 코리아 타운의 공간적 특성을 분석한다.

1. 종족적 마이너리티 생활공간

뉴몰든 코리아 타운은 기본적으로 영국사회에서 코리안이라는 이름으로 불리는 마이너리티 종족집단의 주거/생활 공간이다. 많은 한인들과 북한난민, 그리고 조선족이주민이 뉴몰든과 그 부근에서 거주하며 일상을 영위한다. 다수는 일터도 이 지역에 가지고 있으며, 아이들을 교육하고, 종교활동을 하며, 쇼핑이나 여가생활을 즐긴다. 따라서 뉴몰든은 한 인터

22　Anthony Giddens, *Social Theory and Modern Sociology* (Oxford: Basil Blackwells, 1987).

뷰의 표현에 따르자면 "영어 한마디 몰라도 생활이 가능한" 코리안들의 종족 타운이다.

우선 뉴몰든은 많은 코리안의 주거공간이다. 앞서도 언급했듯이, 80년대 중반부터 좋은 학군과 편리한 교통, 상대적으로 저렴한 임대료로 인해 한인들이 모여살기 시작하면서 코리아 타운으로 구성되기 시작한 뉴몰든은, 이후 이주한 조선족이나 북한난민들에게도 주요한 거주지 역할을 해 왔다. 영국의 난민 주거정책은 주거지를 일방적으로 배정하는 한국과 달리, 적절한 주택을 스스로 구하면 이에 대한 렌트비를 제공하는 형식을 띤다. 저소득층을 위한 공공주택을 신청하는 경우도 있지만 많은 북한난민은 일반 아파트를 선택하여 거주하며, 이들 아파트에는 남한이주민도 살곤 한다. 남북한 사람들이 이웃주민으로서 일상을 영위하게 되는 것이다. 뉴몰든은 코리안들에게 교육공간이기도 하다. 북한난민과 남한이주민은 학부모로서 학교라는 공간도 공동으로 경험한다. 아이들이 한 반에 있는 경우도 있으며, 따라서 등하교길, 학부모 면담 등을 통하여 마주치는 경우가 많다. 다양한 학원의 존재나 개인 과외의 성행도 뉴몰든을 코리안들에게 유용한 교육공간으로 구성한다. 동시에 뉴몰든은 코리안 경제생활 공간이다. 길가에 즐비한 한인상점이나 식당 등은 주요한 직장이자 소비생활 공간이다. 한편, 교회는 한인과 북한난민이 가장 밀접하게 접촉하는 공간이며 중요한 위치를 차지한다. 왜냐하면 한국처럼 뉴몰든에서도 교회가 북한난민 민간 지원 활동의 중심이기 때문이다. 뉴몰든에는 수많은 한인교회가 있다. 인터뷰에 응한 사람들은 영세한 한인교회까지 합하면 뉴몰든에 100개 가량이 있을 것이라고 했다. 어떤 이들은 대낮에 하이스트리트(High Street)에서 "목사님!"하고 부르면 길 가던 남성들이 다 뒤돌아볼 것이라는 우스갯소리가 있다고도 전했다. 일주일에 한번 있는 주일예배와 교회에서 실시하는 동료모임 등은 한인과 북한난민이 주로 접촉하는 공간이다. 이렇듯 뉴몰든은 종족언어가 매개하는 다양한 코리안 접촉공간으로 이루어져 있다.

한편 뉴몰든이 코리안이라는 마이너리티 종족집단의 주거/생활공간이라는 사실은 코리아 타운이 서로 다른 코리안 그룹 간의 접촉지대로서 작동하기도 하지만 동시에 영국 주류 사회/문화의 영향 아래 놓여 있음을 의미하기도 한다. 이는 세 그룹 코리안의 삶이 영국사회의 정치, 경제, 문화 상황에 영향 받음을 의미한다. 인터뷰에 응한 많은 사람들이 뉴몰든에서 자신의 삶이나 사고 등이 한국과 달라질 수밖에 없다며 "영국 사회에서는 그러면 안 된다", "영국 문화의 영향인 것 같다"고 하였다. 영국 사회의 특정 정책이나 문화는 코리안 그룹 간의 다이나믹에도 영향을 미친다. 한인, 조선족, 북한난민은 영국사회와 관계에서 시민권자, 영주권자, 유학생, 주재원, 여행자, 불법체류자, 난민 등 각기 다른 지위를 가지기 때문에 정책의 변화에 따라 관계의 역학이 달라질 수밖에 없다. 한편, 마이너리티 공간으로서의 뉴몰든은 이 공간을 구성하는 사람들이 사회경제적 소수자임을, 즉 영국사회에서 '주류'의 지위와 권력을 가진 경우가 매우 적음을 의미하기도 한다. 영국사회에서 코리안의 사회경제적 소수자성은 상대적으로 짧은 한인 이주 역사와도 관련이 있다. 앞서 소개한 것처럼 한인이 유의미한 규모로 영국에 이주한 것은 30년이 채 되지 않으며, 따라서 아직 최초의 이주집단인 남한이주민조차 영국사회에서 주류화되지 않은 실정이다. 이러한 뉴몰든의 공간적 특징은 한인과 북한난민의 상호관계를 주조하는 틀 중 하나이다.

2. 코리안 종족경제 공간

뉴몰든 코리아 타운은 한국어라는 문화자원을 공유한 사람들이 광범위한 종족자원(ethnic resources)을 동원하여 경제활동을 하고 있는 '종족경제(ethnic economy)' 공간이기도 하다. 종족자원은 "자신의 종족집단 구성원들로부터 이용 가능한, 혹은 그 종족집단의 유산(heritage)에서 비롯되는 자원과 도움의 형태"[23]를 말한다. 종족자원 활용도가 가장 높은 공간이 바로 '종족경제' 공간이다. 종족경제는 공통의 종족성이 경제적 이익을 제공하는 상황으로 정의된다.[24] 이는 전통적으로 주류화하지 못한 소수집단이 자생적 생존전략으로 동족에게 필요로 하는 특수한 업종의 영세규모 자영업을 중심으로 독자적인 경제를 형성하여, 언어, 문화, 기술 등에서 불이익을 받는 주류 경제에 적응하지 않고도 상당한 정도의 부를 축적할 수 있는 상황을 의미하기도 한다.[25]

뉴몰든에 밀집한 코리안 식당, 상점, 여행사, 학원 등의 자영업체와 소규모의 공장들은 고용주와 피고용인, 업주와 고객의 대부분이 코리안으로서, 영국 주류사회와는 다소 분리된 자족적인 경제관계망을 형성하고 있다. 이진영이 영국의 대표적 한인 신문인 「코리안 위클리(Korean Weekly)」 2011년 11월 28일 자에 등재된 한인 업소의 주요 업종을 분석한 바에 따르면 킹스턴 중심의 큰 규모 코리아 타운에는 약 38개 종교단체, 25개 사교육 관련 기관, 29개 요식업체, 18개 여행 관련 업체, 15개 주거지원 업체, 24개 의료 관련 업체, 77개 서비스업, 그리고 9개의 언론,

23 Pyong Gap Min and Charles Jaret, "Ethnic Business Success: The Case of Korean Small Business in Atlanta," *Sociology and Social Research*, vol. 69 (1985), p. 432를 설병수, "호주 내 한인들의 소규모 사업과 종족 자원의 두 얼굴," 『한국문화인류학』 제35권 2호 (2002), p. 277에서 재인용.

24 John R. Logan, Richard D. Alba and Thomas L. McNulty, "Ethnic Economics in Metropolitan Regions: Miami and Beyond," *Social Forces*, vol. 72, no. 3 (1994)를 최영진, "환동해지역의 민족(Ethnic) 경제 – 관계망과 제도화 중심으로," 『아시아연구』, 제17권 1호 (2014). p. 100에서 재인용.

25 Yoon, In-Jin, "The Growth of Korean Immigrant Entrepreneurships in Chicago," *Ethnic and Racial Studies*, vol. 18, no. 2 (1995).

인쇄, 광고업체가 있으며, 이 중 다수는 뉴몰든 중심가에 자리잡고 있다.[26] 이는 뉴몰든 거주 코리안 인구수를 고려할 때 매우 큰 규모이다. 뉴몰든 중심가인 하이스트리트(High Street)를 걷다보면 코리안 종족경제의 힘을 확연하게 느낄 수 있다. 한국어로 된 간판이 즐비하고 곳곳에서 한국어가 들리는 이곳은 한국의 어느 마을에 온 것 같은 느낌을 준다. 이처럼 비교적 값싼 노동력과 종족문화에 걸맞는 상품에 대한 안정적인 구매력, 종족 언어에 기반한 원활한 정보 교환, 그리고 소규모 생산에 필요한 유연한 상호협력망을 갖춘 생산/소비 공간으로서의 뉴몰든에서 한인과 조선족, 그리고 북한난민들은 경제적으로 상호의존적인 삶을 살고 있다.

3. 코리안 디아스포라의 초국적 실천 공간

초국주의(transnatioanlism)는 "이주자들이 떠나 온 사회와 새롭게 정착한 사회를 연결하는 다중의 사회적 관계를 형성하고 유지하는 과정"을 일컬으며 이는 "오늘날 이주자들이 지리적, 문화적, 정치적 경계를 가로지르는 사회적 장을 만든다는 점을 강조하기 위한" 개념이다.[27] 이 이론에 따르면 이주는 새로운 사회로의 일방적 적응 패러다임으로 설명될 수 없으며, 이주자는 새로운 사회에 다양한 방식으로 통합되면서 동시에 떠나온 사회(들)과도 지속적 관련을 맺는 존재이다. 초국주의적 관점은 이주를 과정으로 바라보며 이주자의 행위성에 주목한다. 그리고 기존의 이주 이론이 이주의 일방향성(즉, 일회적이고 되돌릴 수 없는 과정으로서의

26   이진영, "런던의 코리아 타운: 형성, 구조, 문화."

27   Linda Basch, Nina Glick Schiller, and Cristina Szanton Blanc, *Nations Unbound: Transnational Projects, Postcolonial Predicaments, and Deterritorialized Nation-States* (Basel: Gordon and Breach, 1994), p. 7.

이주)을 가정하고 민족국가와 그 국경을 사회분석에서 당연히 주어진 것으로 받아들여 이주를 국가와 국가 사이의 이동으로 개념화하고 국경을 넘어서는 사회적 정체와 실천을 정상에서 벗어난 것으로 여기는 방법론적 민족주의에 기반하고 있다고 비판한다. 기존의 이론들에 따르면, 이주자들은 본국에서 분리된 위태로운 자들이며 새로운 사회의 시민이 됨으로써 다시 '정상'의 범주에 들어갈 수 있는 존재들이기 때문에 이주민의 성공은 새로운 사회에의 빠른 적응을 의미한다.[28] 그러나 초국주의에 따르면, 대부분의 이주민은 떠나온 사회와 연결을 계속 유지하고 있고-돈을 보내고, 문화를 즐기며, 본국과 관련된 경제활동에 참여하고, 심지어 국민국가 건설에 참여하면서-, 오늘날의 이주민은 국경을 가로지르는 강한 사회관계망을 형성함으로써 대안적 적응의 경로를 살 수 있다. 이러한 초국주의 이론의 발전에는 글로벌라이제이션이라고 통칭되는 세계사적 변화라는 역사적 배경이 있다. 이주의 폭발적 증가, 정보통신의 발달, 그리고 글로벌 경쟁의 시대 가능한 한 많은 종족 자원을 활용하고자 하는 민족국가의 정책적 법적 제도 마련이 이주민들의 초국적 실천을 한층 더 원활하게 한다.[29]

뉴몰든 코리안의 삶도 뉴몰든이라는 지역(local)에 제한되지 않는다. 뉴몰든의 많은 경제활동은 한국, 중국, 심지어는 북한과 연결되어 있으며 각각의 코리안 그룹은 자신의 모국, 그리고 거쳐 온 다양한 사회들과 다양한 방식으로 연계하여 초국적 실천을 한다. 페쿠(Pecoud)가 기술한 네 가지의 초국적 이주기업 유형이 뉴몰든에 모두 존재한다. 첫째

---

28   Peggy Levitt and Nina Glick Schiller, "Conceptualizing Simultaneity: A Transnational Social Field Perspective on Society," *The International Migration Review*, vol. 38, no. 3, (2004).

29   민족국가의 이러한 시도의 대표적 예로 이중국적제도 도입, 해외이주민들에 대한 재산권 및 투표권 보장 등을 들 수 있다.

는 운송서비스, 물품, 송금 등을 전달하거나 인력충원회사와 같이 이주 과정을 매개하는 이주/수송 기업, 둘째는 모국으로부터 잡지, 음악, 비디오 등 문화상품을 수입해 판매하는 문화기업, 셋째, 모국으로부터 음식, 의류와 같은 물품을 해외 이주민 도시에 공급하는 민족기업, 마지막으로 모국으로 돌아간 귀환자가 설립하여 해외 체류 시 형성된 관계를 활용하는 귀환이주민 소기업이 그것이다.[30] 이러한 기업활동과 더불어 급속도로 발달한 인터넷을 통하여 한인과 조선족들은 송금, 무역, 이주 촉진자로서의 역할 뿐만 아니라 출신국 – 한국, 중국 – (문화)상품의 소비자로서 먼 영국 땅에서 출신국과 연계하여 살아간다. 뉴몰든의 한인(조선족) 상점은 한국(중국)에서 가져온 상품들로 가득하며, 이들의 거실이나 안방 TV, 컴퓨터에서는 항시적으로 한국 TV프로그램이나 영화가 흘러나온다. 많은 한인이나 조선족들은 또한 언젠가의 귀국 혹은 제3국으로의 재이주를 꿈꾸면서 끊임없이 축적하고 투자하고 있기도 하다. 한편, 직접적 연계가 쉽지 않은 출신국을 가진 북한난민의 경우도 송금이나 전화, 그리고 인터넷을 통한 문화, 정보의 소비를 통해 북한과의 연결고리를 놓지 않고 있다. 이들이 만든 조직의 홈페이지에서는 북한 소식과 더불어 북한영화와 만화 등을 볼 수 있다. 또한 일상적으로 북한의 가족들과 연락하며 한국이나 뉴몰든으로 데리고 올 수 있는 방안을 모색한다. 이 과정에서 조선족들이 브로커로 협력하기도 한다. 한편 이들 중 다수는 남한에 두고 온 가족과의 협력망을 가지고 있으며, 자신이 거쳐 온 한국 사회의 (문화)상품을 즐긴다. 이러한 의미에서 뉴몰든은 코리안 디아스포라의 경쟁과 협력이 일어나는 초국적 실천 공간이며 이를 통해 코리안 그룹들은 다양한 탈국가적 사회관계망을 갖게 된다.

---

30 Antonie Pecoud, "What is Ethnic in an Ethnic Economy," *International Review of Sociology*, vol. 20, no. 1 (2010).

IV. 남한이주민과 북한난민과의 관계

이상과 같은 공간적 특징을 가진 뉴몰든에서 한인과 북한난민은 한국에
서와 사뭇 다른 관계를 형성하며 살아가고 있다. 이 장에서는 이들 간 관
계의 특성에 대해 살펴본다.

1. 해외에서 만난 적대적 분단국가 출신의 같은 종족

한국사회에서 남북한 출신 주민 관계가 그러한 것처럼, 뉴몰든의 한인
과 북한난민 관계도 1차적으로 남북한 출신이라는 사실이 지배한다. 한
인의 경우 극소수 북한 방문자나 북한 대사관 직원들과 교류가 있는 경
우를 제외하면 대체로 북한난민이 인생에서 처음 마주친 북한 사람이다.
따라서 이들에게 북한난민은 북한사회와 북한 사람을 대표하는 존재로
서 의미가 있으며, 북한에 대한 인식이 북한난민에게 투영되는 경향이
있다. 나이 든 세대 중심의 반공이데올로기는 뉴몰든에서도 한인과 북한
난민 관계에 영향을 준다. 동시에 탈냉전과 더불어 생겨난 "불쌍하고 후
진적"인 북한 이미지의 영향도 크다. 북한난민 지원에 열성적인 한인들
도 이들을 동등한 입장에서 보기보다는, 북한정권의 희생자이자 도움을
필요로 하는 불쌍한 동포라는 동정심 어린 시선으로 보는 경우가 많다.
한편, 북한난민에게도 한인은 일정 정도 남한의 표상이다. 많은 이들이
거쳐 온 남한사회는 북한 사람에게 결코 우호적이지 않은, 지나치게 바
쁘고 경쟁적인, 착취와 차별로 기억되는 사회이다. 따라서 이들에게 뉴
몰든의 한인들도 남한사회의 특징을 일정 부분 담지한, 어울리기 쉽지
않은 존재들이다. 남북한 관계의 거울과 같은 이러한 관계는 한국사회에
서처럼 이 곳 뉴몰든에서도 일정 부분 재현된다. 적이(었)자 동포인 그들

을 일상에서 대면하여 협상하는 일, 관계를 맺는 일은 쉽지 않다.

그러나 동시에 뉴몰든은 노골적 분단문화로부터 직접적인 영향을 덜 받는다는 것이 한인과 북한난민들의 공통된 의견이다. 한국사회에서 남북한 주민 간 갈등의 상당부분은 분단환경에서 기인하며, 남북의 갈등이 심화되면 북한에 대해 악화된 감정이 탈북자들에게 그대로 전이되는 현상이 매우 자주 일어난다.[31] 뉴몰든도 이러한 영향에서 아주 자유로울 수 없다. 앞서 언급했듯이 북한난민에 대해 처음부터 거부감을 갖는 한인들이 상당수 있다. 그러나 반공이데올로기의 노골적 재현을 상당 부분 누그러뜨리는 기제들이 있다. 인터뷰에 응한 한 북한난민은 "한국에서는 북한이랑 뭔 일만 있으면 끝장이었다"며 "다 우리한테 따지고… 와… 천안함 났을 때는 정말 살 수가 없었어" 하고 힘들었던 한국 경험에 대해 이야기하면서 뉴몰든에서는 그런 감정을 느낄 일이 없다고 안도하였다.

이러한 현상에는 한반도와의 상대적 거리와 북한과도 외교관계를 맺고 있는 영국사회의 탈냉전적 분위기가 한 몫을 했다. 뉴몰든은 남북관계를 국내 정치에 활용하는 분단 정치의 자장으로부터 상대적으로 자유로우며, 한인과 북한난민 모두 영국의 주류 사회 및 다른 이주자들과 대비되어 "코리안"이라는 소수자로 묶이곤 하는 제3의 공간이다. 이주자들의 혼종적 다양성이 두드러진 사회에서 타자들과 대비할 때 코리안 내부의 다양성은 그 의미가 축소될 수 있다. 정체성은 늘 상대적인 것이기 때문이다. 영국인 및 다른 이주민과의 관계에서 남한이주민과 북한난민들에게 서로는 동일종족으로서 의미를 가진다. "오랜 역사를 공유한, 하나이어야 할 정상 상태를 외세에 의해 침해받은, 언젠가는 하나 되어야 할 형제들"이라는 오랜 민족주의적 정서가 낯선 타향에서 소수자로서

---

31   이수정, "접촉지대 이야기: 경계의 재구성," 「북한연구의 새로운 패러다임의 모색과 북한의 미래」, 북한대학원대학교 북한미시연구소 개소기념 세미나 (2012년 11월 6일).

"그래도 코리안끼리 협력해서 상호발전을 도모해야 한다"는 현실적 필요성과 접합되면서, 분단문화의 흔적을 일정 부분 지우기도 한다. 북한난민 D의 아래와 같은 이야기는 이러한 현실을 함축한다.

> 원래 여기 사는 사람들은 서로가 필요하다고, 필요성을 느끼는 거지요. 근데 한국은 북한에서 대포 한 방 빵 쏘면 북한, 북한 탈북자들 다음날 아침 출근하면 눈이 히뜩히뜩해요. 직접적인 영향이요. 여기는 그거하고 떨어져 있으니까 좀 말하자면. 여기는 식당 그 사장들도 말하는 게 북한 사람들 없으면 식당 문 다 닫아야 돼. 서빙 하는 게 대부분 다 북한 사람이고 주방장까지는 아직 안 나오는데, 연한이 짧으니까, 근데 필요성을 느낍니다.

2. 경제적 상호의존성이 지배하는 관계

경제적 상호의존성도 남한이주민과 북한난민 관계의 역학을 특징짓는 주요한 요소이다. 앞서도 언급했듯이 남한이주민과 북한난민은 뉴몰든 '종족경제'의 핵심구성원으로 매우 밀접하게 관련되어 있다. 뉴몰든 경제는 식당, 식료품점, 여행사 등의 소규모 자영업이 주요 기반이며, 이 경제를 구성하는 인구는 대체로 코리안이라는 종족집단으로서 그 규모가 크지 않다. 남한이주민과 북한난민은 주로 고용주와 피고용인, 판매자와 소비자로 만난다. 고용주-피고용인 관계에 있어 북한난민은 주로 고용주인 한인들에게 매우 중요한 노동력이다. 특히 유학이나 이민이 어려워진 근래 들어 아르바이트생을 구하기 어려운 상황에서 남한이주민들이 기피하는 식당 주방일이나 서빙, 3D 업종의 소규모 공장 등에서는 북한난민 인력의 활용이 필수적이다. 즉, 남한출신 이주민들에게 북한난민은 '동족경제' 내 동일 언어로 소통이 가능한 "동족 노동력"으로서 의미를 가진다. 그 자신 뉴몰든에서 자영업을 하고 있는 한인 W는 이러한 상황을 다음과 같이 짧게 정리했다.

그 사람들 없으면 가게 운영을 못해요. 한국사람들은 식당일, 허드렛일 그런 거 안 하려고 하니까요.

한편, 새로운 사회에서 일을 배워 경제적 기반을 닦고자 하는 북한 난민들에게 먼저 정착한 남한이주민들이 제공하는 일자리는 수입의 원천이자 기술훈련의 장이기도 하다. 이러한 현상은 영어가 서툰 북한난민들이 한인이 운영하는 회사 이외의 장에서 경제활동을 하기 어렵기 때문이기도 하다. 다음은 북한난민 D의 이야기이다.

기본사항은, 일은, 거의 다 배우기는 한국사람들에게 다 배웠어요. 한국사장들한테서 다 배웠지.

이러한 고용주-피고용인 관계는 일부의 경우 이해관계의 차이로 말미암아 갈등의 씨앗이 되곤 한다. 인터뷰에 응한 북한난민 중 일부는 한인 고용주들이 일은 많이 시키고 월급은 체불하는 등의 노동착취를 행한 적이 있다고 했다. 그리고 이는 이들이 남한에서 겪은 남한 고용주의 행태와 일맥상통하는 부분이 있다. 한편, 한인고용주들은 북한난민 노동력의 질이 좋지 못하며, 영국 법률이나 관행을 잘 모르는 상황에서 무리한 요구를 하는 경우가 많다고 지적한다. 그러나 이러한 갈등이 지배적이진 않은 듯했다. 영국의 엄격한 노동법 집행과 평등주의적 문화, 그리고 종족자원으로서의 노동력 부족이 한인 고용주들의 부당한 고용관행에 제동을 걸고 있기 때문이다. 일부 인터뷰이들은 그러나 차별적 관행이 저

절로 개선된 것은 아니며, 중국 조선족들과 갈등 경험이 큰 기여를 했다고 알려주었다. 조선족이 처음 한인타운에 노동력으로 들어왔을 때 '불법 이주민'이라는 이들의 신분을 이용해서 임금차별을 하거나 체불을 하다가 큰 분쟁이 일어나서 손해를 본 경우가 상당했고, 이를 계기로 부당한 고용관행이 상당히 사라지게 되었다는 것이다.

판매자–구매자도 매우 중요한 관계이다. 인터뷰에 응한 한인 중 식당이나 식료품점 등을 운영하는 자영업자들은 특히 북한난민들에 대한 부정적 언급을 매우 조심스러워했다. 북한난민들이 이들 식당이나 식료품점의 주요 인력원인 동시에, 매우 중요한 소비자이기 때문이다. 이들에 의하면 소비자의 규모가 한정적인 뉴몰든 종족경제 안에서 북한난민들은 잃어서는 안 되는 주요 고객층이다. 한편 북한난민들에게 남한이주민이 운영하는 식당이나 식료품점 등은 타향에서의 삶을 위로하는 핵심적인 자원이다. 많은 북한난민들이 최초 배치된 북쪽 지역에서 뉴몰든으로 재이주한 이유 중 하나로 한국음식을 마음대로 먹을 수 있다는 사실을 들었다.

이렇듯 2013년 현재 뉴몰든의 종족경제 내에서 상대적으로 오랜 이주의 역사를 가진데다 자원이 많은 한인과 그렇지 못한 북한난민은 고용주–피고용인의 위계적 관계로 상호의존적인 생활을 하고 있다. 그러나 종족 노동자원의 유한성과 판매자–구매자라는 권력관계의 역전 가능성으로 인해 이 위계성은 일방적이고 고정적인 것만은 아닌 상황이라고 볼 수 있다.

3. 다른 제도적 지위를 가진 사람들 간의 관계

주류 사회인 영국에서 남한이주민과 북한난민이 갖는 서로 다른 제도적 지위도 이들의 관계에 큰 영향을 준다. 한인과 북한난민은 모두 사회적 소수자라는 공통점이 있으며 이러한 사실에서 비롯된 상대적 평등성은 특히 남한 사람이 중심이자 주류이고 탈북자가 절대적 약자였던 한국사회를 겪어 본 북한난민들에게 더욱 크게 다가온다. 이러한 평등성은 우선 인구비율에서 비롯된다. 많은 북한난민은 영국에서 자신들이 "남한 사람들에게 해 볼 만한" 근거로 1:10 정도의 인구비율을 들었다. 남한인구 5,000만 명에 탈북자 2만 명은 숫자만으로도 "게임이 안 되는 것"이지만, 뉴몰든 한인 중 정주 인구가 5,000명이 안 되는 데 비해 북한난민이 500명 가량 되기 때문에 숫자로 절대적 소수는 아닐 수 있다는 것이다. 북한난민 C의 말처럼 "뉴몰든에서는 쪽수로 밀리지 않는다."

인구 비율과 더불어 제도적 지위 관련 중요한 점은 한인 대다수가 영국에 정주하는 시민권자나 영주권자가 아닌 "잠시 머무는 사람들"인 반면, 북한난민은 큰 문제가 없으면 몇 년 사이 영주권, 시민권 획득이 가능한 정주민이라는 사실이다. '난민' 처지인 북한 사람들은 비록 뉴몰든 사회 진입이 한인에 비해 늦었지만 교육, 의료, 주거 등의 제영역에서 국가적 지원을 받기 때문에 빠른 시일 내 기반을 닦기가 수월하다. 이러한 사실이 북한난민의 삶의 안정성과 자신감의 근거이자, 한인의 북한난민에 대한 질투심과 박탈감의 근거가 되고 있다.

실제 뉴몰든의 북한난민들은 상당히 안정적인 생활을 하고 있다. "베니핏(Benefit)"이라고 부르는 각종 사회보장 혜택을 잘만 활용하면 여유로운 생활에다 여유자금까지 만들 수 있기 때문이다.[32] 아르바이트 개념으로 파트타임이나 비정규직 일을 하면서 저소득층을 위한 베니핏도 지속적으로 받는 것과 주택지원을 활용하는 것이 그 지름길이다. 영국은 10세 이상의 아이들이 독립적 공간을 갖도록 되어 있기 때문에 아이들이 있는 가구의 경우 제공받은 아파트 방 여러 개 중 일부를 다른 이주민들에게 세놓곤 한다.[33] 뉴몰든을 비롯한 런던 일대는 주거비용이 워낙 비싸기 때문에, 한인들은 북한난민에게 주어지는 주거혜택을 매우 부러워한다. 그러나 한국에서처럼 대놓고 이를 비판하는 경우는 많지 않다. 스스로를 "세금 내는 주인"으로 정체화하고 탈북자는 "혜택을 보는 이방인"이라고 간주하기 쉬운 한국에서와 달리, 뉴몰든에서는 한인들도 북한난민의 도움이 필요로 한 이주자/소수자이기 때문이다. 북한난민 D의 이야기를 다시 들어보자.

> 다 필요성을 느끼는 게 대부분의 사람들이 북한 사람들이고 조선족은 믿을 수가 없는 거예요. 이 사람들 언제까지 일하다 돈 벌다 가버리고 한국 사람들 그런 일 절대로 안 하고 그러면 노동력을, 실지 로동력을 써야 되는 사람은 북한 사람들이기 때문에. 필요성은. 애들이 자녀들이 계속 여기서 자라날 거고 실지 한국 사람들은 공부만 끝나면 가고 이렇게 되기 쉽지. 여기서 거주하며 살아갈 수 있다고 인정되는 사람은 북한 사람.

이러한 자신감과 정주의식은 뉴몰든의 북한난민들의 단합에 기여한다. 한인, 북한난민 모두 뉴몰든 북한난민 커뮤니티의 단합과 빠른 정보 공유력에 감탄하곤 했다. 이러한 현상은 또한 상당히 파편화된 한인들의 행위에 집단적 대응을 가능케 하여 단순한 숫자보다 북한난민들의 세력이 훨씬 크다고 느끼는 배경이 된다.

---

32 이는 노인이나 어린 자녀가 있는 가구에 해당된다. 노동능력이 있는 청년 단독가구에 대한 복지혜택은 매우 적으며 따라서 영국으로 진입했던 많은 20, 30대 독신 젊은이들은 한국으로 귀환하였다.

33 방 세 개의 아파트를 배정받은 북한난민 중 한 가구는 모든 식구들이 거실에서 지내고, 방 세 개를 따로 따로 세 주어 수입을 올리고 있는 경우도 있다.

V. 남한이주민과 북한난민의 상호 인식

지금까지 논의한 뉴몰든의 공간적 특성, 그리고 그 안에서 형성된 남한이
주민과 북한난민의 관계는 두 집단 사이 독특한 인식 구조를 발생시킨다.
사람마다 개별적 차이가 있지만, 경향적으로 다음과 같은 특성이 있다.

1. 남한이주민들의 북한난민 인식

(1) 불쌍하지만은 않은 사람들

남한사회에서의 남한출신주민들처럼 뉴몰든의 남한이주민들에게도 "북
한 사람"에 대한 두려움과 반감, 호기심과 측은함이 교차한다. 특히 이러
한 감정은 북한난민들의 이주 초기에 지배적이었다.

그러나 북한난민 중 다수가 한국을 거쳐 온 사람들이라는 사실과 영
국에서도 '난민'으로서 사회적 혜택을 받으며 산다는 것을 파악하게 되
면 이러한 측은지심은 불만으로 바뀌곤 한다. "한국에서도 지원을 받더
니 여기서 또 받는다" 싶다. 북한난민의 뉴몰든 이입 초기, "불쌍한 동포"
라는 생각, "북한 사람들은 못 도와줘도 여기 온 사람들은 도와줘야겠다"
싶은 마음에 차량지원부터 장사일 전수까지 여러모로 도움을 아끼지 않
았던 한인 T는 북한난민 다수가 "한국서 다 보상 받고 온 사람들이라는
걸 파악 후 진짜 도와줘야겠다는 생각이 안 들어, 하다 보니 좋은 일 하
는 것 아니라는 느낌이 들어" 그만 두었다고 한다. 그는 북한난민을 "가
지고 있는 게 많은 사람들"이라고 표현하며, 뉴몰든 한인들이 가장 힘
들어하는 주거 문제, 영주권/시민권 문제가 해결된 사람들이기 때문이라고
설명하였다. 이러한 생각은 그가 뉴몰든의 한인들을 "미국하고 개념 다
르게 불쌍한 사람들. 부자들 없다"고 파악하기 때문이기도 하다. "20~30

년 전 아무 것도 없는 상태에서 고생하면서 한인들이 일궈놓은 상태에 북한난민들이 들어온 것"인데 "한인들이 시작할 때와는 매우 다른 입장, 80~90%는 이미 쥐고 시작하는 사람들"인 것이다. 초기에 T와 함께 북한난민을 지원했던 한인 S 역시 북한난민들이 자신이 처음 생각했던 바와 매우 다르다고 했다.

> (북한난민들은) 삶의 방법을 우리보다 더 빨리 찾아서 안정적 궤도에 들어서는 것 같아요. 그러면서 삶의 질은 한국인보다 더 빨리 일으키려 하고 우위에 서려는 느낌. 거주문제랑 경제문제가 이미 해결되어 있으니 한국 사람보다 오히려 발전가능성이 큰 것 같아요. … 우리는 무에서 개척했는데 북한 사람들은 개척 후 기반이 닦인 상태에서 와서 이득을 많이 취득하고 있지요. … 이 사람들 일하는 자세는 한국인과 달라요. 우린 일 못하면 생존이 불가능하니까 남한에서의 경력 다 버리고 일하는데 북한인은 기본적 경제력이 보장되어 있어서 선택이 가능한 것 같아요. … 같은 입장에서 일 해도 한인은 주인과 트라블(trouble) 생겨도 그만 두지 못하지만 북한 사람들은 자유롭잖아요. 이 사람들 들어와서 임금이 오히려 비싸졌어요.

S는 한국에서 살 때 북한 사람들은 "불쌍하고 빨리 구원해야 한다고 생각"했으나, 뉴몰든이라는 지역에서 난민의 자격을 획득하여 살아가는 북한난민의 구체적 일상을 가까이 보면서 한국사람보다 오히려 발전가능성이 큰 것으로 파악하고 있었다. 뉴몰든에서 만난 대부분의 한인들도 T나 S와 유사한 인식을 하고 있었다. 특히 최근 들어 초기 자산축적에 성공하여 가게를 내는 북한난민이 생기기 시작하면서, "10년만 있으면 북한 사람들이 살기 좋아질 것"이라든지, 심지어는 "시간이 지나면 뉴몰든이 북한 사람 타운이 될 것"이라는 의견도 피력하였다. 영국사회에

서의 두 집단의 다른 제도적 지위와 이에 따른 삶의 기반의 차이가 한인들이 북한난민을 "더 이상 불쌍하지만은 않은 사람들"로 인식하도록 하고 있었다. 뉴몰든의 한인들에게 북한난민은, 최소한 코리안 종족 안에서는, 더 이상 사회적 약자라고 하기 어렵다.

(2) 협력할 수밖에 없는 사람들

더 이상 불쌍하지만은 않은, 어쩌면 "우리보다 더 잘 사는 사람들"인 북한난민들에 대한 부정적 느낌에도 불구하고, 남한이주민들은 북한난민을 뉴몰든에서 꼭 필요한 존재들로 인식하고 있었다. 이는 앞서 종족경제 논의에서 언급한 것처럼 한인 규모가 크지 않은 뉴몰든에서 북한난민들이 한인 사업체의 중요한 노동력이자 소비자이기 때문이며 이러한 경제적 의존성은 한인들이 북한난민을 협력의 대상으로 인식하게 한다. 이는 한인들의 영국주류사회와의 거리감과도 연동되어 있다. 북한난민들은 짧은 이주 역사와 자원의 부족, 영국사회의 배타성 등으로 주류화에 성공하지 못한 한인들이 최대한 활용하고자 하는 종족자원의 일부이기 때문이다. 많은 한인들이 영국에서 성공하기 위해서는 코리안들이 협력해서 노력해야 한다고 주장하였다. 이런 맥락에서 한인 U는 북한난민들이 받는 베니핏에 대해서 불평하는 동료 한인에게 "이왕 낸 세금이 쓰인다면 영국놈한테 가는 것 보다는 동포한테 가는 게 낫지 않아? 북한 사람들은 뉴몰든에서 돈 쓰잖아"라고 설득했다고 전했다.

한인들이 북한난민을 함부로 대하지 못하는 또 하나의 이유는 북한난민들의 집단적 협상력 때문이기도 하다. 이들에게 북한난민은 "단체로 움직이는, 단합이 잘 되는" 사람들이고, 따라서 이들 중 일부와 문제가 생기면 관련 정보가 대단히 빠른 속도로 유통되고 또 북한난민들이 집단적으로 대처하기 때문에 손해를 감수해야 한다. 실례로 필자 중 한 명이 현장연구를 진행하던 시기 한 한인식당의 주인이 북한난민 종업원에게 폭언을 했다는 소문이 난 이후 북한난민들이 그 업체를 단체로 보이콧해서 한 달이 넘도록 종업원 모집을 하지 못하고 있는 상황을 목격하기도 하였다. 따라서 인터뷰에 응한 많은 한인들이, 특히 북한난민들에 대한 부정적 평가를 할 때에는 목소리를 낮추고, 주위를 살피곤 하였다.

(3) 가까이 하기엔 너무 먼 사람들

소규모의 종족경제를 구성하는 주요한 구성원으로서 협력할 수밖에 없는 사람들이라는 인식이 남한 주민들에게 북한난민들이 더 가깝게 느껴지도록 하지는 않는다. 많은 남한이주민들이 "법망을 요리 조리 피해 다니며 이익을 추구하는" 북한난민들의 가치관에 동의하지 않으며, 이들의 사고, 가치관, 태도가 한인들의 그것과는 양립불가능한 것이라고 인식하고 있었다. 한인들이 보기에 북한난민들이 영국사회에서 생활하기에 (난민이라는) 매우 유리한 조건을 가지고 있고 경제적으로 한인들에게 도움이 되는 것은 확실하지만, 이들이 생활풍습이나 문화적 수준은 아직 매우 "저급한 수준"이다. 이들이 영국 사회보장 제도의 혜택을 받고 사는 것은 "배급주의에 숙달해 있기 때문"이며 또한 "탈북해서도 중국, 제3국, 심지어 한국에서도 구호만 받고 살았기" 때문이다. 그래서 이들은 "고마움을 모르고 … 누릴 것 다 누리면서 이득만 챙기려 하는" 사람들이다. 따라서 동질성을 느끼기 어려우며, 신뢰관계를 만들기가 쉽지 않다. 한인들에게 북한난민은 영국인과 대비해서는 "우리 코리안"이지만, 종족 내에서는 여전한 문제적 타자인 것이다.

2. 북한난민들의 남한이주민 인식

(1) 고맙지만은 않은 사람들

많은 북한난민에게 한인은 우선 "고마운 사람들"이다. 물도 낯도 선 타향에 와서 삶의 닻을 내리는 데 있어 먼저 정착한 한인들의 역할을 인정할수밖에 없다. 이민국에 망명자 신청을 하고 인터뷰를 하는 과정부터 한인들은 통역자로서 도움을 준다. 주거지 배치가 이루어지고, 영국 사회에의 초기 적응을 시도할 때도 적극적으로 도와주는 사람들은 주로 한인들이다. 게다가 한인들은 북한난민에게 낯선 타향에서 고향 같은 터전이되는 뉴몰든을 만들어낸 장본인이기도 하며, 북한난민들의 직업생활과기타 생활을 보장하는 이주 협력자이기도 하다. 교회, 지역사회, 직장 등많은 곳에서 한인은 북한난민 정착을 지원하며 일터를 제공함으로써 궁극적인 지원을 한다. 따라서 고마운 존재들인 것이다. 뉴몰든의 한인 식당에서 일을 하곤 하는 북한난민 B씨는 이를 다음과 같이 표현했다.

> 고맙게 느껴져요. 우리 사람들이 남조선 저기 뭐야 그 가게 아니면 일자리
> 구하겠어요? 그리고 일할 데도 없잖아요? 그런데 하도 우리 한인들이 있
> 으니까 일자리도 생겼고 또 우리가 첨에 와서 제일 발붙일 때 제일 도와준
> 사람들이 영국사람이겠습니까? 그래도 한인사람들이지요. 영어로. 경제
> 적으로 못해줘도 못해준다 해도 언어로 도와, 영어를 못하니까 통역해준
> 다든가 그런 건 다 한인들이고 또 그래가지고 오히려 고마움을 느끼지요.

그러나 동시에 한인들은 북한난민들에게 불안과 박탈감을 안겨주는 존재이기도 하다. 북한난민 지원 과정에서 또는 삶의 현장을 공유하면서 한인들이 알게 된 개인사 관련 정보는 공론화되면 북한난민들의 영

국에서의 삶이 위태로워질 수 있는 사항들이다. 남한을 거쳤다는 것이나 수입을 신고하지 않고 생계비를 타고 있다든지 하는 사실들은 한인에겐 단지 윤리적 비난거리이거나 시샘거리지만, 북한난민들에겐 영국에서의 삶의 뿌리를 흔들 수 있는 정보들인 것이다. 따라서 일부 북한난민은 한인 지원을 받지 않고 사는 방법을 모색한다. 북한난민 D씨는 일터에서 겪었던 한인과의 갈등과 이를 통해 얻은 교훈에 대해 다음과 같이 이야기했다.

> 우리가 여기 와서 베니핏도 받고 혜택도 받고 국가적 혜택을 받는데 한인은 이민 오기 때문에 안 되거든. 심지어 나하고 같이 일하던 사람은 나와 일 끝나고 술 먹다가 이민국에 가서 말한대. 왜 그러냐. 너네 여기 와서 사는 거 불법이지 않냐. 너네 다 한국 통해 왔지 않냐. 통해 왔는데… 내용을 많이 알아버리면 그 담에는 아차. 자기는 순수한 마음에서 봉사하는 마음에서 해줬는데 이 사람들 하는 걸 보니 다 거짓말이야. 그 말을 다 해줘야 해. 기니까 결국에는 우리 께[것이] 많이 노출되는 거야. 밖으로. 그 다음에는 아차 이게 아니구나. 핑계를 대요.

한인들은 또한 경제력 차이로 북한난민들에게 박탈감과 선망을 안겨주기도 한다. 북한난민들이 취업하는 공간의 소유자나 책임자는 대부분 한인이고, 따라서 위계관계가 생길 수밖에 없다. 북한난민 D는 아예 "한인은 다 사장이고 일하는 사람들은 북한 사람들이랑 조선족"이라고 장담하였다. 그러면서 한인회사에서 일하다 체불된 임금을 1년 8개월 만에 다 받은 사실을 예로 들며 "한인들도 한국에서처럼 일 많이 시키고 돈 적게 주려는 습성이 있다" 고 "그것이 한국타입인 것 같다"고 하였다. 경제력 차이는 소비력에서 더욱 극명하게 드러난다. 많은 북한난민은 한인의 소비문화를 따라갈 수 없음에 좌절한다. 교회 구역모임 때 찾아간 한인 집 거실장의 명품 그릇들에 기가 죽고, 모처럼 함께 간 쇼핑에서 "돈 생각 않고 막 사재는" 한인들에게 질려서 다시는 쇼핑을 함께 가지 않겠다는 결심을 하게 된다. 바겐세일 때 그 중 몇 가지를 구매하는 것으로 간극을 줄여보고자 하나 그 격차는 쉽게 줄어들 성질의 것이 아니다. 이러한 감정은 여성들 사이에 더 지배적인데, 북한난민 F는 한인과 함께했던 자신의 쇼핑경험을 다음과 같이 이야기한다.

> 금방 와서는 그릇에 신경을 안 썼어요. 그런데 목장 예배 때 다른 집에 가면 다 브랜드 그릇이에요. 나는 안 썼더니 뒷말이 막 나고. 그래서 1년 동안 남자들처럼 노가다 일 하면서 주말마다 나가서 그릇 하나씩 샀지요. … 같이 [쇼핑] 다니면 부담스러워요. 쇼핑하면 팍팍 꺼내서 쓰는데 나는 돈 주머니 몇 번씩 들락날락… 그 담엔 같이 안 가요.

이러한 좌절은 북한난민들에게 더 노력해서 동등한 관계를 맺겠다는 결심과 실천으로 이어지기도 한다. 따라서 북한난민들에게 남한이주민은 먼저 와서 터를 닦은, 정착과정을 지원하는 고마운 이웃이자, 자신들에 대해 너무 많이 알고 있는 위험스런 존재들이자, 박탈감과 선망을 동시에 안겨주는 동족집단인 것이다.

(2) 친해지기 어려운 협력의 대상

북한난민들은 뉴몰든에서도 일부 남한출신 이주민들이 자신들에 대해서 좋지 않은 감정을 가지고 있다는 것을 느끼고 있고, "너무 달라서 친해지기엔 아무래도 어려운 것 같다"는 판단을 하고 있다. 북한난민 B는 이러

한 차이를 "문화권이 다른 것 같다"고 표현한다. 한인들은 남한의 한국사
람들과 유사하게 "지나치게 경쟁적"이고, "이기적"이고, "속에 뭐가 들었
는지 알기가 어렵다." 한인들은 "경계를 가지고 사는" 것 같다. "북한 사
람들은 직설적으로 얘기하는데" 반해 말도 "뱅뱅 돌려"[돌려서 얘기한다
는 뜻]서 의사소통이 어렵다. 따라서 "교회에서 만나서 인사하고 해도 주
중에 또 만나고 그렇게 되지 않는다." 왜냐하면 "세 마디만 대화하면 얘
깃거리가 끊기"기 때문이다. 다음과 같은 D의 이야기는 북한난민들이
영국에서 느끼는 한인들과의 거리감을 매우 잘 드러낸다.

> 한인교회 가봐야 다 거기서 거긴데 우선은 한인들을 이렇게 교회 가보면
> 앞에선 다 좋아요. 앞에선 다 좋은데 그리고 대화 하면서 우리가 서로 통
> 하지 않는 게 우리는 자기 숭도 다 말해요. 고회슙니다. 그런데 한인들은
> 딱 어디까지가 있어. 대화가. 진심이 안 하는 거야. 우리도 그 사람들 앞에
> 서면 말을 조심하는 거야. 그니까 그 사람들이 어떤 무슨무슨 멋있는 얘기
> 를 하면 거기 삐쳐야겠는데 그건 모르고. 모르겠고 우리 차례가 와서 말해
> 야 하는데 말하는 거 조심하는 거야. 그래서 환경이 다르다는 게 정말 영
> 국에 와가지고 느낀 게 산 환경이 살아온 환경이 때문에 이런 차이가 있
> 다는 걸 처음으로 절감했거든.

그러나 차별을 노골적으로 표현할 수 없는 환경이라는 것에 상대적
만족감과 자신감을 보이고, 남북한출신 이주민들이 사회적 소수자이자
같은 민족으로서 결국은 힘을 합해서 살아가야 할 거라는 점을 강조한다.

> 한인들은 우리가 5년 발붙일 수 있는 언덕이에요. 영국 난민들 중 탈북자
> 들이 가장 성공했다고 해요. 이라크 사람들은 10년씩 지나도, 뉴카슬에

서, 살 방도를 모르고 있더라고요. 그런데 우리는 5년이면 웬만큼 될 거야. 될 것 같아. 물론 한국서 산 경험, [영국 사회보장제도를 통한] 경제적 기초가 도움이 되었지만 한인들 도움이 크지요. (북한난민 D)

한인도 북한 사람도 제한되니까 서로 뜯고 살면 안 돼요. 서로 필요성을 느끼는 거지요. … 그래도 영국사람들보단 우리끼리 도와야지. 어려운 사람들끼리. (북한난민 G)

(3) 더 이상 기죽지 않아도 될 상대들

뉴몰든의 북한난민들은 이상과 같이 한인들을 고마움의 대상이자 경계해야 할 대상, 협력해야 하지만 간극을 채울 수는 없는 대상 등으로 복합적으로 인식하지만, 필자들에게 가장 눈에 띈 점은 이들이 한인들과 자신들을 매우 동등한 주체로 상정하고 이야기를 전개한다는 점이었다. 북한난민들이 자신의 이주를 긍정적으로 평가하고 뉴몰든에서의 삶에 만족하는 가장 큰 이유 중 하나는, 북한 사람임에 당당할 수 있다는 것이다. 많은 탈북난민들이 "여기서는 그냥 Korean이라고 얘기할 수 있다" "노스 코리안이라고 해도 대우에 별 차별 없다"는 점을 강조하며, 한국에서 "탈북자"로 살면서 겪었던 수모와 차별에 대해 이야기하였다. "월급을 100만 원 받았는데, 나중에 알고 보니 같은 일을 하던 조선족은 120만 원, 남한 사람은 150만 원 받았더라"라든가, "우리 세금으로, 세금 한 푼 안 낸 주제에 먹고 산다는 비아냥을 들었다"는 등의 이야기가 쏟아져 나왔다. 그러나 뉴몰든에서 이들은 "북한 사람"의 정체성을 가지고 살아갈 수 있으며 그러기 위해 한인에게 기죽지 않아도 된다는 것이다. 북한난민 C는 그 배경에 대해서 평등성과 다원성이 인정되는 영국사회에서는 한반도 냉전문화에서 자유로울 수 있다는 점을 들고 있다.

한국에서는 북한이라는 나라를 인정하지 않잖아요? 그러니까 그 틀에서 밖에 발언할 수 없는 겁니다. ***(북한출신 정치인)는 자기 조국은 대한민국이래요. 한국에서는 그렇게밖에 얘기할 수가 없어요. 그런데 조국은 할아버지 나라가 아닙니까? 그럼 우리 정체성은 노스 코리아여야 하죠. 조국이 굶으면 부정하고 그렇지 않으면 인정하고… 그런 게 어디 있습니까? 내 나라가 억압받고 핍박받는 것은 우리가 노력을 잘못한 거예요. 원초적으로 우리 조국은 북한이지요…. 여기서는 인공기 들고 나가도 돼요. 우리 코리안이다 하면서. 온갖 문화 사람들이 다 있는데요. 이 나라 저 나라. 그래도 차별 안 해요.

영국사회의 문화적 혼종성과 반차별 담론은 많은 북한난민에게 북한 사람의 문화표식 그 자체로 차별받거나 배제당하지 않는다는 자신감을 심어주고 따라서 정서적 만족에 크게 기여하고 있었다. 북한난민들은 영국사회의 이러한 "평등적 분위기"가 한인에게도 영향을 끼치는 것 같다고 평가한다. 북한난민 B는 뉴몰든의 한인이 한국사회의 사람들보다 "훨씬 깬 것 같"고 따라서 "한국은 차별이 심한데 여기는 차별이 덜 하"다고 자신의 경험을 이야기한다. 북한난민 J도 유사한 입장을 가지고 있는데, 그에 따르면 한국이나 뉴몰든이나 "남한출신과 북한출신은 물과 기름처럼 섞이지 않고 심리적 공허감은 채워지지 않는" 것은 마찬가지지만, "일의 차원도 좀 더 접촉이 있고 뉴몰든의 한인은 매우 처신을 조심하는 것 같다. 더 교양 있달까" 싶다. 다시 말해, 다원주의적이고 평등주의적인 영국 사회의 영향으로 뉴몰든의 한인들은 남한의 한국인보다는 훨씬 세련되고 서구적 교양을 갖춘 것 같다는 것이다.

물론 북한난민들의 이러한 자신감에는 경제적 안정이 큰 요소로 작용한다. 북한난민 중 다수는 "아이들 교육을 위해서" 그리고 "보다 나은 (복지)사회를 찾아서" 뉴몰든으로 이주하였다고 이야기하며, 상당히 만족하고 있었다.[34]

> 한국보다 영국서 사는 게 더 편해. 느낌이 달라. 여기가 더 편해. 북에서 맨날 김일성 정치가 인간 중심의 정치라고 했는데 와서 보니까 여기가 인간중심의 정치에요. 노인복지, 아동복지 잘 되어 있어서 사는 데 스트레스가 없어. 한국은 노후 걱정이 큰데. 여기는 내일 걱정이 없어. 내가 아침에 일어나면 아… 지난밤에 무사했구나 하는 게 다. (북한난민 I)

또한 영국에서 법적 지위가 불안정한 다수의 한인들에 비해, 곧 영주권, 시민권을 획득할 수 있는 북한난민들이 더 큰 발전을 할 수 있을 것이라는 믿음도 이러한 자신감에 기여한다. 현재는 북한난민들이 코리아 타운의 계층구조에서 하위를 차지하고 있지만, 정주자로서 합법적 지위를 획득할 가능성이 크기 때문에 이러한 위계가 바뀔 가능성이 많다는 것이다.

이상에서 살펴본 바와 같이 남한이주민과 북한난민은 서로에 대해 매우 복합적인 인식을 하고 있다. 경제적 영역에서는 긴밀함을 인정하면서도 정서적 맥락에서는 상당한 거리감을 느끼는 상황, 즉 친밀함을 수반하지 않는, 상당히 도구적인 관계에 머물고 있다. 동시에 한국에서와

---

34 많은 북한난민은 "한국처럼 경쟁이 심하지 않다"는 점, "아이들이 영어를 제대로 배울 수 있다"는 점, "아파도 치료를 받지 못하고 죽어야 하는 일은 없다"는 점 등을 지적하였다. 어떤 이들은 영국의 사회복지제도에 대해 "북한에서 얘기하던 사회주의가 여기에 있었다"고 만족감을 나타내었다.

는 달리 일방적 위계관계는 아닌 것을 알 수 있다. 남한이주민과 북한난민이 서로에 대해 이와 같은 태도를 형성하는 요인으로는 영국사회 및 뉴몰든의 공간적 특징, 그리고 두 그룹이 이 공간에서 갖는 위치 및 관계가 그 핵심이라고 볼 수 있다.

VI. 결론

이 연구는 영국 뉴몰든 코리아 타운을 남북한 출신 주민들이 상호작용하는 '코리안 디아스포라 초국적 접촉지대' 중 하나로 정의하고, 코리아 타운의 발생 배경 및 발전과정, 공간적 특성, 그리고 이 지역에서의 남한이주민과 북한난민 간의 사회관계와 상호인식을 살펴보았다. 뉴몰든은 유럽 유일의 코리아 타운으로서 남한이주민, 조선족이주민, 그리고 북한난민 등 세 그룹 코리안들의 초국적 이주에 의해 형성된 사회적 공간이다. 이 세 그룹의 코리안들은 서로 다른 이주 시기 및 배경을 가지고 영국 사회 내에서 상이한 사회적 위치를 점하고 있지만, 동시에 '종족경제' 구성원의 일원으로서 활발히 상호작용하며 살아가고 있다. 민족지적 현장연구에 기반한 이 연구는 이들 중 특히 남한이주민과 북한난민 간의 사회관계와 상호인식에 초점을 맞추어 서로 다른 배경과 자원을 가진 이 두 그룹 구성원들이 영국이라는 제3의 공간에서 어떤 사회적 관계를 맺고 상호작용하며 서로에 대해 어떠한 인식을 형성하고 있는지, 그리고 이러한 양상에 영향을 주는 요소들은 무엇인지에 대해 살펴보았다.

연구결과는 다음과 같이 요약할 수 있다. 첫째, 뉴몰든이 코리아 타운으로 형성된 것은 시기를 달리 한 세 그룹의 코리안(남한이주민, 조선족이주민, 북한난민)의 초국적 이주로 인한 것이며, 이들의 이주에는 출신국 사정 및 정책, 영국의 사정 및 정책, 그리고 개인 행위자성 등이 복합적으로 작용했다. 둘째, 이들로 구성된 뉴몰든 코리아 타운은 종족적 마이너리티 생활공간, 코리안 종족경제 공간, 코리안 디아스포라의 초국적 실천공간의 성격을 띤다. 셋째, 이러한 특성을 가진 공간에서 남한이주민과 북한난민 간의 관계는 해외에서 만난 분단국가 출신의 같은 종족으로서 경제적 상호의존성을 가지며, 영국사회에서 이주민과 난민이라는 각기 다른 지위를 가진 사람들 간의 만남이라는 특성을 가진다. 마지막으로, 이러한 관계를 통하여 남한이주민들은 북한난민에 대해서 불쌍하지만은 않은 사람들, 협력할 수밖에 없는 사람들, 가까이 하기엔 너무 먼 사람들이라는 인식을 가지며, 북한난민들은 남한이주민에 대해서 고맙지만은 않은 사람들, 협력의 대상이지만 친해지기엔 어려운 사람들, 그리고 더 이상 기죽지 않아도 될 대상들이라는 인식을 가진다.

이 연구는 두 가지 점에서 의미를 가진다. 첫째, 이 연구는 이주의 시대 다양한 코리안 그룹들의 초국적 이주가 기존의 코리안 종족공동체를 어떻게 변형시키고 있는지에 대해 특히 북한난민을 주요 행위자로 포함시켜 살펴보는 첫 연구이다. 난민의 자격으로 영국에 진입한 북한 사람들은 조선족과 더불어 한인 중심이던 뉴몰든 코리아 타운의 주요 구성원으로서 그 공간을 역동적으로 재구성하는 데 기여하고 있다. 코리안이라는 종족경제의 활성화에 기여하는 동시에 종족적 범주를 다원화하고, 종족 내부의 위계를 흔드는 역할도 하고 있다. 둘째, 남북한 사람들의 접촉양상이 공간적 특징에 따라 어떤 차이가 있는지에 대한 더 큰 맥락의 비교연구를 위한 기초자료로서 활용될 가능성이 크다는 점에서 의미를 가진다. 뉴몰든의 코리아 타운 사례는 남북한 주민 접촉환경과 관련하여 다양한 함의를 갖는다. 우선, 오랜 세월 서로 다른 사회 체제에서 살던 남북한 사람들의 만남이 쉽지 않음을 드러낸다. 체제의 차이뿐만 아니라 문화의 차이, 경제력의 차이, 같은 듯 다른 언어의 차이 등등 수많은 차이들이 이들 간의 의사소통을, 그리고 관계를 가로막는다. '접촉'이 더 큰 갈등으로 이어지지 않으려면 통합 과정에서 타자에 대한 인정과 성찰에 기반한 상호이해가 무엇보다 필요함을 잘 알려준다. 관련하여 평등한 관계의 중요성, 자원분배의 형평성, 기본적 사회안전망과 인권과 관련한 문화적 풍토 등의 중요성을 상기시킨다. 서로에 대한 장벽과 갈등이 여전히 존재하지만, 뉴몰든의 남북한 주민에게서 한국사회에서보다 상대적으로 나은 관계의 가능성을 발견할 수 있다. 영국 사회의 사회적 안전망과 인적 구성의 다양성은 북한출신 주민들이 한층 여유롭게 삶을 탐색하도록 돕는다. 많은 이들이 영국에 와서야 마음의 여유가 생기고 자녀교육에 신경을 쓰게 되었다고들 한다. 또한, 수적으로도 사회경제적으로도 절대적으로 불리하지 않은 상황에 놓인 북한난민들은 주눅들지 않고 남한이주민을 대한다. 같은 '이주민' 처지에서 협력하고 경쟁할 만하다고 느낀다. 남한이주민들 또한 북한난민들을 대하는 데 상대적으로 유연하다. 노골적인 차별과 무시는 스스로 경계하며 협력적인 삶을 기획한다. 경제적 상호의존성, 다원성을 존중하는 문화풍토 등의 영향이 있어 보인다.[35] 남한에서처럼 자신들의 몫인 자원을 박탈당한다는 느낌이 적기 때문이기도 하다. 한반도의 긴장과 갈등에 직접적인 영향을 덜 받는다는 점, 그리고 특히 이들이 모두 영국 사회에서 소수자의 처지에 있다는 점 또한 고려되어야 할 것이다. 이러한 결과는 남북한 주민들이 보다 평등하게, 공동의 이해를 가지고, 삶의 불안정성이 적은 환경에서 만날 수 있도록 노력하여야 함을 함의한다고 볼 수 있다.

---

35 북한난민의 경제력이 더 커져서 남한출신 이주민들과 자원에 대한 경쟁을 하게 되면 이러한 현상은 변화할 수 있을 것이다.

제4장

북한이탈주민의 노동권과 마음의 통합: 인천시 남동구의 비정규직·비공식분야 노동자의 심층면접을 중심으로[1]

윤철기(서울교육대학교)

I. 문제제기

한국에 입국한 북한이탈주민이 어느덧 약 2만 8천 명을 넘었다. 한국의 인구 규모를 볼 때, 북한이탈주민의 수는 결코 많다고 할 수는 없다. 그러나 문제는 그 수가 아니라 북한이탈주민이 분명 한국사회의 주요한 구성원이 되었다는 사실이다. 북한이탈주민은 한국사회에서 정착해가는 과정에서 차별과 불평등의 문제를 절감하고 있다. 한국사회에서 '사회적 소수자'에 대한 차별이 가지고 있는 문제가 논의된 것은 오래되었지만,

1   심층면접 대상자들의 신변보호를 위해서 최소한의 정보(성별, 나이, 현직)만을 공개하고 성명, 탈북년도, 북한거주지역 등에 대한 일체의 정보는 공개하지 않는다. 물론 심층면접 대상자의 요청으로 일체의 정보공개를 거부한 경우에는 불가피하게 어떠한 정보도 공개하지 않는다. 이 연구를 위해서 적극적으로 인터뷰에 응해주신 인천시 남동구에 거주하는 북한이탈주민들께 진심으로 감사의 말씀을 드린다. 아울러 2013년 6월부터 8월까지 진행된 인천시 남동구에서 진행된 심층면접을 적극적으로 도와준 북한대학원대학교 김산 조교께도 감사의 말씀을 전한다.

여전히 해결의 실마리를 찾고 있지 못하다. 북한이탈주민들은 분명히 한국사회의 주요한 구성원이 되었지만, 한국사회는 이를 받아들이지 못하고 있다.

북한이탈주민의 존재는 남북한 사회통합의 문제가 한국사회가 해결해야 할 '현안'이라는 사실을 말해준다. 그런데 한국사회에서 북한이탈주민들은 '타자(他者)'화 되고 있다. 북한이탈주민의 국적은 분명 '대한민국'이지만, 한국사회는 북한이탈주민을 '우리'로 인식하고 있지 않다. 한국사회에는 북한이탈주민들이 '우리'가 될 수 없도록 만드는 수없이 많은 장벽이 있다. 북한이탈주민들은 차별받고 소외되고 있다. 이러한 차별과 소외는 북한이탈주민들에게 마음의 상처로 남게 된다. 그로 인한 북한이탈주민들의 트라우마는 한국사회의 구성원이라는 정체성을 약화시킬 뿐만 아니라 사회에 대한 불신을 증폭시키게 된다.

북한이탈주민에 대한 차별과 소외는 노동권으로부터 보호받지 못하고 있는 현실과 직간접적으로 관련되어 있다. 북한이탈주민은 탈북과 함께 한국에서 보다 나은 삶을 꿈꾼다. 하지만 현실은 그들의 기대와는 많이 다르다. 한국생활은 북한이탈주민에게 결코 녹록지 않다. 생계유지를 위해서는 무엇보다 '취업'이 당장에 해결해야 할 문제이다. 취업난 때문에 북한이탈주민은 스스로 '노동권'을 포기하게 되는 경우가 발생하게 된다. 북한이탈주민들은 한국생활의 적응을 위해서 '하나원'에서 교육을 받는다. 교육내용 가운데는 근로기준법에 관련된 내용도 있다. 대표적으로 '근로계약서'를 쓰는 문제에 대한 부분을 분명히 배운다. 그런데 북한이탈주민들은 하나원 퇴원 이후의 취업에서 근로계약서를 쓰지 못하는 경우가 적지 않다. 기업주들이 고의적으로 근로계약서를 쓰지 않는다. 북한이탈주민들이 모를 것이라 생각하는 것이다. 하지만 북한이탈주민들은 하나원 교육 덕택에 분명히 근로계약서를 써야 하는 것을 알고 있다. 다만 취업이 어려워질 것을 두려워해서 그리고 어차피 오래 있을 직장이 못 되니까 근로계약서를 쓰자고 요구하지 않는 것이다. 북한이탈주민들은 자신들의 정당한 권리인 노동권을 여러 가지 측면에서 보장받고 있지 못 하다. 북한이탈주민들은 한국사회에서 차별받고 소외받고 있다고 느끼고 있다. 그리고 한국사회에 대한 꿈과 기대도 포기하기 시작한다.

북한이탈주민들의 노동권 문제는 사회통합, 특히 마음의 통합을 위해서 선결되어야 하는 과제이다. 이는 인천시 남동구에서 비정규직 혹은 비공식 분야에서 종사하거나 거주하고 있는 50여 명의 북한이탈주민들과의 심층면접을 통해서 확인할 수 있었다. 비정규직 노동자는 주로 인천시 남동공단에서 일터를 두고 있는 주민들이다. 비공식 분야 종사자는 주로 유흥 음식점에서 일하는 사람들이다. 비정규직 혹은 비공식 분야에서 종사하는 북한이탈주민들은 노동권의 사각지대에서 생계를 유지하기 위해서 일터에 나가고 있었다. 인터뷰에 응해준 북한이탈주민들이 받고 있는 마음 상처는 우리사회가 짐작하고 있는 것보다 컸다.

II. 한국사회에서 사회적 소수자와 노동권

한국사회에서 '사회적 소수자(social minority)'는 누구인가. 한 사회에서 '사회적 소수자'는 시기별로 그리고 국가별로 상이하게 정의된다. 국제인권법에서는 민족적(national), 인종적(ethnic), 종교적(religious), 언어적(linguistic) 특성에서의 소수파를 '소수자'로 규정한다. 이러한 정의를 따르는 국가는 독일, 러시아, 소련, 중국 등이다. 다음 민족, 인종, 종교, 언어라는 특성을 중시하지 않고 '사회적 약자' 일반을 '사회적 소수자'로 규정하는 경우이다. 이러한 정의를 수용하는 국가들은 미국, 일본, 한국 등이다. 마지막으로 '사회적 소수자'라는 용어를 사용하지 않는 경우이다. 프랑스가 이에 해당된다(유효종·이와마 아키코, 2012: 23).

한국사회는 오랫동안 사회적 소수자라는 용어를 사용하지 않았다. 그런데 1997년 금융위기 이후 사회적 소수자라는 용어가 한국사회에서 사용되기 시작했다(유효종, 2012: 222). 주지하다시피 사회적 소수자란 용어는 산술적인 개념이 아니라 존재론적이면서도 동시에 인식론적 개념이다. 사회적 소수자로 분류되기 위해서는 다음의 네 가지 특성이 필요하다(윤인진, 2000: 404에서 재인용). 첫째, 식별 가능성이다. 둘째는 권력의 열세로, 여기서 말하는 권력은 정치권력만이 아니라 경제·사회적 측면에서 권력을 모두 포함한다. 셋째, 차별적 대우의 존재이다. 마지막은 집단의식 또는 소속의식이다. 앞의 세 가지가 있다고 하더라도 집단에 대한 소속감이 부재하다면 그것은 집단에 대한 차별이 아니라 개인에 대한 차별이다. 그렇다면 한국사회에서 이러한 요인에 해당하는 소수자들은 누가 있을까. 관점에 따라 차이가 있을 수 있지만, 일반적으로 한국사회에서 사회적 소수자 혹은 사회적 약자로 구분되고 있는 사람들은 홈리스, 이주노동자, 화교, 조선족, 결혼이민자, 장애인, 희귀·난치병 환자들, 독거노인, 미혼모, 성적 소수자들, 병역거부자들 등 다양한 계층으로 구성되어 있다(최협, 2004).

그렇다면 한국사회에서 북한이탈주민들은 사회적 소수자에 해당되는가. 북한이탈주민들은 '하나원' 교육을 통해서 법적으로는 시민권자가 되지만 현실은 다르다. 특히 사회경제적 측면에서 소외받고 배제되고 있다. 또 북한이탈주민들은 남한 사람과 다르다는 이유로 차별받고 있다. 그리고 북한이탈주민들은 이러한 차별과 소외에 대해서 집단적으로 공감하고 있다. 북한이탈주민은 어느새 2만 6천명을 넘어섰다. 그렇지만 탈북을 경험한 수는 남한 거주자와 비교할 때 사회적 소수자일 수밖에 없다. 그래서 북한이탈주민들은 한국시민이 되기 전부터 '적응'을 위해서 노력해야만 한다. 북한이탈주민들은 정치, 경제, 사회, 문화 전반적인 한국생활에서 모두 적응이 쉽지 않다(윤인진, 2001: 222~235). 그 가운데에서도 특히 어려운 문제는 사회경제적으로 적응하기가 쉽지 않다는 것이다. 북한이탈주민들은 한국의 노동현장에서 다양한 형태로 소외되고 차별받고 있다. 헌법이 보장하고 있는 노동권으로부터 여러 가지 이유로 보호받고 있지 못하다. 한국의 노동시장에는 '노동생산성' 외에도 북한이탈주민들에게 불리한 다양한 장애물들이 존재한다.

대한민국 헌법은 32조와 33조에 노동권에 대해서 다음과 같이 명시하고 있다.

헌법 32조

① 모든 국민은 근로의 권리를 가진다. 국가는 사회적 경제적 방법으로 근로자의 고용의 증진과 적정임금의 보장에 노력하여야 하며, 법률이 정하는 바에 의하여 최저임금제를 시행하여야 한다.

② 모든 국민은 노동의 의무를 가진다. 국가는 근로의 의무의 내용과 조건을 민주주의원칙에 따라 법률로 정한다.

③ 노동조건의 기준은 인간의 존엄성을 보장하도록 법률로 정한다.

④ 여자의 근로는 특별한 보호를 받으며, 고용·임금 및 근로조건에 있어서 부당한 차별을 받지 아니한다.

⑤ 연소자의 근로는 특별한 보호를 받는다.

헌법 33조

① 근로자는 근로조건의 향상을 위하여 자주적인 단결권·단체교섭권 및

단체행동권을 가진다.

② 공무원인 노동자는 법률이 정하는 자에 한하여 단결권·단체교섭권 및
단체행동권을 가진다.

③ 법률이 정하는 주요방위산업체에 종사하는 근로자의 단체행동권은 법
률이 정하는 바에 의하여 이를 제한하거나 인정하지 아니할 수 있다.

한국사회는 1997년 금융위기 이후 신자유주의적 구조조정이 진행
되면서 실업과 비정규직이 증가하고 고용불안정성이 증대되었다. 실업
률은 1998년 약 3% 내외로 비교적 안정적인 것으로 조사되었지만, 여기
서 비정규직이 차지하는 비중이 30% 이상을 상회하고 있다. 또 청년실
업률은 2010년대에도 약 8%를 육박하고 있다. 비정규직 노동자의 수는
그림 1에서 보는 바와 같이 오히려 2010년대에도 증가하고 있다는 점을
알 수 있다. 한국은 구제금융을 성공적으로 졸업한 우등생으로 자처하고
있지만, 고용 현황은 결코 좋다고 말할 수 없다. 이러한 상황에서 사회적

표 1. 취업자 수/실업률 추이(단위: 만명, %)

	1997	1998	1999	2000	2001	2002	2003	2004	2005	2006	2007	2008	2009	2010	2011	2012	2013
취업자 증감	36.1	-127.6	35.3	86.5	41.6	59.7	-3	41.8	29.9	29.5	28.2	14.5	-7.2	32.3	41.5	43.7	38.6
- 농림어업	-3.8	11.2	-9.5	-5.9	-9.5	-7.9	-12	-12.5	-1.1	-3.2	-5.8	-3.7	-3.8	-8.2	-2.5	-1.4	-0.8
- 제조업	-18.8	-62	11	26.7	-2.6	-2.6	-3.6	8.5	-4.7	-7.3	-4.3	-5.2	-12.6	19.1	6.3	1.4	7.9
- 건설업	4.4	-44.7	-10.5	10.7	0.5	16.1	7	0.4	-0.5	2	1.6	-3.7	-9.1	3.3	-0.2	2.2	-1.9
- 서비스업	53.9	-31.5	44.5	55.2	53.1	54.1	5.7	45.5	36.1	37.6	35.6	26	17.9	20	38.6	41.6	33.2
실업자	56.8	149	137.4	91.3	89.9	75.2	81.8	86	88.7	82.7	78.3	76.9	88.9	92	85.5	82	80.7
실업률	2.6	7	6.3	4.1	4	3.3	3.6	3.7	3.7	3.5	3.2	3.2	3.6	3.7	3.4	3.2	3.1
청년실업자	32.2	65.5	57.4	40.2	41.3	36.1	40.1	41.2	38.7	36.4	32.8	31.5	34.7	34	32	31.3	33.1
청년실업률(%)	5.7	12.2	10.9	7.6	7.9	7	8	8.3	8	7.9	7.2	7.2	8.1	8	7.6	7.5	8

출처: 통계청 『경제활동인구조사』
* 취업자 증감은 전년 동기비
* 청년실업자 및 청년실업률 연령기준: 15~29세

328

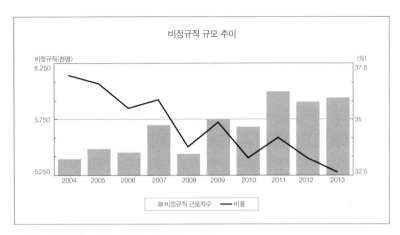

그림 1. 비정규직 노동자의 수와 비율(출처: 통계청)

표 2. 외국인 노동자(고용허가제) 고용동향(단위:명)

		2004	2005	2006	2007	2008	2009	2010	2011	2012
	합계	3,167	31,659	28,976	33,687	75,024	63,323	40,457	49,210	51,730
	베트남	704	8,619	5,712	11,507	19,707	13,497	9,328	12,574	6,853
	필리핀	832	5,308	8,434	5,928	6,289	9,282	3,165	3,131	2,844
	태국	558	5,964	6,746	5,798	9,287	9,957	2,977	4,078	5,031
	몽골	500	4,433	4,703	2,642	4,775	4,032	2,157	1,075	2,528
	인도네시아	359	4,361	1,215	4,343	12,304	4,981	4,383	6,322	6,110
	스리랑카	214	2,974	2,166	2,194	7,163	4,244	4,498	5,340	4,069
일반고용 **허가제**	중국	0	0	0	403	1,833	4,281	708	755	139
	우즈벡	0	0	0	275	4,492	2,779	4,045	2,700	3,973
	파키스탄	0	0	0	365	2,355	1,628	1,014	441	679
	캄보디아	0	0	0	198	2,793	2,524	2,297	4,959	8,047
	네팔	0	0	0	34	2,014	2,445	2,264	3,713	5,876
	미얀마	0	0	0	0	67	2,037	218	1,956	3,557
	키르키즈	0	0	0	0	451	181	313	300	240
	방글라데시	0	0	0	0	1,494	1,361	2,750	1,681	1,299
	동티모르	0	0	0	0	0	94	340	185	485

출처: 한국고용정보원(EPS: 외국인고용관리시스템)
주석: 일반고용허가제는 MOU체결 국가에서 비전문취업비자(E-9)로 입국하여 취업한 인원임.

소수자들의 고용 상황은 더욱 어려워질 수밖에 없다. 대표적으로 외국인 노동자에 대한 통계를 보면, 2008년 7만 5천명에 달하던 노동자 수가 2012년 5만 명 내외로 감소하였다.

한국 노동시장에서 노동수요가 감소하게 되면, 고용조건은 더욱 나빠질 가능성이 높다. 외국인 노동자의 경우에 한국의 시민권자들이 아닌 경우가 많기 때문에, 근로계약 위반, 임금체불, 폭행, 성폭력 등 다양한 문제로 고통을 겪고 있다. 사실 노동권 이전에 기본적인 인권조차 보장받지 못하는 경우가 비일비재하다. 사회적 소수자들이 노동권은 물론 인권의 사각지대에 있는 이유는 소위 '좋은 일자리'를 가질 수 없는 조건에 처해 있는 경우가 대부분이기 때문이다. 사회적 소수자들이 전문적인 지식과 기술을 바탕으로 하는 고임금이 보장되는 '좋은 일자리'를 얻을 수 있다면, 사회적 소수자들이 겪고 있는 문제는 많은 부분 해결될 수 있을 것이다. 즉 사회적 소수자와 일자리 선택 간에는 밀접한 상호관계가 있다.

III. 북한이탈주민의 노동현황

북한이탈주민의 누적 수는 증가하고 있지만, 매년 입국자 수는 최근 들어 감소하였다. 북한이탈주민의 국내 입국은 2011년을 기점으로 현저히 감소하여 2012년과 2013년에는 약 1500명 정도가 입국하였다(그림 2 참조). 북한이탈주민 가운데 입국자 수가 감소한 이유는 크게 두 가지이다. 첫째, 북·중 접경지역과 북한 내부에서 감시와 처벌이 강화되었기 때문이다. 둘째, 북한이탈주민들 사이에 한국에서의 삶이 결코 쉽지 않다는 소문이 전해지면서, 북한이탈주민들 가운데 한국으로의 입국을 희망하지 않는 사람들이 증가했기 때문이다(「자유아시아방송」, 2013년 12월 28

일). 탈북자 소식통에 따르면 특히 남성의 비율이 감소하여, 입국한 사람들 가운데 여성이 차지하는 비율이 약 3배 정도에 이른다. 이렇게 여성 북한이탈주민이 증가한 것은 여성들이 상대적으로 북한당국의 감시로부터 벗어날 수 있는 기회가 크기 때문이다. 여성 가운데 상당수가 북한에서 소위 '부양'이라고 불리는 직업이 없는 사람들이다. 반면 남자들은 대부분 직업을 가지고 있어야 한다. 북한에서 직장은 일상적으로 당과 국가의 명령이 전달되는 공간이면서 동시에 통제와 감시의 장이다. 직업이 있음에도 불구하고 공장과 기업소에 출근하지 않는 '무직자'는 처벌의 대상이다. 즉 여성이 남성에 비하여 상대적으로 통제와 감시로부터 벗어날 수 있는 기회가 더 많기 때문에, 탈북을 시도할 수 있는 것이다.

북한이탈주민들의 수는 증가했지만, 뒷받침할 수 있는 제도적 장치는 여러 가지 측면에서 부족한 점이 많다. 그 가운데에서도 가장 시급하게 해야 할 문제가 북한이탈주민들의 노동권 문제이다. 북한이탈주민지원 재단의 〈2013 북한이탈주민 경제활동조사〉에 따르면 2013년 현재 북한이탈주민의 실업률은 9.7%로 조사되었다. 이는 한국의 2.7%에 비하

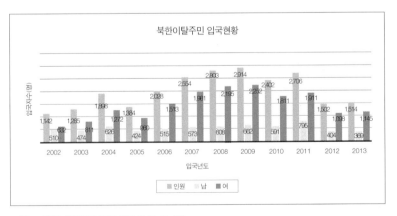

그림 2. 북한이탈주민 입국현황(출처: 통계청)

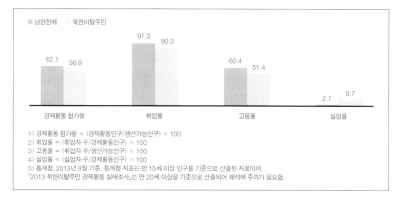

그림 3. 한국 전체 대비 북한이탈주민의 경제활동 실태 총괄(남한 전체 N=42,193명, 북한이탈주민 응답자 전체 N=2,355명, 단위:%)
출처: 북한이탈주민재단(2013: 23)

면 약 3.5배가 넘는 수준이다.[2] 이러한 수치는 2011년보다는 나아진 결과이지만, 2012년보다는 오히려 더욱 나빠진 것이 사실이다. 북한이탈주민들이 실업률이 높은 이유는 크게 두 가지이다. 첫째, 여성들의 취업률이 상대적으로 더 낮기 때문이다. 여성의 수는 증가하는 반면 여성의 취업률이 감소하기 때문에 실업률이 높을 수밖에 없다.[3] 둘째, 한국 노동시장의 진입 문턱이 높기 때문이다. 노동시장의 규모가 작아지면서, 진입을 위해서는 소위 노동시장이 요구하는 '스펙'이 필요하다. 한국에서 취업교육을 받았다고 하더라도, 북한이탈주민들은 한국 노동시장이 요

2　북한이탈주민의 고용현황에 대해서는 정확한 통계조사 결과가 없다. 〈북한인권정보센터〉의 2012년 조사에 따르면 북한이탈주민의 실업률은 무려 19.9%로 조사되었다. 하지만 이러한 조사결과는 표본 집단이 400명 정도 수준밖에 되지 않는다는 문제를 가지고 있다. 그래서 이 글에서는 동일한 통계가 있을 때 표본 집단의 수가 더 많은 〈북한이탈주민재단〉의 통계를 사용하였다.

3　북한이탈주민의 경우 남성의 고용률이 63.3%인 반면 여성의 고용률은 47.2% 정도 수준으로 상대적으로 저조했다. 자세한 통계는 북한이탈주민재단(2013: 25)의 통계를 참조할 것.

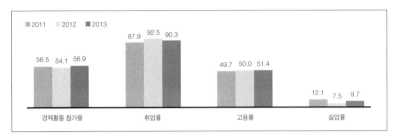

그림 4. 북한이탈주민 경제활동 상태 변동 양상

출처: 북한이탈주민재단(2013: 28)

구하는 충분한 조건을 갖추지 못했을 가능성이 상대적으로 높다.

북한이탈주민의 취업분야를 살펴보면 단순 노무 종사자가 28.2%로 가장 높았다. 서비스 종사자는 21.2%로 2위를 차지했다. 이처럼 단순 노무 종사자가 많은 것은 노동시장의 진입장벽이 높다는 점을 다시 한 번 확인시켜주는 결과이다. 설령 북한이탈주민이 한국 노동시장에 취업을 한다고 하더라도 소위 '좋은 일자리'가 아니었다. 게다가 북한이탈주민들 경우에는 일용직의 비율이 20.7%로 조사되었다. 이는 남한 전체 노동자 가운데 일용직이 6.3%에 불과했다는 점을 감안하면 매우 높은 수

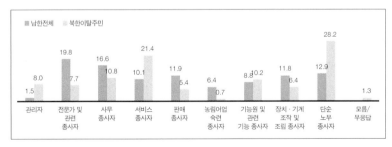

그림 4. 북한이탈주민 취업자의 직업분류(남한 전체 취업자 N=25,466천명, 북한이탈주민 취업자 N=1,210명, 단위 : %)

출처: 북한이탈주민재단(2013: 37)

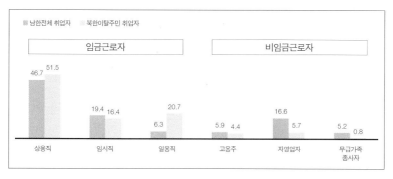

그림 6. 취업자 종사사의 지위(남한 전체 취업자 N=25,466천명, 북한이탈주민 취업자 N=1,210명, 단위 : %)
출처: 북한이탈주민재단(2013: 41)

치였다. 이를 통해서 북한이탈주민들의 고용불안정성이 상대적으로 매우 높게 나타나고 있다는 점을 알 수 있다.

북한이탈주민들이 취업하는 기업들의 사정을 보면 30인 이하 사업장에 근무하는 경우가 전체 응답자의 69.5%에 달했다. 물론 기업의 규모가 크다고 무조건 좋다고 볼 수는 없다. 하지만 한국에서 중소기업들의 사정이 상대적으로 대기업과 비교할 때 더 열악하다는 점을 감안하면, 북한이탈주민들이 상대적으로 우량기업에 취업하지 못하고 있다는 사실을 알 수 있다. 그 이유는 북한이탈주민들은 대기업 취업을 위해서

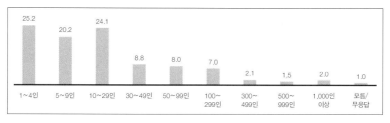

그림 6. 사업체 종사자 수(취업자 N=1,210명, 단위 : %)
출처: 북한이탈주민재단(2013: 39)

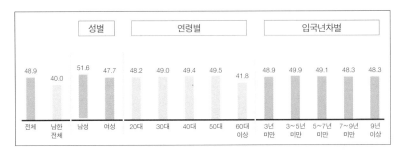

그림 8. 북한이탈주민 취업자의 주당 평균 근로시간(취업자 N =1,210명, 단위 : 시간)
출처: 북한이탈주민재단(2013: 53)

필요한 조건들을 갖추기 어렵기 때문이다.

북한이탈주민들의 노동시간을 보면 남한 노동자들과 비교할 때 상
대적으로 더 힘든 환경에서 일을 하고 있다는 점을 잘 알 수 있다. 이는
북한이탈주민들이 한국 노동자의 평균시간보다 잔업, 야근, 특근 등 1일
8시간 노동 이외에 추가노동을 하고 있다는 사실을 알 수 있다. 물론 여
성 노동자의 경우에는 가사와 육아 등의 이유로 남성 노동에 비해 노동
시간이 적은 것으로 나타났다. 북한이탈주민들은 이른바 '좋은 일자리'
에서 요구하는 경험과 지식이 부족하기 때문에, 대신 상대적으로 높은
노동 강도를 필요로 하는 일자리를 가지게 되는 것이다.

그런데 더욱 중요한 문제는 북한이탈주민들의 높은 노동 강도를 감
안할 때 임금은 높지 않다는 점이다. 북한이탈주민 가운데 임금 노동자
의 평균소득은 141.4만 원으로 조사되었다. 남성은 173.9만 원인 데 반
하여 여성은 127.1만원에 그쳤다. 남녀 간의 임금격차가 상당히 높았다.
월 200만 원 이상 소득자는 8%에 불과했다. 전체 설문 응답자 가운데
101~150만 원의 비율은 41.8%로 가장 높게 나타났다.

북한이탈주민재단의 이러한 조사결과를 시간당 소득으로 환산해보
면 약 7,229원이다. 이러한 액수는 조사년도인 2012년 법정 최저임금

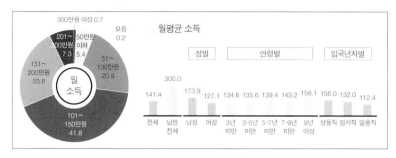

그림 9. 임금노동자 월평균 소득(임금노동자 N=1,073명, 단위 : %, 만원)
출처: 북한이탈주민재단(2013: 45)

4,580원 보다 높은 것이다. 하지만 주중 평일 1일 근로시간 이외 잔업, 야근, 특근 등에 있어서 그에 부합하는 수당이 있다는 점을 감안하면, 결코 높은 액수가 아니다. 물론 이러한 수당들이 북한이탈주민들의 전체 소득에서 차지하는 비중에 대한 적절한 조사가 없기 때문에, 정확한 평가는 하기 어렵다. 그러나 인천시 남동구 지역 비공식분야 종사자와 비정규직 노동자들에 대한 설문조사에서 보면 상당수의 노동자들이 최저임금 수준으로 시급을 계산하여 월급을 받고 있었다. 물론 그림 9에서 볼 수 있듯이 9년 이상 된 입국자들의 경우 상대적으로 높은 임금을 받고 있다는 점을 보면, 숙련도가 높아질수록 임금이 상승하는 것은 분명해 보인다. 하지만 이 역시 노동생산성의 증가대비 임금상승의 수준이 적절한지는 따져볼 문제이다.[4]

그 결과 북한이탈주민들의 이직률이 상당히 높은 것으로 나타났다 (그림 10 참조). 평균 근속기간이 19개월에 불과했다. 그 가운데에서도 6 개월 미만이 28.2%나 되었다. 그리고 이직률은 그림에서 보면 알 수 있

---

4 경제학에서는 임금의 수준은 한계노동생산성에 의해서 결정된다. 하지만 이러한 이론적 설명은 적어도 북한이탈주민을 비롯한 한국의 사회적 소수자들이 임금에는 맞지 않는 것으로 보인다.

듯이 상대적으로 높은 소득을 보장받는 분야에서는 적게 나타났다. 300만 원 이상 소득자의 경우에는 평균 재직기간이 79개월이나 되었다. 200만 원 이상 소득자의 경우에는 모두 평균 19개월보다는 높았다. 하지만 150만 원 이하의 소득자들의 경우에는 평균 근무기간이 15.8개월로 전체 평균보다도 낮았다. 그런데 문제는 북한이탈주민들 가운데 200만 원 소득자는 8%밖에 되지 않는다는 점이다.

물론 북한이탈주민들이 더 좋은 조건을 찾아 이직을 한다면, 재직기간이 짧다고 해도 문제가 되지 않는다. 그런데 문제는 이렇게 재직기간이 짧은 중요한 이유 중에 하나는 북한이탈주민들이 근로계약서 작성 시에 근로기간 계약을 거의 하지 않는다는 점에 있다. 북한이탈주민재단의 설문에 81.4%가 계약기간을 정하지 않고 했다고 응답했다(북한이탈주민재단, 2013: 49). 이는 이직률이 높은 이유가 북한이탈주민의 자발적인 선택이라기보다는 고용계약서 상의 어떠한 문제들 때문이라는 점을 잘 알 수 있다. 후술(後述)하겠지만 이는 인천시 남동구 비정규직 노동자들의 심층면접의 결과를 통해서 확인되듯 고용계약서 자체를 작성하지 않는 일이 비일비재하다는 점을 감안하면, 북한이탈주민들의 고용불안정성은 매우 심각한 문제라는 점을 알 수 있다.

그림 10. 임금노동자의 평균 재직기간(임금근로자 N=1,073명, 단위 : %, 개월)
출처: 북한이탈주민재단(2013: 47)

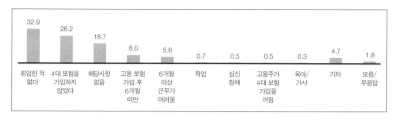

그림 11. 취업장려금 미수령 이유(취업 장려금 미수령자 N=1,600명, 단위 : %)
출처: 북한이탈주민재단(2013: 119)

북한이탈주민들의 경우에는 「북한이탈주민 정착금 등 지급에 관한 지침」에 따라 동일업체에서 6개월 이상 취업을 유지하면 북한이탈주민에게 최장 3년까지 취업장려금을 지급받게 되어 있다. 그런데 북한이탈주민들 가운데 다수가 이 취업장려금을 받지 못하고 있다. 그 이유 가운데 미취업자를 제외하고 가장 많은 비중을 차지한 것은 4대 사회보험에 가입하지 않아서가 26.2%로 가장 많았다. 고용주들은 북한이탈주민을 고려하면서 사회적 약자라는 점을 이용하여 4대 사회보험 가입을 소홀히 하고 있는 것이다. 이는 북한이탈주민들이 단순히 저소득 상태에만 놓여있는 것이 아니라 기본적으로 보장받아야 하는 사회적 안전망에서도 소외되고 있는 현실을 말해주는 것이다.

요컨대 북한이탈주민들은 노동권의 사각지대에서 생계를 유지하고 있다. 북한이탈주민들은 취업 자체가 어렵다. 또 설령 취업한다고 해도 낮은 임금과 열악한 근로환경에 직면할 가능성이 높다. 그로 인해서 고용불안정성은 상대적으로 높다. 이러한 상황에서 북한이탈주민들은 경제활동 이외의 측면에서도 한국사회에 적응해야 하는 어려움이 있다. 자녀 양육과 교육 문제 등을 감안하면 북한이탈주민들의 한국생활은 고단할 수밖에 없다.

IV. 북한이탈주민의 노동소외 현상과 트라우마: 인천시 남동구의
　　비정규직·비공식분야 종사자를 심층면접을 중심으로

인천시 남동구에 거주하는 북한이탈주민들 가운데 상당수는 남동공단에
서 비정규직으로 근무하며 생계를 유지한다. 또 남동구에 거주하는 북한
이탈주민 가운데 일부는 남동구의 식당가와 유흥가 등에서 비정규직 혹
은 비공식적인 직업을 가지고 있다. 이러한 북한이탈주민들은 직장에서
남한 사람들과 다양한 관계를 맺어가며 살아가고 있다. 비정규직이고 비
공식적인 북한이탈주민들은 크게 생산적 노동과 비생산적 노동으로 구
분할 수 있다. 비생산적 노동은 유통부문과 서비스 부문이 대부분이며
간혹 사무직에 근무하는 사람들로 구분할 수 있다. 생산적 노동은 공장
에서 생산직에 근무하는 사람들이다. 이들은 대개 용역업체를 통해서 고
용된 사람들과 직접 채용된 사람들이다. 비생산적 노동에서 유통부문은
주로 택배업체에서 배송을 분류하는 일을 하거나 배송기사로 일하는 경
우이다. 서비스 부문의 경우에는 매우 다양하기 때문에 모두 열거하기
어려울 정도이다. 다만 가장 많은 직업은 음식점에서 흔히 '홀 서빙'으로
불리는 일들을 하거나 주방일을 한다. 또 서비스 부문에는 비공식적인
노동도 포함된다. 예컨대 술집이나 노래방 등에서 소위 '도우미'라는 이
름으로 손님을 접대하는 일을 한다. 이러한 사람들을 채용하는 고용주들
은 대부분 남한 사람들이다. 또 그들의 손님들 역시 대부분 남한 사람들
이다.
　　인천시 남동구란 접촉지대에서는 남북한 사람들의 '마음 체계'가 상
호작용하고 있다. 본 연구는 사회통합의 궁극적인 형태를 '마음의 통합'
으로 상정한다. 따라서 북한이탈주민들이 일터에서 남한 사람들과 관계
를 맺으며 발생하는 갈등과 문제들을 극복하고 한국사회의 통합을 위해

서는 남북한 사람들 간에 마음의 통합이 되어야 한다. 그런데 북한이탈
주민들이 자신의 일터에서 맺게 되는 남한 사람들과의 관계의 성격에 따
라 남한 사람들에 대한 마음체계는 변화될 수밖에 없다. 그 관계의 특성
을 정리하면 다음과 같다. 첫째, 북한이탈주민들이 고용된 일터에서 사
장과 직장상사의 대부분은 남한 사람들이기 때문에, 여기서 남북한 사람
들의 관계는 생산관계의 특성과 위계적인 관계의 특성을 가지게 된다.
둘째, 북한이탈주민들이 일터에서 만나게 되는 직장동료들은 남한 사람
들만이 아니라 다른 사회적 소수자들도 포함된다. 여기에서는 남북한 사
람들은 다수자와 소수자 간의 관계의 특성을 가지게 된다. 그리고 북한
이탈주민들은 다른 사회적 소수자들과 남한 사람들과의 관계를 목격하
게 되고, 그로 인해서 자신이 처한 위치에 대해서 고민하게 된다. 즉 북
한이탈주민과 다른 사회적 소수자들과의 관계는 남한 사람에 대한 북한
이탈주민의 마음체계에 영향을 주게 된다. 셋째, 북한이탈주민들과 남한
사람들은 노동자와 고객의 관계로 만나게 된다. 이 경우 북한이탈주민들
은 고객에게 어떠한 서비스를 제공하는 '감정노동자'이다. 북한이탈주민
들은 주 고객인 남한 사람들에게 각종 서비스를 제공해야 한다. 이때 제
공해야 하는 서비스에는 친절함과 웃음이 강요되는 경우가 많다. 북한이
탈주민과 남한 사람들 사이의 관계가 소위 '갑을관계'의 성격을 띠게 되
는 것이다. 본 연구는 이러한 관계의 특성에 따른 북한이탈주민의 남한
사람들에 대한 마음체계 변화를 중심으로 논의를 진행하고자 한다.

1. 위계적 노동관계와 북한이탈주민의 소외: 노동 관련 법률과
   현실의 괴리

북한이탈주민은 입국 이후 대부분 '하나원'의 교육을 통해서 남한 생활

에서 필요한 기본적인 법적 지식을 학습하게 된다. 그 과정에서 북한이
탈주민들은 한국사회에서 노동법과 노동권에 대해 학습하게 된다. 그리
고 한국사회에서는 노동을 하게 되면 대부분 '근로계약서'를 써야 한다
는 점을 배우게 된다.[5] 하지만 하나원을 마치고 실제로 일자리를 얻게 되
어 노동을 하게 되면 현실은 전혀 다르다는 것을 깨닫게 된다. 북한이탈
주민들 가운데 대부분은 자신의 일자리에서 근로계약서를 써 본 적이 없
다고 대답하고 있다.[6] 북한이탈주민들은 한국의 사장들이 자신들이 근로
계약서를 쓰는 것을 모른다고 판단하는 것에서조차 문제가 있다고 느낀
다.[7] 한국의 사장들은 이러한 상황을 정확하게 인식하고 있지 못한 것으
로 보인다. 이에 북한이탈주민들은 남한 사장(고용주)들이 자신들을 "어
리숙하게 보는 모양이다." 혹은 "북한이탈주민이라 모르는 줄 알고 근로
계약서를 쓰지 않는구나."라고 생각하고 있다. 북한이탈주민들은 남한

---

5   근로기준법 2조에 따르면 "'근로계약'이란 근로자가 사용자에게 근로를 제공하고 사용자는
     이에 대하여 임금을 지급하는 것을 목적으로 체결된 계약을 말한다." 또 17조에 따르면 근
     로계약에 따르면 임금, 소정근로시간, 제55조에 따른 휴일, 제60조에 따른 연차 유급휴가,
     그 밖에 대통령으로 정하는 근로조건 등을 명시해야 한다. 또한 근로계약 체결이후 변경하
     는 경우에도 또한 같다.

6   본 연구자가 심층면접을 실시한 42명의 노동자들 가운데 근로계약서를 쓴 사람은 11명이
     었다. 27.5% 정도가 근로계약서를 쓴 셈이고, 72.5%가 근로계약서를 쓰지 않았다. 근로계
     약서를 썼다고 하더라도 계약서상에 명기되어 있는 수당과 보험금을 지급받지 못하는 경
     우도 있었다. A씨(26세 남성, 인천시 남동구의 보안업체 근무, 비정규직)는 "근로계약서상
     에는 연월차 수당 등이 포함되어 지급된다고 분명히 적혀 있었지만, 연차수당을 지급 받지
     못했다. 또한 산재보험에 가입되어 있었지만, 긴급출동을 위해서 오토바이를 운행하다가
     다쳤지만 산업재해 보상 보험 처리가 안 되었다. 사장은 (사고를 낸 차량 소유주로부터) 합
     의금을 받았으니 산재보험은 받은 셈치고 통치자!"라고 했다고 증언했다.

7   B씨(41세 남성, 주방용품 조립공장, 비정규직)는 자신이 다니던 회사에서 북한이탈주민이
     전체 15명 가운데 4명이나 되었지만, 자신을 제외하고는 모두 근로계약서를 쓰지 않았다
     고 증언했다. 그리고 다음과 같은 바람을 이야기한다. "사장들이 새터민을 더 고려해 주었
     으면 좋겠다. 새터민들은 일반 노동자들보다 더 근로계약서를 쓰기 어려워할 수밖에 없다.
     사장이 알아서 근로계약서를 쓰도록 해 주었으면 한다. (사장들은) 왜 그것을 지키려 하지
     않으려 하는지 잘 모르겠다."

사장들이 자신들을 '헐하게(쉽게)' 생각한다고 보았다.[8]

북한이탈주민들 중에서 근로계약서를 쓰지 않는 것에 대해서 문제를 제기하는 사람들은 찾아보기 힘들다. 그 이유는 첫째, 채용이 되지 않을 수 있다는 염려가 크기 때문이다. 북한이탈주민들은 근로계약서 문제로 고용이 안 되면 더 큰 손해를 입는 것이라고 생각한다.[9] 그런데 이러한 생각을 하게 된 이유가 작업장의 동료들의 조언에 영향을 받는 경우가 많다. 물론 이러한 조언을 하는 동료들은 남한 사람들이다. 이러한 사업장의 경우에는 북한이탈주민만이 아니라 남한 사람들 역시 근로계약서를 쓰지 않는 경우가 비일비재하다. 북한이탈주민들은 채용되기 위해서는 남한 동료들의 조언을 토대로 "사장들이 시키는 대로 해야 한다."라고 생각하게 된다.[10] 둘째, 근로계약서 작성이 오히려 손해가 될 수 있다고 생각하기 때문이다. 근로계약서를 작성하게 되고 4대 사회보험에 가입하게 될 경우에는 생계지원비를 받지 못하기 때문이다.[11] 그래서 근로

---

8 본 연구자가 인천시 남동구에서 만난 대부분의 북한이탈주민들은 남한 사람들이 북한 사람들을 '헐하게' 보는 것 같다고 불만을 토로했다. 한국사회의 낯선 환경에 적응하기 바쁜 북한이탈주민들을 괄시하고 무시하고 속이고 하는 태도들에 대해서 북한이탈주민들은 누구 할 것 없이 모두 불쾌감을 표시했다.

9 C씨(29세 남성, 치기공사, 비정규직)는 근로계약서를 쓰지 않았고, 생계비를 지원받는다는 이유로 4대 사회보험을 들지 못했다고 한다. 그래서 사업주에게 문제를 제기하자, 사장이 반감을 가지고 해고했다고 한다.

10 북한이탈주민들 대부분은 한국의 노사관계에 대해서 처음에는 제대로 적응을 하지 못한다. 그래서 주변의 한국 노동자들에게 자문을 구하게 되는데, 이때 한국 노동자들은 사장과 종업원 간의 위계적인 권력관계를 북한이탈주민들에게 설명하게 된다. 사장들이 다소 불합리한 명령을 내리더라도 참아야 한다는 식의 조언을 받는 경우가 종종 있는 것으로 보인다.

11 D씨(45세 여성, 자동차 부품회사, 비정규직)는 정착지원금을 지원받기 위해서 의도적으로 근로계약서를 쓰지 않았다고 한다. E씨(36세 여성, 핸드폰 조립회사, 비정규직)의 경우에는 어차피 월급이 적기 때문에 근로계약서를 쓰지 않았다고 했다. 그 이유는 그러면 회사일이 끝나고 "마음껏 다른 알바(아르바이트)를 할 수 있을 것 같았다."라고 대답했다. 즉 북한이탈주민들은 근로계약서를 써야 하는 것은 알았지만, 그것이 자신들의 권리를 보호해주고 생계를 유지하는 데에 도움이 된다고 생각하지 않고 있는 것이다.

계약서를 작성하는 것이 탈북자의 권익을 보호해주는 것이 아니라 오히려 소득이 감소하는 결과를 초래할 수 있다고 생각한다. 셋째, 오래 있을 직장이 아니기 때문에 근로계약서 작성에 큰 관심이 없기 때문이다.[12] 북한이탈주민들은 한국생활에 적응하기 위해서라도 될 수 있는 한 오랫동안 일하고 싶지만, 비정규직이라는 것이 오랫동안 있는 직장이 되기 어렵다는 생각에 근로계약서 문제에는 큰 관심이 없다. 앞서 언급한 바와 같이 실제로 북한이탈주민들의 평균 재직기간은 19개월에 불과했다.

북한이탈주민 가운데 중국에서 취업하지 않고 곧바로 한국으로 입국한 경우에는 처음으로 위계적인 노사문화를 처음 경험하게 된다. 북한이탈주민은 이러한 자본주의적 노사관계를 권력관계로 인식한다. 권력관계에서 열위에 서게 될 때, 자신의 권리와 이익을 지키기 위해서 매우 수세적인 자세를 취하게 된다. 북한이탈주민은 적극적인 자신의 권익을 주장하기보다는 생계를 위해서 법적으로 보호받고 있는 권익마저 포기하는 경우가 비일비재하다. 특히 북한이탈주민은 고용주가 비록 불법적으로 고용관계를 유지하려 하여 그들에게 직접 시정을 요구하기보다는 가능한 한 원만하게 관계를 유지하려 한다. 이것은 남한의 고용주들에 대한 심각한 불신에 기인한다. 물론 북한이탈주민의 이러한 생각과 행동에는 남한 동료들의 조언이 톡톡히 한몫하고 있다. 남한 사람들마저도 모순적인 노사관계 문화에 대해서 적극적으로 문제를 제기하기보다는 참고 견디는 것을 지켜 본 북한이탈주민들은 자신들도 그럴 수밖에

---

12 F씨(26세 여성, 자동차 부품회사, 비정규직)는 "근로계약서를 쓰자는 말을 하지 않은 이유는 어차피 오랫동안 일을 하지 않을 것이라고 생각했기 때문이다. 그리고 회사 분위기를 보니 근로계약서가 오히려 (자신의) 발목을 잡을 수 있다고 생각했다. 그것을(근로계약서를) 쓰는 것이 부담스러웠다."고 말했다. 북한이탈주민들 가운데는 근로계약서가 심지어 자신에게 강제로 회사의 이직을 가로막게 되는 문서가 될까봐 걱정하는 이 역시 있었다. 이 경우를 보면 근로계약서에 대한 이해가 낮다는 점을 알 수 있다.

없다는 판단을 하게 된 것이다. 그 결과 남한 사장들에 대한 불신은 더욱 깊어만 간다.

2. 노동과정에서 북한이탈주민의 자의식과 마음의 변화

북한이탈주민들은 노동현장에서 직장동료들과의 관계에서도 쉽게 적응하지 못하고 있다. 노동현장에서 북한이탈주민은 스스로 '사회적 약자' 혹은 '사회적 소수자'라는 의식을 가지게 된다. 북한이탈주민이 스스로 이와 같은 생각을 가지게 된 중요한 이유 가운데 하나는 노동현장에서 경험과 지식이 부족한 사람들을 대하는 태도 때문이다. 처음 하는 일이기 때문에 낯설고 서툰 것이 당연한 일이지만, 남한의 작업현장에서는 그것이 쉽게 통용되지 않는다. 현장에서도 비숙련 노동에게 일정한 교육이 있기는 하지만, 북한이탈주민은 그러한 교육만으로 충분하지 못하다.[13] 하지만 북한이탈주민의 입장에서는 이에 대해서 문제를 제기하기는 어렵다. 남한의 사장들, 직장상사들, 동료들도 "일하면서 배우는 거지."라고 말해주지만, 이는 속마음은 아니다.[14] 왜냐하면 결국 현장에서 누군가가 일을 못하면, 그로 인해서 또 누군가는 피해를 볼 수밖에 없기

---

13   G씨(61세 남성, 식품회사, 비정규직)는 총 종업원 5명이었는데, 처음에 사장한테 견습을 받았다고 한다. (G씨의 생각에는) 사장은 대충 알려주고 갔다. G씨는 "설비 하나라도 잘 알려주는 일이 없다. 스스로 연구를 해서 알아야 한다. 배전함이 북한보다 세밀한데, 기계 설비에 대한 정확한 설명이 없다. 이러한 점이 섭섭하다. (지금 생각해보면) 일종의 테스트 였다고 생각한다."

14   B씨는 다음과 같이 한국공장의 노동교육의 문제점에 지적한다. "북한 기업소에서는 안전 교육수칙, 일의 방법을 알려준다. (그런데) 남한은 안전교육수칙, 일의 방법을 알려주지 않는다. 일을 못한다고 지적할 뿐이다. 탈북자에 대한 편견이 심하다. 외국인들에 대한 편견보다 심각하다고 생각한다. 아침에 (자기 일이 아니기 때문에 청소를 안 해도 되는데) 청소를 했다. 그런데 이사가 청소 똑바로 하라고 지적을 했다. 오히려 청소를 하지 않았으면 욕을 먹지 않았을 것이다."

때문이다. 이런 현실을 북한이탈주민들도 잘 알게 되기 때문에 작업현장의 사람들이 몰인정한 측면에 대해서 서운하면서도 이해하게 된다. 그렇지만 뒤에서 자신을 '욕'하는 문화는 도저히 이해가 가지 않는다고 말했다.[15] 북한이탈주민은 남한 사회에서는 단순히 북한 출신이 적기 때문에 사회적 약자 혹은 사회적 소수자가 아니라 자신들이 남한 사회에서 필요한 경험과 지식이 없기 때문에 그렇게 될 수밖에 없다고 자각하게 된다.

무엇보다 많은 북한이탈주민들은 '노동' 그 자체에서 '높은 피로도'를 느끼고 있다. 북한이탈주민들은 북한에 있었을 때를 비교하면 한국 공장들의 노동 강도가 매우 높다고 말한다.[16] 고난의 행군 시기 이후 공장이 제대로 가동되지 않았기 때문에 한국 공장의 노동 강도가 높다고 생각하는 것이기도 하지만, 고난의 행군 이전에도 한국만큼 힘든 노동은 없었다는 것이 인터뷰에 응했던 사람들 대부분의 반응이다.[17] 높은 노

15 본 연구자가 인터뷰한 북한이탈주민들은 하나같이 한국 사람들이 앞에서는 "괜찮다"고 해놓고 뒤에서는 '욕'을 한다며 힘들어했다. 이에 대해서 북한이탈주민들은 남한 사람들은 '교활하다', '믿을 수 없다', '차다', '냉정하다', '겉과 속이 다르다', '속을 알 수 없다', '이중 인격이다' 등 다양한 표현을 동원해서 섭섭함을 호소했다. 안 보이는 곳에서 자신을 비난하는 남한의 문화에 대해서 생래적인 거부반응을 보였다. 어쩌면 이러한 문화가 남북한 사람들의 마음의 간격을 더 넓히는 이유일지도 모른다.

16 물론 모든 북한이탈주민들이 한국의 노동 강도가 높다고 이야기하는 것은 아니었다. 자동화가 되었기 때문에 북한보다 오히려 일하기 편하다는 노동자들도 있었다. H씨(43세 여성, 화장품 공장/자동차 부품회사, 비정규직)는 "자동화되어 일은 힘들지 않지만, 잔업 등 노동시간이 길어서 힘들다"고 말한다. "북한의 경우에는 결근해도 대신 일해 줄 사람이 있는데, 남한은 그렇지 않은 게 힘들다. 그래서 젊은 북한이탈주민들 가운데는 일을 그만두는 경우도 있다"고 전했다. 즉, 육체적인 노동 강도의 문제이기 보다는 노동시간과 노동집약도 등에 대해서 쉽게 적응하지 못한다.

17 O씨(46세 남성, 주조/조형 공장, 비정규직)는 남북한의 노동 강도를 비교하면서 북한보다 남한의 노동 강도가 높다고 느끼는 이유를 다음과 같이 설명한다. "북한에서는 일하는 것이 힘들어도 휴식시간이 많다. 1시간 일하고 30분은 휴식시간이다. (그런데 남한은) 휴식시간이 짧다. 자본주의와 사회주의가 다르구나 싶다. (남한에서는) 2시간 쉬지 않고 일을 한다. 오히려 북한보다 (노동)규율이 더 세다."

동 강도는 협업과 분업의 속도를 통해서 인식된다. 속도는 상대적인 개념일 수밖에 없다. 북한이탈주민들에게 속도에 대한 판단의 기준점은 북한의 공장이 될 수밖에 없다. 북한이탈주민들 대부분은 한국공장의 속도가 "빠르다"라고 판단한다. 북한이탈주민들은 한국의 공장에서 작업속도를 쫓아가지 못하게 되는 것에 대한 많은 심적 부담을 가지고 있다. 왜냐하면 협업과 분업 구조에서 자신이 속도를 쫓아가지 못하면, 누군가에 피해가 갈 수 있기 때문이다. 실제로 북한이탈주민들은 자신들이 작업속도를 쫓아가지 못할 때, 남한 동료들이나 직장상사들은 자신을 질타하거나 겉으로는 이해해주는 척하면서 뒤로는 자신을 욕한다고 들었다고 한다.[18] 물론 일한 만큼 월급이 나온다고 생각하기 때문에 높은 강도와 그로 인한 심적 부담을 참는 요인이 된다.[19] 물론 북한이탈주민들은 시간이 지나 자신들이 받는 월급은 결코 높지 않다는 사실을 알게 된다. "일한 만큼 월급이 나온다."라는 생각은 북한에서 고난의 행군 시기 이후 오랫동안 생계비(월급)와 배급을 생계를 위해서 지급받지 못 했기 때문에 든 생각이었다. 하지만 남한 동료들과 관계가 돈독해지면서, 자신들이 취업

[18] 북한이탈주민들은 이렇게 직장상사나 사장들의 질타에 대한 다양한 반응을 보였다. 대부분의 사람들이 위축된다고 답했지만, 몇몇은 북한이탈주민들이 결코 뒤지지 않는다는 점을 강조했다. 성실성과 기술 습득력에 대한 자부심을 가지고 있는 사람들 역시 적지 않았다. "(자신은) 짝치지 않는다"고 주장했다. 남북한 사람들과 비교해도 결코 뒤지지 않는다는 북한식 표현이다.

[19] I씨(39세 남성, 전기제어 제품생산, 비정규직)는 "북한과 비교할 때 노동은 오히려 북한보다 강도가 세다. 대신 그만큼 월급이 나온다. 그것 보고 일하는 것이다"고 말해다. J씨(27세 남성, 핸드폰 부품회사, 비정규직)는 북한의 군대보다도 남한의 노동 강도가 높다고 주장했다. 그렇지만 돈이 필요하기 때문에 주말에도 일을 한다고 응답했다. "북한에서 군대 있을 때보다 남한의 노동이 비교가 안 될 정도로 힘들다. 6개월 지나면 정규직으로 전환시켜준다고 했는데 그렇지 않았다. 조장하고 반장한테 물어봤더니 1년 이상 걸린다고 대답했다. (중략) 북한과 비교할 때 '빡세다'고 생각한다. 주말에 쉬고 싶은데, 주말 수당이 더 높으니 쉴 수 없다. 대한민국은 돈이 없으면 아무것도 못하기 때문에 벌어야 한다. 주말에 더 많은 돈을 주는 데 놀 수 없다."

초기에 '최저시급'을 지급받았으며 그것이 남한 생활을 위해서는 너무 부족한 액수라는 점을 알게 된다. 이렇게 되면 북한 사람임에도 불구하고 취업을 시켜 준 사장에게 고맙다는 생각보다는 서운한 마음이 든다고 말한다.

또한 북한이탈주민들은 외래어를 많이 사용하는 한국의 작업문화에 대해서도 힘들어했다. 북한이탈주민들은 남한의 낯선 '외래어'들을 이해하기 어렵다. 북한이탈주민들은 남한 사람들이 신경질을 낼까 봐 반복적으로 질문하기도 어렵다. 결국 잘 모르면서도 이해했다고 넘어가게 된다. 하지만 이해를 못한 것은 현장에서 쉽게 들통이 난다. 그러면 직장상사와 동료들 가운데에는 북한이탈주민에게 그 자리에서 화를 내거나 아니면 뒤에서 욕을 하는 사람들이 나타난다. 북한이탈주민들은 외래어를 사용하는 남한 노동자들의 문화를 일종의 텃세로 인식하게 된다.[20]

북한이탈주민들 가운데에는 유독 북한이탈주민들에게는 힘들고, 어렵고, 더러운 일들을 시킨다고 생각하는 이들이 적지 않았다.

채소가게에 12명 정도가 같이 일을 한다. 모두 남한 사람들이다. (사장은) 남한 사람들보다 (북한이탈주민이) 일을 시키기가 쉽다고 생각한다. 굳이 북한 사람인 나만 (궂은) 일을 시키기 때문에 이 역시 북한 사람들에 대한 차별이라고 생각한다(K씨, 49세 여성, 채소가게 종업원).

식당에서 일할 때 사장들은 음식찌꺼기 같은 것을 나에게 시켰다. (이런

---

20 심지어 D씨의 경우에는 언어생활의 문제 때문에 남한 노동자들이 "언제면 한국생활에 익숙하겠냐? 언제면 한국말 잘하냐?"라는 말을 하며 자신을 비웃었다고 주장했다. E씨는 "반장이 일을 할 때 (외래어를) 못 알아듣는다고 추궁질을 했다. 조장은 더 했다"며 분노를 감추지 못했다.

일은) 탈북자인 나에게만 시킨다고 생각했고, 대단히 기분이 나빴다. 그것이 바로 차별이다. 이러한 것들을 변화시켜야 한다. 지금 닭강정 가게에서 둘이 하던 일을 혼자하고 있다. 남한 사람들은 힘들다고 이야기하지만 나는 이야기하지 않는다. 말을 안 하는 이유는 해봤자 내 말은 듣지 않는다고 생각하기 때문이다(D씨 45세 여성, 자동차 부품회사).

북한이탈주민들은 이렇게 차별받고 있지만 문제를 제기하거나 자신의 노동권을 지키기 위해서 적극적으로 행동하는 이는 적었다. 임금체불이나 계약불이행, 근로계약서 미작성 등의 문제에 대해서 노동청에 고발한 사람은 본 연구자가 만난 사람들 가운데에는 단 1명에 지나지 않았다.[21] 사장에게 직접 문제를 제기했던 사람들은 있었지만, 법과 제도의 보호 아래 정식으로 문제를 제기하려 하지는 않았다. 물론 사장에게 문제를 직접 제기하게 될 경우 문제는 해결되지 않는다. 또 노동조합에 가입하여 단체행동권을 행사하려는 이들은 전무했다. 소기업에 근무하는 경우 대부분 노조가 없었다. 일부에서는 노동조합에 가입하는 것이 북한에서 '직맹(직업동맹)'에 가입하는 것과 유사하다고 생각하는 사람도 있었다. 북한에서도 직맹은 '맹비(직업동맹 등 당외곽단체 회비)'만 걷어가고 툭하면 불러내는 귀찮은 존재였다는 식의 사고를 하고 있었다.

그런데 북한이탈주민들은 다른 사회적 소수자들에 대해서는 모순적인 미묘한 감정을 느끼고 있었다. 첫 번째는 이주노동자에 대한 연대의식을 가지게 되는 경우이다. 탈북자들은 한국사회에서 사회적 소수자에 대한 '차별'과 '불평등'을 인식하게 되면서, 다른 사회적 소수자 집단에 대

---

21 L씨(42세 여성, 기계제작 공장 용접공, 비정규직)는 대기업의 하청업체에서 일했다. 그런데 4대 사회보험 가운데 회사가 부담해야 할 부분을 부담하지 않았다는 것을 알고 노동청에 고발했다. 그런데 결국 그 회사가 부도처리 되면서 문제가 해결되지 않았다.

해서 동질감을 느끼게 되는 경우가 있다. 북한이탈주민들은 자신들에 대한 차별과 선입견을 가진 문제를 직접 체감함에 따라 다른 사회적 소수자 집단에 대한 차별이 가진 문제점 역시 심각하게 인식하게 된 것이다.

> (남한 사람들은) 차별하지 말고 (모두) 똑같이 대해주었으면 한다. (북한 이탈주민들은 물론) 미얀마 사람들까지 모두. 미얀마 사람들에 대한 차별이 있다. (미얀마 사람들은) 월급과 퇴직금이 있지만 상여금이 없다. 휴가철에 (나도) 60만원을 받았지만, 미얀마(사람들)는 2만원을 받았다. 미얀마 사람들은 일을 더 안하려 한다. 이에 대한 의견이 있어야 한다. 외국인 노동자가 있어야 공장이 돌아가는데, 외국인을 차별한다(P씨 41세 여성, 자동차 사출, 비정규직).

두 번째는 다른 이주노동자와의 경쟁심을 가지게 되는 경우이다. 북한이탈주민들은 같은 민족임에도 불구하고 오히려 다른 국적을 가진 이주노동자들보다 오히려 더 못한 처우를 받는다고 느낄 때는 남한 사장에 대해서는 서운함을, 다른 노동자들에 대해서는 경쟁심을 느끼는 것으로 나타났다.[22] 같은 민족이기 때문에 그리고 탈북자는 엄연히 한국인이기 때문에 다른 국적을 가진 이주노동자보다 못한 처우를 받아서는 안 된다는 생각을 가지고 있는 것이다.

> (전자제품 공장에는) 외국인이 너무 많았다. 외국인들은 일요일까지 일을

---

22 M씨(55세 여성, 식당 주방보조, 비정규직)는 인력 소개에서 일을 소개받을 때부터 중국교포(조선족)라고 속이고 소개를 받았다고 한다. 중국에서 왔다고 하면 괜찮은데, 북한 사람이라고 하면 우습게 보기 때문이다. 그녀는 "같은 민족인데 중국보다 (북한이탈주민이) 차별을 받고 있다"라고 생각하고 있었다.

하고 자기들(남한 사람들)보다 적은 임금을 주는 것을 보고 그만 두었다. 탈북자와 조선족은 잘 맞지 않았다. 조선족이 탈북자를 얕잡아 보았다. 나는 한국사람들이 '네까짓 것들이 뭔데' 하는 생각이 들었다…(중략)…베트남 여자가 한 명 있는데 그 여자에게 한국말을 가르쳐 주면서 친하게 지낸다. 베트남 여자도 한국(남한)사람한테 보다도 탈북자인 나에게 (뭔가 중요한 일이 있으면) 알려준다(N씨 41세 여성, 보세공장/전자제품 조립회사/핸드폰 조립, 비정규직).[23]

즉 북한이탈주민들은 노동과정에서 한국사회에서 자신들이 '사회적 소수자' 혹은 '사회적 약자'라는 점을 확인한다. 이 가운데에서 경험과 지식이 부족하다는 이유만으로 남한의 사장들과 직장 상사 및 동료들의 눈치를 보게 된다. 한국의 노동과정에 적응하기 위해서는 시간이 필요하지만 한국인 노동자들 역시 고단한 삶을 살아가기에 북한이탈주민들을 이해해 줄 여유가 없는 것으로 보인다. 노동숙련도가 높아지기까지 시간이 필요한데, 그 시간 동안 북한이탈주민들은 소외되고 차별받는다. 또 그 과정에서 자신과 비슷한 처지에 있는 다른 사회적 소수자들과 때로는 경쟁하고 때로는 협력한다. 그런데 사실 인천시 남동구에서 일하는 북한이탈주민들이 만나게 되는 한국의 노동자들과 외국인 노동자들 모두 높은 노동강도에 비해 소득이 높지는 못한 사람들이다. 그런데 그들 내부에서 연대의식이 싹트기보다는 경쟁과 불신이 발생하고 있는 것이 현실이다.

---

23 N씨의 감정은 매우 미묘하다. 한편으로는 다른 외국인 노동자 집단과 비교할 때 자신은 한국 사람이기에 더 나은 대우를 받아야 한다고 생각하면서도 다른 한편으로 그들과 동병상련을 느낀다.

3. 북한이탈주민의 '감정노동'과 마음의 상처

일터에서 북한이탈주민들은 서비스의 공급자로서, 남한 사람들을 고객으로 만나게 된다. 북한이탈주민의 대부분은 비정규직이고, 그 가운데 상당수는 서비스분야에 종사한다. 음식점과 술집의 이른바 '서빙'을 담당하는 종업원으로 일한다. 또는 택배나 배달을 담당하는 일을 담당한다. 그리고 일부는 노래방, 티켓 다방, 룸살롱 등 비공식 부문에서 이른바 '도우미'로 일하게 된다.[24] 이러한 분야에 종사하는 북한이탈주민들은 다양한 남한 사람들을 접하게 된다. 북한이탈주민들이 만나는 사람의 유형은 다양하지만, 그들 모두는 '손님'이다. 북한에도 상점과 음식점이 있지만, 손님들에게 남한 정도 수준의 서비스를 제공하지는 않는다. 따라서 북한이탈주민들에게 남한의 서비스는 잘 이해가 가지 않는다. 북한이탈주민 Q씨는 고깃집에서 '홀 서빙'으로 일하고 있는데, 남한 사람들이 잘 이해가 가질 않는다. 처음에는 고기를 잘라주는 서비스를 보면서 당황했다고 답했다. "왜 남한 사람은 자기가 먹을 고기를 자기가 안 자르고, 나를 불러 잘라 달라고 할까?"하는 생각이 든다고 답변한다. 북한이탈주민들은 한국의 서비스 산업에 대한 이해가 부족할 뿐만 아니라 이른바 '손님이 왕이다.'라는 문화에 대해서 이해하기 어려운 것이다. 또한 북한이탈주민들은 사장들이 자신들에게 '웃음'을 강요하는 경우 역시 잘 이해가 안 간다. 사장들은 힘든데 자꾸 웃으라고 말한다. 특히 돈을 벌기 위해서는 억지로 웃어야 한다는 것이 처음에는 이해가 가지 않았다.

    남한 손님과의 관계에서 힘든 점은 남한 사람들은 음식을 주문하거나 다른 서비스를 요구할 때, 용어나 단어가 생소해서 말을 못 알아들으

24　본 연구자는 비공식 분야의 종사자들을 만났다. 그들과의 인터뷰 내용은 비공개를 조건으로 진행되었기 때문에 공개하지 않는다.

면 곧바로 다른 사람을 부르는 경우이다. 이렇게 되면 같이 일하는 다른 동료들에게 주문이 몰리게 된다. 동료들에게 미안하게 된다. 결국 "말을 못 알아듣는다"는 것 때문에 손님은 물론 동료들의 눈치를 보는 일이 생기게 된다. 남한에서는 일터 내에서 북한보다 더 선후배를 따지는 문화가 있다.[25] 선배들은 자신들에게 더 눈치를 준다. 그러면서 북한이탈주민은 이렇게 신경질적으로 반응하는 남한 손님들에게 서운하다. 그러면서 남한 사람들이 "성격이 급하다"라는 생각이 든다. 한편으로는 북한이탈주민들은 자신의 말과 말투가 바뀌었으면 좋겠다는 생각이 든다. 말과 말투가 다르다는 이유로 무시당한다는 느낌이 들기 때문이다.

비정규직 분야의 북한이탈주민들에게 낯선 문화가 '팁'이다. 북한이탈주민들은 처음에 팁을 받았을 때, "이것을 받아도 되나?"하는 생각이 들었다고 한다. 팁에 대한 반응은 크게 두 가지로 엇갈렸다. 하나는 남한에서는 열심히 일하면 손님들이 그것을 알고 음식값 외에도 팁을 주는구나 하는 생각이 들었다고 한다.[26] 손님들에게 '고맙다'고 생각하는 경우이다. 이는 부지불식간에 북한이탈주민들에게 '노동 인센티브'가 무엇인지를 알게 해주고 있다. 자본주의에서는 더 열심히 일하면 더 많은 이익이 생긴다는 점을 확인하게 되는 것이다. 다른 하나는 "내가 북한에서 왔으니까 불쌍하게 생각하는구나."라고 느껴서, 기분이 좋지 않았다는 반응이다.[27]

---

25 본 연구자가 만난 북한이탈주민들 가운데 상당수는 호칭 문제에 대해서도 민감하게 반응했다. 한두 살 많은 선배들이 자신에게 '형' 혹은 '언니'라고 부르라고 말하는 문화에 대해서 이해를 하지 못했다. 북한에도 유교적 문화가 남아 있어 연령에 따른 상하관계가 존재하지만, 한두 해 정도로 그렇게는 하지 않는다는 설명이다.

26 R씨(23세 여성, 중국 음식점/인천시 남동공단, 파트타임)는 시간이 지나니까 팁을 받게 되었는데, 나쁘지 않았다고 한다. "내가 잘해서 주는구나"라고 생각했다고 한다.

27 S씨(24세 여성, 중국 음식점, 파트타임)는 팁을 받을 때 좋지 않고 씁쓸했다고 한다. "남이 (이유 없이) 돈을 주는 거에 대해서 좋아하지 않는다. 혜산 사람들이 그렇다. 나를 불쌍하게 보나? 안 받으면 실례가 될까 봐 받았다. 기분이 이상했다."

이는 팁을 북한이탈주민에 대한 동정과 연민이라고 생각하고, 불쾌감을 느끼게 되는 경우이다. 이를 통해서 우리는 북한이탈주민들에 대한 사회적 통합이 단순히 '돈'의 문제가 아니라 '마음'의 문제라는 점을 새삼 알 수 있다.

V. 결론

북한이탈주민들은 '탈북'과 함께 자본주의적 노동시장에 편입되면서, '이중의 자유'를 성취하게 된다. 하나는 생산수단으로부터 자유이다. 북한이탈주민들의 대부분은 자본이 부족하기 때문에 한국사회에서 공장이나 기업을 소유한다는 것은 사실상 불가능하다. 설령 소유한다고 해도 과연 한국 자본주의에서 생존할 수 있을지 보장하기 어려운 것이 현실이다. 기업경영에 필요한 전문적인 지식과 경험이 현저히 부족하기 때문이다. 다른 하나는 노동력을 판매할 자유이다. 북한이탈주민들은 노동력을 판매하지 않으면 살아가기 어렵다. 그러나 문제는 북한이탈주민들에게 한국의 노동시장은 진입장벽이 너무 높다는 것이다. 노동시장의 경쟁이 치열하기도 하지만 기본적으로 지켜져야 할 노동권마저도 지켜지지 않고 있는 것이 현실이다. 북한이탈주민들이 하나원에서 가장 먼저 배우는 '근로계약서' 작성마저도 하지 않는 일터가 부지기수이다. 게다가 더욱 큰 문제는 보이지 않는 차별로 인한 북한이탈주민들의 소외의식이다.

북한이탈주민들은 한국의 노동현장에서 남한 사람들과 다양한 관계를 형성하면서 만남을 가져왔다. 그러한 관계와 만남은 북한이탈주민들이 한국사회에서 처한 자신의 처지를 자각하게 만든다. 북한이탈주민들은 한국사회에서 자신들이 '사회적 소수자'일 수밖에 없다는 것을 깨

닫고, 또다시 한국사회라는 낯선 생태계에서 생존을 걱정한다. 약육강식의 세계에서 생존을 위해서 언제나 육식동물들의 눈치를 보며 살아갈 수밖에 없는 초식동물들처럼 언제나 남한 사람들을 경계해야 한다. 왜냐하면 남한 사람들이 자신들을 언제 어떠한 형태로 속일지도 모른다고 생각하기 때문이다. 남한 사람들은 경험과 지식이 부족한 사람들을 무시하고 괄시하는 문화를 가지고 있다. 남한 사람들은 남한 생활에 익숙하지 않은 북한이탈주민들을 잘 모른다는 이유만으로 '흉'을 본다. 그 이야기는 결국 북한이탈주민들의 귀에 들어가게 되고, 그때마다 고단한 남한 생활은 더욱 힘들어진다. 북한이탈주민들은 북한에서의 상처를 극복하기를 기대했지만, 남한의 생활에서 '힐링'은 기대하기 어렵다. 오히려 남한 사람들이 자신을 속이고 욕하지 않을까 하는 걱정과 눈치 보기가 일상화되었을 뿐이다.

북한이탈주민들 가운데 상당수가 여성이다. 그런데 한국의 노동현장에서 여성들이 상대적으로 더욱 차별받고 있는 것을 알 수 있다. 특히 서비스 분야의 종사자들은 '감정노동'을 하면서 한국노동시장에서 적응한다는 것이 쉽지 않다는 점을 다시 한 번 확인하게 된다. 비공식분야에 종사하는 여성의 경우에는 더욱 심각하다. 이른바 술을 강권하는 것은 물론 이른바 '매매춘'을 권유받는 경우가 적지 않다고 한다. 성매매 특별법 제정 이후 음성화되면서 상대적으로 일자리를 잡기 힘든 북한이탈 여성들에게로 시장을 확대하고 있는 것으로 보인다. 그들은 노동권의 철저한 사각지대에 놓여 있었다. 본 연구자가 만난 사람들 가운데는 손님들로부터 입에 담을 수 없는 언사를 들어가면서 일을 해야 했던 경험을 털어놓기도 했다. 언어폭력도 엄연히 폭력이다. 이러한 직장에서 종사하는 사람들의 경우에는 법의 보호를 받기 더욱 힘들다. 그러면서 그들은 남한 사람들에 대한 불신, 심지어 적대감을 가지게 된다. 비단 이는 북한이탈주민들만의 문제는 아닐 것이다. 비공식 분야에 종사하는 노동자들의 인권과 노동권 보호 대책 역시 시급했다.

북한이탈주민들의 노동권과 인권을 보호하고 남북한 사회통합, 특히 마음의 통합을 성취하기 위해서는 현재 주요한 몇 가지 과제가 있다. 무엇보다 먼저 북한이탈주민들 스스로가 자신의 권리에 대해서 명확한 인식을 가지고 있어야 한다는 점이다. 근로계약서 작성과 적정한 임금, 그리고 잔업, 특근, 휴가 등에 대해서 노동자의 권리를 주지해야 한다. 그리고 이러한 문제가 발생할 때보다 적극적으로 문제 해결을 위한 노력을 기울여야 한다. 물론 이렇게 북한이탈주민들이 자신의 권리를 지키려는 행동이 취약한 것은 북한 생활의 강제와 동원·억압과 감시 등에 익숙한 경험, 하나원 등에서 이루어지는 교육의 미비, 한국사회에 대한 높은 불신 등 때문으로 보인다. 따라서 한국정부는 통일부, 노동부, 교육부 등 유관부서 간의 협조를 통해서 북한이탈주민들이 한국에서 인권과 노동권에 대한 교육을 진행해야 한다. 특히 북한이탈주민이 한국시민으로서 법과 제도적으로 마땅히 보장받아야 하는 권리에 대한 교육이 충실히 이루어질 필요가 있다. 이를 위해서는 성인교육만이 아니라 초등교육부터 대학교육에 이르기까지 교육기관을 통해서 북한이탈주민들의 인권과 노동권 문제에 대한 교육이 진행되어야 한다. 통일교육의 변화가 필요한 대목이다. 그리고 혹여 법적으로 보호받을 수 있는 장치들에 대해서도 교육이 필요하다. 노동권 보호를 위한 노동청과 법률자문 등을 받을 수 있는 방법 등에 대한 구체적이고 세밀한 교육이 이루어져야 한다. 그리고 시민사회 차원의 노력도 중요하다. 북한이탈주민과 남한 주민들 상호간의 이해도를 높이기 위한 남북한 사람들이 만나 함께 서로에 대해서 허심탄회하게 논의할 수 있는 '공론장(öffentlichket)'이 마련되어야 한다.

따라서 본 연구는 북한이탈주민의 노동권과 인권 문제를 해결하고

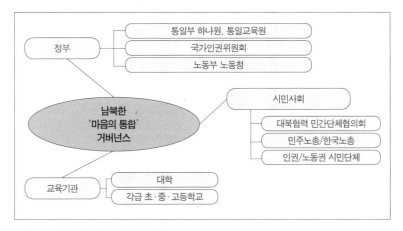

그림 12. 남북한 '마음의 통합' 거버넌스

남북한 사람들 간의 사회통합을 성취하기 위해서 정부, 시민사회, 교육기관이 함께하는 이른바 "남북한 마음의 통합 거버넌스"를 제안하고자 한다(그림 12참조). 궁극적으로 지금 북한이탈주민들이 한국사회의 일원이 되어 진정한 '우리'가 되는 일은 남북한 통일과 사회통합을 준비하는 시발점이 되어줄 수 있을 것이다.

북한이탈주민 심층면접 명단

순서	이름	성별	만 나이	현직
1	A씨	남	26	보안업체 근무
2	B씨	남	41	주방용품 조립
3	C씨	남	29	치기공사
4	D씨	여	45	자동차 부품
5	E씨	여	36	핸드폰 조립
6	F씨	여	26	자동차 부품회사
7	G씨	남	61	식품회사
8	H씨	여	43	화장품, 자동차 부품
9	I씨	남	39	전기제어
10	J씨	남	27	핸드폰 부품
11	K씨	여	49	채소가게 종업원
12	L씨	여	42	기계제작, 용접공
13	M씨	여	55	식당 주방보조
14	N씨	여	41	보세공장, 전자제품 조립, 핸드폰 조립
15	O씨	남	46	주조/조형 공장
16	P씨	여	41	자동차 사출
17	R씨	여	23	중국 음식점, 핸드폰 부품
18	S씨	여	24	중국 음식점
19	T씨	남	41	핸드폰 조립
20	U씨	남	21	핸드폰 조립
21	V	남	23	플라스틱 제조
22	W	남	39	탈북청소년 전담 코디네이터
23	X	남	67	초등학교 청소
24	Y	남	37	안산 시화공단, 용접
25	Z	여	21	핸드폰 부품
26	A1	여	30	인형제작
27	B1	여	23	공구제작
28	C1	여	44	화장품
29	D1	남	41	광고전단지 관리
30	E1	남	41	프레스
31	F1	여	35	고기집
32	G1	남	40	아르바이트
33	H1	여	41	주방가구 조립
34	J1	여	31	주방가구, 악세사리 조립
35	K1	여	30	핸드폰 조립
36	L1	여	48	식당(함바집)
37	M1	여	43	자동차 부품
38	N1	여	44	핸드폰 부품
39	O1	여	58	환경미화원
40	P1	여	56	환경미화원
41	Q1	여	52	화장품 케이스
42	R1	여	31	CCTV 조립

참고문헌

제1부 제1장 남북한 접촉지대와 마음의 통합 이론: '마음의 지질학' 시론

*이우영·구갑우. "남북한 접촉지대와 마음의 통합이론: '마음의 지질학' 시론." 『현대북한연구』, 제19권 1호 (2016), pp. 269~310을 토대로 이 책의 주제와 편집 방식에 따라 일부 수정함.

가브리엘, 마크 A. 최상도 역. 『이슬람 테러리스트의 마음 엿보기』. 서울: 글마당, 2011.

강진호. "마음을 이해하는 서양철학의 세 가지 전통." 서울대학교 철학사상연구소 편, 『마음과 철학: 서양편 상』. 서울: 서울대학교 출판문화원, 2012.

김기현. "환원적 물리주의." 서울대학교 철학사상연구소 편, 『마음과 철학: 서양편 상』. 서울: 서울대학교 출판문화원, 2012.

김홍중. 『마음의 사회학』. 파주: 문학동네, 2009.

노스, 더글러스. 이병기 역. 『제도·제도변화·경제적 성과』. 서울: 한국경제연구원, 1996.

니스벳, 리처드. 최인철 역. 『생각의 지도』. 파주: 김영사, 2004.

대닛, 대니얼. 이희재 역. 『마음의 진화』. 서울: 사이언스북스, 2006.

데리다, 자크. 정승훈·진주영 역. 『문학의 행위』. 서울: 문학과 지성사, 2013.

라투르, 브루노. 홍성욱 역. 『인간·사물·동맹』. 서울: 이음, 2010.

메를로-퐁티, 모리스. 류의근 역. 『지각의 현상학』. 서울: 문학과 지성사, 2002.

몬터규, 리드. 박중서 역. 『선택의 과학: 뇌과학이 밝혀낸 의사 결정의 비밀』. 서울: 사이언스북스, 2011.

문석윤. 『동양적 마음의 탄생』. 파주: 글항아리, 2013.

브로델, 페르낭. 김홍식 역. 『물질문명과 자본주의 읽기』. 서울: 갈라파고스, 2012.

서울대학교 철학사상연구소 편. 『마음과 철학: 불교편』. 서울: 서울대학교출판 문화원, 2013.

_____. 『마음과 철학: 서양편 상』. 서울: 서울대학교출판문화원, 2012.

_____. 『마음과 철학: 서양편 하』. 서울: 서울대학교출판문화원, 2012.

_____. 『마음과 철학: 유학편』. 서울: 서울대학교출판문화원, 2012.

신욱희. 『순응과 저항을 넘어서』. 서울: 서울대학교출판문화원, 2010.

신현정 외. 『마음학』. 서울: 백산서당, 2010.

심광현. 『맑스와 마음의 정치학: 생산양식과 주체양식의 변증법』. 서울: 문화과학사, 2014.

오이 겐. 안상현 역. 『치매 노인은 무엇을 보고 있는가』. 성남: 윤출판, 2013.

올릭, 제프리 K. 강경이 역. 『기억의 지도』. 서울: 옥당, 2011.

카쿠, 미치오. 박병철 역. 『마음의 미래: 인간은 마음을 지배할 수 있는가』. 파주: 김영사, 2015.

코젤렉, 라인하르트. 한철 역. "개념사와 사회사." 『지나간 미래』. 서울: 문학동네, 1998.

파스칼. 이환 역. 『팡세』. 서울: 민음사, 2011.

페브르, 뤼시앵. 김응종 역. 『16세기의 무신앙 문제』. 서울: 지만지, 2008.

Anderson, B. *Imagined Communities*. London: Verso, 1983.

Borchert, D. ed., *Encylopedia of Philosophy Vol.2*. Farmington Hills: Thomson Gale, 2006.

Butler, G. & F. McManus, *Psychology: A Very Short Introduction*. Oxford: Oxford University Press, 2000.

_____. *Psychology: A Very Short Introduction*. Oxford: Oxford University Press, 1998.

Foster, J. *Memory: A Very Short Introduction*. Oxford: Oxford University Press, 2009.

Gardner, H. *Changing Minds*. Boston: Harvard Business School Press, 2006.

Giddens, A. *Profiles and Critiques in Social Theory*. Berkeley: University of California Press, 1982.

_____. *Social Theory and Modern Sociology*. Oxford: Basil Blackwells, 1987.

Hirschman, A. *Exit, Voice, and Loyalty: Responses to Decline in Firms, Organizations, and States*. Cambridge: Harvard University Press, 1970.

Krasner, S. ed., *International Regimes*. Ithaca: Cornell University Press, 1983.

Mayhew, L. *Talcott Parsons: On Institutions and Social Evolution*. Chicago: The University of Chicago Press, 1982.

Mercer, J. *Reputation & International Politics*. Ithaca: Cornell University Press, 1996.

Mitrany, D. *A Working Peace System*. Chicago: Quadrangle Books, 1966.

Rowlands, M. *The New Science of the Mind: From Extended Mind to Embodied Phenomenology*. Cambridge: The MIT Press, 2010.

Waltz, K. *Theory of International Politics*. Reading: Addison-Wesley, 1979.

Woodward, K. *Understanding Identity*. New York: Oxford University Press, 2002.

김홍종. "마음의 사회학을 이론화하기: 기초개념들과 설명논리를 중심으로." 『한국사회학』, 제48권 4호 (2014).

박가분. "변신하는 리바이어선과 감정의 정치." 『창작과 비평』, 제42권 제4호 (2014).

박순성·고유환·홍민. "북한 일상생활 연구의 방법론적 모색." 『현대북한연구』, 제11권 3호 (2008).

박천조. "개성공단 노사관계 연구." 북한대학원대학교 박사학위논문 (2014).

양문수·이우영·윤철기. "개성공단 북한 근로자에 대한 남한 주민의 태도에 관한 연구." 『통일문제연구』, 제59호 (2013).

_____. "개성공단의 남북한 접촉이 북한 근로자에 미친 영향에 관한 연구." 『통일연구』, 17권 2호 (2013).

유승무·박수호·신종화. "'마음'의 사회학적 재발견과 '합심'(合心)의 소통행위론적 이해: 조선왕조실록의 용례 분석에 근거하여." 『사회사상과 문화』, 제28집 (2013).

윤철기. "북한이탈주민의 노동권과 마음의 통합: 인천시 남동구의 비정규직·비공식분야 노동자의 심층면접을 중심으로." 『법과인권교육연구』, 제7권 2호 (2014).

윤철기·구갑우. "남북한 대화에서 남북한의 상호인식 변화: 노태우 정부시기 남북고위급회담을 중심으로." 『북한학연구』, 제9권 1호 (2013).

윤철기·양문수. "북한 연구의 미시적 접근과 남북접촉지대연구."『현대북한연구』, 제16권 2호
　　(2013).

이수정. "접촉지대와 경계의 (재)구성: 임대아파트 단지 남북한 출신 주민들의 갈등과 협상."
　　『현대북한연구』, 제17권 2호 (2014).

이수정·양계민. "북한출신주민과의 지역사회 내 접촉수준에 따른 남한출신주민의 태도의 차이:
　　인천논현동 지역 거주자를 중심으로."『북한연구학회보』, 제17권 1호 (2013).

이수정·이우영. "영국 뉴몰든 코리아 타운 내 남한 이주민과 북한난민 간의 관계와 상호인식."
　　『북한연구학회보』, 제18권 1호(2014).

이우영. "대북 인도적 지원과 남북한 마음의 통합."『현대북한연구』, 제17권 2호 (2014).

정원재. "유학에서 보는 마음: 거울과 저울, 또는 사랑과 앎의 변주곡." 서울대 철학사상연구소
　　편,『마음과 철학: 유학편』. 서울: 서울대학교출판문화원, 2012.

McLaughlin, P. "Descartes on Mind-Body Interaction and the Conservation of Motion,"
　　in Tom Sorell, ed., *The International Library of Critical Essays in the History of*
　　Philosophy: Descartes. Brookfield: Ashgate, 1999.

Pratt, M. "Arts of the Contact Zone," *Profession*, 1991 (1991).

제2부 제1장 접촉지대와 경계의 (재)구성: 임대아파트 단지 남북한출신주민들의 갈등과 협상

*이수정·양계민. "북한출신주민과의 지역사회 내 접촉수준에 따른 남한출신주민의 태도의 차이:
　인천 논현동 지역 거주자를 중심으로."『북한연구학회보』, 제17권 1호 (2013), pp. 395–421을 토대로
본서의 주제와 편집 방식에 따라 일부 수정함.

• 국내 단행본

김현미.『글로벌 시대의 문화번역』. 서울: 또 하나의 문화, 2005.

이용숙·이수정·정진웅·한경구·황익주.『인류학 민족지 연구 어떻게 할 것인가?』. 서울:
　　일조각, 2012.

• 국내 논문

윤철기·양문수. "북한 연구의 미시적 접근과 남북 접촉지대 연구: 마음체계 통합 연구를 위한
　　시론."『현대북한연구』, 제16권 2호 (2013), pp. 251~280.

이수정·양계민. "북한출신주민과의 지역사회 내 접촉수준에 따른 남한출신주민의 태도의 차이:
　　인천 논현동 지역 거주자를 중심으로."『북한연구학회보』, 제17권 1호 (2013),
　　pp. 395~421.

전효관. "분단의 언어, 탈분단의 언어: 통일담론과 북한학이 재현하는 북한의 이미지."
　　『통일연구』, 제2권 2호 (1998), pp. 43~71.

정병호. "보이지 않는 커뮤니티: 서울 양천구의 탈북 이주민 거주지역의 사례를 중심으로."
　　『2012년도 학술대회 자료집』, 한국문화인류학회, 2012.

정병호. "냉전 정치와 북한 이주민의 침투성 초국가 전략." 『현대북한연구』, 제17권 1호 (2014), pp. 49~100.

정향진. "탈북 청소년들의 감정성과 남북한의 문화심리적 차이." 『비교문화연구』, 제11집 1호 (2005), pp. 81-111쪽.

Lee, Soo-Jung. "Education for Young North Korean Migrants: South Koreans' Ambivalent "Others" and the Challenges of Belonging." *The Review of Korean Studies*, vol. 14 no. 1 (2011).

• 기타 자료

「경인방송」, 2012년 10월 7일. "인천 영구임대아파트 입주 대기 56개월 걸려." 〈http://blog.daum.net/itvfm907/662〉(2013. 10. 30. 검색).

「인천일보」, 2013년 7월 2일. "남동구는 '작은 지구촌.'" 〈http://www.incheonilbo.com/news/articleView.html?idxno=490719〉(2013. 10. 29 검색).

• 국외 단행본

Giddens, Anthony. *Social Theory and Modern Sociology*. Oxford: Basil Blackwells, 1987.

Massey, Doreen. *Space, Place, and Gender*. Minneapolis: University of Minnesota Press, 1994.

Saunders, Peter. *Social Theory and the Urban Question*. Hutchinson, 1981.

• 국외 논문

Hall, Stuart. "Who Needs 'Identity'?" in Stuart Hall and Paul du Gay, eds., *Questions of Cultural Identity*. London, California, New Delhi: SAGE Publications, 1996, pp. 1~17.

Pratt, Mary Louise, "Arts of the Contact Zone," *Profession*, vol. 1991, (1991), pp. 33~40.

제2부 제2장 개성공단에서의 남북한 접촉이 북한 근로자에 미친 영향: 남한 주민에 대한 북한 근로자의 태도 변화

*양문수·이우영·윤철기. "개성공단에서의 남북한 접촉이 북한 근로자에 미친 영향에 관한 연구: 남한 주민에 대한 북한 근로자의 태도 변화를 중심으로," 「통일연구」, 제17권 2호 (2013), pp. 131-158을 토대로 이 책의 주제와 편집 방식에 따라 일부 수정함.

개성공단기업협회. 『개성공단에서 통일경제의 희망을 본다』. 서울: 웃고문화사, 2012.

박천조. "개성공단 노사관계 연구." 서울: 북한대학원대학교 박사학위논문, 2014.

양문수. "개성공단과 금강산관광 사업." KBS남북협력기획단 편, 『남북한 교류협력 발전방안』, 서울: 한국방송공사, 2012.

추병완. "접촉가설에 근거한 반편견 교수법." 『윤리연구』, 제81호 (2011).

통일부. "개성공단 사업 현황 및 과제." 2012. 10. 30.

한민 외. "한국인의 마음지도 1: 한국 대학생의 정서, 사고방식, 가치관."
     『한국심리학회지』제31권 2호 (2012).

Allport, G. W. *The Nature of Prejudice*. Reading, MA: Addison-Wesley, 1954. 이원영 역,
     『편견의 심리』, 서울: 성원사, 1993.

Forbes, H. D. "Ethnic conflict and the Contact Hypothesis." in Yueh-Ting Lee et al.,
     eds. *The Psychology of Ethnic and Cultural Conflict*. Westport: Praeger, 2004.

제2부 제3장 개성공단 북한 근로자에 대한 남한 주민의 태도: 설문조사 결과 분석

*양문수 · 이우영 · 윤철기. "개성공단 북한 근로자에 대한 남한 주민의 태도에 관한 연구."
『통일문제연구』, 제25권 1호 (2013), pp. 143–180을 토대로 본서의 주제와 편집 방식에 따라 일부
수정함.

개성공단기업협회. 『개성공단에서 통일경제의 희망을 본다』. 서울: 웃고문화사, 2012.

양계민 · 정진경. "북한 이탈주민과의 접촉이 남한 사람들의 신뢰와 수용에 미치는 영향."
     『한국심리학회지: 사회문제』, vol. 11, 특집호 (2005).

양문수, "개성공단과 금강산관광 사업." KBS남북협력기획단 편, 『남북한 교류협력 발전방안』,
     서울: 한국방송공사, 2012.

통일부. "개성공단 사업 현황 및 과제." 2012.10.30.

추병완. "접촉가설에 근거한 반편견 교수법." 『윤리연구』, 제81호 (2011).

Allport, G. W. *The Nature of Prejudice*. Reading, MA: Addison-Wesley, 1954. 이원영 역,
     『편견의 심리』. 서울: 성원사, 1993.

Bogardus, E. S. "Measuring social distances". *Journal of Applied Sociology*, 9, (1925).

제2부 제4장 남북한 대화에서 남북한의 상호인식 변화: 노태우 정부 시기 남북고위급회담을 중심으로

*윤철기 · 구갑우. "남북한 대화에서 남북한의 상호인식 변화: 노태우 정부 시기 남북고위급 회담을
중심으로." 『북한학연구』, 제9권 1호 (2013), pp. 5–38을 토대로 본서의 주제와 편집 방식에 따라
일부 수정함.

고병철. "남북관계의 역사적 맥락: 한국전쟁 이후 현재까지." 『남북한 관계론』. 파주:
     한울아카데미, 2009.

김갑식. "남북기본합의서에 대한 북한의 입장." 『통일정책연구』, 제20권 1권 (2011).

김달중. "북방정책의 개념, 목표 및 배경." 『국제정치논총』, 제29집 제2호 (1989).

김연철. "노태우 정부의 북방정책과 남북기본합의서." 『역사비평』, 제97호 (2011).

김일성. 『김일성 동지 회고록, 세기와 더불어 7』. 평양: 조선로동당출판사, 1996.

그레그, 도널드. "노태우 정부의 북방외교: 해빙의 시대 여는 초석." 『월간중앙』, 2009년 1월.

노태우. 『노태우 회고록 하권』. 서울: 조선뉴스프레스, 2011.

신욱회 · 조동준. "김종휘." 『고위관료들, '북핵위기'를 말하다』. 과천: 국사편찬위원회, 2009.

임동원. 『피스메이커』. 서울: 중앙북스, 2008.

임강택 외. 『통일 비용 · 편익 추계를 위한 북한 공식경제부문의 실태연구』. 서울: 통일연구원, 2011.

전재성. "노태우 행정부의 북방정책 결정요인과 변화과정 분석." 『국제문제연구』, 24권 1호.

정문헌. "1990년대 남북관계의 부침과 한반도 평화정착: 남북기본합의서의 재조명." 『남북기본합의서 비준동의 정책자료집』. 2005.

통일부. 『남북대화』, 51~56호.

Pratt, Mary Lousine. *Imperial Eyes: Travel Wrighting and Transculturation*. London: Routledge, 1992.

Santos, Boaventura de Sousa. "The Future of the World Social Forum: The Work of translation," *Development*, vol. 48. no.2 (2005).

• 인터넷 및 기타자료

노태우 · 육성 회고록(1) – 북방정책의 철학(4). 〈https://www.chogabje.com/board/view.asp?C_IDX=10259&C_CC=AK〉.

정원식 국무총리의 견해는 KBS 한국현대사 증언 'TV 자서전' 남북회담본부 홈페이지. 〈http://dialogue.unikorea.go.kr/〉.

제2부 제5장 독일 '내적 통합'이 남북한 '마음의 통합'에 주는 교훈

*윤철기. "독일 '내적 통합'이 남북한 '마음의 통합'에 주는 교훈." 『현대북한연구』, 제17권 2호 (2014), pp. 9–43을 토대로 본서의 주제와 편집 방식에 따라 일부 수정함.

슈미트-괴델리츠, 악셀. "독일 통일 후 내적통합: 성과, 도전, 그리고 전망." *FES Information Series*, 2012-04 (2012).

양문수 · 이우영 · 윤철기. "개성공단 북한 근로자에 대한 남한 주민의 태도에 관한 연구." 『통일문제연구』, 제59호 (2012).

양문수 · 이우영 · 윤철기. "개성공단의 남북한 접촉이 북한 근로자에 미친 영향에 관한 연구." 『통일연구』, 제17권 2호 (2013).

윤철기 · 양문수. "북한연구의 미시적 접근과 남북 접촉지대 연구: 마음체계 통합 연구를 위한 시론." 『현대북한연구』, 제16권 2호 (2013).

황규성. "통일독일 불평등과 사회국가의 정당성." 『독일연구』, 제25호 (2013).

Ahbe, Thomas. "Zur wechselseitigen Konstruktion westdeutscher und ostdeutscher Identitägen." Vortrag auf der Tagung: Politische Kultur in Deutschland 20 Jahre nach der Vereinigung.

Allbus(Die allgemeine Bevölkerungsumfrage der Sozialwissenschaften). "Supplement zur Fragebogendokumentation ALLBUS-Kumulation 1980-2010." Studien-Nr. 4574.

Giddens, Anthony. 1987. *Social Theory and Modern Sociology*. Oxford: Basil Blackwells.

Pratt, M. 1991. "Arts of the Contact Zone." *Profession*, vol. 1991, (1991).

Trommsdorff, Gisela und Kornadt, Hans-Joachim. "Innere Einheit im vereinigten Deutschland?" *Die Transformation Ostdueuschlands*. Opladen: Leske und Budrich, 2001.

Wolle, Stefan. *Die Heile Welt der Diktatur: Alltag und Herrschaft in der DDR 1971-1989*. Berlin: DDR Museum, 2009.

Meulemann, Heiner. *Werte und Wertewandel*. Weinheim und München: Juventa Verlag, 1996.

Priewe and Hickel. 『독일통일비용』. 서울: 대륙출판사, 1994.

Zawilska-Florczuk, Marta and Cienchanovicz, Artur. "One Country, Two Societies?: Germany twenty years after reunification." Osrodek sutiow Wschodnich(OSW).

"Nach 22 Jahren Deutsche Einheit: Jeder fünfte Westdeutsche war noch nie im Osten." *Online Focus*, ⟨http://www.focus.de/politik/deutschland/nach-22-jahren-deutsche-einheit-jeder-fuenfte-westdeutsche-war-noch-nie-im-osten_aid_830662.html⟩(2014. 4. 1. 검색).

제3부 제1장 북한 '핵 담론'의 원형과 마음체계, 1947~1964년

*구갑우. "북한 '핵 담론'의 원형과 마음체계, 1947~1964년." 『현대북한연구』, 제17권 1호 (2014), pp. 197~250을 토대로 본서의 주제와 편집 방식에 따라 일부 수정함.

• 북한 자료

『국제법사전』. 평양: 사회과학출판사, 2002.

『근로자』.

김일성. 『조선로동당 제4차대회에서 한 중앙위원회사업총화보고』. 평양: 조선로동당출판사, 1968.

김일성. 『조선로동당 제6차대회에서 한 중앙위원회사업총화보고』. 평양: 조선로동당출판사, 1980.

『김일성전집』.

김정일. 『주체문학론』. 평양: 조선로동당출판사, 1992.

『대중 정치 용어 사전』. 평양: 조선로동당출판사, 1957.

『대중 정치 용어 사전(증보판)』. 평양: 조선로동당출판사, 1959.

『대중 정치 용어 사전』. 평양: 조선로동당출판사, 1964.

『로동신문』.

리재순,『심리학개론』. 평양: 과학백과사전종합출판사, 1998.
『북한관계사료집』, 제37권. 과천: 국사편찬위원회, 2002.
사회과학원 언어학연구소.『조선말대사전』. 평양: 과학백과사전출판사, 2004.
윤명수.『조선과학기술발전사(해방후편 1)』. 평양: 과학백과사전종합출판사, 1994.
『인민』.
정기종,『운명』. 평양: 문학예술출판사, 2012.
『조선 로동당 력사 교재』. 평양: 조선로동당출판사, 1964.
조선로동당 중앙위원회 당력사연구소,『조선로동당략사』. 평양: 조선로동당출판사, 1979.
_____.『조선로동당력사』. 평양: 조선로동당출판사, 1991.
_____.『조선로동당력사』. 평양: 조선로동당출판사, 2004.
_____.『조선로동당력사』. 평양: 조선로동당출판사, 2006.
조선민주주의인민공화국 사회과학원.『정치용어사전』. 평양: 사회과학출판사, 1970.
『조선중앙년감』.
『천리마』.

• 국내 단행본
구갑우.『국제관계학 비판: 국제관계의 민주화와 평화』. 서울: 후마니타스, 2008.
_____.『비판적 평화연구와 한반도』. 서울: 후마니타스, 2007.
그로미코, 안드레이. 박형규 역.『그로미코 회고록』. 서울: 문학 사상사, 1990.
김홍중.『마음의 사회학』. 파주: 문학동네, 2009.
마고사키 우케루. 양기호 역.『미국은 동아시아를 어떻게 지배했나: 일본의 사례,
      1945~2012년』. 서울: 메디치, 2013.
비고츠키, 레프. 이병훈·이재혁·허승철 역.『사고와 언어』. 파주: 한길사, 2013.
상허학회.『총서「불멸의 역사」와 북한문학』. 서울: 깊은샘, 2008.
스턴, 셸던. 박수민 역.『존 F. 케네디의 13일』. 파주: 모던타임스, 2013.
신현정 외.『마음학: 과학적 설명＋철학적 성찰』. 서울: 백산서당, 2010.
푸코, 미셸. 이정우 역.『담론의 질서』. 서울: 서강대학교출판부, 1998.
황일도.『북한 군사전략의 DNA』. 서울: 플래닛미디어, 2013.

• 국내 논문
구갑우. "북한의 핵억제담론의 심리학."『한반도 포커스』, 26호, 11·12월호 (2013).
_____. "정치에 전범을 제시한 어느 출판사의 편집 매뉴얼."『교수신문』, 2012년 5월 7일.
김광수. "조선인민군의 창설과 발전, 1945~1990."『북한군사문제의 재조명』. 파주: 한울, 2006.
김세균·이상신. "권력의 DNA: 정치행태의 생리적 접근."『평화연구』, 제21권 2호 (2013).
김정수. "북한의 감성체계 분석을 위한 방법론 모색."『2014년 북한연구학회 춘계학술회의
      자료집』, 2014.
도종윤. "국제정치학에서 주체 물음: 해석학적 접근을 위한 시론."『국제정치논총』, 제53집 4호
      (2013).
박건영. "핵무기와 국제정치: 역사, 이론, 정책 그리고 미래."『핵의 국제정치』. 서울:

경남대학교출판부, 2012.

스탈린. 서중건 역. "U.S.S.R.에서의 사회주의의 경제적 문제들."『스탈린선집 제2권』. 서울: 전진, 1990.

은용수. "심리/인지적 연구와 국제관계학."『국제정치논총』, 제53집 4호 (2013).

정성임. "북·러 관계."『북한의 대외관계』. 파주: 한울, 2007.

정용욱. "냉전의 평화, 분단의 평화: 6·25전쟁 전후 북한의 평화운동에 나타난 평화론." 「평화'의 역사, 역사 속의 평화」. 서울대학교 역사연구소 10주년 기념 학술대회, 2013년 11월 15일.

청카이. "평화염원과 정치동원: 1950년의 평화서명운동."『냉전' 아시아의 탄생: 신중국과 한국전쟁』. 서울: 문화과학사, 2013.

• 해외 단행본

Barash, D. and C. Webel. *Peace and Conflict Studies*. London: Sage, 2002.

Butler, G. and F. McManus. *Psychology: A Very Short Introduction*. Oxford: Oxford University Press, 1998.

Calvocoressi, P. *World Politics since 1945*. London: Longman, 1991.

Campbell, D. *Writing Security: United States Foreign Policy and the Politics of Identity*. Manchester: Manchester University Press, 1992.

Castro, F. *Cold War: Warnings for a Unipolar World*. Melbourne: Ocean Press, 2003.

Krasner, S., ed. *International Regimes*. Ithaca: Cornell University Press, 1983.

Mercer, J. *Reputation & International Politics*. Ithaca: Cornell University Press, 1996.

Morgan, P. *Deterrence Now* Cambridge: Cambridge University Press, 2003.

Ovsyany, I. D. et al. *A Study of Soviet Foreign Policy*. Moscow: Progress Publishers, 1975.

Rogers, K. *Toward a Postpositivist World*. New York: Peter Lang, 1996.

Snyder, G. *Deterrence and Defence*. Princeton: Princeton University Press, 1961.

Tomashevsky, D. *Lenin's Ideas and Modern International Relations*. Moscow: Progress Publishers, 1974.

Waltz, K. *Theory of International Politics*. Reading: Addison-Wesley, 1979.

Wendt, A. *Social Theory of International Politics*. Cambridge: Cambridge University Press, 1999.

Woodward, K. *Understanding Identity*. London: Arnold, 2002.

• 해외 논문

George, A. "The Causal Nexus between Cognitive Beliefs and Decision-making Behavior: The 'Operational Code' Belief System." in L. Falkowski, ed., *Psychological Models in International Politics*. Boulder: Westview Press, 1979.

Gilpin, R. "The Richness of the Tradition of Political Realism," in R. Keohane, ed., *Neorealism and Its Critics*. New York: Columbia University Press, 1986.

Cole, P. "Atomic Bombast: Nuclear Weapon Decision-Making in Sweden, 1946-1972." *The Washington Quarterly*, vol. 20, no. 2 (1997).

Jonter, T. "Swedish Plans to Acquire Nuclear Weapons, 1945-1968: An Analysis of the Technical Preparations." *Science and Global Security*, vol. 18 (2010).

O'Reilly, K. P. "Leaders' Perceptions and Nuclear Proliferation: A Political Psychology Approach to Proliferation." *Political Psychology*, vol. 33, no. 6 (2012).

• 기타

www.unikorea.go.kr

제3부 제2장 남북한 마음의 통합 -접촉지대로서 대북 인도적 지원의 경우-

*이우영. "대북 인도적 지원과 남북한 마음의 통합." 『현대북한연구』, 제17권 2호 (2014), pp. 44~84를 토대로 본서의 주제와 편집 방식에 따라 일부 수정함.

• 단행본

김국신. 『북한 통합을 위한 바람직한 통일정책 거버넌스 구축방안』. 서울: 통일연구원, 2005.

김근식. 『남북한 사회·문화 협력 거버넌스 실태조사』. 서울: 통일연구원, 2006.

이금순. 『대북지원민간단체의 남북교류협력 연구』. 서울: 통일연구원, 2004.

• 논문

강동완. "정책네트워크 분석(Policy-Network Analysis)을 통한 대북지원정책 거버넌스 연구: 정책 결정과정을 중심으로." 『국제정치논총』, 48권 1호 (2008).

김갑식. "1990년대 '고난의 행군'과 선군정치: 북한의 인식과 대응." 『현대북한연구』, 8권 1호 (2005).

김민주. "대북지원 NGO 활동의 성장과 정부 재정지원의 상대적 중요도." 『한국행정연구』, 제21권 1호 (2012).

김정수. "인도적 대북지원과 북한체제의 존속력에 미친 영향." 『통일정책 연구』, 제19권 1호(2010).

문경연. "대북지원 딜레마와 극복방안 모색." 『글로벌정치연구』, 제6권 1호 (2013).

문경연. "북한의 식량난과 대북지원 민간단체의 역할." 『KDI 북한경제리뷰』, 제14권 9호(2012).

이범진. "한국 개신교의 대북지원 성격 연구." 『한국기독교역사연구소소식』, 제95호 (2011).

이상림. "고난의 행군기 이후의 북한 내 인구이동: 도시-농촌 간 인구이동." 『통일문제연구』, 제25권 2호 (2013).

이우영. "민간단체의 대북지원 쟁점 및 개선방안." 『KDI 북한경제리뷰』, 제13권 7호 (2011).

양문수. "북한에 대한 인도적 지원의 경제·사회적 효과." 『동향과 전망』, 제70호 (2007).

양문수·윤철기. "북한연구의 미시적 접근과 남북 접촉지대 연구: 마음체계 통합연구를 위한 시론." 『현대북한연구』, 제16권 2호 (2013).

양문수·이우영·윤철기. "개성공단에서의 남북한 접촉이 북한근로자에 미친 영향에 관한 연구."
    『통일연구』, 제17권 2호 (2013).

정보배, 김희강. "국제원조정책, 무엇이 문제인가?: 토마스 포기(Thomas Pogge)의 논의를
    중심으로." 『OUGHTOPIA』, 제27권 1호 (2012).

• 기타

〈http://ksm.or.kr/index.html〉(2014. 6. 1. 검색).

〈http://www.okfriend.org/about_us?tab=tab_our_way〉(2014. 6. 1. 검색)

제3부 제3장 영국 뉴몰든 코리아 타운 내 남한이주민과 북한난민 간의 관계와 상호인식

*이수정·이우영. "영국 뉴몰든 코리아 타운 내 남한이주민과 북한난민 간의 관계와 상호인식."
『북한연구학회보』, 제18권 1호 (2014), pp. 137~174를 토대로 본서의 주제와 편집 방식에 따라 일부
수정함.

• 국문단행본

박광성. 『세계화시대 중국조선족의 초국적 이동과 사회변화』. 서울: 한국학술정보, 2008.

박명규·김병로·김수암·송영훈·양운철. 『노스 코리안 디아스포라: 북한주민의 해외탈북이주와
    정착실태』. 서울: 서울대학교 통일평화연구원, 2011.

이용숙·이수정·정진웅·한경구·황익주. 『인류학 민족지 연구, 어떻게 할 것인가』. 서울: 일조각,
    2012.

한국산업사회학회. 『사회학』. 서울: 한울아카데미, 2008.

• 영문단행본

Basch, Linda, Nina Glick Schiller, and Cristina Szanton Blanc. *Nations Unbound:
    Transnational Projects, Postcolonial Predicaments, and Deterritorialized Nation-
    States*. Basel: Gordon and Breach, 1994.

Giddens, Anthony. *Social Theory and Modern Sociology*. Oxford: Basil Blackwells,
    1987.

• 국문논문

구지영. "지구화시대 조선족의 이동과 정주에 관한 소고: 중국 청도를 중심으로." 『인문연구』,
    제68호 (2013).

김현미. "중국 조선족의 영국 이주 경험: 한인 타운 거주자의 사례를 중심으로."
    『한국문화인류학』, 제41권 2호 (2008).

설병수. "호주 내 한인들의 소규모 사업과 종족 자원의 두 얼굴." 『한국문화인류학』, 제35권 2호
    (2002).

송영훈. "해외탈북이주 현상의 현황과 쟁점." 『JPI정책포럼』, 2012-15 (2012).

368

온대원. "영국의 이민정책과 사회통합." 『EU연구』, 제26호 (2010).

윤철기·양문수. "북한 연구의 미시적 접근과 남북 접촉지대 연구: 마음체계 통합 연구를 위한
시론." 『현대북한연구』, 제16권 2호 (2013).

이수정. "접촉지대 이야기: 경계의 재구성." 「북한연구의 새로운 패러다임의 모색과 북한의
미래」. 북한대학원대학교 북한미시연구소 개소기념 세미나, 2012년 11월 6일.

이수정·양계민. "북한출신주민과의 지역사회 내 접촉수준에 따른 남한출신주민의 태도의 차이:
인천 논현동 지역 거주자를 중심으로." 『북한연구학회보』, 제17권 1호 (2013).

이윤경·윤인진. "왕징 코리아 타운 내 조선족과 한국인 간의 상호인식과 사회관계: 다자적
동족집단모델의 도입." 『한국학연구』, 제47호 (2013).

이진영. "영국 한인사회의 형성과 변화: 해외여행 자유화(1989) 이전을 중심으로."
『재외한인연구』, 제25호 (2005).

이진영. "글로벌 이주와 초국가 공동체의 형성: 영국 거주 조선족 사회의 형성과 변화."
『한국동북아논총』, 제62호 (2012).

이진영. "런던의 코리아 타운: 형성, 구조, 문화." 『재외한인연구』, 제27호 (2012).

임승연·이영민. "오사카 한인타운의 장소성과 재일한인 정체성의 관계적 특성 연구." 『로컬리티
인문학』, 제5호 (2011).

최영진. "환동해지역의 민족(Ethnic) 경제 – 관계망과 제도화 중심으로." 『아시아연구』, 제17권
1호 (2014).

• 영문논문

Logan, John R., Richard D. Alba and Thomas L. McNulty. "Ethnic Economics in
Metropolitan Regions: Miami and Beyond." *Social Forces*, vol. 72, no. 3 (1994).

Levitt, Peggy and Nina Glick Schiller. "Conceptualizing Simultaneity: A Transnational
Social Field Perspective on Society." *The International Migration Review*, vol. 38,
no. 3 (2004).

Min, Pyong Gap and Charles Jaret. "Ethnic Business Success: The Case of Korean Small
Business in Atlanta." *Sociology and Social Research*, vol. 69 (1985).

Pecoud, Antonie. "What is Ethnic in an Ethnic Economy?" *International Review of
Sociology*, vol. 20, no. 1 (2010).

Pratt, Mary Louise. "Arts of the Contact Zone." *Profession*, vol. 1991 (1991).

Yoon, In-Jin. "The Growth of Korean Immigrant Entrepreneurships in Chicago." *Ethnic
and Racial Studies*, vol. 18 (1995).

• 기타

⟨http://asiancorrespondent.com/22663/fraudulent-north-korean-defectors-to-be-
expelled-from-uk⟩(2014. 4. 29. 검색).

⟨http://www.dailynk.com/english/read.php?cataId=nk03100&num=6789⟩(2014. 4. 29.
검색).

제3부 제4장 북한이탈주민의 노동권과 마음의 통합: 인천시 남동구의 비정규직·비공식분야 노동자의 심층면접을 중심으로

*윤철기. "북한이탈주민의 노동권과 마음의 통합: 인천시 남동구의 비정규직·비공식분야 노동자의 심층면접을 중심으로." 『법과인권교육연구』, 제7권 2호 (2014), pp. 103–131을 토대로 본서의 주제와 편집 방식에 따라 일부 수정함.

김홍중. 『마음의 사회학』. 서울: 문학동네, 2009.

북한이탈주민재단. 『2013 북한이탈주민 경제활동조사』. 2013.

유효종. "한국·중국에서의 마이너리티 대응어와 그 정치·사회적 함의." 『마이너리티란 무엇인가: 개념과 정책의 비교사회학』. 파주: 한울아카데미, 2012.

유효종·이와마 아키코. 박은미 역. "'마이너리티'를 둘러싼 세계: 이 책의 과제와 의의." 『마이너리티란 무엇인가: 개념과 정책의 비교사회학』. 파주: 한울아카데미, 2012.

최협 편. 『한국의 소수자, 실태와 전망: 한국사회학회·한국문화인류학회 공동연구』. 파주: 한울아카데미, 2004.

Giddens, Anthony. *Profiles and Critique in Social Theory.* Berkeley: University of California Press, 1982.

윤인진. "소수 차별의 메커니즘." 『사회비평』, 제25권. (2000).

윤인진. "'탈북자'는 2등 국민인가?" 『당대비평』, 16호. (2001).

Pratt, M. "Arts of the Contact Zone." *Profession*, vol. 1991 (1991).

• 인터넷자료

이예진. "해외망명 탈북자들의 고민거리." 「자유아시아방송」, 2013년 12월 28일; 〈http://www.rfa.org/korean/weekly_program/cc3ec544ac00b294-c2ecb9acc0c1b2f4/fe-jl-12262013124639.html〉(2014. 1. 20. 검색).

찾아보기

저자 약력

이우영은 연세대학교에서 지식사회학으로 박사학위를 받았다. 통일연구원 선임연구위원을 거쳐 북한대학원대학교 교수로 재직 중이다. 『남북한 문화정책비교』, 『북한문화 둘이면서 하나인 문화』(공저), 『북한도시주민의 사적영역연구』(공저) 등의 저서가 있고, 북한의 사회문화 변화, 남북한 사회문화 통합 등을 주로 연구하고 있다.

구갑우는 서울대학교 경제학과를 졸업(1986)하고 같은 대학 정치학과 대학원에서 정치학 박사학위(1998)를 받았다. 일본 토야마 대학 외래교수, 릿쿄 대학 방문연구원을 지냈고, 현재 북한대학원대학교 교수로 재직 중이다. 지은 책으로는, 『비판적 평화연구와 한반도』, 『국제관계학 비판: 국제관계의 민주화와 평화』가, 주요논문으로는, "아일랜드섬 평화과정 네트워크의 형태변화", "북한 '핵담론'의 원형과 마음체계, 1947년-1964년", "제2차 북미 핵갈등의 담론적 기원", "북한 소설가 한설야(韓雪野)의 '평화'의 마음(1), 1949년" 등이 있다.

양문수는 일본 도쿄대(東京大)에서 경제학 박사학위를 받았다. 매일경제신문 기자, 문화일보 기자, LG경제연구원 부연구위원을 거쳐 현재 북한대학원대학교 교수로 재직 중이다. 주요 저서로는 『북한경제의 시장화』 등이 있고, 북한경제, 남북경협, 남북경제통합 등을 연구주제로 삼고 있다.

윤철기는 성균관대 정치외교학과에서 학사, 석사, 박사를 받았다. 성균관대, 서울시립대 등에서 강의를 했고, 북한대학원대학교에서 연구교수를 했다. 현재는 서울교육대학교 윤리교육과에서 조교수로 재직 중이다. 북한의 정치경제, 남북한 사회통합, 통일교육 등에 관심을 가지고 연구를 하고 있다.

이수정은 미국 일리노이대학에서 인류학으로 박사학위를 받았다. (재)무지개청소년센터 부소장, 북한대학원대학교 조교수를 거쳐, 현재 덕성여자대학교 문화인류학과 조교수로 재직 중이다. 주요 저서로는『인류학 민족지 연구 어떻게 할 것인가』(공저) 등이 있으며, 북한이주민/난민, 북한사회/문화, 이주, 평화, 젠더 등을 연구 주제로 삼고 있다.